欧洲商贩史

History of Pedlars in Europe

[法] 罗朗斯·丰丹 著 殷亚迪 译

北京大学出版社
PEKING UNIVERSITY PRESS

北京市版权局著作权合同登记　图字：01-2009-6448

图书在版编目（CIP）数据

欧洲商贩史 /（法）罗朗斯·丰丹著；殷亚迪译 .—北京：北京大学出版社，2011.1
（培文书系·人文科学系列）
ISBN 978-7-301-18142-3

I. ①欧⋯　II. ①丰⋯　②殷⋯　III. ①商业史－欧洲－ 17 世纪～ 18 世纪　IV. ① F735

中国版本图书馆 CIP 数据核字（2010）第 234802 号

History of Pedlars in Europe by Laurence Fontaine
Copyright © Laurence Fontaine 1996
First published in 1996 by Polity Press in association with Blackwell Publishers Ltd.
This edition is published by arrangement with Polity Press Ltd., Cambridge.
All rights reserved. Except for the quotation of short passages for the purposes of criticism and review, no part of this publication may be reproduced, stored in a retrieval system, or transmitted, in any form or by any means, electronic, mechanical, photocopying, recording or otherwise, without the prior permission of the publisher.
本书中文简体翻译版由北京大学出版社出版。

书　　　名：	欧洲商贩史
著作责任者：	［法］罗朗斯·丰丹　著　殷亚迪　译
责 任 编 辑：	徐文宁
标 准 书 号：	ISBN 978-7-301-18142-3/K·0722
出 版 发 行：	北京大学出版社
地　　　址：	北京市海淀区成府路 205 号　100871
网　　　址：	http://www.pup.cn　电子信箱：pw@pup.pku.edu.cn
电　　　话：	邮购部 62752015　发行部 62750672　编辑部 62750883
	出版部 62754962
印 　刷 　者：	三河市欣欣印刷有限公司
经 　销 　者：	新华书店
	720 毫米 × 1020 毫米　16 开本　16.75 印张　286 千字
	2011 年 1 月第 1 版　　2011 年 1 月第 1 次印刷
定　　　价：	29.00 元

未经许可，不得以任何方式复制或抄袭本书之部分或全部内容。
版权所有，侵权必究。举报电话：010-62752024　电子信箱：fd@pup.pku.edu.cn

目　录

导　论 1

第1章　15—17世纪间的小贩业与主要贸易 7

第2章　18世纪——返回地区 31

第3章　18世纪南欧的书商网络与书贩 46

第4章　一种有弹性的类型学 69

第5章　在村落中——巡回的理由和支撑巡回的结构 89

第6章　信贷和社会关系 113

第7章　小贩业的衰亡 130

第8章　巡回的文化 152

第9章　文明的生意？ 170

结　论 188

附录：欧洲18世纪来自布里杨松内地区的书商名录 193

注　释 202

导　论

在近代，受教育阶级有种种定义小贩的方式，小贩也有很多广为人知的名称。它们都表达出把小贩这行明确归类的困难，以及定居居民对小贩模棱两可的感觉。在法国，这个词首先用来指那些在市镇穿梭、兜售绘画和散装印张的人。其次，由于语言有所偏离，它被用在巡游乡间的生意人身上，那时候叫小商小贩（petit mercier/petty trader）、贩夫（porteballe/packman）、行商（marcelot or mercelot/wandering trader）。第一种含义指一种被认可的行业（尽管不重要），第二种仅仅是"无业游民"和"骗子"[1]的另一种说法。在与英格兰的情况进行对比后，《百科全书》中写道："历史上看，他们是挨个市镇游荡的骗子，买卖铜器、白蜡、陶器和其他类似的本该到公开市场上正规出售的商品……在法国，这样的人叫贩夫（porteballe/packman）、巡回商人（coureurs/itinerants）、行脚商（mercelots/wandering traders）、二手商贩（brocanteurs/second-hand dealers）。"[2]

只是从18世纪下半叶开始，农村小贩业才赢得了一个商业地位；1762年的《学院辞典》里，小贩在"生意人"词条下，而非只在"小商小贩"下面。不过，小贩依然是一副处于社会边缘、受人防范且令人不安的面目。所有的百科全书都说到了针对小贩的法律，就连富兰克林也在他19世纪末编撰的《18世纪以来巴黎的美术、工艺与职业史词典》里采取了相同的分类方式和保留态度。他说"行会总是疑心重重地打量着他们"，担心"他们企图以这种方式倒卖来路不明的残次品"[3]。

在英格兰，这个词往完全相反的方向演变。"商贩"（chapman/cheapman）原本是对买卖商品的人的总称。这个词前面经常加上形容词"小"，暗示了一种等级制的发端，也即那些在曼彻斯特和约克郡驾着马车飞驰全郡给店主发货的富商，与那些背负行囊辗转乡间的底层小贩之间的等级差异。17世纪和18世纪上半叶，"小商小贩（petty chapman）"被用来描述那些"低价批发买进商品，然后高价零售卖出，另外也将商品分包出去"的人。当店铺在市镇和乡村建立起来时，"商贩

(chapman)"顶多意味着一个带着商品挨家挨户走街串巷的人,是小贩(pedlar)和叫卖者的同义词。[4] 这个词同样含有贬义:"叫卖……起源于鸟类或人类刺探消息、鬼鬼祟祟的习性,由此它还衍生出强取豪夺的恶名。"[5]

西班牙管小贩叫 Gabacho,意思就是来自北方山区的粗人。[6] 意大利管小贩叫 merciajuolo 或 merciajo[7];提契诺地区记录在案的小贩名称各式各样,像 mercante、girovagho、trafficante、cromero[8] 等。日耳曼每个镇的叫法都不一样;最常见的叫法是 Hauserier,此外则因其兜售方式而异:走路兜售的叫 Ganger,街上吆喝的叫 Ausrufer,蹲点的叫 Hockerer。明斯特地区的人们管背上扛包的叫 Kiepenkerle。有些小贩贩卖小件奢侈品和非必需品,因此被称为 Tandler;或者他们干脆被当成江湖骗子,也就是 Gaukler。[9]

到19世纪末,文学作品中的小贩被描绘成流氓或骗子,亦商亦贼。他是另一个世界的人,既兜售日常用品又贩卖梦幻。他来自远方,拥有某种秘密知识,他的恶行能因他聪明的骗术而被抵偿。莎士比亚这样描述英格兰小贩:"被单是我的专门生意……我的父亲给我取名奥托力格斯;他也像我一样水星照命,也是一个专门注意人家不留心的零碎东西的小偷……做小偷是我的唯一生计。"[10]① 奥托力格斯的角色主要是流氓无赖而非小贩。

1596年,法国里昂出版了《行乞的波希米亚小贩的富裕生活》(*La Vie généreuse des mercelots gueux et bohémiens*)。这本书在小贩种种令人不安的差异中,刻画出其三种特征:小贩使用秘密语言掩饰其行径,这点本书中有所揭露;小贩是不诚实的商人,"换句话说我们会用商品欺骗绅士、年轻人,以及妇女、村妇和农夫";小贩是不折不扣的小偷,想入这行就得首先发誓"j'attrime au passeligourt"("一有机会我就偷")[11]。

西班牙黄金时代的文学也不例外,但凡小贩出没之处,立即就会引起群情蔑视。弗朗西斯科·德·格维多(Francisco de Quevedo)② 把他们描写成蚂蚁、蚂蟥

---

① 《莎士比亚全集》下册,《冬天的故事》,第1760页,朱生豪译,大众文艺出版社。——译者注
② 格维多(Francisco de Quevedo):观念主义的代表诗人。所谓观念文体,是指专注观念及文字组合后所得的概念,借着音近或一字多义的字眼达到文字游戏效果。格维多的诗作种类繁多,有讽刺类、哲学类、政治批判类、文学批评类,也有真诚动人探讨爱情及死亡的十四行诗。他最受欢迎的长诗的主题即属笑闹之作,在这类诗中,作者以其观念文体的手法毫不留情地将事实丑化扭曲,勾勒出一幅可笑的漫画。这种扭曲事实的手法,数世纪后可以在戈雅的画作及荒诞派作品中找到对应。——译者注

和虱子，其汲汲营营敛财逐利是对有身份人士的冒犯，只要这两种人碰到一起，故事结局肯定好不了。[12]

"三个法国人跨过比斯开山去西班牙。第一个人脖子上挂着一把剪刀，背着磨刀匠的背篓；第二个人拿着两捆东西，分别装着风箱和捕鼠夹；第三个人带着一个托盘，里面装着梳子和发夹。走到山路最陡的地方，他们遇到一个肩披斗篷徒步前往法国的西班牙人。四个人坐在矮树丛荫下休息，接着就聊起天来……西班牙人说他们令他着实惊奇：带着货物不辞千辛万苦从法国赶来，跨越崇山峻岭和荒芜陌生的地界，还冒着落入强盗手里的危险。磨刀匠讲卡斯蒂里亚方言最清楚，他答道：'我已经来过西班牙三次了，就带着这个背篓和这个简单的磨。在那里我挥霍了一大笔西班牙币，你们叫达布隆（doubloon）……你应该把磨刀匠看成陆上的舰队，是来磨细你的金锭银块的，而不是来磨刀的……'"就为最后这句话他被扔下了山谷。[13]

这个话题被一而再再而三地提起。葛拉西安（Gracian）把法国人对西班牙人的行为和印第安的西班牙征服者的行为做了对比，发现共同点是他们都用便宜的次品欺骗对方。"对法国来说，西印度群岛哪里比得上西班牙？（所有这些）不用维持舰队，不用一枪一弹，不用流一滴血，不用开掘矿脉，不用勘探洞穴，不用减少法国人口，不用横跨大西洋……西班牙人是你们的红皮肤的印第安人，甚至还要大方，因为他们的舰队给你们带回的是精炼锻打好的银子，却发现换回去的是混充的银锭子，换句话说，他们被骗了。"[14]与此同时小贩渐渐成为一个滑稽角色，他穿戴一套行头隐瞒自己的身份[15]，向人提供闹剧和讽刺剧串场，还有数不胜数的笑料；这些角色多叫 Gabacho、Pierre、Juan Frances、Gascon，表示他们来自山区和法国。[16]

19 世纪，随着小贩这个行业逐渐衰落，文学作品中表现小贩的方式经历了一次根本转变。在英国维多利亚时代那些受过教育的人眼里，小贩扮演的不再是传统上模棱两可、令人不安的角色，他们摇身一变成了民族英雄，成了保守的乡村道德的化身，对抗着城市的腐化堕落。[17]法国的宗教文学则以截然相反的方式表现小贩：要么他是一个邪恶的形象，是人们该拒斥的诸般诱惑的化身；要么就是，他的自由、谦卑和智慧使他成了耶稣基督的代言人。[18]

不难看出，想要研究小贩的历史，就要依赖这些大多来自都市视角粗略描绘和我们已经考察过的种种资料。布罗代尔笔下的山区同样适用于小贩："它没有历史……一个人一旦离开山区,离开它的模糊的历史面目,他就来到了平原和城市,来到了有分类档案的区域。不管他是初来乍到,还是又一个进犯者,山区居民总会发现自己被人评头论足,贴上种种滑稽可笑而又微不足道的标签。"[19]① 实际上,对小贩历史的双重束缚就在于,山区居民在城市居民眼里,在城市档案对他们的记录中,扮演着太多重的角色。至今有三种监督小贩的资料:政府对小贩人数的调查,这种尝试不过是徒劳之举;城镇之间的通信往来和急于撵走小贩的定居商人的连天抱怨;法庭案卷和偶尔逮着个把小贩的治安官的记录。

为了避免单纯的都市视角,必须先把城镇放到一边,抛开"巡回"这个概念,集中精力去寻找他们土生土长的地方,不论有多细微难寻;毕竟,这些无根漂泊的人一定曾出生在某处。我的目标是重新发现这些被定居者边缘化的人们的根源,以此了解导致他们被排斥和边缘化的种种途径。在小贩们往返于欧洲南北、做着微不足道的贸易营生的背后,隐约可以看到广大的山区的影子。我执意相信,这些"造人工厂"(factories of men)——这恰是布罗代尔所重视的——有它们自己尚待发现的历史,只有通过研究迁徙者所发源的村庄,我们才能理解这些村庄为什么能连着几个世纪产生小贩,并派遣他们带着城镇的货物,接二连三去往农村。因此,我回到商业迁徙的根源,回到山村,就是为了把个体的迁离与其所属的社会架构和人的架构融合到一起。由此小贩的历史展露出双重面向:一面是他们家乡山区的历史,一面是他们既赖以发展又被边缘化的地区,两者不可分离。

下面是本书的结构安排:首先,以山区的日益重要性和日渐增长的人口为出发点,描述小贩业的最初模式(第1章);接着,追溯18世纪小贩业的不同发展方式(第2、3章);然后描述对小贩充满弹性的类型学划分(第4章);跟着再回到村庄,我试图理解村庄社会圈子的独一无二之处,正是它们构建了商业迁移和人与人之间信任的链条,超越了日常移动的限制;分析这些链条是如何断裂的(第5、6章);从这种断裂中,产生了一个截然不同的小贩业结构(第7章)。最后,通过人与货物的流动,通过在不同地区和文化间不断往还,通过在行商、定居买主和待售货品之间模棱两可的遭遇(可以预见而冲突难免的遭遇),人们创造了独特的文化和认同(第8章),并最终改变了他们造访的共同体的文化实践。

这个通盘计划的种种局限一开始就应指出来。一方面,研究迁徙这个领域的

---

① 布罗代尔,《地中海考古》,蒋明炜等译,社会科学文献出版社,2005年。

作品是零碎的：小贩经济的组织从未引起历史学家的注意。另一方面，这些人巡回上路被看成一种脱序——而且是以整体从山村往外迁徙的形式。这种脱序被当成一种调节多余人口的系统，就像人口的氧气瓶，同时也意味着共同体的萎缩。结果，历史学家写出了两种并列的山村叙事：留在村中的人的高尚故事，以及离村者不光彩得多的故事。我认为不能不假思索一上来就接受这种二分法，而是仍然要对其加以构建，因此我反对在村落共同体的组织中忽视对迁徙的整合功能的研究。换言之，就当前的研究现状来看，对欧洲小贩流动做比较历史研究是一项不可能完成的任务。然而，现在却是赋予这个领域的历史学以焕然生机的时候，我想以多菲内的阿尔卑斯山作为入手点，通过与其他地点进行比较，提出一个小贩业发展的模型。这样一来，我们就可以通过考虑（山村内外）相互间发展不同步，或是小贩背井离乡（取决于从哪儿来到哪儿去）过程中暴露出的重大差异，去质疑旧模型的种种特征。但愿这么做能够激发其他研究者尝试进行一种真正的关于欧洲迁徙商贩的比较研究。

  本书试图在欧洲范围内和一个长时段内去理解小贩现象，到目前为止有关这一现象的研究都是零碎的。这是一个大胆的冒险。在找寻小贩业运行的机制和动力过程中，我的研究表明，传统上广为人们接受的小贩业处于经济与社会边缘化的图景，与这个行业和做这行的人们根本就不相符。但是由此产生的问题和带来的方法论反思，超出了巡回贸易本身的问题，而牵涉到那些经济史、社会史、文化史学家们提出的问题。

  因此，商人的迁徙活动成了消费社会形成史研究的关注点之一。直到19世纪中期，它还在欧洲商业中扮演着核心角色，并随着像烟草、书籍这样的新产品的广泛传布，而与定点经营的发展齐头并进。围绕销售行为进行的仪式性交换，同时也是文化接触。通过旅行，小贩使三种文化力量正面相遇：来自边缘地区的人们，他们旅行到农村，流通城镇里最新的物品。他们是怎样利用既有的文化体系达到商业目的的？通过货物与家庭接触，他们对这些家庭的道德变迁和文化实践产生了怎样的影响？经商活动是否也反过来影响了这些迁徙的从商者的文化？

  这一行业以迁徙和信贷为基础，同时也有赖于这样一个结构，即在其中能利用一切自由和边缘性法律的制度化形式。对它进行研究可以使我们弄清商业资本主义发展提出的问题，让我们了解信贷和国家在商业网络中扮演的角色。它还能帮助我们打破常用于迁入迁出研究而又过分简化的二分法，并使某些概念，像流动、身份认同和相互依存，变得更加精细。

最后，小贩业打开了一条通向土地贫瘠的偏远农村的道路。在那里，共同体基于扩展家庭以及习俗和依存的纽带，确立了一种独特的结构。这种模式在今天的许多地方（主要是在但也不仅仅是在欧洲之外）依然存在。

本书是我在佛罗伦萨结成的友谊的产物。1987—1990年，我在这里结识了佛罗伦萨欧洲高等研究所历史与文化系研究员、莫奈研究中心研究员与讲师。1987—1988年，我在所里担任莫奈研究中心研究员，并开始写作本书，其中一些主要篇章已在1990年秋天的研讨会上发表。我要感谢系里人员，特别是 Franco Angiolini、Francisco Bettecourt、Jean Boutier、Philippe Boutry、Joachim Carvalho、Heinz-Gerhard Haupt、Dominique Julia、Wolfgang Kaiser、Dominique Poulot、Daniel Roche、Robert Rowland、Gabriela Solari、Stuart Woolf，以及我的朋友 Peter Hertner，他协助我处理了所有德文资料。

研究所图书馆历史组的负责人 Serge Noiret 给我提供了许多帮助，同时还热心与我分享他在相关领域的发现。

最后我要感谢对本书感兴趣并与我分享其各种见解的历史学家，他们是：Maurice Aymard、Roger Chartier、Geoff Crossick、Robert Descimon、Willem Frijhoff、Maurice Garden、Paul Guichonnet、Pierre Jeannin、Giovanni Levi、Renato Pasta、Ulrich Pfister、Jacques Revel、Bernard Vincent。

第 1 章
15—17 世纪间的小贩业与主要贸易

小贩业从其出现的那天起一直到 19 世纪中叶，都是由山区居民占据主导地位。事实上，对西欧而言，若是画出一张地图表明第一批迁徙商贩来自哪里，就可看出有三个主要发源地：整个阿尔卑斯山区（尤其是从萨伏依地区到蒂罗尔①的高海拔村落），比利牛斯山脉和苏格兰。这些山区作为培育小贩的温床，有其中世纪根源。那时候，高低地互补的自然地貌建立起来，不仅使山区能够进入欧洲贸易圈，而且由于山区直接位于主要贸易路线之上，因而其地理位置得到了最大限度的利用。实际上，直至 17 世纪，阿尔卑斯山谷仍是边缘化地带：最繁荣稠密的人口聚居区都在低地河谷，那里有最适合谷物生长的土地。自 17 世纪以降，尤其是 18 世纪，欧洲经济发展充分表现在城镇扩张、驯服海洋和繁荣增长上，或者也可从新的衣服样式和饮食方式中观察得到。这恰好把山区从其边缘状态解救出来。从那时起，建筑和造船业需要木材供应；服装制造业对皮革和羊毛需求量持续增长；人们从日常饮食（不再是面包，而是种类繁多的食品，例如肉类）上来夸耀自己拥有优越的社会地位。这些新需求正是未开发地区像沼泽林地的特产。换言之，山地地区成了各类地域中的翘楚。[1]

为了回应低地社会的不断变迁，山区社会也建立起来：畜牧养殖发展起来，小规模的季节性牲畜移动耕作建立起来，与此同时，一个草地灌溉系统在干旱山区也确立下来。围绕着这些活动，在山区边缘建立起了集市解决新的贸易需求。[2]同时一个大规模季节性牲畜移动耕作系统（用乔治·杜比 [George Duby] 的话说

---

① 蒂罗尔（Tyrol）：奥地利西部及意大利北部的阿尔卑斯山东部的一个地区。——译者注

就是"一个值得赞叹的人类构想")也建立起来,这样一来,绵羊就能在冬季高处的山谷地区食物不足时,靠下面的牧草过冬。萨伏依地区加入了德国和意大利的行列,成为毛皮贸易供应者[3];苏格兰则先是以羊毛挑战波罗的海地区,接着是皮革和毛皮,最后在 16 世纪末则是煤和盐。[4]

一到 18 世纪头几十年,与山区产品不断增值一同出现的是许多山区找到了新角色,成了贸易路线。贸易分工建立起来:较重的食物如谷类走海路;奢侈品循着阿尔卑斯山等商路走陆路。骡队驮着丝绸、贵重染料、靛青及金丝银线走山路;每座山关隘口都有人来车往[5]:自从向导能够保证全年通行,贸易就如涓涓溪流般灌溉着山区,无论冬夏寒暑。[6] 这些"高耸的贸易路线"意味着商人可以避开厘金和关税,就像在阿尔卑斯山脉一样,在比利牛斯山脉也有"一个川流不息的商贩流逃避着关税"[7]。对波罗的海地区的贸易市场而言,苏格兰东海岸的港口就像阿尔卑斯山关隘一样,派上了同样的用场。

因此,山区居民的流动不是人口过剩的结果,而是在充当着人类征服山区的不可或缺的角色。[8] 这一视角的全面转变非常关键,它有助于我们理解迁徙运动的革新性质,理解那时靠近山关隘口、位于贸易线路的人口稠密的社会。早自中世纪,人们就利用这些线路往来于未开化山区和主要贸易轴线(由北向南自尼德兰经莱茵河谷直至意大利,由东到西自意大利经法国南部直至西班牙)。[9]

后来从 16 世纪开始,其他主要贸易点也出现了:它们是连串的谷地,连接着山关隘口下的意大利湖区与法国中央高原①。[10] 然而,利穆赞和奥弗涅的商人迁徙从一开始就没能进入这条双向商业流通环路。它一直与主要贸易线路保持距离,沿着其他线路发展贸易,其商贩活动的结构也与山谷地带或苏格兰的模式有所不同。我们将在下一章考察这一点。

因此,自中世纪以来,来自阿尔卑斯山谷的小贩就已出现在贸易路线上。北方的萨伏依人和来自瓦莱达奥斯塔②的人们开始移动到瑞士高原和莱茵河中游的商贸中心。早在 1336 年,卖服饰用品的小贩(Krämer)已经出现在苏黎世;15 世纪初他们已经掌控着苏察赫地区,到了 15 世纪末,他们就到达了弗里堡③。[11] 萨

---

① 中央高原(Massif Central):法国中南部高原地区,大部分海拔六百到九百米。——译者注
② 瓦莱达奥斯塔区(Valle d'Aosta):意大利西北部一个地区,位于法国和瑞士边界,它于 20 世纪 40 年代从皮德蒙特分离出来,具有显著的法国语言和文化传统。——译者注
③ 弗里堡(Fribourg):瑞士西部一都市,为宗教及文化中心,位于伯尔尼西南部。——译者注

伏依的其他河谷（塔伦特与莫利安谷地）已经卷进东西向的贸易运动。多菲内、布里杨松内及凯拉等南阿尔卑斯山谷地带也包括在内，那里有许多家庭定居在意大利和西班牙之间的商路上；即使后来由于南阿尔卑斯山谷许多家族改信新教，扰乱了既有安排，迫使贸易路线北移至莱茵河和宗教改革地区，这条商路仍然存在。16 世纪，来自意大利湖区的迁徙商人不断移动：一些人前往北部与原初的小贩汇合[12]，另一些人前往意大利南部，前往西西里[13]。最后，自 17 世纪以降，来自南部的迁徙商贩，那些外国人①，遇上从荷兰布拉班特②涌入的北方商人。[14] 17 世纪下半叶，从阿尔卑斯山高地到德国的小贩人数达到峰值，下个世纪这种状况由于来自意大利湖区的巡回商人不断涌入而得以延续。卡尔·马丁（Karl Martin）用定居人口的确切数字证明了萨伏依移民持续不断的增长。他们的数量在三十年战争③后出现爆炸性增长，而在 17 世纪末叶则不可避免地走向了衰落[15]，其后他们开始从瑞士德语区转移到布里斯高和黑森林。[16] 来自布拉邦特的迁徙运动在尼德兰起义期间暂告中止，直到 18 世纪初才又重焕生机。[17]

苏格兰的商人、小贩、皮革匠和纺织工遍布整个北欧（波兰、丹麦、瑞典和挪威）。第一批定居者可以追根溯源至 15 世纪下半叶，那时在英吉利海峡两岸，在西欧、挪威和波罗的海地区已经发现了苏格兰人的足迹。1500—1650 年，苏格兰人的迁徙达到高峰。[18] 其中，定居波兰的主要来自苏格兰北部和东北部大约一百四十个地方。他们大都是沿着海路到达，尤其要经由格但斯克和其他波罗的海港口。不过，自 17 世纪以降，一些人沿着德国与波西米亚的主要通路和河流，散布在整个波兰。这些人在 17 世纪上半叶还能确定来自四百二十多个地方。[19] 1621 年，住在波兰的苏格兰外迁人口估计在三万人。[20] 16 世纪最后二十年一直到 17 世纪上半叶（1580—1620）是移民高峰时期。16 世纪与 17 世纪之交，一股

---

① 外国人（welches）：德语中尤其指那些来自南部或地中海地区的人。——英译注
② 布拉班特（Brabant）：荷兰一地区和原公爵领地，1190 年成为独立的公爵领地，现在分为荷兰南部和比利时中北部两块区域。——译者注
③ 三十年战争（Thirty Years' War）：由于宗教、朝代、领土及商贸对抗等多种原因在欧洲进行的一系列断断续续的战争。全面战争主要是由奥地利哈布斯堡王朝控制的罗马帝国和由瑞典荷兰反天主教势力支持的新教诸侯之间发生的斗争。冲突爆发于 1618 年，《威斯特伐利亚和约》(1648) 标志着"三十年战争"的结束。此后，欧洲的势力均衡被完全打破。法国成为主要的西欧强国，神圣罗马帝国的成员也完全独立，一个由主权国家组成的欧洲基本结构已经形成。选自《大英袖珍百科》。——译者注

由商人、小贩和巡回手艺人组成的亚美尼亚人洪流涌入波兰东南部。[21] 1518 年，在瑞典马尔默（Malmo）的纳税人口中，苏格兰人占 2.6%；他们的数量一直增长到 16 世纪中叶，那时他们的数量占 3%，之后一直滑落，到 1596 年只占 1%。[22]

无论我们是想从移民最早出发的地方还是从其目的地入手确定这些小贩的数量，都是一项无法完成的任务，因为他们作为统计证据，特点很不精确并有争议。乔安妮·奥格尔（Joannes Augel）和卡尔·马丁以在德国档案中确认意大利人和萨伏依人的人数为己任[23]，但是他们提供的数据数字肯定是低估的，因为档案里记载的只是永久定居者而非临时移民的数目。然而，与这些不太可能的估算相比，还有许多蛛丝马迹能让我们更好地去推想，这些人在本地居民的生活及想象中的重要性。在浑斯鲁克、美因茨和法兰克福，"意大利人"（der Italiener）与"商人"是同义词，即从事商业贸易的人；这种地理上的来源与职业活动的混淆深入人心，甚至一个德国商人会惊讶地发现，自己被称作"德意志意大利人"（Deutcher Italiener）；在丹麦，"苏格兰人"（Scot）意为小贩——这些事实足以给我们提供另一种测量方法。与之类似，苏格兰人在波兰的广泛存在以地名的方式表现出来，像 Nowa Szkocja、Skoma Gora 等。[24]

商人结构

至于小贩业的联系网络，其内部组织复杂，除非历史学家注明他们的地理来源，否则很难把握和理解，因此，直到现在对他们仍有很多误解。事实上，这些来源与传统视角一样，只能提供局部和片面的洞察。在低地视角看来，山区是"一个造人工厂，生产供人剥削的人"：地方政府记录他们从山区下至低地，观察家们注意到他们奇怪的服饰。[25] 城市档案中有证据证明这些穷困潦倒的移民隐瞒了数目可观的财产，但在这些人死后搬出的账本和存货清单并没有揭开他们的秘密，这些材料只是披露了商人们与其他商人和市镇的贸易往来，都是很传统的那种，这些资料特别突出个人成功。但在山区视角看来，这些所谓的"其他商人"其实是他们的亲戚或同村老乡；"其他人"其实是亲戚或同胞。

通过分析这些移居城市的商人的活动，一个在两个层次上运作的商业组织浮出水面。第一个层次由亲属和姻亲构成。它支撑起一个家族银行体系，并且通过开大货栈和商铺，构成了城市广阔的地理网络的一部分。第二个层次是一个与迁徙移动相联系的经销网络。它有一个严格的等级制结构，这一结构基于临时迁徙者和同乡人付出的劳动。多亏了城市档案所乐于记载的几个家族，我们才得以透视这些网络：塔伦特谷地蒙塔尼的毕托（Bittot）家族、多菲内谷地拉·格拉夫的基洛（Girauds）家族和安德烈·马森（André Masson）、科莫湖[①]阿尔卑斯山谷地的布伦塔诺（Brentanos）家族，以及其他阿尔卑斯山区和苏格兰的家族集团。

（1）因此，在第一个层次上，我们这里有一个在广阔的地理区域从事贸易的家族网络。这个由塔伦特谷地蒙塔尼的毕托三兄弟促成的网络，是从1611年他们在斯特拉斯堡的"债务记录"中被重建出来的。它表明，他们的生意拓展至几十个城镇，它们全都坐落于威尼斯—里昂、里昂—哈勒姆[②]、哈勒姆—格但斯克、格但斯克—威尼斯围成的矩形区域内。[26]对这个家族的分析显示，这个组织自创立时起已历经好几代人，其创立得益于他们小心翼翼地维护着与山区居民和主要业务地区商人家族的婚姻平衡。他们的父亲，也就是塔伦特谷地蒙塔尼的吉尔斯·毕托（Gilles Bittot），娶了斯特拉斯堡商人格奥尔格·赫尔贝克（Georg Hellbeck，又名波希姆·朗西昂 [Boheim l'Ancien]）的女儿，通过赫尔贝克居中协调，毕托于1576年被授予"市民权"[③]。当时市民权非常重要，它能给人以在城镇经商的权利。毕托夫妇有九个孩子。两个女儿嫁给了外国商人：大女儿玛丽（Marie）嫁给一个住在斯特拉斯堡的法兰克福商人，他于1595年成为那里的市民；二女儿安妮（Anne）结了两次婚，两次都是嫁给在巴塞尔做生意的萨伏依商人：第一任丈夫是萨缪尔·巴蒂耶（Samuel Battier）；第二任丈夫叫让·萨拉辛（Jean Sarrazin），他丧妻后移居日内瓦。这三兄弟的叔叔来到斯特拉斯堡加入吉尔斯的行列，他于1585年也取得了市民权。在这个（家族网络）结构中，萨伏依人这一轴心一直是重中之重，因为三兄弟中丹尼尔（Daniel）和纪尧姆（Guillaume）双双成家并定居在蒙塔尼。另一个兄弟让（Jean）则定居在巴塞尔。

---

① 科莫湖（Lake Como）：意大利伦巴第区湖泊，位于被石灰石和花岗岩山脉环绕的低地中，海拔一百九十九米，以自然环境优美和湖畔雅致的别墅闻名。选自《大英袖珍百科》。——译者注
② 哈勒姆（Haarlem）：荷兰西部城市，位于阿姆斯特丹市西侧。1245年成为特许市，1577年并入尼德兰联省。17世纪臻于鼎盛，成为胡格诺派教徒的避难地和艺术中心。选自《大英袖珍百科》。——译者注
③ 市民权（droit de bourgeoisie）：授予市民权相当于成为一个城镇市民或自治市市民，赋有若干特权，尤为显著的是贸易和经商权。——英译注

通过对18世纪初居住和工作在斯特拉斯堡的萨伏依人进行的分析，我们可以对上面勾勒的婚姻策略，以及在各中心之间进行的人力动员做一总体评价。萨伏依人吉拉姆·德罗兹（Guillame Droz）"曾在格勒诺布尔学习经商，然后来到这里娶了来自里昂的让娜·康努埃尔（Jeanne Cannuelle）为妻"；埃提安·罗曼内（Etienne Romanet）"仍在贝桑松经营他的店铺，他已经干了七年了"；克劳德－弗朗索瓦·杜普伊（Claude-François du Puis）"在里昂住了七年，他在那里以当地居民的身份做生意"。住在斯特拉斯堡的二十四个萨伏依人的妻子中，几乎三分之一来自萨伏依，而且相当一部分人仍然住在那里；第二大群体则来自阿尔萨斯。[27]

基洛家族来自位于多菲内的瓦桑的拉·格拉夫。我们从让·基洛的记录本上得知，这个家族是一个新教商人网络的一部分。这个网络一直存在到17世纪末。它拓展到了整个瑞士、意大利北部和法国南部：在里昂、日内瓦、曼图亚及佩皮尼杨之间。[28]像他父亲一样，让在里昂开了一个店，他的继父则在日内瓦开店。基洛家族只是一个更大网络的一部分，在这个大网络里，另有几个来自同一山区彼此相关的家族联系在一起，如来自米佐昂的贝拉尔（Bérard）家族[29]、德洛尔（Delor）家族、霍拉得（Horard）家族，以及维尔（Vieux）家族。托比·德洛尔（Thobie Delor）是里昂市民，也是颇有影响的宗教会议成员。[30]这个家族在日内瓦已经立足有一个多世纪，其家族成员安托万（Antoine）、加布里埃尔（Gabriel）、卢克（Luc）和埃提安（Etienne）都是来自米佐昂的服饰布匹店老板，他们于1572年成为日内瓦市民，乔治（Georges）则于1597年成为市民。[31]有关公证人的档案还披露出其他许多家族，他们定居在格勒诺布尔、勃艮第、意大利及通往西班牙和德国的沿途路上。所有这些家族都信仰新教。

布伦塔诺家族来自环科莫湖的山谷地带。它的网络形成依靠四个分支家族：布伦塔诺－格罗索（Brentano-Gnosso）家族、布伦塔诺－托齐亚（Brentano-Toccia）家族、布伦塔诺－齐玛洛里（Brentano-Cimaroli）家族及布伦塔诺－特勒梅佐（Brentano-Tremezzo）家族。第一批布伦塔诺家族于16世纪抵达，当时他们还是普通的小贩，是卖柠檬水果和香料的巡回商人。他们每年都带着柑橘和柠檬，大量往来行走于城镇、市集和周末市场之间，直至17、18世纪之交，他们才终于成功地在城里开店。第一个记录在案的布伦塔诺家族成员出现在1640年的巴塞尔，他在那里被驱逐，他的儿子卡尔（Carl）则在1673年出现在法兰克福。在这个家族的特勒梅佐一支中，马蒂诺（Martino）是第一个来到法兰克福的布伦塔诺成员。

1662 年,他享有与年老体弱者一样的特权[32],获准贩卖柠檬水果,沿街叫卖或者摆摊设点都行。他的儿子多梅尼科(Domenico)1651 年生于特勒梅佐,与他的妹夫合伙经商,最终于 1698 年在法兰克福开了家商店。不过他继续来往于法兰克福和他在科莫湖的家产之间。1723 年,他就死在这片他家族生活的土地上。两代人以后,意大利的家族间联姻使布伦塔诺家族能够通过彼此之间的生意往来,在莱茵河流域发展起家族企业的若干支脉。马蒂诺作为多梅尼科(死于法兰克福)的长子也一直生活在意大利,并在那里生儿育女。我们得等到 18 世纪下半叶,也就是至少在有身份认同的第一代家族成员之后的四代人那里,马蒂诺的儿子安东(Peter Anton,1735 年生于特勒梅佐,1797 年卒于法兰克福)才决定融入法兰克福社会。18 世纪伊始,布伦塔诺家族成员已经在阿姆斯特丹、宾根、布鲁塞尔、科布伦茨、科隆、康士坦兹、克拉科夫、迪亚兹、法兰克福、弗里堡、海德堡、曼海姆、美因茨、纽伦堡、罗滕堡、鹿特丹及维也纳等地区开业。如果再加上他们的亲戚开店营生的城市,他们的经营实体遍及整个北欧。[33] 最著名的家族分支来自特勒梅佐的乡村,其中诞生了克莱门(Clemens)和贝蒂娜(Bettina)这样的作家。从奥格尔和马丁编制的索引中可以看出,这些家族的历史与来自意大利阿尔卑斯山谷地带的众多其他家族类似。事实上,18 世纪以降从阿尔卑斯山脉的一端到另一端,这类来自无数村落的家族,我们都能列举出来。[34]

苏格兰商人的迁徙遵循着相似的轨迹。丹麦艾尔西诺的商人彼此通婚[35],定居瑞典、格但斯克、柯尼斯堡及德国北部的商人也是如此。与此相似,他们也是从与其有亲密关系的家族中,从"自己人(同乡)"中挑选教父、教母。[36] 麦克利尔(Hans Macklier)生于苏格兰,1666 年卒于哥腾堡,他叔叔在斯德哥尔摩做生意,与在波兰经商的苏格兰人一直关系密切;汉斯·斯伯丁(Hans Spalding)生于苏格兰,1667 年卒于哥腾堡,他有个兄弟安德鲁(Andrew)在梅克伦堡开业落户。汉斯先把他的侄子雅各布(Jakob)派到哥腾堡,然后又把他安置在诺尔科平。[37] 这条通往成功之路始于在苏格兰小范围的沿街叫卖。这样赚得的利润让小贩们得以把他们的战场扩展至英格兰,成为当地的一个"旅人"或"旅行商人",最终打进令人称羡的海上冒险商圈子。例如,马修·卡明(Mathew Cuming)曾在 1683—1686 年间羁旅英格兰。他从收入和信贷中获利。卡明给他的毛驴装上成捆的布料,然后带到伦敦去卖掉,所得不仅可以为他从荷兰进口染料提供资金,还能买下发自弗吉尼亚载着糖果和烟草的货船的股份。[38] 他就这样打入了大商人的世界，并准备到大陆去一试身手。另一方面，从荷兰布拉班特发展出的商人迁徙，也采用了同样的方式：依靠在临近城镇已经立足的巡回商人，他们与其或者同根同源，或者有家族联系。[39]

家族银行体系把家族网络联结到一起，它之所以能最大化彼此的资源，也是因为家族里的每个成员都把家里最优良的资产投入到企业中。让·基洛的叔叔和妹妹在席寇（Chicot）、莫内（Monnet）和基洛的生意里投入了大笔资金：叔叔投了六千利弗尔①，妹妹则投了她的嫁妆、她已故丈夫留给她的养老金，以及她孩子（让是他们的监护人）的全部财产。让·基洛不仅定期付清利息，还对他经手的每个亲戚的账目管得清清楚楚。[40]拉·格拉夫的文森特·皮克（Vincent Pic）也经管着他三个妹妹的财产，尽管她们也都嫁给了商人。

为了保护银行体系，维护成员间对商人网络的忠诚感，商业联姻成了以此为宗旨的机制上的一个环节。不过，这一准则也有例外，那是这些移民为了打进他们定居地区的市场不得不迁就现实所致。

(2) 这些商人网络一开始由小规模山区移民建立起来，然后依托一个成为迁徙小贩据点的市镇向四周扩张：弗里堡之于萨伏依人，里昂之于多菲内人，格但斯克之于苏格兰人，都是如此。[41]在这样的市镇中，来自原居村落的几个家族，在这里设法建立起供给中心的雏形。等到赚足钱后，家族成员就会在另一个市镇开一个货栈，商人网络就这样逐步建立起来。影响这个网络格局变动不居的焦点有：资金从哪儿来，哪里的法律薄弱到没有麻烦就能开店，哪里税轻利重。以这些焦点为基础，小贩贸易日益发展，这不仅说明了这些原居村落扮演的中心角色，也迫使我们像重视城市一样，密切注意山区轴线。高地低地相互依存，像基洛、毕托和布伦塔诺家族已经在城镇里被授予了市民权，也仍然住在家乡的村落，或者定期探访。然而，要用确凿的证据证明这点非常困难，因为城市资料仅仅记录了他们作为城市居民的状态，而掩蔽了这些市民的双重生活。

(3) 这些家族网络将自身组织进非常有弹性的企业中，这些企业可以因应商业必要性及成员死亡和相对贫富而加以设立或解散。一般而言，这种合伙可以维持一至四年；每个成员投入一定量的资本，利润根据初始投资额按比例分配。

---

① 利弗尔（livre）：货币名，最初价值一磅白银，随着1801年公制的引入贬值为少于五克白银。——英译注

让·基洛的公司就是以这种方式每四年解散重组一次,涉及包括家庭成员和姻亲在内的所有合伙人。1670 年,基洛 – 席寇 – 格兰杰(Grengent)合伙团体被基洛 – 席寇 – 莫内所接替,后者维持至 1674 年,又被基洛和席寇间的合伙所取代。迪亚克兄弟(Simon and Claude Diaque)与文森特·艾尔伯特(Vincent Albert)的合伙以六年为期,每三年就有解除伙伴关系的权利;到最后,每个成员拿回属于他的资本份额,利润和债务均分,不管初始份额是否不等;合伙团体要照顾其成员一个月,提供丝袜、鞋子和紧身外衣①,还得允许他们一年有两个月时间待在村里。[42]在法兰克福,多梅尼科·布伦塔诺的团体由他的四个儿子经营,自 1703 年起,随着公司征服北方贸易市场,它也在不断更新和扩大。这种"合伙"(在多菲内有时叫"assousiette")协议在整个欧洲都有发现,它们把家族送到北欧[43]、西西里[44]和西班牙南部。因此,分析这些家族网络的构成无疑会为商贩们变动不居、多种多样的地理分布,为贸易方向相反的同乡商人间如何建立联系(如科摩的斯塔佐纳[Stazzona]商人,他们的活动因年景不同而变化),提供更好的理解。[45]

因此,尽管定居在市镇中,他们仍然存在临时迁徙问题:他们离开市镇的时间与其从事的活动的重要性,也与其拥有财富的级别等变化因素成比例。对某些颇为重要的商人而言,他们穿梭在其贸易圈上的不同市场中,很有可能每两年只回村里一次。另一些人则会定期回去露个面。像拉·格拉夫的让·基洛,每当他从里昂的店铺去他岳父在日内瓦的店铺时,就会走"返乡之路",这条路经过他出生的村子。[46]虽然待在里昂比待在拉·格拉夫的时间多,基洛还是认为自己是山里人,甚至把他去里昂说成是"法国之旅"。17 世纪初,安德烈·马森(André Masson)、克劳德·卡罗(Claude Carraud)、艾斯普里·罗姆(Esprit Rome)三个来自拉·格拉夫的商人合伙,后两人在里昂经营店铺,马森长期住在巴黎并以公司的名义出租房屋、从事贸易。1610 年,他待在巴黎的日子为二月初到三月中、五月的下半月和六月的上半月、九月底到十一月中。他 1607、1609 年的负债表显示,1609 年七月底他仍在巴黎,1607 年则直到 8 月 4 日才离开。[47]萨伏依人皮埃尔·谢瓦利埃(Pierre Chevalier)不是在阿尔萨斯出行,就是住在萨伏依或在他经营业务的市镇盖斯波谢莫,而他全家,包括妻子和六个孩子仍然住在萨伏依。1678 年 7 月,格勒诺布尔大主教勒·加缪(Monseigneur Le Camus)巡访瓦桑乡

---

① 紧身外衣(chausses),覆至腿脚的紧身衣。——英译注

间时记下了商人们背井离乡的情形。他发现他所在的村子,仲夏季节正是庄稼抢收之际,然而所有高地村庄都有一定比例的商人没有返乡:"因为他们几乎一年到头都住在外面看守店铺,照顾生意,只留他们的妻子儿女守在村里。"[48] 此外,18世纪美因茨大选帝侯,在当地市民的压力下徒劳地规定,凡属本市市民或公民的意大利商人必须接来妻儿同住。没人理会他的条令。1712年,在宾根,只有一个人服从这项规定。[49]

与此同时,不允许小贩结婚在低地也扮演着重要的商业角色,此举不仅可以让人们更自如地四处迁移,以应对团体需要;也使其余仍留在村里的家人留意小贩和他可能的求婚者。1784年,来自萨伏依的佩罗拉(Perolas)家族以皮埃德蒙为总部经营业务,把仓库和辅助物资设在黑森的市镇。与所有其他山区事业一样,他们通过其移动性和对阿尔卑斯山谷圈子以外婚姻数量的限制,建立起商业霸权。佩罗拉家族拥有南巴登市民权,并以那里的七市镇为基地,为地区和年度市集供应货物。对他们怀有敌意的德国商人强调这些市民其实是并不住在当地的移民。这个家族年长的成员住在意大利,年轻的则被送往德国市镇长期居住。公司决定每个成员在团体中的位置和职责,也决定谁留在德国,谁被召回意大利。[50]

(4) 这些商人们靠乡村移民发展他们的事业。小贩等级结构的顶端是伙计,也就是拿薪水的小贩,他们穿梭来往于市镇、集市和周围村庄售卖公司的进货;这一点从1628年法兰克福地方长官颁发的裁决中就可看出,该裁决禁止伙计零售商品,只允许全体外国人在市场售卖货物,一周两次。[51] 伙计通常是团体成员的亲戚,已经完成了他们的学徒期,在他们拥有必备的资本金去开创自己的事业或是在雇用他们的公司里占有股份之前,还得帮忙照顾生意。伙计的职位也有其他候选者,像让·基洛的妹夫兼生意伙伴让·莫内,随着他的事态越来越糟,不得不从买卖中退出,但还留在公司里当伙计,他的前业务伙伴基洛和席寇付给他薪水。

除了伙计之外,商人还有许多学徒,或叫"徒弟"。这些年轻人都是组织成员的儿子或亲戚,从当小贩来开始他们的学徒生涯。有时他们在市镇里的数量太多,以至于本地商人谴责这种做法。他们投诉说所有这些年轻人不仅没在市镇当局登记,而且贩卖商品还享有豁免权。[52]

比伙计和学徒级别还低的是为数众多的小贩。意大利商人在市镇开店并成功地被接纳为市民后,会尽可能掩盖商贸往来和沿街叫卖之间的联系,所以要将其凸显出来相当不易。安东尼奥·里沃尔塔(Antonio Rivolta)就属于这种情况。他曾在弗里堡周边地区叫卖新奇别致的玩意儿,在被授予市民权后要求他停止叫卖,他也有义务这么做;然而他死后为他编制的财产清单却证明,说归说,他的所作所为并未改变,他仍在给周围地区的小贩供应他的新奇商品。[53]安德烈·马森死后在巴黎为他编制的财产清单显示,他曾为两个同乡小贩因为在阿雷堡贩卖货物支付罚款。[54]同样,没有毕托兄弟的"负债表",我们就难以得知其他萨伏依小商人所欠债务的情况,也不可能清晰展示家乡村落被加以利用的方式。

小贩群体里的等级制也非常明显。居于顶端的是一群旅行商人,他们没有店铺,文献中称他们为"商人",在故乡村落中他们可被算作最富裕的居民。他们随着季节居留迁徙。自17世纪末起,涉及旅行商人的公证书证明了这些人在两拨团体之间的枢纽角色。在低地他们是那些开店商人形成的网络的一部分,后者负责给旅行商人供货。只要察看一下商店老板的存货就一清二楚:在雅克·贝拉尔(Jacques Bérard)的两家店铺和一个库房中,总共存有一百九十五双各种尺寸和各种面料的长袜,二十打女帽,三百六十条羊毛靴带,各种颜色和织法的穗带、缎带和蕾丝、束腰绳、加的斯粗斜纹呢、粗毛呢、白棉布、帆布、平纹结子花呢、细洋布、羊毛布料及手织品,来源和质地多种多样。文献证实贝拉尔的客户都是小贩,因为他的债务人是从阿尔卑斯山谷来的同一群富裕小贩。

旅行商人在山村里起着中介人的作用,有了他们,冬天才能进行贸易。皮埃尔·古朗(Pierre Gourand)是多菲内的克拉旺人,他欠"米佐昂商人霍拉得兄弟"逾三百利弗尔,债务一共四项,分属1665、1668、1670、1672年[55]:它们证明了在勃艮第,古朗通过霍拉得兄弟开展起冬季小贩贸易。霍拉得(Horard)家族通过婚姻与德洛尔家族、维尔家族和贝拉尔家族联结,他们在上多菲内商人网络中负责勃艮第地区间的联系。至于古朗,他起着在乡村家族和他也在其中的商人网络之间的联结作用——他给其他迁徙者找活干,给他们供应商品,在他们和较大的商人之间充当银行和中间人。后者很少在村里露面,只有古朗才与他们有特殊关系,就像他同霍拉得兄弟的关系一样。这些商贩是乡村生活的重要组成部分,是乡村移民体系的枢纽。

再往下就是贩夫①。他们从同乡开的工厂、建的货栈那里进货和备货,而且也

---

① packman也有小贩的意思,但这里作者赋予pedlar(小贩)较广的含义,而packman只是pedlar中一个等级较低的特殊群体,故这里译为"贩夫"。——译者注

雇佣仆人和学徒。然而，与大公司里的伙计不同，小贩的雇工得不到任何大赚一笔的机会：他们既不能以自己的名义当批发商或零售商，也不能放贷（建立自己事业的另一种方式）；而且任何可能让他们见异思迁的社会活动，像跳舞、打台球或看戏，他们都不能参加。佩洛曼（Perroman）公司从 14 世纪末开始就运用这种结构分销织品、镰刀、金属、番红花及硝石。他们先是大量进口这些货物，贩夫可以从雇主建的商店库房或同乡会馆中提取最新的货物。[56] 1591 年，一队小贩共九人从上多菲内来，在欧布松被盗走了货物。公证人的报告里记录了他们是在从里昂去往利摩日的路上。他们的货是在里昂拿的，打算代表别的商人卖到利摩日去，正是为了给后者一个交待，小贩们才需要遭到偷窃的正式法律陈述。从一个单独的举动中也可以看出商人等级是如何整合的：两个小贩各牵一批驮着货物的马，另外七个各背一个包裹跟在后面。[57]

即便有些夸张，德国市镇和同业公会定期向市镇议会投诉，表明商贩等级已经扩张得何等深远。1516 年的苏黎世议会上，来自瑞士德语区的施维茨（Schwyz）公开谴责"那些在这一地区到处巡游，挨家挨户，上山下乡，逐块田地叫卖兜售廉价商品的人，搞得鸡犬不宁，家家自危：他们带着仆人和小孩，人数最少也得三四个，缓慢潜行。他们乞讨，从穷人身上讨生活，不付一芬尼给客栈掌柜。"[58] 17 世纪，当地香料商人抓住一切机会揭发意大利和犹太团体的行为：他们用五六个男孩派售产品，公共节日也照卖不误。这些孩子中途住进客栈，婚礼上一扭一扭溜入中产阶级的家里，挨家挨户敲门。[59] 美因茨、科隆还有其他一些地方的裁决谴责仅雇佣同乡的做法，这使得当地商人没有机会从商人网络获益，从而给他们带来毁灭性打击。[60] 它们还披露了那些手艺知识有限，甚至就会表演耍熊或土拨鼠的人，怎样与最富有的人有所联系。[61] 这些申诉以其特有方式，表现了来自同一村庄、从事各行各业、从巨富到赤贫都有的迁徙者之间的联结纽带。

北欧也能得出相似的结论。在瑞典的移民社区里，大商人、小贩和手艺人之间的关系非常强固。登上成功之巅意味着创立自己的营生，如果事情并不如意，那就扔下背包提剑投身戎马。[62] 在丹麦，制衣业无论在商业还是工业层面，都是由来自苏格兰的商人、小贩、裁缝、织工和皮革匠组成的。[63] 与莱茵河畔市镇如出一辙的是，斯堪的纳维亚人的申诉和裁决也强调了这些商业联系的多重性：哥腾堡嫉妒苏格兰富商经营的产业，他们出口木材和铁，进口纺织品、酒、盐和青鱼。据说他们使用了"大量年轻的外国商人"，这些人"借口为他们的非法贸易催债"盘桓在市镇中,从苏格兰人的宽大货仓里备货。[64] 15、16世纪丹麦人判决禁止苏格兰商人派他们的伙计和仆人在附近乡间叫卖货品,这也证明了一个不争的事实:已经定居的商业社区与同村巡回商贩的交易兜售之间存在联系。[65] 从北到南,小贩的存在揭示出,招募同乡如何使移民社区结合在一起,甚至连最穷的成员也不例外。

商贩等级制在学徒的契约中也可以见到:根据家族财富和网络,成立了几所"业务学校"。最高的层次上,是把年轻人送到城里当伙计,在店铺里学做生意。那些家庭条件更普通的则给一个既定居又旅行的商人当贩夫。一些与多菲内高地村庄相关的契约提供了这样一则有关教育内容的信息:来自维亚尔·达瑞的皮埃尔·巴伊爵爷(Pierre Baille)将他的儿子交给来自伊耶的劳伦·艾特(Laurent Eytre)爵爷照顾,艾特住在"纳尔镇",巴伊的儿子跟着他"学做商人这行",并"协助艾特爵爷在萨伏依地区或在皮德蒙特经商"[66];来自拉·格拉夫的诺埃·埃蒙(Noe Aymond)爵爷"送他的儿子克劳德(Claude)给克里斯托弗·朱伊耶(Christophe Juiller)爵爷做学徒,他是维亚尔·达瑞本地人,住在波镇"[67]。四年后的1684年,就是这个"波镇市民"克里斯托弗·朱伊耶,接收了一名为期四年的新学徒,他是拉·格拉夫商人菲利克斯(Felix)的儿子克里斯托弗·卡洛(Christophe Carraud)的儿子,朱伊耶教给他"成为商人的技艺"[68]。这两个契约都是经由中间人皮埃尔·朱伊耶爵爷达成的,他是克里斯托弗的兄弟,也是夏泽莱(Charzelet)的教区牧师。埃提安·吉拉德(Etienne Girard)爵爷"让他的儿子雅克做都灵商人让·雨果(Jean Hugues)爵爷的学徒"[69]。这些当学徒的契据虽然细节上有些不同,但都有相同的基本结构:来做学徒的孩子都是有权使用"爵爷"头衔的商人之子。收徒弟的商人来自同一村庄,在城里也已开业落户。学徒期四至六年不等。在上面两个个案中,学徒期结束时会给年轻人一笔钱(前一个是五十利弗尔,后一个都灵商人个案未知);在其他情况中,紧随学徒期之后是徒弟带薪(九十利弗尔)留在师傅身边,为期两年。有些商人在学徒期结束时还会送件衣服做礼物。师傅承担着"对他进行一个商人的专业入门训练,无论是买是卖";徒弟则要做到"对师傅无时无刻不忠诚信赖"或者"凡是涉及师傅的利益,只要诚实守法都要尽力去追求";如果孩子想跑,父亲要做到"把孩子送回去侍奉师傅"。在师傅照顾学徒期间,万一学徒生病"需要求医、问药、做手术",师傅要支付所有费用,这一点契约中都会写明,而且这段时间从一月到两月视情况不同。艾伯哈德·戈泰因（Eberard Gothein）签订的契约中，规定了商人小贩给学徒出钱买鞋，生病时出抚养费，时间从两周到两个月视情况而定，但是求医问药的花销则由学徒承担。[70]

另外一些人把他们的学徒生涯当成仆役："诚实的让·阿尔诺（Jean Arnaud），维亚尔·达瑞的商人，委托皮埃尔·贝尔迪厄（Pierre Berthieu，皮埃尔之子，也是维亚尔·达瑞的商人）来照顾他的儿子，教导他学做一个商人。"这份契约为期八个月，其间男孩有十一利弗尔的工资及"一顶帽子和一双鞋"，商人在必要时要担负养活和照顾学徒两周的义务。[71] 另有些契约允许学徒探访家人长达数月而工资照发，职务不变。[72] 萨伏依人在斯特拉斯堡开店立业，妻子留守山村，他们像意大利人一样托人把他们的孩子年轻时就送到他们那儿：马修·葛雷尔（Mathieu Gorel）的妻子住在萨伏依，她的五个孩子中，"两个在萨伏依，三个四处旅行以谋生"；雅克·谢瓦利埃的妻子"与三个孩子住在萨伏依，另一个孩子则到阿尔萨斯漫游"。[73]

在城市立足

小贩网络围绕两个支柱组织起来：一是发源于同一地区、通过内部通婚并由一个家族银行体系支撑而形成的广泛的家族网络；二是通过建立货栈、在城里开店和使用农村人力而达成的对市场的全面覆盖。后者的建立，换句话说就是在城市开店立足，意味着要想办法打进两个排外的体系：首先要清除市民权造成的政治藩篱，接着则要清除同业公会设置的经济障碍。

这两个困难都涉及城市的政治、经济和人口结构的大气候，小贩们则为获准进入那里而奋斗。它们部分地说明了移民人口变迁的原因，以及他们最终被低地文化模式同化的现象。事实上，他们必须钻营于三种利益相互对抗的经济和文化存在：最高权力机构、当地商人和消费人口。虽然着重点有所不同，地理和年代总有差异，然而全世界的变迁演进却无不相似。

一般而言，统治当局面对寻求在城市立足的巡回商人，往往摇摆于两种取向之间：君主需要增殖人口或使市镇重新入住，以启动贸易，瑞典、西班牙及三十年战争后的德国属于这种情况；市政当局则必须认真考虑有权势的城市市民，像莱茵河流域的许多市镇、瑞士高原和那些再垦殖区。在后一种情况中，人们的愿望相互矛盾，致使统治者的决策尤为复杂，因为身为消费者，他们对能提供最低廉商品的行旅商人持肯定态度。市镇本身也分成不同阵营：一方面，政府通过征收关税和通行费，从小贩身上赚钱；另一方面，店主们强烈要求把他们驱逐出城镇和市场。最后，民族国家既为外国商人把钱赚走了而对商业发愁痛心，又为这些团体逍遥于法律框架和当局管辖之外而头大。16、17世纪间，欧洲国家的立法机构不得不在两相矛盾的需求中二选一，他们采取的相应措施反过来又影响了商人网络的结构。

莱茵市民共同体以拒绝接受商贩上层进入他们的共同体的方式，首先试图瓦解商贩网络。他们阻止商贩成为市民的一员：没有市民权他们就没法自由贸易，这是削弱他们整个网络万无一失的方式。这场针对外商的战斗发起于多数大城市，然后蔓延到小城镇，那里了解并仿效了其他地方的相关立法。[74]就这样，16世纪以后，在城市里要想被接纳为市民几乎不再可能：在苏黎世，全面禁止萨伏依人在距城墙半径十里地的范围内从事他们的行业。16世纪末，只有一个移民被接纳为市民。1567年，苏黎世近旁的小镇霍尔根拒绝了萨伏依人雅各布·毕耶特（Jacob Billeter）的请求，即便他娶了当地女人为妻也不准他在那儿开业销售产品。伯尔尼在1584—1594年间也采取了相同的模式。

不过，依然有门路为小贩敞开，他们可以定居在中小市镇中，偶尔机缘凑巧也能在一些大的城市地区像弗里堡定居下来。不过，这些不大的市镇让他们为获得市民权所费不菲，往往还附加有各种条件，比如为镇上警察购买新外套，或是给市政消防队添置水桶，并要他们发誓放弃小贩行当。不仅如此，这些市镇常常还给他们取得政治权利设置障碍，只授予他们跟佃农一样的有限市民权。[75]

由于城市排斥这些商人，他们中的一些人为了被莱茵地区的市镇完全接纳，剩下的唯一选择就是迎娶本地商人的遗孀，这样既可以接管他们的生意，也能接收其市民权。[76]同时，给孩子选择农村的同伴做教父的习俗慢慢不再流行，取而代之的是选择有势力的城里人：市长、国家雇员或者行会的誓约成员。[77]入赘本地人共同体的战略①也包括商业联盟：迁徙商人与他们的瑞士或德国妻舅结成伙伴关系，由此绕过为削减其业务而设的禁令（只准他们出售产自他们家乡的东西）。[78]

---

① strategy：作者在全书用这个词时，有时指整体性全局性的部署，有时指具体状况中采取的对策，前者宜译为"战略"，后者宜译为"策略"。如果兼有二义则译为"战略"，视语境而定。——译者注

在 16 世纪的西班牙，为了重新给王国殖入人口，君主鼓励通婚并授予那些被称为"domiciliados"或"avecindados"（即那些娶西班牙妇女的人）的法国人以市镇贸易权和同样有价值的印第安贸易权，以此来促使移民定居。domiciliados 与 avecindados 成为国王有特权的臣民，而不同于 transeuntes——他们是路过的外国人，同样服从法律，但不能参与零售贸易或从事人文教育和手工技艺。在这里，为了占有市场、隐瞒他们是法国人、避不纳税，以及逃避种族关系紧张时代的公审，迁徙者也采取了同样的通婚[79]和与西班牙人商业联盟的战略。[80]

这个策略明显是权宜之计，而非出于迁徙者真心实意想要融入城市社会圈子，因为他们一旦娶了当地商人的遗孀或女儿，就会通过他们孩子的婚姻重新建立其与原初网络的联系；这一点有定居斯特拉斯堡的萨伏依人家族可以为证：诺埃尔·波瑞尔（Noel Borel）娶了一位"当地市民阶级的妇女为妻"，"三个女儿都嫁到了萨伏依"；皮埃尔·戈尔贝（Pierre Gorbai）的做法如出一辙，他也把他的两个女儿嫁到了萨伏依。[81]

不过，某些地区的整体商业却由于一群精英的存在而变得复杂起来，这群精英包括那些做过小贩但在当地缺乏人手时被授予市民身份的人。在这些案例中，排斥这些人，甚至赶他们出城不大可能：1676 年，在弗里堡，某些萨伏依人既不在指定时间内购买市民权，也不使用市镇采用的新的度量衡。他们拒不合作的背后有常住在那儿有权有势的萨伏依人的支持：许多大客店老板都是萨伏依人，1695 年弗里堡市政记录里有一份人头税登记簿，其中最顶层的"大商人"是两个布匹商行会的萨伏依人；第二层上，五个纳税商里又有两个是萨伏依人，来自针线商行会；第三层上，四分之三领薪者是佛西尼人（Faucignerans）。[82]

另一方面，为了满足老百姓以最实惠的条件采购东西（也就是不买法团或商铺体系内的商品），补偿行会垄断导致的食物价格上涨，统治者推行折中办法：在集市上，给小贩预留日期和地点；随着这些日益增多，小贩最终被授予了在市集上以平等地位做生意的自由。穷人们非常支持这些办法，就处处设法为这些外国人获取预留地点。1558 年，苏黎世留给小贩们的地方是水教堂（Wasserkirche），全然不顾教堂的门厅是用作审判违法者的法庭。同样的情况也适用于弗里堡，不过这里给小贩添加了一项义务：必须住在指定的客栈里。[83] 17 世纪初，许多西班牙市镇都发生了反对驱逐法国人的起义；例如，在托雷多、格拉纳达和科尔多瓦，人们大声疾呼：法国人走了，他们的日子就没法过了，因为那些人在一个地方是面包师主力，在另一个地方则多是运水工。人们采取各式各样的手段来保护他们。[84]

无论如何，迁徙者可以充分利用市镇间的敌对及君主和市民统治阶级间的冲突。1654 年，图尔高禁止所有萨伏依人在其领地内建立库房，是市镇间敌对的一例。萨伏依人绕开难关，在邻近的圣高尔修道院领地内被接纳为市民。修道院的联盟者不断投诉，他们提请修道院长注意，如果外国人把他们的家族留在萨伏依，这种接纳就是不合规矩的。[85] 同样，曼海姆这座三十年战争后自由开放的城市，也吸引着萨伏依人和意大利人，他们在那里定居并建起巨大的货栈。[86] 当法兰克福对迁徙者关上大门后，他们就去其敌对城市美因茨立足。[87] 另外，小贩也充分利用两大城市力量（君主和城镇市民阶级）之间的冲突，因此，如果是君主或主教法庭所在地，德国市镇大都会有意大利商人的聚居地。[88]

在要求市民身份之前，先要被一个行会接纳，而行会则拒绝接纳外来者。小贩网络由手艺人和商人组成，因此，对他们怀有敌意的行会不断增加。在苏黎世，早在 1539 年，刀匠、锁匠、钟表匠、马刺匠人、枪械工人和造纸工人诸行会，以及市长和市议会，一致要求法律执行机构清除乡间所有卖缝纫用品的萨伏依人。[89] 弗里堡于 1598 年规定，从此以后，威尔士人不准进入行会。[90] 整个 16 世纪和 17 世纪上半叶，波兰的同业公会针对苏格兰手艺人和商人，增加了数倍的规章以进行自我保护。[91] 一个世纪后，西班牙市镇里的行会对法国人闭门不纳。1629 年的巴塞罗那先是禁止他们拥有代表性职权和荣誉地位，跟着收回了他们的投票权，最终则是彻底驱逐了他们。[92]

为了避开这些排外行为，商人们想出了种种策略。他们团结在宗教兄弟会下，围绕主保圣人的塑像在市镇建起聚会点，这种做法渐渐为人熟知并传播开去。[93] 他们也紧密结成利益群体：在加的斯，他们组建了法国"国民军"；在巴勒莫，所有外国人都聚集在一个同类军队组织里；从埃尔托·拉里奥这样不起眼的乡村到科莫湖西北地区，都成立了自己的团体以对抗米兰或热那亚的行会。国民"军"丝毫不排斥向主保圣人献身的宗教兄弟会。随着圣人被创建起来，敬拜他的处所也成为必不可少的例行聚会点，它们是乡村集会在远方的复制品。[94] 最后，他们尝试（往往会成功）向边缘行会进行投资和渗透，其后再加以挟持。这些行会从协议中可以得到权力和金钱，迁徙者则可获得急需的法律豁免权，好开展商贸活动：在 17 世纪末的都灵，裁缝行会就是这样接纳了某些萨伏依和多菲内来的商人，后者利用行会存放走私货物，进口违禁纺织品。[95] 与此同时，面对迁徙者力图立足的城市,特定的聚会点也强化了同乡的群体团结和身份认同;这证明,他们渴望的城市准入权不过是达到目的的一种手段,而非寻求一种新的身份认同。

在当地市民共同体中,阻止小贩精英在市镇立足的企图既结合了对网络联结要素(伙计和贩夫)的攻击,又伴随着针对他们的大量禁令和骚扰不断增加。就像拒授市民权的情况一样,种种对付小贩的方法都得以通过:1590年,罗滕堡与赫尔波要求弗里堡告知他们对付意大利小贩的措施,随后两市纷纷采取同样的阻碍策略。[96] 针对商人网络部署的第三种立法策略务求阻止其发展壮大,因此禁止开业商人雇用同乡;自16世纪中期开始,瑞士城镇就要求"工作应归本市或周边地区的人,没有士瓦本、格瑞森尼人的份儿"[97]。

同样的立法也在北欧市镇和国家展开。在丹麦,禁止苏格兰商人支使仆从到乡村售卖的法令可以追溯至1496年;1551年,禁令范围扩展到派至农村的贩夫。[98] 波兰从15世纪末,瑞典从16世纪开始,双双发布抑制苏格兰行旅商人从事贸易的规定,企图瓦解他们的组织;拒不允许后者购进商品,限制他们散集后逗留市镇的时间,防止他们形成非法团伙,并将任何招待他们的人视为违法。[99] 几乎与此同时,旨在排斥他们的法令结集出版,除非他们能证明自己是当地居民,否则不许拥有市民权利:这场斗争始于1457年的格但斯克,那里是苏格兰商人经营活动的发源地。最后,法令聚焦在摧毁优先雇佣纽带(它把苏格兰人紧密团结在一起):1534年伊斯塔德镇拒绝外国人入镇,并强制所有已立足的苏格兰人雇用丹麦人和德国人做助手和学徒。

在瑞典,反对迁徙网络的声浪同样强烈,有马尔默的例子可以为证。在那里,居民控告已获市民权的苏格兰人是坏市民,因为他们只把工作留给他们本国国籍的人干。他们给国王的请愿里拒不承认苏格兰人的市民身份,因为后者并不看重随之而来的责任。控告苏格兰人的罪名还有:谎称贫困,以逃避参军和驻守市镇;甚至为了不用供应膳宿而搬出城镇;特别是用外国货币,像尤金、塔勒或丹麦币,买断市场上的所有摊位,意在不利于只有诚实货币可付的贫穷的市民等级——这些人不像苏格兰商人,出不了两倍甚至三倍的价钱。出于这些理由,马尔默的市民从此拒绝授予苏格兰人市民权。[100]

关于北欧、西班牙[101]和莱茵地区[102]针对迁徙商人的不同判决,一份地理学和年代学分析证明了当地环境的广泛多样,政治风向变化万端,同时也披露了事情相反的一面:那些对迁徙者有利的时代和地点,那些制度宽松、移民组织足以立足的区域。这就是瑞典在 1612 年的情况，挪威人摧毁哥腾堡后，古斯塔夫·阿道夫（Gustavus Adolphus）为了给城镇重新殖入人口，授予外国人某些特权和便利；很快，一个不大的苏格兰商人聚居区便建立起来，并在市议会边上弄到一块地方，随即他们周围就出现了一群小贩和手艺人。[103] 这些商人一取得足够牢固的地位，伙计和小贩就开始能逃就逃，免得为市民权花一大笔钱，以至于 1638 年瑞典某些市镇的登记簿上，经商的七十多人（有的已经在当地干了不止十年）还都得购买市民权。[104]

就这样，君主、老百姓及本地商人之间的利益矛盾、缺乏实施大量（一直都是自相矛盾的）规定的手段，以及某些地区小贩网络自身的力量，这种种因素行之有效地使得最严苛的立法也无能为力。商人和小贩常常成功地获准进入城市，全然不顾地理制约、制度限制和施加在他们头上的任何形式的特别限定。

货物、银行业与走私

这些小商业网络有某些共同点。它们依赖商业的多样性：商人和小贩依托需求和机遇，销售所有种类的商品；即便每个家族都有其相对的专业特长，其根源在于他们的家乡已经广泛地专门化了，如提洛尔南部专做地毯[105]，科莫湖专产柑橘，上多菲内专做手套。有三个因素迫使他们提供多种多样的商品选择：通过提供尽可能多样的产品去追求更多的客户；交易和易货成为重要的支付方式；寻求新货或利润更丰厚的禁运商品。1692 年，纽伦堡安东尼奥·布伦塔诺（Antonio Brentano）的商铺的库存一览表披露了他在售商品：腌制鲱鱼、鲑鱼、牛肉、奶酪（特别是意大利干酪）、烟草和李子干；在他死后十一年，表中又包括了一千五百三十七磅咖啡、六百一十七磅茶、六百一十五磅松露、上等马铃薯、油、棒棒糖、棉花、纸、西班牙和莱茵河地区的葡萄酒，以及荷兰和西班牙的烟草。同一时期，卡尔·布伦塔诺的商铺存有好几桶酸豆、无花果、腌制柠檬、意大利干酪、月桂叶、大米、坚果、杏仁、橄榄、油、柠檬水、一百八十磅巧克力、一桶干松露、四桶泡油松露、西班牙葡萄酒、巴西烟草、三十四磅西班牙鼻烟、两盒橡胶、一桶靛青、一小桶胭脂、一百四十桶蓝木与粉红木、三捆棉花和十六捆丝。[106]

不仅如此，小贩组织还充分利用贸易流通环路获利。小贩们出售商品允许赊账，他们要么是以购买或租赁田地、牧场的形式，要么是以分享收成的一部分（并把这部分贮存在村庄里租来的地窖和谷仓里）的形式索要偿还。这样，他们进入其他市场的机会就成倍增加，同时也缩短了部分城乡间的贸易流通环路。1505 年，卢瑟的制革工人公开谴责商人购买野生动物皮革，由此对他们的手工业造成很大伤害。[107] 不久之后，士瓦本协会（Society of Souabe）向帝国议会投诉，事关某些萨伏依人的经商习惯有碍传统商业："他们不满足于就在普通人家门口卖纺织品、香料和其他生活必需品，他们还允许人们以后给钱（与此同时索要更多），等到秋收时节，他们收下水果和葡萄酒当偿还。这样，他们就把穷人拉到自己这边，这种情况还因下述原因而变本加厉：穷人们现在不仅欠小贩的债，还感到自己深陷困境：他们不能再赶集或进城，而是不得不等着这些外来商贩再次到来。他们在葡萄酒和水果收获过后的时节回到这里，索要属于他们的那份，从这些穷苦不幸者的手中掠去他们赖以为生的一切。更糟的是，在许多地方，他们已经开始租用或取得地窖和金库去贮存水果和葡萄酒。"[108] 1626 年，瑞士中部的库斯那赫特社区开始为来自瓦莱达奥斯塔的铜匠和小贩数量担忧，后者租用田地、牧场。[109] 同一时期，巴塞尔的香料商人则要求驱逐在其私宅开店的意大利商人。[110]

在波兰，针对苏格兰人的类似投诉也登记在册。苏格兰人做生意遵照赊账条款，或者是换取农场产品或原材料。[111] 马尔默为其拒不授予苏格兰人市民权进行辩护，说他们这样做只是在遵循由伊斯塔德、安吉尔霍姆、罗斯基尔德及其他被小贩搞得一贫如洗的城镇的先例；因为秋季市集一结束，这些巡回商人就和他们的仆从带着衣物和陶制器皿挨村旅行，以货易货，这能把农民觉得没必要带到市镇去的用品有效地贩卖出去。小贩就这样使得所有潜在的商品，像黄油、毛皮、动物油脂和皮革等，都流转起来，并进行囤积。更严重的是，他们贿赂国王手下本该制止此类交易的官员，目的只是为了不怕报复，大胆做生意。[112] 事实上，小贩到处都能获得农产品作为支付的货款，随后又将其贮存起来。17 世纪伊始，本地商人结构还很弱小，市镇当局一旦发现市场营业额不够高，就批准农民可以把货卖给小贩[113]；作为回应，当地商人从未放弃重新夺回失去的市场，并企图把小贩限制在只能卖从其家乡采进的产品。但贯穿整个 17 世纪，日渐增长的投诉和判决，只能证明这些措施毫无成效。[114]

迁徙等级中位于低端的手艺人的活动，也为精英层次上的迁徙者所重复。他们在其店铺边上建起制造厂，生产食物和别的能卖上好价钱的物品，于是就有了生产烟草、新奇玩意儿和杂记本的制造厂。以波隆加罗（Bolongaro）家族为例，他们来自马吉欧湖畔的斯特雷萨，专营烟草业务，开了一家鼻烟工厂。[115] 在斯特拉斯堡，住在尚贝里的商人克劳德·德洛兹（Claude Droz）往三个方向扩张其事业：首先，通过一家烟草厂，那是他与他的两个合伙人，仍在波瓦桑经商的前伙计汪德维埃尔（Wandervieille）和住在日内瓦附近的佩瑞（Peret）共同拥有的。工厂的经营则托付给另一个萨伏依人克劳德－弗朗索瓦·杜普伊，他起到了"公司管理员的作用，并能在业务上行使律师的职权"；此前他在里昂经商，后于1702年来到斯特拉斯堡照管工厂。挑选烟草很好地显示出这种商人网络的惯常做法——烟草是种很吃香的新式商品，也是一宗在各个地区都受到严格控制的货物。与其类似，选择在斯特拉斯堡做生意这一决定并非出于偶然：这个地区位于"Ferme"税区之外，可以免除关税，因此可以从这种特惠处境中获益。不仅如此，烟草生产所需设备也无需大笔投资：两台烟草筛分机，一个"用来转动八把杵捣碎烟草"的大轮盘，九张铜网制成的筛子，两块碾碎烟草用的磨盘和一口大空染缸。除了烟草厂，德洛兹家族还有一家批发缝纫用品的商铺，由儿子纪尧姆·德洛兹（Guillaume Droz）经营。店里的存货清单上开列了大量衣服上的小物件、针线、袜子及新奇玩意儿，都是些能吸引小贩的商品。最后，德洛兹在另一间房子里开设了一家缎带制造厂，里面有八台织机，其中四台正常运转，另外几台则用来织丝。店里的业务单据证明，这里联络着大宗业务和小规模贩卖：信件和订单列表分别来自日内瓦、阿姆斯特丹、巴塞尔和里昂。里昂是一个重要的经停处，其市场对分销而言是一个特别重要的中心。负债表证实了萨伏依与其移民之间的紧密联系，同时也指出与小贩合作的磨刀匠在业务扩张中也起了作用。[116] 只有通过对德洛兹老家的研究（尚贝里可能是他们迁徙的唯一目的地），才能识别出家族成员的姓名和关系，并全面重构德洛兹死后盘点的存货清单中仅仅是暗示出的东西。由此来看，立足城市的小贩—商人（商—贩）采取了多种经营战略，后者又与形形色色的迁徙者之间有着千丝万缕的联系。通过这种研究，我们可以更加鲜明地聚焦在对这种联系的了解之上。

另外，巡回商人继续起着放款借贷的作用。让·基洛和安德烈·马森都有一个特别账本，里面记着他们做生意时在不同地点借出的每笔钱；让·基洛甚至接受存款，并给这笔款项的委托人支付利息。[117] 此类业务网络的维系有赖于参加市场交易，这已被一张能显示毕托的债务人住地的地图所证实。清偿债务的地点，在法兰克福是复活节和九月市集；在莱比锡是圣米歇尔节（Saint Michel, 9月29

日）市集，以及17世纪初贝桑松的圣马丁节（Saint Martin，11月11日）市集。[118]本地商人自然是公开抨击这种信贷协议，因为它把农民主顾与行旅商人捆绑在一起，使得后者能以对他们合适的价格安排偿付：要么享有部分收成，要么就是等到秋收季节农民把庄稼出售完毕。[119]当局除了如奥地利政府那样责怪农民"愚笨"之外，丝毫不知如何应对这些做法；原因正如奥地利政府解释的那样，如果对行旅商人课以重税，就会使商品更贵，因为商人立刻就会把新税带来的成本转嫁到价格上：反过来，如果剥夺给予小贩的这种特别许可，就会毁掉那些欠他们账的农民。政府在众多市场上限制小贩进入的尝试都是无功而返，最后能想出的招数就是让市场自身去运行，并催生出相互竞争；但是，竞争只在相似的几派人马间展开，不是萨伏依人就是意大利人，因为德国人"不善经商"[120]；换句话说，他们手中没有一个能与经济环境相协调的组织归他们掌管。

　　迁徙商人通过其金融交易，超越了由家族和农民形成的结构，逐渐成了商人—银行家，他们开始吹嘘在自己的客户群里，手艺人、贵族和中间阶级的下层成员接踵而来，不分轩轾。1574年，纽伦堡有十八个威尔士商人从事丝绸、天鹅绒和香料交易，同时经营一家银行。他们派代理人去法兰克福和莱比锡的市场。1625年，一个纽伦堡商人抱怨威尔士人支配了汇票业务。[121]某些商人取得的成功，像布伦塔诺家族，引人注目，但也难掩一个事实，即德国的许多大公司和大银行都以此发家：既用巡回农村向农民赊销的所得，也用向社会最富成员的放贷所得。在这些最著名的公司中，必须提及佩罗拉兹·德·玛格兰德（Perrolaz de Magland），他与瓦莱达奥斯塔的贝尔蒙（Belmont）、里歇尔·里波拉（Lichier Ribola）及德·卡萨尔（de Casal）合作，同时与科莫湖的布伦塔诺（18世纪初期他独占中部莱茵地区的零售贸易）合作，与此同时还加入了银行家等级；同样的例子是上塔伦特的提尼斯的某个家族设立的法福尔（Favre）公司，18世纪，这家公司人送外号"康斯坦斯湖的福格"[122]。随着他们的债务人涵括了越来越多的上层阶级成员，考虑到想要什么东西小贩都能随时拿得出来，他们出售的商品也一定在适应市场变化。

　　在商人组织方方面面的外表下，还有最后一个特征：人力与货物在法律边缘流转和运作。当然，这种状况形成后极难恒久不变，即便可以试着去猜测这些商人操纵了各个层次的规则，并以这种伎俩获利。货物沿着可能逃掉关税和过路费的路线运输，要是走私的商品就更是如此，粗羊毛，特别是烟草就属于这种情况。

后者在伦巴底的阿尔卑斯山谷地[123]大规模种植（纵有禁令也全然不顾），然后送到莱茵市镇加工，那里的法律弹性空间较大。只要有新市场开放，或是环境允许，特别是在战端开启之时，走私和非法仓储就会成倍增加。[124]军队和战争总会创造出有高额利润的地方：很难想象三十年战争期间哪个营地会没有专门的小贩，没有属于自身的供应商团体，没有随军商贩和商人。[125]萨伏依人定居斯特拉斯堡之前，常可看到他们在卫戍部队驻防的市镇里，具体是哪个要依那个年代的军事事件而定。直到皇室政权在斯特拉斯堡建起一个大的卫戍部队，这才增加了这座城市自身物流运输的机会。[126]当战事南移，来自多菲内和布里杨桑的商人和马车夫也随之南移。[127]钟爱军事路线是这个行当始终如一的特征。

　　小贩也在这法律晨昏的年代广为散布：在城市中，最富裕的小贩也会尽最大努力避免支付高昂的注册费，这就使得城市和小贩业两个等级体系搅在一起。我们已经在瑞典和瑞士观察到了这点，在18世纪初的斯特拉斯堡同样可以见到。萨伏依人纪尧姆·德洛兹（他有多种商业活动），像经营烟草厂的克劳德-弗朗索瓦·杜普伊一样，从不为定居付费——就像艾蒂安·罗蒙内，他身为贝桑松市民却在斯特拉斯堡开店；或像罗舍兄弟，他们娶了两姊妹，一个在居住地已被认可为市民等级，另一个则仅仅以居民身份注了个册，即处于迈向市民的阶梯的第一级，与磨刀匠大军同一级别（本地商人从不放过谴责和揭发这种现象的机会）。[128]在这里，基于等级和身份的社会遭到小贩网络组织逻辑的反对：因此，只要家族企业的一两个成员在城市里合法立足，其他人就会看到，把所付税款转嫁到他们销售商品的价格上这种做法已经无利可图。小贩的这种做法也是他们尚未分享城市价值观的标志。同样是这批商人，一边小心翼翼地既不给一批年轻人（他们为数不少，一年只给他们工作几个月）在地方行政机构登记，也不给他们求得社会地位，一边却不放过一个机会派他们去跑业务。[129]数量可观的利润，无疑积累自这种种欺诈做法和不轨行径。

　　这些网络既在法律边缘，也在立宪国家内部的共同体政府的层面上运作，通过它们内部的司法和监督机构加以完善。实际上，移民之间的相互依存对于他们整体的繁荣不可或缺。我们以后将要考察的（第6章）信息和监督机制，监控着这种依存关系。实际上，迁徙商人极少会在内部公开争吵时找来政府当局解决问题，他们更愿在一个由他们的商人同胞构成的非正式仲裁机构中解决问题。[130]以同样的方式，商人们在遗嘱中明确声明，存货清单及商人之间发布的声明必须得到尊重。1656年5月15日，周一，保罗·德洛尔（Paul Delor）在里昂立下遗嘱，最后一句写道："禁止司法力量将他的货物制成任何存货清单，司法力量仅需注意最后一张存货单，他们会发现那是在他和他的合伙人之间编制的，他的继承人、遗嘱监护人和受托人通过它结合在一起。"[131]

随着热那亚人撤回热那亚，由小商人进行的迁徙运动展现出一种新策略，即凭借整个乡村移民体系，建立起大规模事业。在一个更高的层面上，16、17世纪从萨伏依到多菲内的临时商人移民，可能与12—15世纪之间热那亚商人的迁移并没有什么不同[132]：与后者一样，他们把自己视作"商人—旅人"；像他们一样，他们依靠他们的家人、朋友、仆人、代理人及簿记管理人；像他们一样，他们努力通过占领和渗透征服市场[133]；同样像他们一样，他们自我封闭，不与外间往来。

比注重各种迎接和接收迁徙商人的方式更重要的是，注重他们拥有的非凡能力：攫取一切获利机会，在其网络内部的多种定位之间变换自如，以及在各种轴线中把握平衡。这种在不同定位间所把握的平衡是移民结构的基础，其中心就是若干来自阿尔卑斯山村有权势的家族。有了这种结构，尽管迁徙商人总会与当地商人有着这样那样的摩擦，他们也能无视抑制他们和改变他们贸易习惯的政治举动，而也正因如此，中世纪末建立起来的来自同一地区的市镇批发商和巡回小贩之间的联系，一直到18世纪末还迟迟没有消失。

第 2 章
18 世纪——返回地区

17—18 世纪期间，分布广泛的小贩网络变得支离破碎并撤回到地区。此番撤离是地区和小贩家乡各自的内部变迁过程相互遭遇所致。它的编年史有其自身逻辑及无活动的时段：破碎有时突然到来，有时则是缓慢变迁的结果，因地而异。但到 18 世纪末，这一转变已在各处都相继完成。

在法国和萨伏依的阿尔卑斯山区，移民体系的第一个裂隙来自政治。1685—1715 年间，在法国，为了确立皇权统治，宗教统一和战争成为焦点，但却打乱了山区经济的平衡。大多数小贩"精英"和一大部分乡村新教徒决定选择流亡，这把小贩网络投入混乱无序的境地。在瓦桑地区，几乎所有米佐昂人，半数贝斯人和克拉旺人及近三分之一拉·格拉夫人加入流亡大军；凯拉和布里杨松内的几个村庄经历了类似的人口流失。相应的，山村变得愈加贫困，一个世纪前在新教商人推动下创立的市集，在撤销南特敕令[1]时也没能幸免。

战争也带来其自身固有的困境。1713 年，《乌得勒支条约》[2] 签署，导致乌特

---

[1] 南特敕令（the Edict of Nantes）：法王亨利四世颁布的法令，给予信奉新教的臣民（胡格诺派教徒）宗教自由和充分的公民权。天主教神职人员十分憎恶这一敕令。1685 年路易十四撤销了整个法令。选自《大英袖珍百科》。——译者注

[2] 乌得勒支条约（the Treaty of Utrecht）：1713 年 4 月至 1714 年 9 月法国、西班牙同反法同盟国家为结束西班牙王位继承战争分别签订的一系列条约。因首批条约在荷兰的乌得勒支签订，故名。条约规定：各国承认波旁王朝的腓力五世为西班牙国王，但他本人及其继承人放弃兼任法国国王的权利。英国从西班牙取得直布罗陀和梅诺卡岛，并获得在西属殖民地贩卖非洲奴隶的特权，为期三十年。英国从法国取得纽芬兰、新斯科舍、哈得孙湾和圣基茨岛等北美属地。这些条约使英国在殖民地的势力大为增强，法国称霸欧洲的局面告终。选自百度百科。——译者注

勒蒙的布里杨松内山谷被割让,并且第一次在同一座山的前后之间划分出一条边界。在萨伏依,撒丁诸邦和法兰西君主国之间的斗争迫使商人们选择一边。一小部分决定留在法国,部分原因是,撒丁国王打算趁他们把资本金调回本国之机课收税金。实际上,由于1713年乌得勒支的和平协议,一旦撒丁国王成为乌特勒蒙山谷的统治者,他就会在阿尔卑斯山关口设阻,收取关税[2],目的是鼓励本王国制造业发展。对自由流通的阻碍和运输费增加,使得贸易移动改变了方向,渐渐转移到南方山谷、往塞尼斯隘口方向去了。[3] 法国大革命和拿破仑战争彻底完成了这个始于一个世纪以前的碎片化过程,那时法国、萨伏依和德国之间的联系渐渐中断,迫使意大利人去德国定居;[4] 但是,其人流已经在以下三者的综合作用下大大减少:国家的政治活动,市政当局的阻力及高地商人日益无利可图的事实。

确立民族国家的政治活动,是在深刻的经济变迁背景的映衬下进行的:真正意义上的商业贸易不再在欧洲的这一边进行。17世纪伊始,欧洲商贸中心就转向了英格兰、法国西北部和荷兰。只有迁徙运动的相对惯性(归因于信用网络鼓励这个行业在同一地区发展[5])把旧的移动维系在新的移动周边,后者面向的是其他更有前景、更有活力的市场。

除了商业世界经济浪潮转向西北,低地与山区之间引入了一个新的不平衡因素:新的沿海和城区中心更偏爱其附近(更容易进出)地区[6],致使山区经济进一步边缘化,处于更受限制的地位。对那些外迁到城市的人来说,利用山区人力获得的利润,现在要与低地地区的投资回报相竞争。在原工业化(proto-industrialization)地区,赊购和实物付款的策略意味着小贩是这些新事物的天然中间人。迁移运动的社会构成也强化了这种传统做法:小贩"精英"对这样的工业化形式进行投资,在有些情况下干脆将之直接创建起来。然而,这种经济的根基在低地地区遭到打压,再加上随之而来的山区贫困化,导致阿尔卑斯山大商人们(像贝托、布伦塔诺、基洛和德洛尔等家族)双重生活的收场。久而久之,群山成了阻隔,山区成了社群的孤岛。

苏格兰人与波罗的海诸国之间的网络,尽管于1716—1745年间由于斯图亚特王朝兴起而回光返照,但依然发生了同样的转变。[7] 荷兰人在波罗的海商贸中占据支配地位超过一个世纪[8]，紧随《英苏联合法》①而来的是英国市场的开放，这些都已昭示着苏格兰商人和小贩移民的衰落：随着外迁不再广泛，人们逐渐融入新共同体；临近18世纪末，波兰和丹麦也完成了这一转变。[9]海上冒险重新开始活跃，可以在海关记录里追根溯源[10]，那里记下的名字几十年后已然变更。同样的现象更早发生于一个世纪以前的瑞典，那里的权宜政策经由定居及与本地家族通婚导致出现渐进的融合：一旦一个家族挣了钱，其与家乡的联系就变得紧张起来，此家族就会转而从事更加有利可图的活动，并投入新家族网络和忠诚的怀抱。像这样寻找新忠诚和新认同可以从他们做的种种选择中加以理解：先是不再只选苏格兰人做教父和家族仪式的见证人；随后是自17世纪末起，对姓氏的选择：小大卫、罗伯特或亚历山大改成小埃里克、古斯塔夫或奥拉夫。[11] 18世纪，像东印度瑞典公司这类大公司取代了苏格兰商人家族，成为贫困移民的支持者：他们招募社会各阶层的苏格兰人，这些人服过十年或二十年役后，就可以在瑞典自立创业，或者以富人身份返回苏格兰。[12]

不过，那些围绕着东西向商贸轴线组织起来、面朝地中海欧洲的小贩网络，却受益于这次主要贸易活动向大西洋沿岸方向的转移，并继续从赢弱的伊比利亚半岛商业结构中获利。[13] 18世纪，来自布里杨松内和凯拉的家族被迫放弃意大利市场，并且来了个一百八十度转向，专务于西班牙、葡萄牙和它们的美洲殖民地。

其他迁移运动利用这次方向转移，借助小贩网络建立他们自己的商业组织，就像来自奥弗涅和西班牙利穆赞低地的人所做的那样。同样，少数族群，尤其是犹太人，通过填补意大利人和萨伏依人离开后空出的位置，并向西欧拓展他们的活动，进一步迈向融合。[14]

商人网络的地理分布随着职业变换不断变化，同时也在重新界定自身。人们发现，1750年后，萨伏依人的数量在瑞士德语区急剧下降，甚至瓦莱达奥斯塔也开始将其注意力转向法国（先转向多菲内，再到南部，最后到巴黎）；只有那些已

---

① 《英苏联合法》(*Act of Union with Scotland*)：实现英格兰（及威尔士）和苏格兰在大不列颠的名义下联合的条约。这种联合符合英格兰的政治需要，可以通过苏格兰防止可能发生的詹姆斯党人复辟，而苏格兰则通过与英格兰的自由贸易获得经济上的稳定。根据这个由安妮女王授意达成的条约，两个王国批准了新教徒的继承权，保留了苏格兰法和法庭，并同意统一税赋。选自《大英袖珍百科》。——译者注

经保留了德语方言的区社①，像格瑞森尼和上塞西亚地区，仍旧忠诚于巴伐利亚和布赖斯高②。这种转向发生在一段转型期之后，地点位于包括弗朗什 – 孔泰、勃艮第和洛林的中间区域。这些地区自古以来就有一定的讲德语的人口，他们现在开始占据优势：简言之，由于随三十年战争而来的漫长的移民定居时期结束了，就连在一个小镇上立足也变得越来越难。

如此种种变迁缓慢发生，相互叠加：某些商人被同化并没有阻止别的家族来填补他们的空缺，不过涌入的人流大大减少。在阿尔卑斯山区，迁移运动也未彻底瓦解，来自维瑞塔山谷的小贩继续向法国南部迁移，结果这条迁移路线得以维系，直到19世纪再次大受欢迎。[15]18世纪，从萨伏依来的人们在法国和德国建立或重建商人网络；像来自上塔伦特蒙特沙文的安德烈·克雷亚兹（André Cleaz），他于18世纪下半叶在奥格斯堡开业，并找来他的表兄弟和内兄弟；同时，他也有亲戚住在维也纳，更多的亲戚在拉提斯班。但这种网络规模较小，而且在更加严格的意义上以家族为基础。这些家族企业在家乡教区的登记簿上都留有记录；一旦整个家族融入新的商业市场，家族的姓氏就会从乡村记录中消失。一个作为反例的边缘个案是意大利阿尔卑斯山格瑞森尼的沃尔瑟（Walser）家族，他们维系着强有力的网络，足以既保留他们的德语方言，又使其商业成功经久不衰。[16]

撤回地区与原工业化的开端

为了分析这个崩塌过程始于何处，我们需要近距离观察两个家族的经历：来自布里杨松内的蒙内提耶③的拉顿（Ratton）家族，他们在葡萄牙建立家系；试图定居在苏黎世地区的布伦塔诺家族。两个家族各自代表一种为东道国内的小贩精

---

① 法国为地方治理而设的基本行政单位。——英译注。commune现在通译为市镇，根据是"尽管人口差异很大，但法国每个commnue都有市长和市议会，对commnue进行管理，除了巴黎，无论市镇大小都具有相同的权力。"然而，"commnue可以是有两百万居民的城市（如巴黎），也可以是只有一万或十个人的村庄，因为法国的村庄从来只是个地理概念，而不是行政管理的单位。"所以译为市镇容易造成误解。这里根据commnue作为最小的行政管理单位，类似中国的区，又根据commnue悠久的自治传统，再取一个社字，把commune译为区社。引自《法国的社区及其公共服务机构》，作者张丽萍。——译者注

② 布赖斯高（Breisgau）：历史地域。德国南部莱茵河与黑森林之间的区域总称。——译者注

③ 蒙内提耶（Monétier）：今蒙内提耶雷班。——译者注

英所采用的主流演化模式：拉顿家族继续销售商品；布伦塔诺家族则加入了原工业化进程。

拉顿家族最初来自蒙内提耶，他们揭示的多是关乎那些在商人网络的早期定居地开店的家族，这些家族好几代人都曾在那里工作。他们能获得如此成就，依靠的是家族忠诚，以及抛弃他们在山区移民体系内扮演的传统角色。同时，由于不再使用乡村人力，这个家族也就更没兴趣给家乡投资，并会为了一己之利（具体到这个例子中就是为了有利于获得很吃香的当地精英等级的入场券）切断与家乡的联系。

17世纪，拉顿家族[17]是阿尔卑斯山区主要商人网络（在里昂、弗朗什孔泰、意大利和西班牙间进行贸易）的一部分。祖父老雅克·拉顿（old Jacques Ratton）把他一生中的大部分时间都花在蒙内提耶和弗朗什孔泰（在这里以小贩身份出现）之间。他的妻子珍妮·欧塞尔（Jeanne Orsel）是里昂最大的商人的妹妹，老家在布里杨松内，她姐姐则嫁给了定居葡萄牙的布里杨松内商人。父亲雅克·拉顿在阿尔卑斯山和葡萄牙之间巡行贩卖，直到1736年，才在他妹夫雅克·贝隆（Jacques Bellon）的劝说下在波尔图开了一家不大的零售店。不到七年，俩人签了一份合伙协议：贝隆留在波尔图，拉顿于1747年在里斯本又开一家商店，在那里，他的儿子（1736年出生在蒙内提耶）也过来帮忙。

下一代人放弃了用于拓展和巩固网络的联姻和亲属关系方针，更青睐于被所选地区同化：雅克·拉顿的儿子娶了伊莎贝拉·德·克拉穆斯（Isabelle de Clamouse），她父亲是法国驻波尔图荣誉领事，也是市里最大的商人之一。从此以后，家族财富的积累主要就是在葡萄牙，即便他们力求维系其双重身份。这个家族进入商业精英的世界，也反映在这代子孙的学徒生涯上。后者不再去迁移至商人网络上各个点的亲戚那里，在他们店铺的柜台后面学习"成为商人的技艺"；取而代之的是，他们的教育被委托给教育机构。他们先是被送到法国学习中学课程，然后被送到国外，像萨克森或英格兰，在高等院校完成他们的教育。[18]这个家族首先处理掉在蒙内提耶的财产，目的是在传统的迁移目的地（弗朗什孔泰和葡萄牙）投资，但随后大革命风起云涌，葡萄牙就成了他们唯一的选择。

在那些已经开始原工业化进程的地区，移民精英分成专务商业和金融交易的一批人，以及投资朝阳产业的一批人。这两类发展（尚未得到大规模探索发掘）不能笼统地分割开，因为前一活动往往为后者提供支持：银行业务成为帮手，常常能协助其他家族成员建立制造企业。例如,来自格瑞森尼定居巴登的里奇吉(Litschgi)家族投资肖英兰德的采矿业,在黑森林谷地建立纺织厂,在瓦尔德克西附近的柯尔瑙开设冶铁业。卡斯特尔(Castell)家族在艾尔兹谷地发展手摇织机进行纺织,然后在他们自己的银行组织的协助下,以奥芬堡为基地,创设了一个强大的羊毛商群体。[19] 在 18 世纪下半叶的萨伏依,钟表制造业得以发展,动力就来自迁徙商人的家族。[20] 投资当地工业并创立企业专门制造那些对小贩特别有吸引力的商品,这种想法并不新鲜;其实,商人网络及小贩业的角色在原工业化发展中的战略性特征,无疑被低估了,正如 18 世纪初乌尔里希·普菲斯特(Ulrich Pfister)所显示的,他当做事业起点的恰是苏黎世地区科尔蒂(Curti)家族和布伦塔诺家族的活动。这些初期投资具有跟小贩营生相同的特点:商业企业依靠家族合伙,一开始以有限的资金,通过最大限度地打体制的擦边球和钻体制的空子(如有必要则毫无惧色地投入违法和走私的怀抱),赚得的利润毫不逊色于人。在涉及农村生产的地方,有一个基本要素是不变的:以实物支付工人工资。[21]

其实,与富有的城市商家牵连在一起的小贩的迁移运动,以及以实物支付小贩兜售的商品,这两者相结合(这种结合一开始就在进行)就包含了原工业化的全部精华。1604 年 8 月,定居多菲内的贝斯商人塞萨尔·尤斯塔什(César Eustache),在巴黎与"现居此城、隶属宫廷的衣帽供应商"雅克·布拉提耶(Jacques Blattier)合伙出售和供应桑树植株和种子。建立合作伙伴关系仅以下面这一点为目的,即一切收益和损失平等分享。塞萨尔·尤斯塔什尤其被禁止与其他人合伙。这个公司的驻地位于一个知名商人奥利维耶·皮克(Olivier Picque)的家中,他是"住在巴黎城的商人"[22],而且跟尤斯塔什一样也来自瓦桑。1705 年 7 月 2 日,塞萨尔·尤斯塔什向巴黎商人协会(他们已与法国的教士签订合同,要在法国每省都种一苗圃五万个白桑树丛)提供了价值八百利弗尔的白桑树丛的种子,并于夏末从多菲内和朗格多克区运到。五天后,他与主管协会事务的商人签了一单只有六百利弗尔的合同,后者提供给他女式睡衣、发带和蕾丝等货物;契约规定,商人须以销售桑树种子所得的首笔付款偿付。[23] 这类契约使我们可以拼出一个流通环路,它始于一个来自多菲内而立足巴黎的富有商人,他利用山区来的小贩收集并转运商品,这些商品得自多菲内和朗格多克地区的农民,农民就是用它们从小贩手里交换新奇玩意儿,而这些东西又是小贩从这个最初的巴黎商人那里赊购来的。

定点经营的需求

广大网络的瓦解、目的地转移及返回地区，都引发了行旅商人行业内部的变迁。诚然，各地的小贩业没能同时跟上变迁的步伐：17世纪初的英格兰，随着与苏格兰的合并和边界条约的签订，事情开始发生变化，18世纪的法国和莱茵地区亦然。新的小贩业模式在19世纪初的英格兰及19世纪下半叶的法国充分建立起来。

发源地的地理条件总是一样的：边界山区或边远地区。在法国，小贩来自阿尔卑斯山脉、比利牛斯山脉和中央高原、侏罗山脉和布列塔尼。[24] 在不列颠，由于存在着围绕工业区组织起来的小贩业结构，因而迁徙过程很少被高地支配，然而苏格兰小贩还是始终占据小贩中的最大多数。[25] 在比利时，则是埃诺地区维持着旧传统[26]，在意大利，小贩总是来自阿尔卑斯山脉或亚平宁山脉的中部。另一方面，西班牙那时好像还没有发展起本土的小贩业网络。[27]

比起前一世纪的小贩业，新生结构的显著特点有：小贩数量大增；城市商业充分利用小贩，而不再只由定居市镇的乡村"精英"利用；小贩提供的商品范围更宽；仅仅选择赊购的小贩涉及的多种交易（其中直接以食品和货物进行支付绕开了其他市场）消失了。

小贩数目的增长在各地都可以获得证实，虽然精确估计这些游牧人口到底有多少一如既往地困难。英格兰于此先行一步，这从其小贩数量的先大起后大落就可明显看出。而在法国，早在小贩业真正离开之前，衰落就已开始。[28] 因此，英格兰领先欧陆一个世纪：自17世纪末以来，行旅商人控制的分销网络已经覆盖到这个岛的最远角落[29]，与此同时，欧陆的农村地区则仅被部分征服。在法国，自从18世纪60年代以来，小贩数量增长显著：随着出现"小贩"这一术语，从他们家乡的公证记录看，这点已是铁证如山。17世纪，记录仅仅提及"商人"；从18世纪开始，"小贩"在行政和司法档案中出现在移动人群中，移民等级因此而更加清楚明确，因为从今往后"商人"从"商—贩"和"小贩"中区别出来。[30] 在多菲内的通行证记录中，各类之间的平衡非常有趣——六个商人（无疑有更多，但因作者没有给出他们来自何处，所以要谨慎对待）、五十七个商—贩及三个小贩——因为它揭示出前者地位逐渐下降，而后者在18世纪则备受青睐。[31]

小贩激增是城市商业总体发展的结果。自此之后，小贩不再只为像他们一样的同乡商人做事，而是也从其他城市商人那里进货，后者则利用小贩推动他们自己的企业发展。这种新发展带来另外的变迁：境遇较好的小贩会致力于商品转售，而忽略家庭手工业产品；境遇不那么走运的，靠卖手艺吃饭的，也由于城市商品受青睐而渐渐洗手不干这一行。就这样，磨剪子磨刀的师傅都不想干这些低贱的行业，而是去专心致志经营贸易。[32] 随着沿街叫卖的商品范围不断拓宽，类似的变迁也同时发生在定点商家那里。

  与此同时，随着受益人自我组织成稳定的共同体，手艺人（像砖石匠）的广泛迁移成了一个独立于商人迁移的现象。在 19 世纪的吉弗瑞山谷，有个叫三冠（des Trois Couronnés）的行会集合了所有建筑行业里的人：建筑工人、灰泥搅拌工、切石工、砖石匠、砖石师傅、工头、监工和建筑承包商，以及相关行业的人：木匠、木工与屋顶工。19 世纪，他们实际上垄断了日内瓦的建筑行业。[33] 想要辨认手艺人移民是否来自某些村庄还需要进行一项综合研究，它应该能让我们了解摆在山区共同体面前的选择，检验商人和同村手艺人之间的初始联系纽带。

  最终，大量的新产品，印刷制品，也成为小贩货物范围的一部分。印刷品一开始是从位于法国东部和德国莱茵地区的生产中心，巴黎和里昂分销出去的；到了 18 世纪中叶，它已深入到大部分农村地区。[34] 在围绕着印刷品建立起特定的小贩业网络之前，它是兜售缝纫用品的小贩珍视的附加商品；以至于像在 18 世纪的特鲁瓦，单是印刷品贸易就支撑了大部分缝纫用品业，因为市镇议员在 1760 年的一份声明中明确表示，支持让·乌铎四世（Jean Oudot IV）的遗孀反对巴黎法院（地区最高法院）。"特鲁瓦大部分缝纫用品生意都由进购蓝皮书①书卷的贩夫从事。假使乌铎遗孀的印刷厂关闭，特鲁瓦这项生意的源头很快就会干涸枯竭，因为与乌铎夫人竞争的加尼耶印刷厂虽然也印刷这类书籍，却从来都满足不了每年的大规模需求。贩夫们由于不再能像从前进到蓝皮书各刊，就不会特意绕道特鲁瓦（他们现在就这么做）来买在别处也唾手可得的缝纫用品。"[35]

  做禁书生意对小贩非常有吸引力，因为这里面的利润特别丰厚。保罗·马勒伯（Paul Malherbe）从纳沙泰尔②订购书籍，并把它们储存在一个秘密库房里，然后再转卖给小贩，因为它们"现在是营业额最大的商品……小贩极其热衷于此类

---

① 蓝皮书（bibliothèque bleue）：18 世纪流行的刊名合集。——英译注
② 纳沙泰尔（Neuchâtel）：瑞士西部城市，纳沙泰尔州首府。11 世纪建城，1214 年设市。运输枢纽。文教事业发达。选自《世界地名词典》。——译者注

书籍；比起其他著作，他们能从中赚到的要多少有多少，因为（相对其他书籍）在给定的书籍需求下，价格只是一个定死的零头。"[36] 小贩佩尔松（Personne）买了四本伏尔泰的《论宽容》，每本四利弗尔，即十索尔①，并以七或九利弗尔转卖。[37] 这自然只是禁书分销的途径之一。还有就是通过亦商亦友的渠道：朋友之间书信往来，书籍便可通过恰在当时当地的友人订购，他会一直等到包裹完全装满才寄送给其收件人。[38]

18世纪中叶，法国中部和北部的多数大市镇都以拥有兼营印刷的书商而自豪，后者可以招徕小贩。[39] 与此同时，随着印刷制品纷纷跑进缝纫用品商的行囊，某些地区开始专门从事这类贩卖：先是18世纪的科坦登和布里杨松内，然后是19世纪的比利牛斯山谷地[40]。在后面的章节中我们会再回来关注它们。

最后，在某些地区，之前的迁徙运动解体，使得来自其他地区的人占据了就这样留下的空缺，这回轮到他们建立商铺组织和小贩组织，并在所在地的各类商业贸易中处于实际上的垄断地位。然而，这些后起的网络就像在中央高原建立的一样，也是仅在单一国家或某些区域运作。

从朝圣到小贩

自中世纪以来，中央高原就再没有过一个稳定的商品流，所以它的移民体系是循着不同的路线发展的。在奥弗涅和下利穆赞地区[41]，最早的文件指出，迁徙者起初遵循的线路，就是去往圣雅各的孔波斯泰尔和位于加泰罗尼亚的蒙特塞拉特圣母院的朝圣之路；接着第二波浪潮沿着收复失地运动②的路线而行。在这种情况下，迁徙者先是步僧侣的后尘，然后则是追随参加对异教徒的战斗的贵族。

有若干事实支持这一理论。在中世纪西班牙发现的利穆赞人口早已在朝圣者和军队走过的道路沿途定居。[42] 像位于奥里亚克的圣热罗（Saint-Géraud）修道院，

---

① 索尔（sol）：法国旧用货币。——英译注
② 收复失地运动（Reconquista）：718—1492年间位于西欧伊比利亚半岛北部的基督教各国逐渐战胜南部穆斯林摩尔人政权的运动。史学家以公元718年倭马亚阿拉伯征服西哥特王国，以及阿斯图里亚斯王国建国为收复失地运动的开端，以1492年格拉纳达的陷落为终。在西班牙语和葡萄牙语中，"Reconquista"一词有"重新征服"的意思。选自百度百科。——译者注

或是位于土利①的修道院，都在西班牙条条朝圣之路沿途拥有地产，并且修会紧随收复失地运动纷纷建立。下利穆赞地区的贵族加入了收复失地运动，许多大主教自己就生于利穆赞，并于 16 世纪被推选到西班牙主教辖区，他们的家乡地区就是随后向西班牙供应了最大数量的迁徙者的地方。[43] 第一波迁徙运动主要与拓殖西班牙有关：它注定要给"主要来自奥弗涅和利穆赞的"法国人"建造、播种并预备土地"，这些法国人"接踵而至西班牙"，"几乎都是住在纳瓦拉②和阿拉贡③的葡萄栽植者、雇农、泥瓦匠、木匠、裁石匠、旋工、车匠、马车夫、制绳匠、采石工人、马鞍匠和马具制造者。"[44]

自从 14 世纪末期以来，那些从中央高原及从比利牛斯高地山谷而来的人们再次垦殖了加泰罗尼亚和阿拉贡，在这些地区重新建起城镇，寻找土地耕耘，并复兴了商业。[45] 然而在 17 世纪，一份对巴塞罗那法国人殖民地的分析显示，加泰罗尼亚的法国商人并非源自那场迁徙运动，而是来自马赛和朗格多克，比利牛斯山区和奥弗涅提供的是无技术的劳动力。[46] 就安达卢西亚较富庶的省份而言，尽管它们的形状千差万别，但在关乎巡回贸易的重要性上，黄金时代的证言与安托万·德·蒙特施莱提安（Antoine de Montchrétien）的证言相一致——它们几乎清一色都是法国人的省份。而论及从奥弗涅来的人所扮演的角色："他们大多数总是来了又走，其他人则一旦在西班牙富裕省份，如塞维利亚、托莱多、格拉纳达、巴伦西亚或者就在皇宫（他们在那里担任几项职务）赚够一定数目的钱后就会回家。他们卖水、贩卖铁制器具和布料，也卖五金器具和刀具。"[47] 1705 年，佩雷·拉巴特（Père Labat）描述了奥弗涅人如何渗入巡回贸易的较低等级中去，以及他们中的某些人如何获得成功：

---

① 土利（Tulle）：法国中南部一城镇。——译者注
② 纳瓦拉（Navarre）：欧洲西南部一历史区域和古王国，在西班牙北部和法国西南部的比利牛斯山上。早期被巴斯克的祖先居住，9—13 世纪被巴斯克王朝统治。其南部被西班牙吞并（1512—1515），然而北部仍为一个独立的王国，1589 年北部地区被划入法国君主的版图。——译者注
③ 阿拉贡（Aragon）：西班牙东北部自治区，首府萨拉戈萨，范围大致相当于历史上阿拉贡王国。境内有中比利牛斯和伊比利亚山区，埃布罗河流经大部分地区。1035 年拉米罗一世建立阿拉贡王国，后来这块土地落入摩尔人手里。1118 年当时的阿尔摩拉维德王国的首都萨拉戈萨为阿拉贡的阿方索一世所占，现在阿拉贡的版图大致在 12 世纪末确定。13—14 世纪时，其统治了西西里、撒丁、那不勒斯和纳瓦拉。15 世纪费迪南德五世与卡斯提尔的伊莎贝拉一世结婚，阿拉贡和卡斯提尔王国合并，为近代的西班牙奠定了初步基础。选自《大英袖珍百科》。——译者注

不算拥有露天摊位的手艺人，也不算商人——其中往往一个西班牙人就有二十个外国人——我还在加的斯时就确信无疑，仅仅在安达卢西亚，就有多于两万法国人来自奥弗涅、马尔什①和利穆赞地区，以及加龙河②周围地区，他们的工作是给住户送水，在街上卖煤、卖油、卖醋，在客栈里招待，耕地并收庄稼，在葡萄园干活。这些人几乎一直都是三年回一次家，随身带着三四百皮阿斯特③，往往更多……有为数不少的煤商几年后就能带着一个背包，里面装着织物和其他小商品回到西班牙。他们现在是王国里最有势力的商人。[48]

就在同一时期，在迁徙者离开法国时公布的营业范围中，可以辨别出分化的开端：后来业务发展壮大的人都来自同一地区，那里早已向西班牙输送了人去交易骡子、马和银制品[49]；正是把他们的牲畜当成资本，奥弗涅商人才逐渐成功地打入能赚大钱带来巨额利润的金银市场。在西班牙，他们被指控在兜售"fil de Flandres"（从弗兰德来的丝线，这是他们本应卖的东西）的伪装下从事金银珠宝买卖。这种表达方式甚至成了一个暗语，以警示那些想要把旧珠宝或值钱的旧陶器脱手的人。[50]他们除了用金属和皮阿斯特做交易，还从事违禁活动钻营牟利，比如银币交易，这往往能带来20%的利润；或者，他们会想方设法流通商品，不是毫不理会针对外国商人的法律，就是绕开它们，暗度陈仓。[51]

有些人虽然参加了这项特别的迁徙运动，但却依然长时间处于商人圈子底层，就像其他长期垄断零售贸易的群体在他们为获取那家必不可少的店铺投标竞价时故意阻挡住他们似的：1625年和1674年，西班牙当局两次扣留法国商人的货物，受此影响的来自中央高原地区的人数低得荒唐[52]；一个世纪以后，一份关于加的斯法国侨民聚居区的分析中披露了同样的等级结构。这个聚居区的上层由市镇里大约一百五十个有影响的大工商企业构成，他们都是新教商人银行家。他们下面是来自山区的两个截然不同的商人群体：首先是比利牛斯山脉的巴斯克－贝阿尔奈山谷，其次是一个来自上多菲内地区的群体。无论如何，事实上，加的斯一百四十五家法国大企业的上层人物中，没有一个人来自奥弗涅和利穆赞地区。

---

① 马尔什（Marche）：法国中部历史地区。一度属于利穆赞，10世纪分出。——译者注
② 加龙河（Garonne）：法国西南部的一条河。——译者注
③ 皮阿斯特（piastres）：几个中东国家的货币单位，100皮阿斯特等于1英镑。——译者注

所有三百六十六个利穆赞人，除了一个，都属于服务部门或工匠等级：一百六十个仆人里，一百零四个来自利穆赞，而七十四个面包师中的七十三个，三十三个咖啡馆主和侍者中的十七个，都是如此；全部五十名制椅工，三十五名送水工，十九名煤矿工人及十六名厨师，都来自利穆赞。[53] 18 世纪末，加的斯的法国领事蒙热拉（Mongelas）分析了移民形势：来自奥弗涅的那批人已经在许多行业取得了一种垄断地位，为了保卫这一地位，他们成立了一个其下掌控着公用基金的行业组织。某人离开时，他就把他的市场份额传给他的一个家庭成员，如果行不通，就把它卖给第三方。[54]

18 世纪，迁徙运动经历了一次渐进的重组，并向移民等级上更高的层次转移；在最底层，来自奥弗涅和加斯科尼的磨刀匠和送水工选择了更近的法国目的地，而不再踏上去往西班牙的旅程，他们原来的位置被来自加利西亚和阿斯图里亚斯的西班牙人所取代。[55] 与此同时，迁徙而来的小贩"精英"已经在那些在西班牙经济体制中只需很少或者根本不需要资金投入的区域取得了垄断地位，并以那些来自阿尔卑斯山高地山谷的小贩中堪称成功者为楷模，在扩展家庭的基础上逐渐建立起公司。

诚然，这个地带不再如往常有利，而且就在这些公司成立的同时，这个国家开始向外国人关上了大门。1730 年在马德里，贯穿整个黄金时代一直在为此而斗争的"Cinco Gremios Mayores"（五个主要行业工会），被授予织物和缝纫用品销售的垄断权，就这样，外国竞争者被排斥在一个超过六十里的禁区之外，被迫以中等规模的市镇为基地进行自身重组。[56] 不仅如此，自 1627 年以来，针对小贩业的法律臻于完善 [57]，即使这些法律并不打算阻止小贩网络继续壮大。[58]

18 世纪最后三十年左右，网络建立了起来，一份 1770 年的报告记述了来自加斯科尼、利穆赞和奥弗涅遍布整个西班牙"挨个村庄贩卖其货物、跟铜匠一样做买卖"的人的"可观"数目；他们"在每个省份都在几个地方"创建起"相当大的商店，从那里向村庄扩张"，而且他们"全都不时地返回法国，无论到哪里他们都带着他们的劳动成果，刚走的人留出的位置立马就会有另一个人来顶上"[59]。

19 世纪，这些商业公司开始走进公众视野。1812 年，康塔尔省长估计至少有四百人涉足其中。他们被构建在一个家族网络和银行体系里，劳动力则通过乡村人力来供应。他们的组织背后的一切原则，都旨在通过阻止其股东脱离家族银行体系，并借助对迁徙而来的人力保持可能施加的最严密的控制，而尽可能维持迁徒链条的自足，为的就是保证成员忠诚于风险事业。他们采取了加的斯商业企业的原则，即自 18 世纪以来，当这些企业的股东身在西班牙时，强制他们独身（1754 年一份关于安达卢西亚贸易的报告说"法国商人很少娶西班牙女人"）。[60]

组织建立在紧密的家族纽带基础之上：纽带就是股东的儿子和女婿。一百零二名钦琼（Chinchón）公司成员中，四十个来自奥里亚克区北部约二十个教区之间，只有六个姓。[61] 与从家族内部招募新丁并行的是极端严格的规则，后者考虑的是在法国待了多久及其资本投入：每名新伙伴或年轻学徒都必须出一份入伙资金，那些在法国和西班牙两地间行旅的股东每年只有四分之一能回到法国。不过，两年后，就不允许那些有权回家的人带走他们的全部利润：一定量的利润必须重新投入以推动对西班牙的商业贸易的资本投资。[62]

有了这种组合资本，就会促使其他店铺开张，这使小贩可以深入更边远的农村地区巡行交易：

> 大商铺每家相距约一百四十四里到一百九十八里，由两到三个股东经营。每家店铺要照顾到由许多市镇或大村庄组成的周边地区，其他股东就到这些地区以零售方式销售从地区店里拿的货——有些以一个露天货摊为固定的根据地营业；其他人在每周固定的日子赶到村里，用分给他们的骡子驮着货物沿途叫卖。在距其他店铺适当的距离开一家新店足够让十二到十五名股东有活儿干。这些商家中许多都由一百名或者更多合伙人组成，他们在方圆三四百里的地区内进行交易。他们拥有数量可观的资本，并与法国、瑞士和西班牙的工厂都签订了贷款协议——他们实现的利润与资本量成比例。可以毫不夸张地估计，他们每个正式股东的身价都在两千法郎，即便他们要达到这种程度得经过大约为期十六年的合资伙伴关系，在此期间，营业额会以四年为一周期，历经一系列周期不断增值。[63]

因此，他们这个在若干层面上运作的体系，建基在一个双重选择过程之上：既在乡村也在西班牙。在乡村，只有近亲才有权进入对外贸易，除此之外，家庭成员的标准还得加上对家资最富有者有利的区别待遇。女婿必须足够富裕，能为业务贡献出自己的份额；把他们的孩子引介进来的父亲，必须给每个孩子提供一份三千到四千法郎的启动经费。为期七年的学徒关系是另一种选择形式，这一次，决定是在西班牙做出来的，因为"根据他们的勤奋和聪明程度，他们在利润方面的所得会在最后四年间相应增长"[64]。头一个七年期结束时,年轻的迁徙者要回到家人中待上两年,这段时间通常是他家人给他成家的时候。评价经商头脑的选择过程被对迁徙者行为的严格监督过程所强化,这一点与许多意大利公司里实行的相似:在西班牙结婚、把家庭带来安置在那儿或者把那儿当成家乡[65]、赌钱或者行为不端都遭到禁止,违规者面临着被组织开除的威胁。那些有着相同背景的人们一起过的社会生活,是围绕着同胞开的旅店组织起来的,其中打扑克和外出狩猎占据了年轻迁徙者的空闲时间。[66]一切过失都由股东裁判,惩罚范围从削减个人利润份额到驱逐出公司业务,不一而足。[67]

家族作为一个供应和信息网络,在不同的地点以及在家乡和定居点之间运转:书信来来往往意味着供需可以调适,也说明所有市场都能被开发利用。[68]

在西班牙,农民付给旅行商人和铜匠的几乎总是小麦、面粉、葡萄酒和羊毛,以换取当地手工业供应不了的重要商品。这些支付手段的后果是双重的:一方面,旅行商人从对他们途经的农业市场的参与中获利,并借此与地主一起防止农民在这个市场上站稳脚跟[69];另一方面,他们收受的权当付款的谷物产生了一个相应产业,即面包制造业。在这个行业里,来自康塔尔的人逐渐获得了垄断地位,一直持续到19世纪末。

家族企业通过将来自乡村的人雇为家仆,依旧不断地为他们提供工作。[70]这就解释了持续不断的返乡之旅,以及两地之间家庭的支离破碎。在奥弗涅,学徒合约价格在四百到十利弗尔之间变化,一个孩子,要是被他叔叔带过去,给一个在西班牙立足的铜匠当两年半学徒,他的父母要花四百利弗尔;中等价位的多是十二到十九岁之间的男孩,他们是被其父或者巡行路上的亲戚带过去的。在最底层,一个相应的产业建立起来,干这行的是跟走私犯差不了多少的几个人,他们兜售着西班牙之梦,只要交总额十到四十五利弗尔的一条龙服务费,他们就会为那些想成为移民、刚到西班牙的人充当向导,提供食宿。[71]但是,依然让人比较难理解的是,位于这个招募体系背后的是什么。考虑到那个时代的习俗,这个体系兆示的是无情地压榨迁徙者,除非它仅只是要掩盖一种"排外的迁徙",就像那时候上多菲内和亚平宁山脉那里实践的那样。[72]

大型贸易企业在革命的痛苦中解体。18世纪最后几十年里,迁徙商人已经受到为保护西班牙市场和西班牙产业所采取措施的阻碍;特别是1782年海关关税表，它使得从里尔^①和阿尔芒蒂耶尔^②进口针线、帽子、鞋子、扑克牌、肥皂或精美织物不再可能，并由此从市场上消除了大部分小贩贩卖的商品。先是与革命的法国敌对，接着是反对拿破仑战争，最终导致两国的联系纽带被摧毁：1791 年 7 月 20 日，一道皇家敕令规定，在西班牙永久居住的八万法国人，要么宣誓效忠国王查理四世，要么离开该国。1793 年，然后是 1808 年，在洗劫法国人和针对他们的示威抗议过程中，他们被逐出西班牙，他们的货物则被没收。[73]

---

① 里尔（Lille）：法国北部城市，位于比利时边界附近巴黎东北偏北部。建于 1030 年，是佛兰德领地中世纪的首都。——译者注
② 阿尔芒蒂耶尔（Armentières）：法国北部城市，位于里尔西北偏西。该市因第一次世界大战中的歌曲"来自阿尔芒蒂耶尔的少女"而闻名。——译者注

第 3 章
18 世纪南欧的书商网络与书贩

18世纪，大规模行旅贩卖（在此过程中，最富有的家族建立起来的商店网络使其家乡的全部人口都受益），只在印刷制品市场方为可能。所选择的产品可以说明这种持久性：印刷制品是一种新商品，非常吃香，可能带来实实在在的利润，它既有合法市场又有走私品市场。1754年，日内瓦克莱默书商的前主管官员弗朗索瓦·格拉塞特（François Grasset）在给马勒舍博（Malesherbes）的信中写道：

> 西班牙和葡萄牙还有意大利市镇的书籍贩卖交易，完全被法国人控制；他们全都来自多菲内布里杨松内山谷的一个村庄。由于积极主动、不辞辛劳而且谦虚低调，他们接连不断地来到西班牙，并且几乎总是在他们自己人中娶妻成家……不但书籍贩卖掌握在他们手中，地图、报纸、钟表制造、布匹、印花布、长袜、女帽等等物品的市场也都无不如此。[1]

在这封信中，格拉塞特暗示，书籍市场上相当大的份额被一个单一的村落共同体所掌控。下面我们就来看看这一说法在多大程度上是真实的，然后试着弄明白这个书商网络是如何建立起来的，它与小贩业又有怎样的关联。

让我们快速评述一下欧洲出版业的性质。在那里，首先是法国接着是瑞士在南欧出版业中占据主导地位。17世纪欧洲出版业的特点是，荷兰和英格兰居于支配地位，西班牙[2]和意大利[3]产量衰落，1620—1630年以降尤其如此。实际上，

17世纪西班牙出版业彻底停滞[4]：预防性审查的手续颇具风险、宗教法庭①的不断骚扰、授予某些修会的过分特权、纸张供应不足，以及由于税额稳步增长，西班牙作家被迫在海外（尤其是里昂）出版著作。审查既是世俗要求的结果，又是宗教法庭的产物，但它并不能阻止"自由"书籍的流通，尽管有严格的边境控制及施加其上的重罚。[5]自16世纪末以来，巴黎、里昂和鲁昂的书商将他们的出版物配送到伊比利亚半岛，那里是外国人的重要聚居区。[6]这一事态意味着，先是法国然后是瑞士在北欧和南欧之间扮演了中间人的角色。[7]18世纪，日内瓦成为欧洲印刷品市场上再分配和生产的重要中心。[8]

在书籍交易中，一些数字可以证明布里杨松内共同体的重要性：1755—1760年间，与克莱默书店有过交易的那些人的名单已由吉尔斯·巴伯（Giles Barber）出版，里面披露出至少三十八名来自蒙内提耶或周边乡村的书商的姓名，他们那时已经是法国、意大利、西班牙和葡萄牙的开业书商。1793年法国大革命恐怖时期，西班牙的布里杨松内人的货物被没收，结果显示，单是来自蒙内提耶的就有四十五个家族。[9]与之相似，阿里斯提得·阿尔伯特（Aristide Albert）出版了一份五十一名书商的名单。他们生在同一个村庄，18世纪末和19世纪初也在同一些地方（同样也将其活动扩展到巴西市场）做生意。[10]自然，这些名单可以重复检验。从别的资料来源而来的其他姓名也可以添加到这份暂时的名单上，那里披露出，在18世纪欧洲经营书店的那些人（参见本书附录）中，有近五十个布里杨松内家族名称（提及一百四十次）。

可不可能去评估布里杨松内人在书籍交易中扮演的角色呢？诚然，他们不是唯一一群在欧洲地中海地区进行书籍交易的人；如果以克莱默的生意作为一个出发点来考察这个市场，一个新教商人—银行家的网络就会变得清晰起来[11]；他们不仅活跃于给予书店和书籍分销贷款，同时也扮演着一个关键角色，就像意大利和西班牙的全国商业通讯员一样。不过在葡萄牙，所有的书商都是外来的，而且

---

① 宗教法庭（the Inquisition）：中世纪和近代初期天主教的司法机构，用以镇压异端、巫术和法道。为对付清洁派和韦尔多派等异端的散布，教皇格列高利九世于1231年设立此机构。量刑范围从祷告禁食到监禁；被认定为异端分子的人如果拒绝改变信仰，就要转交世俗司法当局判处死刑。中世纪异端裁判所主要是在意大利北部和法国南部活动。1478年西克斯图斯四世设立西班牙异端裁判所，办案极为严酷。宗教公判大会是一项宣布判决的公开仪式，后成为精心策划的庆ធ会。直到19世纪初才在西班牙被完全取缔。选自《大英袖珍百科》。——译者注

几乎都来自布里杨松地区；18世纪下半叶，至少有十四到十七名里斯本书商来自布里杨松内；科英布拉①有五人，波尔图有六人。[12]

克莱默的通讯人中有两大类主顾：为个人消费或者一个小的家庭圈子而购书的个体，这类人带来的营业额有限没有规律；然后就是书店。他们的意大利主顾名单上的名字达到七十九个，其中只有二十二个连续出现超过三年。所有布里杨松内书商都名列其中：帕尔玛的弗勒斯（Faures）；佛罗伦萨的约瑟夫·布夏尔（Joseph Bouchard）；热那亚和那不勒斯的格拉维埃家族（Graviers）——让·伊弗斯（Yves）和约瑟夫-安托万（Joseph-Antoine）；米兰的雷森（Reycedns）和科伦（Collomb），都灵的雷森、吉尔伯特和西尔维斯特（Sylvestre）（他们随后成了雷森和吉尔伯特兄弟公司）。如果以营业额来看的话，二十三个顾客，其中大多数是私人客户，交易额做到一百利弗尔；三十五名顾客，既有书商又有私人顾客（包括米兰的雷森和科伦书商以及帕尔玛的邦内特），交易额做到一千利弗尔；两千和三千利弗尔再往上就是书商的领地。九名书商归入此类（除了弗勒家族外都是意大利人）；其中七人交易额做到五千到一万二千利弗尔之间显得尤为出众。在这七个人中，都灵的雷森和吉尔伯特（一万一千利弗尔），佛罗伦萨的布夏尔（一万利弗尔），热那亚的格拉维埃（一万一千利弗尔），都是布里杨松内人；其余三个都是新教商人—银行家（其中一个交易额做到五千利弗尔，两个做到八千利弗尔，还有一个是一万二千利弗尔），换句话说，他们属于另外一个支撑克莱默书店的有势力的网络。这后一个网络大大不同于我们当下虑及的这个，因为它并不是按照临时迁徙的模式来运作。如果把完成的交易额加总起来（有点复杂，因为两千利弗尔以上的必须计入许许多多不良债务），总额达到十二万一千三百利弗尔，其中一大半，即六万五千利弗尔，可以近乎按照等比例追溯至新教商人—银行家网络和布里杨松内人的网络。

在伊比利亚半岛，六十三名通讯者被记载下来。与意大利相比，小账目远远要少得多。七个通讯人交易额达到一百利弗尔；二十六个产生了一千利弗尔的交易价值，其中四个是布里杨松内书商（他们是杜波、里斯本的雷森和科伦、科英布拉的杜波及塞维利亚的贝拉尔）；接下来的标准就是三千到五千利弗尔，能达到的有十四个书商——七个本地书商，三个新教商人—银行家及四个布里杨

---

① 科英布拉（Coimbra）：葡萄牙中部一个城市，在里斯本东北偏北。——译者注

松内书商。最后，最大的客户与那些意大利的顾客类型稍有不同。这是因为两个新教银行家马德里的帕斯卡里（Pascaly）和拉拉尔德（Larralde）的交易总额达到五万九千利弗尔，从而轻而易举地独占鳌头。他们的交易对象分别是加的斯的凯兰（Caylan）、卡贝纳斯（Cabenas）和儒热拉（Jugla）（三万四），以及一名西班牙书商加的斯的穆提斯（Mutis）（两万七）。他们后面是两个布里杨松内书商，他们的交易额在一万到一万六千利弗尔之间：里斯本的邦纳德尔（Bonnardel）（一万六），塞维利亚和巴伦西亚的马兰（Mallen）（一万一）。最后，还有另一个由七名书商组成的重要群体，他们的交易额在六千到九千利弗尔之间，其中五人是当地人（马德里的阿尔维拉[Alvera]和梅纳[Mena]、巴塞罗那的皮[Pi]、萨拉戈萨的门多萨[Mendoza]、加的斯的埃斯皮诺萨[Espinosa]），还有两人是布里杨松内人（科英布拉的吉尼乌[Ginioux]和里斯本的伯特兰[Bertrand]）。布里杨松内书商完成的交易额在总数二十六万五千二百利弗尔中达到五万六千利弗尔；换句话说，他们占了克莱默市场份额的五分之一到三分之一。

这只是书籍贸易的局部概览，因为克莱默家族并非这些市场上唯一的供应商；但这同样只是对布里杨松内书商活动的一个局部估计，他们也为其他出版商做事，尤其是戈斯家族和纳沙泰尔活字印刷社。[13] 其他名字也有出现：里斯本的甄德隆（Gendron）和雷森（Reycends），他们是1740年前后戈斯家族最大的通讯人；仍是在里斯本，波瑞尔、吉尼乌、马丁和伯特兰，以及让-巴普迪斯特·雷森都与戈斯家族有过交易，就像加的斯的雷森和吉伯特一样。还必须提到马赛的约瑟夫·科伦，他是克莱默家族的总代理，负责要债和向书商供货：他能做价值一万两千利弗尔的交易。更不用提戈斯家族和克莱默家族业务记录上那些更重要的人物，像以马德里的堂迭戈（Don Diego）著称的雅克·巴特雷米（Jacques Barthélémy），他是首都的最大书商之一。

这些书商中，有的在法国出版了西班牙和葡萄牙作家的作品；像阿维尼翁的德洛姆或者皮埃尔·甄德隆这样的书商，后者离开里斯本后，定居在巴黎而成了卡摩安兹①的出版商。我们可以假定，他们利用他们的家族网络分销其出版物。要给这个概览做结，必须提到另一个布里杨松内出版商：阿姆斯特丹的马克-米歇尔·雷（Marc-Michel Rey），他是卢梭的出版商。他与都灵的雷森的亲戚关系，

---

① 卡摩安兹（Camoens，1524—1580）：葡萄牙著名诗人。——译者注

有文献可以为证。[14] 最后，让我添上一段卢梭在卷六①中亲口承认的内容，即当他在夏尔默特的时候，他是尚贝里的书商布夏尔的一个主顾。

这些都回避了最初问题的实质：这个我们发现在18世纪已经完全成型的网络从何而来？它的开端可以从某些学术著作[15]和家族档案中重构出来：它从上多菲内新教商人—银行家网络发展而来，于16世纪首先进入人们的视野，我们在第一章里已经在17世纪与之相遇。这个网络在南特敕令撤销后被摧毁，其后几经转移，最终于18世纪在吉萨尼山谷的邻近村庄重新形成。

要理解这样的变迁如何可能，我们要回到过去的商人网络那里，去看看尽管历经了家族四散，但在16世纪的山区家族之间形成的联系纽带，是如何在18世纪仍旧牢不可破。接下来我们就来考察一下这个由参与到书籍交易中去的人们构成的网络，这次我们从来自拉·格拉夫的尼古拉斯（Nicolas）家族的视角出发，17世纪他们在格勒诺布尔开了一家书店。

然而，首先必须弄明白的是：这种山区网络的存在直到现在都避开了研究者的涉猎，其根本原因何在。书商就像缝纫用品商一样，一直都被当成他们开店所在市镇的一部分（而且是以市镇的观点）来研究。他们的账簿起的作用是把这种观念固化，因为当他们记下他们和谁做过生意的时候，他们不会提到他们跟某些商人是同村的（这对他们来说不言自明），相反只会注意到他们做生意的地方，这是交易中唯一重要的信息。例如，书商尼古拉斯在他的账簿上记下了他与巴黎的皮克（Pic）和罗姆（Rome），与里昂的基洛、席寇（Chicot）和格兰杰（Grengent）的商品交易；他的记录里并未说明他们全都是阿尔卑斯山商人。让·基洛在其账簿中提到了都灵的萨洛蒙、阿尔多（Arthaud）和皮克，以及格勒诺布尔、阿尔勒②和勒普伊的尼古拉斯家族，但却闭口不提这些人都来自拉·格拉夫。这种做法可以理解：没必要记录既显而易见又毫无价值的东西，只需记载可能变更或会引起混乱的东西：商人四处迁移，每个家族都会在好几个地方开店——像皮克家族在巴黎和都灵就都能找到；或像尼古拉斯家族那样。当然，从城市中收集到的点滴信息并未使重建过程变得容易，因为多数时候，它对商人的老家只字不提，一般

---

① 当指卢梭的《忏悔录》卷六。——译者注
② 阿尔勒（Arles）：法国东南部城市。公元前1世纪由罗马人建立，通过商业贸易，成为罗马帝国的主要大城市。10世纪成为勃艮第王国都城，后成为阿尔勒王国。选自《大英袖珍百科》。——译者注

也不会提到他们在城市居住的临时性质。因此，除非以山村作为观察的起点，否则商人网络就难觅踪影。我们要牢记在心的是，当前研究的观点是：尼古拉斯家族在其中起作用的网络活跃于瑞士、意大利北部和法国南部：在里昂、巴黎、日内瓦、曼图亚①和佩皮尼昂②之间[16]；但这并不是说我们就要放弃希望，不去揭开一种可能存在的伊比利亚因素。[17]

为了证明以家族间持续的亲属关系为依托的网络的持久性，我们的第一个任务就是证明商贸往来的连续性。尼古拉斯家族是做什么的？在格勒诺布尔经营店铺之前，他们在16世纪是在货里添进几本书去卖的小贩，这些书是里昂的书商本诺阿·里高（Benoit Rigaud）[18]有条件赊销给他们的。里高家族在书籍交易中大发其财，很可能是头一个专门从事书籍出版和经销，特别是针对小贩的经销。[19]尼古拉斯家族干小贩这行的成功事迹也意味着，1608年，让·尼古拉斯第一（Jean Nicolas I）能够在格勒诺布尔租下一间书店。尼古拉斯的账簿同让·基洛的一样，见证了这一事实，即前几代人构筑的业务纽带由其后人维系下来：16世纪，里高家族成了还是小贩的尼古拉斯家族的供应商，进入17世纪他们与成为书商的后者继续合作；尼古拉斯与基洛两人的账簿不仅前后一致，而且彼此吻合，这证明两个家族一直共事，从未停止。让·基洛既与尼古拉斯家族的格勒诺布尔支系，也与那些立足于阿尔勒和多姆山地区的商人有生意往来。

一份对这些账簿更细致的分析进一步显示，这些家族大多数的生意往来都是在相互之间进行的；他们自然而然地关联起来[20]；而且他们与其家乡保持着密切联系：他们娶的都是拉·格拉夫女人，至少有一名家庭成员住在那儿，所有人都会不时返乡。因此，让·尼古拉斯第一娶了瓦桑商人马特·于连（Marthe Jullien）的女儿。他兄弟也是个商人，住在台地管理家族财产。让·基洛，以及他的父亲和祖父娶的都是拉·格拉夫商人的女儿——来自席寇、莫内、马兰（Mallein，与后来在西班牙重新出现的是同一个家族）和加洛特家族：所有这些名字都布满彼此的账簿。尽管让被视为一个里昂商人，但是他的家族以及一定量的财产仍然留在拉·格拉夫。1685年，他正是在拉·格拉夫宣布放弃其信仰，1687年，也正是

---

① 曼图亚（Mantua）：意大利北部一城市，位于维罗那的西南偏南方向，原为伊特鲁里亚人居住地，后于1714年割让给奥地利，最终于1866年回归意大利。——译者注

② 佩皮尼昂（Perpignan）：法国南部一城市，临近西班牙边境和地中海，可能建于10世纪，12世纪后成为西班牙王国的鲁西永省的省会，1659年成为法国的一部分。——译者注

从拉·格拉夫,他离开法国前往沃韦[①]。

尼古拉斯的账簿还揭示出,即便每个家族专门负责一个特定区域(就他们的情形而言,是文具和书籍;就基洛家族的情况而言,是丝绸和织物),这种专门化却要归于一个更广大的架构,这个架构利用了来自山区的人力和资金。因此,除了书籍,尼古拉斯家族在店铺中还备有许多其他类型的产品,这些东西都装进了那个时代小贩的行囊。除了一系列纸张以外,他们还交易医药用品、香料、缝纫用品,尤以大规模批发毛皮和手套为重:1646—1650年间,他们进了一万四千双手套和三千七百四十四张羚羊皮革,他们从格勒诺布尔派发了两万三千五百三十二双手套和四千六百九十八张羚羊皮革。这些数字(证实了并非所有交易都记录到账)不仅将尼古拉斯置于多菲内地区最突出的手套和毛皮商行列,也有助于我们全面看待他的书店在商贸往来中扮演的角色。[21]

因此,大多数买卖都是在来自多菲内地区的商人之间进行,而尼古拉斯的多数生意伙伴都是那些特定的企业,像里昂的席寇、格兰杰和基洛,还有巴黎的罗姆和皮克。不必深入到太过细节之处,就能从让·基洛的账簿中揭示出,大多数欠他债的人都来自上瓦桑。生意围绕着销售小贩商品和借贷展开。例如,1646年,尼古拉斯向"席寇爵爷、基洛和格兰杰送发了四打经文、一千管钢笔、若干种纸张、六十二打手套和一本阿姆斯特丹圣经"。不仅如此,他们全都贷出了款,要么直接放贷,要么以其他人为中介;就这样,尼古拉斯把需要资金的巴黎客户派送到罗姆和皮克那儿去。[22] 他们共同从事的活动的第三个层面,是与其他来自上多菲内地区的家族联合起来,在他们的专门经营领域之外开设各类商贸公司,例如通过在伊泽尔河上建造桥梁,尼古拉斯和爱丽舍·于连(Elisée Julien)结成了伙伴关系。[23] 在这些商人(他们既是城市居民又是山区居民)运用的复杂的家族策略中,花不了太长时间就能注意到,或者直接或者通过一个兄弟或姻亲做中介,他们把钱既用到管理开支花销上,也投进山区和低地的法律体系和金融体系中去。

随着南特敕令被撤销,这些新教家族中大多数都离开了他们的山村还有天主教法国。不过,历经好几代人铸造而成的联系纽带并未被打破,而且几经动荡,商人网络进行了自身重建。第一个发展体现在人这一方面:某些家族的部分成员信奉天主教,或是新近皈依了天主教,他们直到那时还处于网络边缘,像格拉维

[①] 沃韦(Vevey):瑞士城市。——译者注

埃（Gravier）或赫米尔（Hermil）家族。现在他们取代了被迫外迁的新教家族的地位。第二个发展体现在地理层面，涉及一个向其他山村转移的过程。这就是格拉维埃家族的情形，其成员多数是天主教徒，都生于蒙内提耶的贝兹。16世纪，阿·杰汉·格拉维埃（A Jehan Gravier）出现在拉·格拉夫，他在那里结婚并建立了一个家系。1578年，他被发现与其他来自拉·格拉夫的小贩一起，成了印刷商里昂的本诺阿·里高的债务人之一。[24] 一个世纪之后的1671年，家族的这一支脉依然引人注目。[25] 他们是让·基洛的亲戚和客户之一：让·格拉维埃娶了苏珊娜·席寇；让·基洛娶了玛丽·席寇，格拉维埃是他的债务人之一。[26] 他们是新教徒，1686年，他们散布在韦沃、伦敦和"拉卡洛琳"[27]。重要的是，蒙内提耶的新教格拉维埃家族与蒙内提耶的天主教格拉维埃家族之间的家族纽带从未被切断，而且后者能够取代外迁的新教格拉维埃家族。不过，要做到这点，他们要依靠他们居住的村庄，在这个例子中就是靠蒙内提耶和周围的小村子。赫米尔家族的情况则说明了另一种地理转移类型：他们从未走出布里杨松内半步，他们通过婚姻与格拉维埃家族联系起来，进入17世纪后还成为基洛商人网络的一部分。基洛前往沃韦的时候，赫米尔就履行中间人的职责。这头一次地理转移迈出的并不是很大一步，因为它只是发生在那些布里杨松内方向上与拉·格拉夫离得最近的村庄，同时也因为17世纪家族纽带以及蒙内提耶天主教徒和上多菲内商人的新教网络之间的分工协作已然为数众多。再举最后一个例子：1690年，在雅克·贝拉尔——他是一名刚刚改宗的天主教徒，来自米佐恩，在里昂开业，是让·基洛的世交（用基洛自己的话说）——的债务人中间，有几个家族在下一个世纪里形成了一个广大的布里杨松内书商圈。其中就有安托万·格拉维埃，他与布雷斯·阿尔努（Blaise Arnoux）和让·高迪埃（Jean Gautier）合伙，在1688年签了一份一千零四十利弗尔的贷款协议；还有邦帕尔（Bompart），他在1690年要偿还六十二利弗尔十索尔的债务；以及布夏尔（Bouchard），他与玛尼西埃（Manissier）合伙，他签订了另一份协议，贷款三千七百零五利弗尔[28]：17世纪的时候，所有这些家族都已通过婚姻结成亲家。

　　第三个发展是：日内瓦取代了里昂。这两个市镇之间的家族联系早已有之。[29] 自16世纪末开始，所有来自瓦桑的商人都有亲戚在日内瓦被承认为市民（拥有完全市政权利的公民）或居民（拥有居住权的公民）[30]；在17世纪，让·基洛的岳父在那里经营一家商店，基洛本人则定期到那里去。在前一代人中，日内瓦书商舒埃（Chouet）与德·图尔内（de Tournes）已经是尼古拉斯在瑞士的主要通信人：在纸张交易中，他们向他提供新教灵修书籍，并在他与荷兰人和德国人的贸易中给他充当中间人。[31] 1676年，在获赠他的叔叔保罗的遗产之后，让·基洛付给佩拉雄（Perrachon）和菲利伯特（Philibert）三百利弗尔，这笔钱结果传给了诺埃尔·克劳特的继承人。[32] 就这样，经由他们的母亲（她娘家的姓是让娜－路易·德·图尔内），克莱默家族于18世纪继承了由德·图尔内家族、舒埃家族和佩拉雄家族在前几个世纪建立起来的亲属网络。[33] 而通过里昂，他们也继承了长期存在的与意大利和伊比利亚半岛的商业联系。[34] 围绕着他们，也围绕着日内瓦，因南特敕令撤销而被摧毁的昔日的商业活动，现在焕发了新生。[35] 17世纪第一批映入我们眼帘的家族自然也就成了18世纪克莱默家族的客户——梅斯①和佛罗伦萨的布夏尔家族、热那亚和那不勒斯的格拉维埃家族、塞维利亚的贝拉尔家族、加的斯和那不勒斯的赫尔米家族，以及巴伦西亚和塞维利亚的马兰家族。毫无疑问，像热那亚的格拉维埃和佛罗伦萨的布夏尔这些家族，不仅定期收到差不多价值一万利弗尔的包裹，而且也向他们的亲戚供货——托马斯·格拉维埃、博洛尼亚的布夏尔家族及罗马的布夏尔家族[36]（而这些恰恰是克莱默家族业务往来名单中几乎从未提及的名字）。[37] 他们几乎一定会给其供应货物的人，还包括托马斯家族的堂兄弟，他们在利沃诺和佛罗伦萨开业；以及邦帕尔家族的姻亲，他们于17世纪在热那亚开了一家书店，然后于18世纪在那不勒斯开了另一家，在同一时期，他们已经横跨大西洋在里约热内卢又开了一家。[38]

在日内瓦之外，第四次转移则来到成为关注焦点的阿维尼翁。阿维尼翁是一座"外国"城市，既不受皇家立法约束，也不受法团组织控制，是自由港之一，小贩一直把这里视作一个可以在此以商人或生意人安身立命的地方。在阿维尼翁，直到18世纪中期，实际上还不存在印刷商—书商的同业组织，成为行业"师傅"只需花很少费用。行业协会章程上要求必须配备一台印刷机和三套字模，这也就是说，一个人只要有一千到一千五百利弗尔，就能开展自己的业务，并在投资更昂贵的装备前等候获利颇丰的回报。不仅如此，印刷宣传册或只有几页的小册子

---

① 梅斯（Metz）：法国东北部城市，位于摩泽尔河上，南锡北部，罗马时代前就已建立，12世纪后在神圣罗马帝国统治下发展为自由城市，繁荣一时，1552年被法国合并。选自《大英袖珍百科》。——译者注

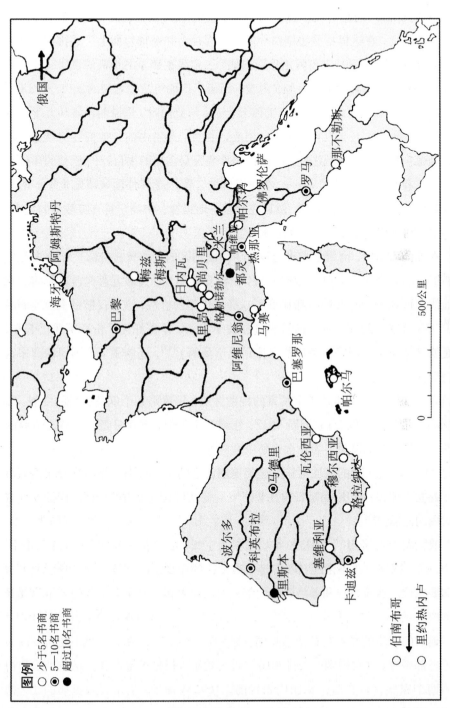

18世纪欧洲源于布里杨松内的书商分布示意图

根本不需要大量资金。[39]因此，阿维尼翁作为小贩囤积货物的中心，是一个理想之地。实际上，在这里招募印刷商—书商，在社会和地理层面上要远比在法国大城市中开放得多。而且来自阿尔卑斯山地区、定居在那里的小贩的聚居区非常坚实。[40]由于环境特异，阿维尼翁成为唯一经历了印刷机数量增加的城市，从18世纪初的十二到十五台，到1760年的四五十台；与此同时，里昂的设备从九十降至五十三台，鲁昂从五十二台减至三十九台。因此，外省书商与他们在阿维尼翁的同事合谋：既然前者并不总是有胆量再版那些公众需要的书目——巴黎的印刷商是唯一被授权能这么做的人——书商们就把它留给受其外国城市地位保护的阿维尼翁，在那里出版盗版书籍，然后在全国各地出售。书商宁可支持教皇的城市，也不支持使他们处于依附地位的巴黎。[41]

在外国市场上，阿维尼翁迅速占有了南欧地区的重要贸易份额[42]，这多亏她享有的自由以及她所独具的战略位置：既离马赛不远，又靠近通往西班牙的陆路交通线。阿维尼翁的书商—印刷商可以提供优惠的价格，这不仅鼓励了当地的活动（1753年编制的克劳德·德洛姆货品清单揭示，存在好几千份西班牙语著作，都是德洛姆亲自打印并预备送往伊比利亚市场的）[43]，还刺激了外国印刷商来这里将稿件付印。[44]

以上勾勒的第三和第四个发展的特别性质，导致第五个以及最后的发展：印刷制品市场上网络的日益分化；相反，在前几个世纪，书籍只是一样填充行囊的东西。同样，它也说明了为什么当整个欧洲的小贩网络瓦解并撤回地区范围内运作时，在一个更广大的区域运作的这类更加古老的小贩行当仍能围绕着印刷品市场而屹立不摇——印刷品是日内瓦和阿维尼翁以最具竞争力的价格生产的一种非常时髦的商品。[45]

我们将以德洛姆[46]和格拉维埃家族为主线，沿着它深入这个商店和小贩网络中，这个网络孜孜不倦地在欧洲地中海地区的印刷制品市场上为自身创造出一个重要地位。格拉维埃和德洛姆家族都在对南欧书籍贸易至关重要的各个位置开业落户。

他们的网络的基本特征依然是同族婚姻这一习俗，即在一个狭小的同乡商人集团内部婚嫁：这对婚姻的安排和婚姻的实效而言仍是关键所在。格拉维埃和德洛姆两个家族就是在这个集团内婚嫁的。1692年前后，生于蒙内提耶的让·德洛姆在阿维尼翁开业，先是做书商，然后做印刷商。他让他的两个大儿子克劳德和让－巴普蒂斯特娶了蒙内提耶商人（不是书商）约瑟夫·约瑟兰（Joseph Josserand）的两个女儿。除了其他地方，约瑟兰在里昂、阿维尼翁和拉罗谢尔① 做生意。在克劳德幸存的三个女儿和两个儿子中，两个（安妮和约瑟夫）成家后进入科伦家族，科伦家族也来自蒙内提耶，但已在马赛开业有整整一代人的时间。通过这些婚姻，德洛姆家族渗入书籍销售网络的内部圈子，既因为（约瑟兰的）父亲约瑟夫·科伦是戈斯家族的通讯人之一，也是马赛的克莱默家族的总代理，代表日内瓦书店负责索要债款和汇票；也因为马赛正处于地中海商业世界的中心位置。[47] 克劳德其他的儿子，查尔斯－约瑟夫娶了让娜·朱尔丹（Jeanne Jourdan），她是一名家人还在蒙内提耶的里昂商人的女儿。通过朱尔丹，德洛姆家族不仅获得了与其他蒙内提耶来的商人的联系，特别是布商让·雷森，也建立了与另一大书商家族的纽带。[48] 克劳德的弟弟让－巴普蒂斯特死后，他的遗孀于 1732 年再嫁给一名生于都灵的书商让－约瑟夫·吉尔伯特（Jean-Joseph Guibert），而他的双亲都生于蒙内提耶。那时吉尔伯特是一名里斯本书商，他在那里与另一个也在都灵出生的雷森合伙开了一家公司。就这样，德洛姆的家族网络囊括了一大批南欧的开业书商；格拉维埃家族的婚姻也达到了同样的目的。

不过，重要的还不是那些把书商联合到一起的婚姻，而是那些不理会业务专门化而把商人们联合在一起的婚姻，然而任何编制出的只限于书商的目录清单，都只会轻易地掩盖这点。首先，让我们既在地理意义上也在人力方面考虑一下，这些联盟造成的覆盖面有多大。事实上，所有这些商人起初都是一个混合体，混合了缝纫用品商、布匹商、五金器具商和书商，大批印刷商都是以这种方式起家，像王朝的缔造者让·德洛姆那样；或者像生于多菲内阿尔卑斯山区的连襟沙约（Chaillot）和儒弗（Jouve）那样——1735 年前后第一次出现关于他们的记载：他们是巡回的"五金器具商"，在他们卖的器具里头添进了书籍。专门化多多少少是被某种外在力量强加给他们的，商人们则尽可能地变着法规避它：沙约的儿子直到 1783 年仍在不间断地干着三种营生（书商、缝纫用品商和五金器具商），而那时正是威胁要禁止印刷师傅身兼数个职位的时候，这迫使他把缝纫用品和五金器具两项生意假意卖给他兄弟。[49] 那些有本事的，像身处那不勒斯王国[50]、西班

---

① 拉罗谢尔（La Rochelle）：法国西部一城市，位于图尔西南、比斯开湾沿岸。16 世纪曾是胡格诺教派的堡垒。——译者注

牙和葡萄牙的法国书商，则继续经营着不同种类的生意。[51]

这个家族联盟体系表明，它在面对那个时代经济、法律和治安机构的弱点（即根本控制不了巡回商人这一人群）时，或者在应对使家庭陷入绝望的疾病和死亡时，是极富弹性、极为有效的。

迁徙商人组织的五个核心要素和传统基础，在书贩网络的情形中可以更切近地考察；它们证明了家族和商业战略是何等重要：

（1）这样的联盟通过创建一个真正的家族银行体系，就可以筹集一定金额的创办资本，嫁妆及家庭成员的个人财富都会投进去。

当克劳德·德洛姆给他的儿子娶了让娜·朱尔丹时，朱尔丹带来了八千利弗尔的嫁妆，这些钱全投到了德洛姆的生意里。这对年轻夫妇要与父亲住在一起并致力于发展生意，而克劳德·德洛姆也答应他的儿子和儿媳，他们要是跟他一起过，他就会支持他们，每年付给他们一千利弗尔作为他们做事的酬劳。如果一起做事事实证明难以实现，如果他儿子愿意的话，他死的时候可以留给他儿子一半财产，并会从另一半里拿出价值两万利弗尔的货品给他。[52] 弗朗索瓦·吉尔伯特继承的遗产也投进了德洛姆的生意，特别是他在卢西塔尼亚①公司的一万零五百二十七利弗尔的股份。1754 年，在迎娶一名阿维翁珠宝商的女儿时，这是头一波走出乡村来到外界的婚事里的一场，他就与他的监护人克劳德·德洛姆算清了账，开始自负盈亏，开业经营。德洛姆家族经商失败证实了要想事业有成，涉及联合经营遗产时必须获得家族成员的一致同意。事实上，弗朗索瓦·吉尔伯特并没有完全独立经商，因为他是与他的表兄让－巴普蒂斯特·德洛姆一起开的公司。[53] 然而，让－巴普蒂斯特的无能、他对地产的风险投机，以及影响最重大的事实，即弗朗索瓦·吉尔伯特从生意中撤资，如此种种迫使让－巴普蒂斯特去找家族外的人借钱，在四年多的时间里他从一个伊泽尔来的犹太人丹尼尔·德·博卡勒（Daniel de Beaucaire）那里借了将近一万利弗尔。结果，从 1765 年开始，就算阿维翁的印刷厂仍然运营良好，德洛姆的公司仍然濒于破产。1772 年，此时阿维翁书店正在走近其生命尽头，发生了另一件挑战监护人和被监护人之间账目的事情，这件事发生在弗朗索瓦·吉尔伯特和他的被监护人让－巴普蒂斯特·德洛尔的女儿，也就是让－德尼·格拉维埃（Jean-Denis Gravier）的妻子之间，导致

---

① 卢西塔尼亚（Lusitanian）：伊比利亚半岛上古罗马一省，相当于今日葡萄牙。——译者注

吉尔伯特最终毁灭。

（2）像这样一个体系意味着一个人总能在网络的关键点上找到某人,我们可以把这个网络想象成一棵树,如果在一个接近树中央的枝子上空出一个位置,那些位于枝干远端的人就有可能移将过来。因此,一个人的地理位置没有任何稳定性,根据家族企业不会无人居于顶端的商业必然性和生物学概率必然性,每个人都在遍布地中海水域的商业贸易间往来移动。

流动的观念早在儿童时代就通过学徒生涯一点一滴灌输进来。因此,虽然西蒙·格拉维埃（Simon Gravier）自己一直住在山谷里,但却把他的四个孩子分送到不同国家学习经商,他们的师傅既有书商也有缝纫用品商：托马斯·格拉维埃在罗马的布夏尔书店当店员；1762年在都灵,他弟弟让-巴普蒂斯特也一样做店员[54],随后又跟着穆提埃商人贝拉尔和塔尔迪厄（Tardieu）[55]；另一个弟弟安托万被送往马赛[56]；最小的孩子被送往巴东纳舍[57]。店员和学徒在很小的年纪,像在十三岁这么大的时候,就会被派遣到这些企业中去,而企业则充当了学校,以供网络使用。供职德洛姆家族的店员,或是都灵的格拉维埃家族有所记载的那些店员,就是这个家族的流动学徒制战略的一部分。[58]

不仅如此,根据大股东是否离开,店员可能会在业务之间来回转移。不论研究哪个家族,研究者都会在商人网络内部遇到这种转移。让-约瑟夫·吉伯特（Jean-Joseph Guibert）生于都灵,娶了阿维尼翁的德洛尔家族的一员,并与雷森家族中的某人合伙在里斯本成为开业书商。当他在1736年亡故时,他的遗孀带着他们的儿子弗朗索瓦（生于里斯本）和让-约瑟夫·德洛尔（她第一次婚姻的孩子）返回阿维尼翁,与她的第一位公公,也是她叔叔和小弗朗索瓦的监护人克劳德·德洛尔一起住。克劳德后来在生意中雇用弗朗索瓦帮忙。再来看一下格拉维埃家族。托马斯一等自己能够立业当书商,就把他侄子让-西门叫到罗马做店员。十年后的1796年,让-西门前往热那亚[59],他在那里取代已经去往巴黎开书店的方丹（Fantin）,为另一个书商伊弗斯·格拉维埃做事；另一个布里杨松内人比约（Billaud）来罗马接替让-西门空出来的店员职位。最后,1801年7月12日,让-西门与方丹联手合作,他先是作为后者的店员,之后接替他成为位于奥古斯丁河畔55号的店铺的书商[60]；1809年,蒙内提耶村庄维伦纽瓦-拉-萨勒的本地人皮埃尔·约瑟夫·雷曾是里斯本书商,他撤回巴黎继续做他的生意。他在那里遇到让-西门·格拉维埃,后者那时已经主管方丹的书店长达十二年。1815年,他们合伙开业,申请了一个书商执照。在伊比利亚半岛,欧塞尔(Orcel)兄弟俩(都是马德里大书商迭戈·巴特雷米的亲戚,并通过婚姻与邦纳德尔家族联系起来)在马德里开设了他们第一家书店。那时,让-巴普蒂斯特在里斯本开了一家附属商店;接着,当他兄弟约瑟夫于 1758 亡故时,他回到马德里经营总店。[61] 再举最后一个例子:1747 年,皮埃尔·甄德隆和约瑟夫·雷森都是里斯本书商;十年后皮埃尔·甄德隆先在巴黎、然后又在奥古斯丁河畔开业;约瑟夫·雷森则回到都灵与吉伯特家族的一员合伙;他们在里斯本所开的书店被两个亲戚(邦纳德尔和杜波)接替。[62]

(3)流动不仅确保了重要市场的活动持续不衰,也保证了各个家族一方面散布在地中海主要市镇和港口之间,另一方面也洒落在阿尔卑斯山村落之中。流动也意味着,如果需求上升,官方监控所忽视的山区线路就可以派上用场。网络就以这种方式变得有效而富弹性,并使商品和书籍能在所有市场之间流通,既无需使用传统渠道,又可远离可以预见的当局检查。使用传统路线或非正式渠道主要根据政治环境而定。当书商戈斯(Gosse)不得不把他的书籍目录寄给里斯本的让·巴普蒂斯特·雷森时,他首先把它寄到热那亚的伊弗斯·格拉维埃那里,再让他确保把信交到雷森手上。[63]

因此,在马赛开业的约瑟夫·科伦(Joseph Collomb),是网络中的核心环节,他不仅在他的意大利、西班牙和葡萄牙的亲戚之间分配从克莱默家族那里订购来的书籍——1755—1764 年间他收到了价值超过一万两千利弗尔的书籍[64],还在所有走私活动中扮演了一个重要角色:1761 年 8 月 11 日,威尼斯书商阿尔布里奇(Albrizzi)暗示戈斯用"一艘信得过的中立商船"给他(阿尔布里奇)派送书籍,而且他(戈斯)应该去找马赛的约瑟夫·科伦先生以求得这种服务。[65] 当雷森离开里斯本前往都灵时,他中途在马德里的迭戈·巴特雷米的商店停了下来,给他送去些葡萄牙语出版物。甄德隆通过他在里斯本的接任者,把葡萄牙语书籍引入市场,尤其是他在巴黎出版的卡摩安兹的作品;与之相似,让-巴普蒂斯特·欧塞尔离开里斯本后,他与他过去的葡萄牙主顾之间还保持着密切联系。[66] 当把法语书籍引介到意大利变得日益困难时,里斯本就成为法国和意大利之间的一个中转城市。[67]

来自上多菲内的书商和小贩网络提供的例子证明,具有某种讽刺意味的是,小贩成了首要的、既了解顾客的期望又能供给其所需的商人。实际上,在 17 世纪到 18 世纪末之间，可以这样概括小贩业的历史：它是一个主要由信仰新教的小贩构成的网络，他们在整个天主教欧洲运送神学和宗教方面的书籍；一个世纪以后，它成了信仰天主教的小贩的网络，他们在旧制度末期隐藏在同一类作品的封面下，流通的却是启蒙著作。因此，在 16 世纪末为拉·格拉夫的新教徒小贩供货的本诺阿·里高专门经销属灵作品（spiritual works），他是第一个出版《虔信生活初步》①的出版商，并因把灵修文章从西班牙和意大利引入法国而闻名于世。[68] 18 世纪最后几十年，论述教会法的专题著作的作用就是掩盖别的没那么多教化意味的著作：1772 年，里斯本的乔治·雷公司（Georges Rey & Co.）对纳沙泰尔活字印刷社提出如下要求：“我们从您那里订的书中，有些在这个国家是禁书。您能否把那些标有星号的书插进其他著作里，这样检查时就不会被发现”；伯特兰（Bertrand）要求应该以"单张的形式，夹以空白插页，这样它们就不会让人注意到"。1780 年，纳沙泰尔活字印刷社向里斯本的雷森派送了伏尔泰全集，戈斯则给波瑞尔（Borel）送去了孟德斯鸠全集。[69] 在 1776 年的帕尔玛，弗勒（Faure）从日内瓦进了六十本禁书，多数都是法语书籍，包括卢梭和孟德斯鸠的作品。[70] 在西班牙政界，常有人投诉塞维利亚和加的斯的法国商家所作的肆无忌惮的宣传，说他们把革命性和颠覆性的法国文学非法引进半岛。[71] 18 世纪 80 年代，与其他都灵书商的目录不同，雷森的目录是世界主义的，为启蒙运动文化所主导；[72] 而热那亚的伊弗斯·格拉维埃则是路易－塞巴斯蒂安·梅西耶（Louis-Sébastien Mercier）作品的拥趸的主要供应商之一。[73]

格拉维埃家族的商业贸易显示了网络成员多么好地融为一体。罗马的托马斯·格拉维埃（Thomas Gravier）印刷出书籍后，就发给阿加兹（Agazzi）装订。他还给报纸和地图上色，随后他就把其中一定比例的书籍发到伊弗斯·格拉维埃工作的热那亚。[74]

> 我们的工作是给十五页的意大利地图上色，只要你愿意，我就会发给你一打。我们的工作还包括给四份你找我要的《罗马花园》（*Hortus romanus*）染色。[75]

---

① *L'introduction à la vie dévote*，作者 Saint Francis de Sales。此书与《效法基督》一样，但风格不同。它是一系列对普通人所作的过一种真正遵守戒律和劝诫的生活的忠告。——译者注

直到他死的时候,信里还提到把报纸和书籍发给他在热那亚的侄子;热那亚成了以伊比利亚半岛为目的地的最大商贸港口之一。不仅如此,由于这些书商非常了解他们为其供货的不同客户,他们也就能在新市场兴起时充分利用它们。这点为都灵的雷森所证实,他根据子公司的要求印刷各不相同的商品目录,这些目录最后还要发回子公司那里[76];或者托马斯·格拉维埃也是一个例证,他趁革命战争时期买断修女院图书馆,并以此给伊比利亚市场供货,那里能消费大量灵修书籍:"我们能从这些神学书籍中赚一大笔,因为我认为我们有足够的书拿去抛售。"[77]正如弗朗索瓦·格拉塞特在他的信中强调的那样,就像前一个世纪一样,商业专门化仍然是相对的,同样的手套贸易还在继续:1782—1785年间,那不勒斯的约瑟夫·安东尼·格拉维埃向格勒诺布尔手套商克劳德·博维埃(Claude Bovier)下了七个手套订单,总价值达八千一百六十利弗尔。[78]亏得书商们联系广泛,他们在顾客有所要求时卖出了像咖啡和巧克力一样多的书籍,而且他们彼此为对方提供的也正是这些货。[79]并且很自然地,只要有网络成员立足之处,货币和信用证就会广为流通。

(4) 成员间这种相互依赖进一步被家庭纽带捆绑在一起,这种联结的强度保证了商人网络奠基其上的广大债务网最大限度的安全:每个市镇里都有某人的一个亲戚,要么是缝纫用品商要么是书商,他身上可以被委以代理人的权力,以此来照管某人与不动产有关的利益。这些不动产是他与之有生意往来的某个商人或小贩的。

1747年,皮埃尔·甄德隆和约瑟夫·雷森,那时他俩都是里斯本书商,授予迭戈·巴特雷米代理人的权力,这样他就能尽他所能索回佩德罗·西蒙(Pedro Simond)欠二人的钱财,西蒙近期已在马德里亡故。[80]克劳德·德洛姆授予布商让·雷森代理人的权力,以便他能从里昂要回他死去儿子的个人财产。[81]

(5) 小贩业和山村作为店务管理网络的根本,一直是这个网络平稳运作的重要组成部分,并为地理扩张和网络的灵活性提供潜力:对于家庭而言,在经济困难年代,背上行囊上路依然是一种最后的指望。在欧洲全部四个角落里立足的商人中,依然属布里杨松内人为首要,正是这一点使他们能够运用其权力支配村庄生活,并且一旦到了环境急需之时,他们还能重新进行组织部署。

托马斯·格拉维埃最终在罗马度过余生。直到他去世,他还在蒙内提耶保有财产。通过管理他的私人收入(佃户租金和贷款利息),他的亲属为他积攒起他再也没有机会享用的财富。托马斯·格拉维埃死于1797年10月12日。他把这份财产传给他的侄子,并把"他在法国的全部财产产生的一切利润、收入和收益尽行赠与他,既为酬谢自他父亲去世后他们过去所做的一切,也为他认为一直适用的将来"。共同继承人估算他的财富在五万法郎。[82]

一方面发家致富的小贩拓展商铺网络,另一方面山村作为一个人力储存库蓄积着必要时可被用作店员或小贩的人力;这就是格拉维埃兄弟中的老幺,让-皮埃尔的情形,他在巴东纳舍完成学徒生涯来到用工市场时,刚好赶上书籍销售业的危机。他不像他的哥哥们那样在商店中帮佣,而是做了一个19世纪的贩卖缝纫用品的小贩。他的账簿是各种类型的家族发展史。有一本始于在书店里盘点存货,接下来是日常贷款业务;跟着就是与管理外迁家族成员的家财有关的交易,尤其是家族里的拉比(Raby)一支[83],他们已经作为小贩立足都灵;继之以涉及动产及其副产品的交易;这本账还指出他所供应的商品范围广泛,从而表明了他的角色:他是与海外亲戚齐心协力共同做事的乡村商人。下一本账簿证实了他回归到了以下活动中:冬季贩卖缝纫用品,并在巡回售货时顺便在圣冬日和布里杨松内之间非法买卖驴子。

这个由小贩业通过其来源地及其潜在的发展结合起来的网络,既支持了不同的临时迁移过程,也撑起了一个商铺网。首先存在这样的情况,即年轻小贩受雇于一个特定企业长达若干年:皮埃尔·波瑞尔和夏菲埃·内尔(Chaffié Nel)都受雇于他们的同胞、阿维尼翁的书商让·儒弗(Jean Jouve)达三年,一个开始于1769年,一个开始于1771年,

> 干小贩的活,去往所有市镇和周围省份的乡村,主要是去赶那里的市集,出售所有上面提到的儒弗供应(给他们)的商品。[84]

接下来,还存在着季节性长途迁徙运动:用马勒舍伯的话说,"(他们)每年从山区下来收集一些里昂和其他地方的精选书目,亲自将它们运送到远至加的斯或西西里这样的地方。"[85]这种在外国土地上行旅贩卖的足迹很难追寻——1757—1758年,西班牙图书馆专家的报告证实,有书店的地方旁边就会有摊贩和旅行商人,他们与书商对缝纫用品商和街头小贩的投诉同时出现;报告也为这一事实提供了证明,即小贩业和种种别的业务已经把书籍引入农村地区和没有书店的西班牙市镇。[86]只有从他们与警方或宗教法庭的摩擦中我们才能辨认出这些小贩是来自法

国的。幸亏有了这些遭遇，拉蒙·格拉维埃（Ramon Gravier），"一名开书店的人里钻出来的外国人"，才第一次从卡莫纳的阴影中浮现出来，在那里他被要求编制一份他所拥有的从外国进口的书目清单；随后一次是1766年在马拉加①，那时他再次因为马车上载有违禁出版品而陷入与当局的麻烦中。[87] 一次愉快的观光就能使我们把一个名叫格拉维埃的从事书籍贩卖的人[88]定位在西班牙南部，这样的观光也证实了马勒舍伯的指控，即布里杨松内地区的旅行商人负责（往往是非法）把书籍运往意大利、葡萄牙和西班牙。[89]

最后，除了那些出国经商的小贩，还有每年从阿尔卑斯山谷地下来贩卖书籍和印刷品的小贩，他们与缝纫用品商和五金器具商一起，在普罗旺斯和朗格多克的农村地区行旅贩卖。[90] 根据当时的一个报告，他们有多于五百人定期去往阿维尼翁备货[91]，巴黎书商大卫造访博卡勒市集后在1745年写道，

> 有二百多人来自多菲内山区，他们一年里六个月的时间都在耕种土地，冬季一到他们就下山来到孔塔地区，收集数量可观的书籍，把它们引进普罗旺斯、朗格多克及其他邻近省份。[92]

就巴黎书商而言，小贩要为阿维尼翁生产的版本未经授权的书籍得以流通负主要责任，"对这些版本的消费主要靠挨个市镇、挨个市集之间游走的小贩或贩夫"[93]。城门监督官对这点补充道：

> 两个书贩通常一年两次在加普出现。第一次是五月份，第二次在九月间。他们无论如何都是未经批准在这条路上进行贸易活动的。

他们来自阿维尼翁，一路旅行，去到阿普特、福卡尔基耶、锡斯特龙、加普、昂布兰、布里杨松、尼永和比依。他们售卖虔诚的小册子，以及伦理、法律、历史和诗歌方面的书籍。

> 对大部分人而言，这些各色各样的书籍都是垃圾。他们在里昂将其购进，同时也在阿维尼翁买进许多版本未经授权的书籍。据称，他们在阿维尼翁的采购量最大，不过，要是回想一下在所有加普城人里面他们一年只卖了二百法郎的书，这个数字不可能很大。

---

① 马拉加（Malaga）：西班牙南部港口城市，仅次于巴塞罗那的西班牙地中海港口。——译者注

他提到从蒙内提耶来的人所扮演的角色：

> 某些来自布里杨松的尚索尔和莫内斯捷的小贩每年习惯参加昂布兰和吉耶斯特尔的集市。他们卖灵修书籍，也给公众展示他们的货物，集市一结束他们就去别的地方发财去了。

这些小贩与另外四个从事五金器具交易同时也做教科书、历史书和灵修书籍交易的商人（其中一个来自蒙内提耶，不停往返于多菲内的主要市镇间）一起，看起来都不像涉足非法禁书交易的人。[94]

如果说这个发散自布里杨松内的书商和书贩网络似乎是最重要的网络，那它绝不是唯一的网络。威尼斯的罗蒙蒂尼（Remondini）生于巴萨诺。他的出版社在18世纪下半叶在整个威尼斯出版界陷入危机时，借助一个类似的网络而扬名立万。[95] 德·拉朗蒂（De Lalande）在他的《意大利之旅》（*Le Voyage en Italie*）一书中指出，罗蒙蒂尼家族经营的印刷业务是欧洲同类业务中最大的实体；唯有它拥有从纸张制造到销售网络完全一体化的生产流程。[96] 企业雇用了一千名工人，在意大利有一千五百名业务通讯员，在欧洲还要多五十名；尤其是还有多于两千名来自提契诺山谷的推销员，他们的足迹遍布意大利和欧洲。[97] 自1708年以来，在记有这种习惯做法（有条件赊购售书给提契诺地区的人们）的法律记录中可以找到证据；1781年，一百七十名公司老板在为罗蒙蒂尼工作，他们在意大利、德国、匈牙利、波兰、俄罗斯、弗兰德、荷兰和西班牙分销其产品；1881年，有五百五十二名小贩持有营业执照。[98] 自18世纪30年代开始，罗蒙蒂尼的小贩开始巡行西班牙。随着因销售罗蒙蒂尼家族生产的宗教性质的报纸而发家致富，有些小贩开起了商店，反过来经由他们也为罗蒙蒂尼的书籍提供了一个进入农村地区的入口。他们在西班牙极其活跃，而且还从那里，以他们在加的斯的总部为出发点，横跨大西洋前往拉丁美洲。[99] 18世纪末他们开始开设书店；1786年，泰萨里（Tessari）家族继在巴黎和华沙分别开了一家店后，又在奥古斯塔开了一家，他们给这家书店附设了一个出版社。1790年，布菲（Buffa）家族在阿姆斯特丹开业，也开始涉足印刷业。19世纪上半叶，新开的书店数量与日俱增，像佩里扎罗

(Pellizaro)家族在贝桑松；泰萨罗(Tessaro)家族在根特[①]；菲埃塔斯(Fiettas)家族在斯特拉斯堡和梅斯；达契阿诺(Daziaros)家族在莫斯科、圣彼得堡、巴黎和华沙。[100]同族婚姻及不同区位间的流动再次成为商业组织的突出特征。[101]意大利人的网络和法国人的网络[102]之间维持着良好的关系，例如，1776年9月，几本法文书籍走的就是里斯本—威尼斯一线，被人带入意大利：在那个特定的月份朱瑟贝·罗蒙蒂尼(Giuseppe Remondini)收到了从里斯本寄来的包裹，里面有三十四本不同的书，从蒙田的《随笔集》[②]到一份《主教的权力》(Pouvoir des Evêque)、《双面骑士的快乐》(Plaisirs du chevalier d'Eon)，以及博马舍[③]的著作等等不一而足。波瑞尔和杜波兄弟恰巧就列在罗蒙蒂尼的通讯人中。[103]

类似地，书籍和其他印刷制品的小贩网络也在南欧科坦登周围发展起来。[104]我们将会在第4章再次回到这个网络上，这里我们仅提一下它的国际维度及其与布里杨松内网络保持着什么样的关系。勒·佩雷(Le Père)和阿沃勒兹(Avaulez)的公司1777年解体，为其编制的清单显示，这个商贸网络虽然在南欧最为牢固并与诺曼底联系最为有力，但在很大程度上它也覆盖了全欧。因此我们发现，梦达尔(Mondhare)在塞维利亚和加的斯经营店铺[105]；勒米埃尔(Lemière)在毕尔巴鄂；奥古斯丁·勒鲁(Augustin Leroux)在美因茨；勒普雷(Leprès)在安特卫普；还有其他人在费罗尔、马德里、里斯本、布鲁塞尔、阿姆斯特丹、巴塞尔、日内瓦、圣彼得堡和莫斯科。[106]自然而然地，特别紧密的纽带把从科坦登来到巴黎进货的

---

① 根特(Ghent)：法语作Gand。比利时西北部东佛兰德斯省城市和省会，中世纪佛兰德斯省的主要城镇之一，13世纪前便成为北欧最大的城镇之一。其繁荣靠的是织布业，以英国羊毛为原料的豪华织物曾誉满欧洲。16世纪晚期因无法与英国的布料竞争开始没落。选自《大英袖珍百科》。——译者注

② 蒙田：法国廷臣和作家。生于小贵族之家，受到优良的古典教育（六岁前一直讲拉丁语），后来攻读法律，在波尔多议会任顾问。在那里遇到律师拉博蒂埃，结下不寻常的友谊；1563年拉博蒂埃死后留下的空虚可能让蒙田走上写作之路。他1571年退隐庄园写作《随笔集》(1580、1588)，这是涉及许多题材的系列短篇散文，为最吸引人、最贴近人心的文学自画像之一。他深刻批判时代，同时涉及时代的斗争，致力通过自省而理解，将之发展为对人类处境和真实德行、自我接受、容忍的描述。——译者注

③ 博马舍(Beaumarchais)：法国剧作家。代表作《塞维尔的理发师》(1772)与《费加罗的婚礼》(1784)。据说他的剧本是受法国大革命启发而创作，但在法国大革命期间他却因过于富有而短期入狱。——译者注

小贩，与那些已经在海外立足或正在立足的人联系起来。最后，布里杨松网络和科坦登网络同样又为惯常的交易实践所联结：例如，1780年6月5日，诺埃尔·吉尔在阿维尼翁卖给德洛姆纳沙泰尔活字印刷社印刷的二百四十八卷书籍，总价值八百三十三利弗尔十四索尔。[107]

还应该更细致地考察较小的网络，例如由在图卢兹、波尔多和巴约讷①备货的小贩构成的网络，他们自17世纪以来就出行到阿拉贡，向老主顾提供他们订购的打包好的书籍。[108]最初的证据显示，他们都源于比利牛斯山脉的同一些村庄，那里直到19世纪还在大量产生贩卖书籍的小贩，这为达尔蒙（Jean-Jacques Darmon）的研究所证实。[109]同样的，在托斯卡的亚平宁山区还有一个网络，以蓬特雷莫利村为基础，在16、17世纪之交，那里已经在帕尔玛出现了一个家族印刷业，它是意大利出版业的中心之一；同样，在蓬特雷莫利村本身以及德国的奥本海默也有这样的网络——关于这里的研究仍然有待进一步展开。[110]

受到随旧制度崩塌而来的出版业危机的影响，阿尔卑斯山书商网络没有在大革命中幸存下来。在法国，阿维尼翁的书店扮演的例外和独一无二的角色，随着1777年法令和1785年宗教协定的到来也走到尽头。实际上，皇家政府早就决定要正面解决造假问题，并要复查作者的版权观念。从1777年开始，政府颁布了一系列法令限制版权保护有效期，最后授权外省小贩大量出版他们自己已经大面积经销的著作，与此同时则毅然决然地宣布海外流入的、版本未经授权的书籍为非法。面对被逼到破产边缘的形势，阿维尼翁印刷商要求政府作出让步，使他们避免宗教协定带给法国书商的普遍命运。随后，阿维尼翁回复到她作为一个书籍生产和交易的地方性中心的不起眼地位。在阿维尼翁事实上重新并入法国（1791年）之前，向版本未经授权的外来书籍发起斗争的政治决定，削弱了布里杨松网络中的一个要害环节，阿维尼翁的书店也受到了削弱。[111]

日内瓦的出版环境由于1771年对进口或者传入法国的转运书籍征税而备受打击。这里作为一个经销中心，同样也遭受着作为科学语言的拉丁语在有利于本土语言的形势下消失所带来的痛苦。[112]最后，把耶稣会驱逐出波旁国及镇压宗教机构，都对出版商的数量产生了深刻影响，这些做法一举将构成其业务主要支柱的文学作品变成废纸。[113]在葡萄牙，甚至生意兴隆的邦纳德尔也不得不放弃

---

① 巴约讷（Bayonne）：法国西南部一城镇，位于比斯开湾和西班牙边界附近。——译者注

一切商业活动。[114] 在西班牙，政府的打击始于 1752 年，当时胡安·柯里尔（Juan Curiel）出版了控制书店贸易的新规定。其中为了终止西班牙语书籍在海外付印，规定所有王国境内的书店都要受到审查，目的是使全部在西班牙以外印刷的西语书籍得以被编列清单；同时还下令海关要严加督察。审查在 1757—1758 年间迅速而有效地得到执行。[115] 最终，大革命和拿破仑战争使这些贸易圈土崩瓦解。1798 年布夏尔兄弟写道："我们的生意彻底算完了；不过，我们库存里要是还有人们找我们要的全部作品的话，我们还能接着干。"[116] 他们的话证明贸易圈已不再起作用，而且所有在意大利的法国企业都受到了波及。[117] 1808 年在西班牙，没收并洗劫法国商人的货物，促使相当一部分人开始返回法国。尘埃落定，巨大的小贩—商人网络终成明日黄花。

第 4 章
一种有弹性的类型学

随着巨大的商人—小贩网络的瓦解,当那些曾经是山村"精英"的人离去并被整合进低地市镇时,适应这种新形势的迁徙模式(它们也是历史学家最熟悉的)在全欧洲是最为相似而且一致的。用来在各类行商之间进行区分的唯一有意义的标准,并非巡行的距离、甚或贩卖的商品,而是关乎旅资是以何种方式被提供的。这使我们能够依据不动产(这是他们向城市商人提供的担保,用以换取后者供应的商品)辨认出三组小贩。因此,能被授予多少信贷,它的重要性就在于能把三类小贩区分开:拿不出任何东西饥一顿饱一顿的小贩,拥有足够不动产以担保其贷款的普通小贩,以及财政基础牢固、能乘马车旅行、开有店铺的商人小贩。像这样一种类型学有两个显著特征。一方面它是有弹性的:身背行囊的小贩可以希望取得行业中较高的地位;对许多人来说,这一行被视为一个有机会上进的职业,全看一个人能取得怎样的成功,直到在城里开店为止。另一方面,这些不同类型的小贩既由家庭纽带,又同样由行业内部的业务纽带结合在一起。

有潜力的事业

我们可以以科坦登书商为例来深入理解各层次小贩之间的联系,以及各层次之间的流动。科坦登位于库坦斯,是迁徙商人的故乡:"每年三月,在卡隆丹财政区周围的十或十二个沿海行政区,有相当一部分居民离开家乡。有些人在王国的各省贩卖书籍、印刷品和地图,另一些人则带着行囊到处叫卖缝纫用品和五金器具",这是 1727 年《库坦斯财政区统计状况》(*l'Etat statisique de l'élection de Coutances*）的报告内容。[1] 安·索维（Anne Sauvy）和罗伯特·丹顿（Robert Darnton）的作品主要研究诺埃尔·吉尔（Nöel Gille）、皮埃尔·卡塞尔（Pierre Casselle）、让·凯尼亚（Jean Quéniart）和让－多米尼克·梅洛（Jean-Dominique Mellot）进行的更具一般性的分析则突出了小贩的农村联系纽带、小贩在同一家族内的行业传承方式，以及小贩训练的主要阶段。

首先，小孩子从十二或十五岁时就要跟着一位年长的小贩做学徒，贩卖绘画和历书，随后继续做后者的仆从，直到他们继承了一笔财产，才依靠自己的能力成为小贩。这时他们会升格贩卖书籍：诺埃尔·吉尔同他哥哥一样，走上了这条特别的道路。[2] 不可否认，有些小贩到老都没卖过书，仍然贩卖本小利微的廉价小册子：贫穷和厄运使得这些小贩没法在城里获取信贷，他们除了卖一系列缝纫用品和五金器具，以及报纸和扑克牌，还卖摘录蓝皮书系列的小册子和几种文学手册。不仅如此，某些城市还把售卖历书的权利保留给这个贫困群体。[3]

小贩的生活能否更上一层楼取决于家族资产，商人们给予小贩信贷时就把它视为担保。小贩继承的遗产越充裕，家族联系网络越健全，他就越能获得优质商品、增大仓储并取得信贷。一般而言，对城里的商人来说，这些新来者并非无名小辈：他们以前还给小贩（他们是长期客户）当仆从时就频频往来于商人的货摊，从前的师傅会不厌其烦地把他们推荐给他的定期供货商。以诺埃尔·吉尔为例，他写了如下的话给鲁昂的书商、寡妇马舒埃尔（Machuel）："我的徒弟刚刚学徒期满……毫无疑问，他需要你的货物，你可以放心地让他干……我希望你能对他满意。"[4]

在这个阶段，小贩可以负担得起一匹马和一辆马车，成为市集上的一个摊贩，专门卖书。即使他们既不生意兴隆也不受人尊重，即使他们还在奔波于市集之间，但他们已经载着一大堆书，而且有售精装版的经典书目、新书及全套平装盗版书——这样，他们就与开业书商靠得更近了。[5] 无论如何，他们都会在每个市镇住上两周到一个月，派他们的徒弟和仆从出去走遍周边的乡村。

当这个小贩租下一间店铺，经营几个月，接下来在市镇上他控制的那片区域立起一两个货摊，他就实实在在地跻身这一行的更高等级了。肖维纽（Chauvigneau）兄弟来往奔波于卢瓦尔河谷、博斯和佩尔谢之间，直到1771年查尔斯·肖维纽才在旺多姆开店。他并不后悔他的决定，1772年7月，他写道：

是理智让我们定居下来，考虑到我们维持生计困难重重……开店要花一大笔钱……但是我们还从未像今天这样谋生……

不过，开店并不意味着小贩从迁移网络中退出，也不意味着他放弃了以前的习惯做法。以肖维纽兄弟为例，他俩一个人专注于发展商铺，甚至试图给它添置一个书籍装订作坊，另一个则继续奔走于市集之间。

开店不等于小贩要经营不同的业务，也不等于他进入了一个文化习惯不同、人际关系相异的世界：一旦生意做得不成功（肖维纽兄弟就碰上过这种事），这些新近定居的小贩就会毫不犹豫地驾着他们的马车再次上路，以便再聚资本东山再起："他们没有了家园，同时也不必再支付租金和各类开销，他们常常以很低的价钱就把书卖掉了。"[6] 他们一旦重新积累起利润，就会再次尝试开店。这就是诺埃尔·吉尔（又名拉毕斯托）和他弟弟皮埃尔走的路。他们在蒙塔吉和埃尔-苏-拉利斯开店，后来破了产，尝到铁窗生活的滋味，然后从头开始，最终以蒙塔吉开业书商的身份终了余生。[7] 重要的是，即便他们的债主不耐烦到把皮埃尔投进了监狱，但整个信贷链却从未断过，凭借它他们才能厕身科坦登移民共同体之列。另一方面，寡妇马舒埃尔拒绝给尤弗尔梅（Euvremer）家族贷款，就切断了他们与网络的联系，她无视他们苦涩的来信——"没有您的帮助我没法开店。我向您请求贷款您拒绝了……您却把它贷给了无力偿还的人。正派的人总是被忽视"；她也不理会他们的自夸，"在我看来您只认得付给您钱的人。可我已经跟您做生意做了三年了。无论如何，就算没有你的帮助，我这儿也还有货，还可以帮我渡过难关。"[8] 寡妇马舒埃尔既不准他们赊购，也不让他们从她那儿借到钱，这就使他们身陷网络边缘，并堵住了他们日后的成功之路。

所有的小贩网络都一样，整体的成功都要仰赖几个在重要供应中心开店的成员。巴黎在那个时代就是一个重要的供应中心，也是一个贩售商品利润非常丰厚的地方；外国的某些地方也属此类，那里可以充分利用若干供应中心并成为更广阔市场的一部分。

来自科坦登而在巴黎完全定居的第一批小贩是路易-约瑟夫·梦达尔（Louise-Joseph Mondhare）和吉尔·罗塞林（Gilles Rosselin），1770年前他们在圣雅克街这个印刷品传统商业中心开业。对他们和其他类似的人来说，要迈出这一步必须有政府介入。实际上，在18世纪中期商业成长的时候，科尔贝（Colbert）

授予巴黎书商的垄断权,势同这些书商的马尔萨斯主义政策(他们只在特殊情况下才雇用学徒),导致商铺数目锐减。于是政府决定,从外向内提供助力,给这个行业注入活力。因此,例如1767年,马勒舍博指定十七人,免除其学徒身份,成为新任书商师傅;然后再次下令,不久前还被视为危险的小贩,现在得到了认可。[9] 1770年之后,小贩向书商转变的第二波洪流涌入圣雅克街,然后来到市镇的上流社会地带——河畔、林荫大道,特别是皇宫周边。皮埃尔·卡塞尔(Pierre Casselle)汇编了一份一打企业的注册表,还把使许多商人结合在一起的家族联系编排出来。[10]

那时贸易链已经完全建立起来,所有在海外开业的迁徙商人、所有在巴黎开店的、那些在诺曼底和塞纳河畔的货摊之间来往奔波的、那些在外省市镇拥有财富和地位的、那些穿梭在市集之间的,以及所有那些贩卖绘画和小册子的(要么是专门贩卖这些商品,要么是搁在行囊里跟缝纫用品一起卖),都通过家乡联系起来。一个以这种方式构建起来的网络意味着:印刷商把印刷品卖给书商,书商把货发给身份够格的小贩。这些小贩再把商品分销给其他身份更低微的贩夫。

迁徙商人的财富主要是纸面上的财富:所有在他们死后为其编制的清单都指出,他们储藏不足,不动产也做了债务抵押,贷款尚未清偿。自上而下,小贩业等级体系充斥着赊购来的货物、现金贷款和担保,不仅在科坦登是这样,在法国[11]、英格兰[12]、比利时[13]和德国[14]也都如此。

1768年和1773年,鲁昂商人、寡妇马舒埃尔收到的信件,证实了她与诺曼底小贩的密切联系——五十六名与她做生意的巡回推销员中,有五十二人生于科坦登。[15] 吉尔兄弟被拖欠的债务显示出,他们农场的收入和他们的商品收入之间有部分重叠。1771年3月,皮埃尔·吉尔在夏托丹被捕入狱时,编制了一份别人欠他的全部债务结算单,以此来证明他的偿还能力。其中绝大部分涉及别的迁徙者:都是些小贩,他们要么是在某个场合买了他的马,或在另一场合买了他的绘画或几本书,要么是借了他的钱。开业书商,或是据信已开业的书商,也是这份编目清单上的重头戏。[16] 1770—1776年间,他哥哥诺埃尔·吉尔保有一本书,并在其上记录债务,这证实了他作为书商和小贩之间的中介可以获得利润:一方面,这本书揭示出十笔左右卖给书商的大买卖,以及二十二笔卖给露天市集上的书商的小生意,书籍数目全都很大,价值几百利弗尔;[17]另一方面,它也证明了一个事实,就是诺埃尔·吉尔并未忽视微不足道的小商小贩,因为他大部分上规模的资产都由其他小贩的欠债构成，吉尔就是把书籍和报纸卖给这些人的。[18]

最后，定居商人保有财产以及与其家乡地区的家族联系，这不仅意味着他们所需的小贩的人力供应有了保障，也使得他们要留心看顾这些财产和关系。大约在1760—1772年间，店主吉尔·罗塞林是巴黎圣雅克街销售报纸的商人，他在其家乡安尼维耶教区留有一间房子。那些我们可以确定关系的公证书，一方面透露出他作为放贷人和临时商人的供货方的角色；另一方面则揭示出交叉纵横于乡村生活的信用链条，因为某些人清偿债务的方式是将他的欠债转移给他的债务人。1776年10月，住在杰佛斯的农场工人雅克·利维耶（Jacques Riviere）的遗孀，转让给罗塞林"一份可终身支付的五十利弗尔的费用，用以偿还一千利弗尔"；1767年5月，"平常住在克雷昂斯村的商人"雷诺（Regnault）兄弟路易斯（Louis）和皮埃尔（Pierre），这时待在巴黎圣雅克街索穆尔旅馆，与罗塞林达成协议，每年向他支付二十利弗尔，以偿还五百利弗尔的欠款。1768年5月，另一个路易斯·雷诺（Louis Regnault），他是"来自安尼维耶教区的……露天集市商人"，先期支付四十利弗尔一年以偿付一千利弗尔；同年6月1日，另一名小贩皮埃尔·马松（Pierre Maçon），"一位出生于克雷昂斯教区的商人"，向罗塞林每年转让五利弗尔，以返还一百利弗尔。1769年8月，"来自蒙特苏方教区的印刷品销售商人"雅克·勒隆（Jacques Lelong）这时也待在索穆尔旅馆，与罗塞林签订协议，同意分期支付二十六利弗尔以清偿他所欠的六百五十利弗尔，其中五百利弗尔"他借自上面提到过的罗塞林先生，以偿还他过世的兄长皮埃尔·勒隆（Pierre Lelong）欠给科雷比（Crépy）、谢罗（Chéreau）和蒙特哈德（Mondhard）的各项钱款"；换句话说，勒隆的债主都是圣雅克街售卖报纸的商人。[19]

这些商人同阿尔卑斯山商人一样，逐渐把他们的银行业务扩展到其他社会阶层。一旦挣了钱，罗塞林就不把贷款仅限于借给同村的农民和为他做事的小贩，而是还借给地方显贵，像"尼古拉斯·内尔先生（Messire Nicolas Néel），他是骑士、地主和保护人，以及拉艾皮克诺和其他地方的大法官，之前还侍奉过刚刚过世的王妃"。1771年，内尔先生同意从他的土地收入中拿出六十利弗尔以偿付二百利弗尔；还拿出"土地收入所得的十三蒲式耳小麦——这是他（尼古拉斯·内尔）身为香槟的领主和所有者的收入——兑换成王国货币金路易偿付一千利弗尔。"[20]

这种类型的商人结构，以家族联络和共同的家园为基石的网络，既相互支持又相互依赖，天生就适合在法律边缘运作。为了保持其适应性和灵活性，多种贸易常在家族单位内进行。这种模棱两可的状态可以确保一旦采行的专营业务不再获利，变换方向仍可行得通。而且，它通过提供难以一目了然的隐蔽处所，也为非法交易提供了便利：路易斯·艾伯特 (Louis Ibert) 是"名印刷品小贩，在林荫大道上有个摊位，就在穿过圣马丁大门的右手边"，他用他哥哥的店铺，位于莫贝尔的一家缝纫用品店，藏匿了二十二本他刚刚购得的伏尔泰的《哲学辞典》。[21]

不仅如此，小贩们还充分利用网络内部各式各样的法人隶属关系，攫取某些市镇提供的机遇，设法使禁书流通畅行无阻，正如1730年卡昂监督官说的："尽管法规齐备，但由于无论在流入环节还是运出环节都不设检查——卡昂不是一个正式港口——来自国外的书籍都能毫无困难地进入城区。"他还指出，这种非法交易既不经过印刷商的手，也不经过书商的手，而是经由那些"粗野的小贩"之手，是他们"跟他们的其他货一起，引进违禁书籍和版本"，"将其储存在距离城市三十里地的库房内，那里是理想的非法分销地"。随后，其他小贩就来到了法国市场。1765年，一份匿名投诉致使勒布杰的艾力克斯·马瑞 (Alex Marais) 被捕，被捕时他还带着四十份六卷本《中国间谍》(*L'Espion chinois*)。他是一名来自库坦斯的小贩，刚从列日取到这批货赶往这儿。同样来自列日的小贩雷斯内 (Laisné) 也被捕。同年，另一名小贩在蒙塔内旅馆被捕：他行李中的书籍当时被视为恶劣、低俗、淫秽书刊，例如《穆罕默德表哥》(*Cousin de Mahomet*)、《耶稣会奇闻》(*Anecdotes Jésuitques*)、《安哥拉》(*Angola*) 和卢梭的《新爱洛绮斯》。[22]

这样的结构效率更高，因为不同网络之间很少有竞争——每个网络都有自身经营的地理区域，它们维持着良好的关系，在需求上升时就一起做事。因此诺曼底的诺埃尔·吉尔的文件以及布里杨松内商人让·德洛姆的文件揭示出，吉尔偶尔会在德洛姆和纳沙泰尔活字印刷社之间起到中间人的作用；让·德洛姆则利用鲁昂的书商——他们优先为诺曼的小贩供货——把他盗版的书籍引进法国北部。[23]

对上层迁徙商人而言，当他们所做的买卖中包括交易未授权版本的书籍，以及分销禁书，并从中获取大部分利润时，一个组织要是不仅以更大的家族单位为基础，还借助依附性强、受到监督的劳力进行拓展，这样的结构最为可靠。每个家族的多面性与及时到位的信息网络意味着：首先，团体的约束是可控的；其次，对市场需求有敏锐意识；最后，他们与政府机构和警察机构的联系纽带比较羸弱。

就这样，缝纫用品商、书商和小贩形成了一种双边网络：他们共同在为贸易总体发展而工作，网络的坚固团结为发展提供利润和保障，同时他们也为家族网络源源不断的财富及地区客户群而工作。

小贩面面观

在巡回小贩的生涯中，有三个截然不同的阶段。依照获取信贷和城市商品的能力，有三种典型的小贩非常醒目：赤贫小贩、普通小贩和商人小贩。不过，除了这三种，英格兰还出现了一种新型小贩："曼彻斯特人"，这种类型传递出一个彻底革新的信号，即他与其家乡共同体的联结由于为他的企业所吸引而放松，他在一个几乎独一无二的基础上为企业工作。这四种群体每种都有其自身的销售、获取供应和吸引客源的方法。下面我要呈现在读者面前的就是这些方法的特性。正是在这些方法中，文化结合进了销售行为，也正是通过这些方法，潜在的顾客和小贩之间的相遇得以被精心策划。

赤贫小贩

在赤贫小贩中，社会学意义上的多样性是最广的，因为他们没有一样东西可以用作货物和信用的担保。在联结其他小贩的相互依赖和制约的网络中，他们的买卖交易也因此被遗忘。赤贫小贩来自四面八方，他们也许早已背井离乡，社会等级也历经变换。偶然的结识、机遇及市政政策[24]制造了这些遍布各地的赤贫漫游者和临时的小贩。这些人处在小贩这行的边缘，他们最常在人们的视野中出现，最令人烦恼不堪，给整个行业投下阴影：他们形象多面，能激发他们同时代人的想象，他们是城市小说和市井小说里的核心角色。下面是1793年维克托·雨果笔下的巴黎：

> 在圣雅克街上，铺路工赤着脚，挡住了一辆手推车，一个卖鞋的小贩推着它……大商店没几个在开门；女人们拖着车，里面载着缝纫用品和小饰品，用蜡烛照着，融化的烛油滴在商品上；……报童竞相奔走，叫卖新闻。[……] 街头歌手随处可见。[25]

其他人物形象，包括那些参与非法书籍交易的也浮现了出来。一份研究分析了因经销禁书而被监禁的书贩,披露出除了我们已经熟悉的那些商人,那些地位低下的人在各种各样的情形中都有发现,他们为使收支再次平衡时刻准备冒险:有出版社工人,他们既制作又经销,使他们的处境愈加不测;许多来自贫困阶级的妇女;某些男人,像教师、医生、教士、士兵,他们都在找活干或弄钱。[26] 即使他们在黑市做事,而且社会愿意认为他们属于某些有安排的机制和有组织的群体,但他们绝大多数都是孑然一身,也许他们要是在路上碰见就会短暂地结伙。但这后一群体在社会学意义上居于我们现在都关注的经济基础的边缘。

在这些赤贫迁徙者中,应该特别提及三个属于一个有组织整体的群体。第一个群体在那些既有手艺人又有小贩的村庄里,是那些被从信用圈子里驱逐出来的人;第二个群体来自专门售卖圣像画的村庄,在那里这个行当存在于家族互相依托的框架内,就像意大利坎普里的"桑塔利"(santari),或是来自侏罗山区的"夏玛尼翁"(Chamagnons);[27] 最后是盲人群体,他们在西班牙成功地垄断了印张销售。第一个群体什么活儿都接,在干活的间隔期,他们叫卖小商品和乞讨两不耽误。他们与家乡的联结还没断,他们的临时巡回主要是一种离乡的经济活动——储存面包,因为冬天没法回村吃饭。在阿尔卑斯山、奥弗涅和亚平宁山,治安档案里讲述了他们令人同情的故事,涉及他们的悲惨生活、巡回路线、低下行当、小偷小摸、在牢里或医院里卖命干活,以及常常陈尸路旁。[28] 另一方面,西班牙的盲人群体自我组织起来,成立了一个由二十人左右的群体支配的行会,这二十人当中某些人毫无贫困可言,还有几个实际上以小册子、"散装传单"、"线装印刷品"的形式出版了小说,其他小贩会将这些在西班牙全境进行销售,有的甚至远及拉丁美洲。他们逐渐垄断了这类印刷制品。[29] 盲人很少单独工作,大都是在其妻子、另一名盲人或小孩的陪伴下。[30] 然而,他们的社会地位有很大差异,处在盲人小贩等级末端的是那些除了自己的生活故事卖无可卖的人,他们哭泣的声音意在唤起人们的同情;还有些人像活日历一样,用自己来传达圣徒祭日近了。[31] 在葡萄牙,像在西班牙一样,他们中有一部分组成兄弟会,团结在一起。18世纪,不同类型的小贩之间,以及小贩和书商之间的斗争非常激烈,彼此间的界限仍旧模糊不清。法律档案记载了书商行会、盲人兄弟会(已授予他们印张销售的独占权)及不属任何组织号称"弗兰提洛"(volanteiros)的小贩群体之间的反复交锋。[32]

对于这些半是乞丐半是流浪汉的小贩而言,比商品更重要的是贩卖行为本身。

他们上演表演秀，贩卖娱乐和梦幻。他们在公众和另外的世界之间做媒介，领着他们的观众来到虚构的国度，进入自我认知的别样法门，置身于新天地新理解。最终，小贩是在贩卖他自己，而他的全部妙语（无论说的还是唱的）都能驾驭听者的想象。他们并不想与买主一对一接触，也不去找亲如一家的感觉，他们只要公共广场、市集、人们来往穿梭之处、节日庆典时节，那时他们周围就会聚起许多人，与他们分享种种价值观念——他们用以谋生的当然除外，他们彼此之间也争奇斗艳，各出心裁。

这些巡游者中最富的有几件商品可以拿出来卖——少量缝纫用品、玩具、一些印刷制品，为了卖出它们，他们会把农民的梦想和期待表演得淋漓尽致。在《冬天的故事》中，奥托力格斯背包中的歌谣和新闻故事打开了隔绝于一隅的村民心扉，使他们知道了外面的世界，了解到人们行为各异，并开始关注时事动向。他们的描述想象荒诞，魔幻丛生，不过这没关系；重要的是叙述者保证所说的话新奇和准确：带给他们的所有故事都是"真实"故事，而且"刚发生不到一个月"。然后他对着他的商品低吟浅唱：纺织品和缎带与农民穿的暗褐色衣服有着天壤之别，拿起并穿上它们将会得到多少快乐，借此他们的身份就会变得多么时髦：

> ……如果你确曾在门口听过小贩吟唱，你就再也不能随小鼓和笛子起舞了；不，风笛也没法感动你……他来得正是时候：要让他进屋……他为男男女女准备了歌，各色各样应有尽有；……他可有东西拿出来秀？——他有七色的缎带像彩虹；他的道道特别多，波西米亚博学的律师也比不上他，尽管他说道起来满嘴糙；亚麻编带、毛纱编带、麻纱、细棉布；为啥他将它们反复歌唱，如同颂赞的是男女诸神。你要将件罩衣当天使，他对着袖口和上面的花饰如此吟道。[33]

像奥托力格斯一样，一个半世纪之后，宿命论者雅克①遇到的小贩也对他的商品和新款式吟讴不已，雅克借着这些新款打开了一扇窗，从而另辟蹊径认识自己，走向了新生活。[34]

其他人当上了说书人，讲述传奇历险，这可以把他们带到听众中去，并像尤利西斯一样，通过描述他亲历的世界，把村民们带到他乡。

---

① 宿命论者雅克：狄德罗1765—1780年间写的同名小说的主人公。——译者注

> 我现在要说一次远航／从伦敦到纽约，让我赋歌颂扬／伟大的海神，助我一臂之力吧／我曾穿过你用狂风卷起的巨浪，／然后我将如实描述城镇，和人们，／和风俗仪态，那些地方我去了又回。[35]

货色齐全的缝纫用品商宣称：

> 身为在海上交易的缝纫用品商／我从高处见过许多海外国度／我曾旅行过加拿大、佛吉拉尔、伊特鲁里亚／蒙马特、帕帕果斯和西尔里／然后我来到这片陌生的森林／这么多人！我如此幸运／能来此地，马上就从木篮子里拿出针线把它卖／我要走近人群奋力吆喝我的货。[36]

蕾丝和系带成了历险的支柱，人们可以亲身经历，只要由旅行商做代理，后者满载的都是这种东西。

除了透露如何走向外面的世界，一些小贩还描述新知识的前景与人分享，或者制造恢复健康、即刻见效的梦境，或者预言未来。带着药剂、药片、药粉和油膏的江湖郎中声称是在讲述医学知识，能力压疾病和死亡，一切都尽在掌握。几个英国人仍旧很有名，像马丁·冯·布彻尔（Martin von Butchell），他给自己制造出丰富多彩的个性，伴以古怪的行为、夸张的衣着，就是为了贩卖他的药方；[37]还有萨缪尔·所罗门（Samuel Solomon），18 世纪末，他靠兜售奇迹治疗法吉利得香膏（balm of Gilead）发家；还有伊萨克·隆（Issac Long），他在贩卖药粉的同时，让人掣一种小签，赢些一文不值的小物件。[38]

那些除了自己一无所有、除了印张和自己一张嘴无物可卖的小贩，利用人们的这些期待，走进剧院的空位上。15—17 世纪之间，剧院已经制度化并进入城市，市场和露天集市留给了小贩们。其实自 16 世纪开始，城市大门就已经对巡游者紧闭，他们被怀疑伪"装"成社会人物、假冒乞丐和江湖骗子。[39]1570—1585 年间，首先是佛罗伦萨，然后是威尼斯、马德里、巴黎和那不勒斯，在城墙内专门留出封闭房间给剧团演出。与此同时，怎样才算一名演员的具体界定也发生了变化[40]，即便当局（像 1578 年的米兰市政府）还是经常把行旅商人和演员混淆起来。[41]

剧院迁至城市把那些被机构排斥到边缘的人降格到市集、小城镇和乡村。[42]在这里，沿街叫卖、娱人耳目和行乞要饭三者相结合，一直通行。约翰·厄尔（John Earle）在其 1628 年出版的《小宇宙志》（*Microcosmography*）中描绘了这些人中的一个，他一贫如洗，买不起其他东西，甚至无福受人赐予，他能给别人的只有写着他的话的印张——传说、故事、歌谣或是对上帝荣耀的臣服。厄尔描述他逐个市场穿行，唱着他可怜的歌行，这些歌行就像他补丁摞补丁的衣服一样，都是胡乱拼凑而成，还用他"鄙俗的音调和更糟糕的嗓子"来伴奏，他就唱着这些东西换取半个芬尼。[43] 如果情形不利于卖唱，有些人就会趁机偷窃，正如 1732 年 7 月《佛格周刊》（*Fog's Weekly Journal*）上一篇文章写道："一个爱尔兰民谣卖唱者，常常以歌声逗英格兰善良的人们开心，与此同时他的同伙则在掏他们的口袋。这个人已经被捕并送进了感化院。"[44] 奥托力格斯也曾为同样的事情而内疚不已。

　　说书人、巡回者、江湖郎中、拔牙的、治疝气的和来自贝尔格马斯克的面具演员一边在意大利各地的市镇广场逐个穿行，一边散布预言。[45] 那些来自提契诺地区的，把绘画和小册子穿到一根线上来卖，还一边讲一边用榛木枝子解说故事。[46] 在德国，小贩借助大的插图板，一边讲上面的故事一边售卖小册子[47]；这跟他的法国同行做法一样[48]——正如小莫罗（Moreau the Younger）所画的，他肩上架着小提琴，包就系在皮带上，歌声就从他的右手与包里的抄件一起兜售出来，他身后摆着一幅插图，上面画着他所唱卖的故事。一幅佩勒兰木版画捕捉到了这样一个场面：一个小贩跟他妻子站在市镇广场上，他手持小提琴，正用琴弓指点着帆布上画着的场景，他妻子正用右手支着帆布杆，左手拿着一幅讽刺素描，名叫"犯罪"；旁观的中产阶级穿着路易·菲利普时期的服装，普通百姓正听小贩念念有词。[49] 这些流浪歌手偏爱最繁忙的街道和广场及教堂大门；如果他们出了城，那准是去追逐赶集的人群。在巴黎，他们在战略要地新桥、林荫大道和广场上支起他们的图片。[50] 下面这段话来自路易-塞巴斯蒂安·梅西耶：

> 　　有些人吟唱着哀歌和赞美诗，其他人则哼着下流小调，这两者之间往往不会超过四十步远……听众们弃卖肩衣①的而去，去追寻快乐的曲调；卖肩衣的依旧一个人站在脚凳上，徒劳地指点道，人类的大敌、试探人的魔鬼已经露出角来。所有人都把他应许的救赎抛在脑后，转而追逐那些人听了就下地狱遭永罚的歌声。弃民们的歌手歌唱葡萄酒、美食佳肴和爱情，还赞美玛戈诱人的身体；在赞美诗和杂耍之间摇摆的两索尔钱币，唉，就要落入那世俗的吟游诗人的口袋喽。[51]

---

① 肩衣（scapular）：修道士的肩衣。——译者注

在这些娱乐表演的边缘，可以找到展示珍奇玩意儿的赤贫流浪者，比如萨伏依地区山区居民展览土拨鼠，几个比利牛斯山居民把熊也带来了；甚至在1765年，英格兰的犹太小贩还展览过莫霍克印第安人。[52] 杂技演员、手风琴演奏者和来自托斯卡纳山村的驯熊师全都成了城市里的熟悉面孔。[53] 穿着僧衣伪装成托钵僧的，"带着装满戏法的盒子……里面有戴荆棘冠的耶稣像和耶稣受难里面的四个人物，随时会向路人展示"[54]，这也同样成了娱乐表演的一部分。

马德里的盲人聚集在市中心的日门，那里是三个新闻源头的汇集地：通过报纸和"关系"流通的官方信息，从外地邮递到达的新闻，以及口口相传到处散布的非官方新闻。[55] 他们周期性地提醒当局，自从11世纪末以来，他们就作为从事一个行业的盲人而获得免税权，因此不应该被归入乞丐一类；通过这种方式，他们与急于摆脱乞丐的城市做着斗争。[56]

因此，部分线装印刷品[57]借助用韵文歌唱文句的盲人小贩网络而流通。[58] 一旦拥有印刷文字盲人就寻求读者的帮助，请他尽量多次朗读原文，直到盲人不仅能将其牢记在心，还能背诵或歌咏出来，无论是片段还是全篇。[59] 最初，工夫要下在标题上，标题一般特别长，而且附有说明；它会强调故事的出处，交代原文是爱情小说还是传奇风格，描述主要特色，指出活动发生地点，预示最重要的情节，并暗示故事怎样结局，是皆大欢喜还是悲剧收场。[60] 标题起诱饵作用，正文则转换成口头历史，随时添油加醋，结构和张力缺乏连贯性，离题万里的情况有增无减。盲人一遍又一遍地宣读他的故事，修饰它，必要时添加一些让人更兴奋的改动，不断地更新着对话好让它更适合人群，更能吸引路人吊足他们的胃口，并能一直给人这样一种印象，就是他还有别的、更好的故事还没讲。猥亵的言行和粗鲁的表达是最常添加的作料。为了避免这类情形，当局只许公开宣读标题，但到最后他们还是禁止了公开宣读印刷文字。[61]

表演方式取决于原文，它要是一份新闻文本或散文体"叙事"，只需照着宣读就行；要是一部"爱情小说"，就要歌唱出来。盲人唱的时候，往往有一把吉他或小提琴伴奏，进入20世纪手风琴日益增多。[62] 有时他会利用散装传单上的插图、贴在帆布单子上的海报，或者告示，把视觉图像也引入他的背诵过程中。[63] 在某些场合，他边背诵边表演，尤其是在像基督受难这样的宗教主题下。[64] 无论何时，只要可能，讲故事的人就会浓缩提炼他自己的日常生活经历，揣摩听众的期待，还有他们的悲伤和渴望，并根据这些对他讲述的故事加以修饰。[65] 也许，他像16

世纪意大利的说书人一样也会时不时地停下来估量一下听众的反应。[66]

演员和小贩共通的道路在高乃伊（Corneille）《喜剧的幻象》（*L'Illusion comique*）中被出色地描绘出来，这部剧首演于 1635 或 1636 年。在剧中主人公克林多的社会巡游过程中，高乃伊表现了法国戏剧，"法兰西戏剧"（Théâtre françois），相应的历程：它经历了从一个露天市集里引人来观的表演，向一种受社会精英重视的艺术形式的转型。在克林多青年时代的漫游中，就像第一幕中（163—187 行）阿尔坎德（Alcandre）向普利达曼（Pridamant）说明的那样，角色、地点和听众的不同功能清晰可见：

> 您儿子飞黄腾达我看基本没戏；/ …… / 为了去巴黎，他路上做买卖 / 明明卖假药，还说能治发烧偏头痛 / 为了去巴黎，他还去算命。一朝到了那儿，就靠小聪明过，和别人一个样儿 / …… / 抄写员当烦了他就走，/ 还在圣日耳曼弄了个跳舞猴儿。他学写押韵诗，涂鸦胡乱做文章 / 赚了大钱就为那流浪者来把歌唱 / …… / 之后他又卖念珠和香膏，当上了这行的师傅就卖万灵丹 / 他重返法庭当上了辩护人 / 简单说，布森（Buscon）、拉萨里耶·德·托姆（Lazarille de Tormes）、撒亚维德（Sayavèdre）和古斯曼（Gusman）都没换过这么多马甲。

就这样，克林多探索了所有无赖们巡回冒险的途径——当江湖郎中，在路边和市集上展览动物，为游吟诗人写歌词，之后把这些边缘地区和卑下的活动抛在身后，进入城市的心脏，赢得最高层社会群体的青睐。他抽身而去的地方从此以后就属于那些一贫如洗的流浪者。

普通小贩①

普通小贩已经确立了供应商，建立起忠实的顾客群，还有足够多的遗产来担保他的信用，他是小贩中的佼佼者。一般而言，他在八月底和十一月底之间出发，具体时间依对农场劳动力的需求、牲畜市场的具体日期及家户中的人丁数而定。那些畜养牲畜的小贩等到一进入收获期，就离开村庄，其余的一直待到秋季市集结束，因为在好几个地区牲畜买卖是人们唯一要做的交易。[67] 因此，一户人家的

---

① regular pedlar 译为普通小贩，也可译为定期小贩，书中兼有二义。因为按照书中描述，他们多在固定时间和地点进行巡行贸易。——译者注

成员构成举足轻重。19世纪中叶，多菲内克拉旺的古兰（Gouran）一家中，父亲迪迪埃（Didier）以前是小贩，跟他儿子迪迪埃和让（Jean），以及儿媳和三个孩子住在一起。迪迪埃已经接过他父亲在约纳的巡回买卖，让则负责巡行临近的尼耶夫勒。农场里的活儿一完，两个人就都直奔低地。另一方面，在艾马尔（Eymard）一家人里，只有让和他的妻子以及他们的孩子。鉴于卖牲口的责任无人可以托付，让在十一月份之前从不出去巡回做买卖。[68] 约瑟·诺格瑞（Joseph Nogeret）是一名来自奥弗涅的"卖铸铁炒锅的摊贩"，他的哥哥们分摊了做这种买卖花去的时间，这样约瑟才能在春天出发去巡行交易，他已婚的哥哥们则回家去耕地。[69] 无论如何，他们返回的日期证明了商业需求要重于农事的需要，没有一个小贩会为了赶最早的农场的活儿而及时赶回家。古兰一家人中，父亲帮他的儿媳妇给土地施肥和播种；让·艾马尔在信中一直坚持让他的妻子雇佣帮手来帮着干这些活。对这些小贩来说，暮春时节是他们的两部分生活发生撞车的时候：他们要在家种地，但若回来太早，他们就会失去两个最好做生意的月份。

另一方面，那些专门卖书和印刷品的小贩从事贸易时，并未被土地加的约束所搅扰。就像来自坎普里贩卖圣像画的小贩一样，来自科坦登的小贩春季离家，冬季一到就返回；来自洛林、比利牛斯山[70]和提契诺[71]地区的小贩，一年四季都在各自之间分配好了：一些人在秋季离乡，另一些人则在春天出门。

小贩主要在外来移民开的店里进货，然后从其他商人那里补足剩下的货。他们的大部头采购都是在前者那里进行，其全部或部分所需钱财也是从前者那里借来为巡行做准备。至于后一类供应商，年复一年，一种家族传统就在与他们做生意的过程中形成了，而且在17—19世纪间，可以一代一代地追溯由小贩家族维系的、与同一供应商家族的特别关系。采购的政治活动始终如一，即围绕着一个同时也充当银行家的主要供应商组织起来，并辅以从专营商店或者出行路上偶然经过的地区购进的存货。[72]

比起法国供货商分散各地的性质，伦敦则有更多装填行囊的英国小商人。17世纪末，超过四分之三的纺织品供应仍要在伦敦交易。[73] 城区也是从中国进口的瓷器的主要再分配中心。[74] 来自各省的特有产品给伦敦可供采购的供货锦上添花。林肯的托马斯·泰斯达尔（Thomas Teisdale）死时还欠五个伦敦商人一百九十二磅；他在格拉斯哥（进苏格兰衣服）、曼彻斯特（进面条和小件五金器具）和纽波特（进穗带）补足他剩下要进的货。时间一长，小贩和伦敦供应商之间就发展出一种长期的个人关系，以至于后者中有些人在弥留之际给他们"忠实"的小贩做了安排，并留给小贩一笔钱，好让小贩能为他们买来一声鸣响的丧钟或纪念的物品。[75]

这些贩夫一般会踏上一两个行程既定的小规模旅途。他们把账本带在身上。在其巡行贸易的过程中，来自瓦桑的小贩让·艾马尔在科尔比尼和蒙特罗永之间的尼耶夫勒要走完一个十五公里长的环路。约纳运河就位于环路的心脏地区，那里有一些极小的村落围簇在船闸周围，村落里有一百到四百个居民。来自布里杨松内的蒙内提耶的皮埃尔－约瑟夫·巴瑞（Pierre-Joseph Barret）将他的贸易拓展到八个区社，直达博久莱山最西端，他一天的行程在九到十三公里之间，视月份而定。[76] 来自奥弗涅的小贩在法国南部和西南部的巡回贸易有如下共同点：他们行走的区域范围小，但这并不是定期进行的去赶各大市集的更长行程的序幕。"苏格兰布商"的巡行贸易与来自奥弗涅和多菲内的小贩的做法毫无差异。[77] 比利时领土天然的逼仄影响了巡行贸易组织的方式：商人常常要在他家周围地区出行好几天，甚至好几周。叫卖的商品随后就会告诉我们一趟巡行贸易的规模有多大。几个已经出行了三个月的小贩，在城里租了一间阁楼做根据地，从那里到周围乡村旅行了几周，然后转移到另一地区，因为家里已经往那里补发了一批货。[78]

比利牛斯山小贩划分他们巡行区域的方式，与他们彼此之间分配一年四季的方式相同：

> 夏天小贩的行程包含法国南部、阿尔卑斯山、上卢瓦尔河谷、布列塔尼和诺曼底。冬天小贩分成两组，直接向土伦、利摩日、布尔日、盖瑞和欧塞尔进发，他们已从巴黎下单，到这些地方进行第一批次采购。从这些地方出发，他们走捷径分散到各个地区，然后来到巴黎周围方圆数百里的地方，若是遇到相识的就一起走到巴黎，于是有些人在一月初到达，有些人则要到春上才能赶来。[79]

诺埃尔·吉尔也要进行两次巡行贸易：一次是在北方和加莱海峡省，另一次是在靠近巴黎处于庞图瓦兹、诺让、布尔日和昂布瓦兹之间的四边形地带。他婚后在蒙塔日安家。后面这次巡行获得成功。他常常在一个镇待上一两周，有时甚至会待上一个月——这也阻止不了他对周边农村搞个突然袭击。他"无处"不去。[80]

不过，我们必须把深入各地市场的书贩分开来看：

如果有人想要查禁这些山区小贩，他就对外省书店犯下了累累恶行，这样做将会致使这些书店失去顾客，小贩在这方面绝对重要，哪怕他们运来的只是识字书、祈祷书或礼拜用书等，因为小镇和乡村里没有书店，而住在这里的人又不能没有这些书。如果小贩面临的是被彻底查禁，那么那些在乡下度过部分夏天的贵族成员，许多收入不足以住在物价高攀的大城市的绅士和妇女——所有这些对社会有用的、常花时间研究文学或掌握科学艺术的国家成员；所有这些将要被夺去对他们来说极为重要的书籍的人们，都会受到彻底压制……[81]

诺埃尔·吉尔的最大客户群是文官、法律同业人员、市民、医生和教士。他们中几乎没有贵族成员。[82] 不应忽视的是，吉尔通过绘画、歌曲和扑克牌成功地打入了贫困等级；而且，巡回商人的力量和他们最大的利润来源端赖他们隶属于一个网络，这个网络使他们能够基于订单进行销售，并面向所有人提供他们精选的读物，即便这意味着要得到它得去一趟巴黎。"我打算去鲁昂，"一名诺曼小贩写道，"……当我从你的目录中发现你没有我要的书时，这就等于说我得去趟巴黎。"[83] 警方公开谴责这种由"诺曼人"扮演的角色，不论他们是"时不时地"去巴黎，与亲戚或"同胞"住在一起，并"流通不道德书籍"；[84] 还是"冬季返回家乡夏天回到巴黎"在河畔练摊儿，[85] 因为"他们大多数人带回可疑书籍的行径从未停止过，然后就将其传递给私人主顾或小贩，因为不为人知，这样做除了通过关卡之外几乎没有任何风险。"[86]

直到 19 世纪，有证据显示，缝纫用品商客户并不单单出自低等阶级，贵族并没对他们提供的商品不屑一顾。[87] 但不论如何，他们的客户里普罗大众与日俱增，这点还是反映了这个行业的新发展：在 19 世纪，当一名小贩逗留在一个中产阶级家庭里时，一定是在卖东西给女仆或男仆；另外，当一本账簿里提到一名"绅士"时，要么因为交易是在他的住地进行，要么就是因为他给他的仆人做担保人。让·艾马尔的主顾与皮埃尔－约瑟夫·巴瑞和让－皮埃尔·格拉维埃－谢维耶一样，全都是拥有中等财富的村民。[88]

让·艾马尔在 1858—1870 年间记录的账本可以帮助我们了解普通小贩是如何在他巡行所至的几个乡村融入当地的地理和社会组织网的。这个区域小到都不能算是巡行：艾马尔在乡村与乡村、水闸与水闸之间不断行走。他在脑子里已经绘制出一幅景观图,正是这种心理的地形测绘给他提供了最初的标记:每个新客户首先要联系他家的位置来加以辨认:"在穆什帕吉,农家宅院上方的房子","离制瓦厂最近的房子","离树林最近的房子里的夫人"……然后,小贩会专心给他的顾客按照社会等级、亲戚网络、家族联系和职业进行定位。他在笔记本上记下所有这些关联,还伴有一些外号,以及在村子里人们是怎么称呼这个顾客的、在与其交谈时他们如何呈现自己的等等。这是一种陌生的商业关系,在这样的关系里与人交易他从不问人姓名,这些人只有在乡村社会中才有他们明确的位置。这些乡村位于内维尔地区,那里的生活和文化得以从这个笔记本的每一页中重构出来:一大片农田景色,极小的村子散落在山坡和树林中;有很少的"绅士",他们是唯一雇仆人的人;只有三个工人的工厂;还有约纳运河水闸管理员的地界。从记录中可以读出从属关系:无名的妇女和仆人从属于他们赖以存在的丈夫和雇主,或者工人从属于雇佣者,即使有一些男仆亲自与小贩做交易。

小贩的商品主要是卖给女人,但记下来的却是男人的名字:"鲁比(Roubi)的妈妈";"莫罗(Mourau)的妻子"。要是遗孀的话,她的姓就会被记下来,因此皮埃尔-安德烈·加维永(Pierre-André Gavillion)的妻子不会一直叫加维永遗孀,而是很快就成了谢兹帕吉(Chaise-Pazy)的约瑟芬(Joséphine);正如达沃(Davau)遗孀成了萨尔迪(Sardy)的让娜(Jeanne)。小贩精准地描述了不同的人物,定位出共同体中的关键角色(账房先生雅各布,音乐家安德烈),留下了包括地理、职业和家族的旅行指南。家族关系是艾马尔记下的头一件事,它既作为标志又作为伦理关系,为他画出了另一幅地图,从中他逐渐掌握了要倚靠某些人物去接近其他人。所有的兄弟、女婿和孩子们一般都没有标记,除非他们的家族与他特别熟的顾客有关联:"科兰塞尔(Collancelle)的布鲁雷(Brŭlé)的弟弟,马尔西里-塞尔冯(Marcilly-Cervon)的菲利普(Phillipe)的女婿。"

就这样,小贩几乎是神不知鬼不觉地融入了乡村文化。他们在路边或客店里现身,一开始还造成不安,之后随着屡次出现为人熟悉,由于他们对当地人的了解,他们成为低地社会组织网中的一部分,而不再显得陌生。找到能打开进入村庄之门的钥匙是一个非常缓慢的进程,虽然时间有的是,但却要求小贩拥有绝对的灵活性。因此,平均下来,艾马尔每天只走访一到四户人家方为有利。

另一种关系,一种既是经济的又是文化的关系,与关于地点和人的知识并行。这就是信用关系。这是小贩和村民之间关系的基础,有账本可以作证,里面没有一次全是现金交易的记录。无一例外，让·艾马尔的所有顾客都向他赊购。他们一整年点点滴滴、零敲碎打地向他偿还，等到小贩再次露面，清偿就完成了，不过总是还要伴随以进一步的采购和进一步的赊购。月复一月，时间越长，能在小贩离开前结清债务的人就越少，以至于自五月份以来，那些来年偿付的顾客比今年偿付的还多。有时小贩和顾客决定把彼此的账搁置起来，艾马尔就记录了这种情况：账已"结清"，却依然显示尚有一个总量没有偿付，数额或许很微小：仆从诺罗（Nolot）不足一法郎；克劳丁·索兰（Claudine Saulin）只有一法郎；或许相当可观：拉米诺夫（la Mignauve）的男仆索特兰（Sautran）有二十二法郎。事实上重要的是，债务从未被彻底清偿；剩下的象征性债务证明，他们行为背后的理由并非经济性的，而是与铸成联系纽带相关。商业关系是友好的，基于信任，账户也总是保持公开。结清户头就意味着所有关系都被终结，无论是商业关系还是社会关系。未偿付债务也是迁移者的保证书，它保证当他下次巡行贸易时他可以要求他的主顾偿还。

正如小贩大搞赊购一样，他也同样进行赊销。缺钱不是唯一理由，欠款会不定期地从农民那里收到。在迁移者和其顾客之间，延迟支付居于二者关系的核心：它是一份关系已然形成的保证书，它使得村庄里的户户家门慢慢向他敞开。鉴于小贩不断地从此地走到彼地却只能覆盖一个有限的区域，因而每次经过一个地方，对他来说都是一个回收小额欠款的机会，同时他还会赊销更多的商品。来自19世纪上半叶的账本，和保存的家族书信显示的一样，都说当小贩的巡行结束时并未收回他给予的贷款。[89]这说明他肯定在秋季要其顾客偿付，然而，要是这次巡行贸易不是硕果累累，可能也意味着他没钱偿付城市商人，这就迫使他在自家村子里借钱。

价格并不固定。他们可以在私人关系的脉络中讨价还价。为了提醒自己进价多少，并且一旦失窃能够认出货物，小贩采取的唯一预防措施就是用只有他自己或关系很近的亲戚才知道的记号给货物做标记。例如，来自康塔尔的小贩就把成本价用一种对应着十个数字的十字母编码写在每件商品上：阿兹科卡（Azuqueca）用的是 ABSOLUMENT；乌萨诺（Usano）用的是 SAINT FLOUR[90]。另一名小贩在其回忆录中提及，标记使他每次认领失窃商品时都准确无误。[91]

年复一年，持续不断的信贷巩固了这一行业的小贩与其家族的团结。19世纪中叶，生于1804年的巴塞隆内特小贩让-皮埃尔·夏尔佩内尔（Jean-Pierre

Charpenel）写下了他父亲的生平。他描述的巡行贸易与让·艾马尔所做的相似，在他的案例里，信贷在他的主顾中居于核心：

> 一提到私人顾客……绝对要给予他们至少一部分数额的信贷：因为在这些地区资产几乎全部系于葡萄酒、无花果、杏仁和橄榄，这些东西全都在晚秋收获，也就是说他们常常在每年需要买衣服的时候缺钱。当然，他们的蚕宝宝可以让他们收获得很早，但是过冬衣服的问题一来，钱就已经飞到九霄云外了。因此，如果他希望卖东西，就不得不赊账，但对这些人来说风险并不大。要是因为某种原因他们不能当年付清，那就来年。总而言之，毫无疑问他们会让你损失些钱，而且总起来考虑，虽然这些钱数额很小，到头来却总数惊人。[92]

无论如何，在父亲生病那年冬天，儿子不得不离开里昂接替父亲的巡行，并试图收回欠款。他曾决心选择不当小贩，然而他父亲的死却迫使他走上了这条路。

商人小贩

商人小贩（merchant-pedlar）租了一个店铺，但要是生意不景气，他时刻准备回去上路。他们运用最新的销售技巧：从他出场那一刻起，他就把报刊当成一种广告媒介；如果他是名书商，他就把图书目录付印出来。[93]

曼彻斯特人

在 17 世纪的英格兰，一个新的形象浮出水面，那就是曼彻斯特人，在一定程度上，他是第一个商品推销员。他在获取供应的方式上有别于传统小贩，这点通过他的顾客和他的销售技巧就能看出。曼彻斯特人是一名为工厂工作的小贩，他不再挨家挨户穿梭，取而代之的是逐个店铺走访。[94] 他仍是一个巡回商人，但其间的重大差异是，他在英格兰北部的制造商和零售商、店主及全国范围内的小贩之间，是以一个中间人的身份在做事。早在 1685 年，"曼彻斯特人"就已存在。他们牵着驴子或马，上面驮着廉价的纺织品和衣服、五金制品和刀具，并往这些杂烩里添入手表和历书。他们就这样奔波往返于英格兰境内。系在头马上的铃铛传递出车队到来的信号。为了避开冬季严酷的天气，他们主要在夏天孤独地沿着失修的道路前行。

作为分销网络的中间一级，他们向店主和赶集时碰到的小贩大批量贩售货物，以此来与伦敦商人竞争巡回商人的光顾。他们全都参加市集，在那里交易给人的印象是，一方面在伦敦商人或他们的代理人和曼彻斯特人之间，另一方面也在小贩之间，他们借此机会清偿旧债并为下次巡行贸易获取必需的商品。伦敦商人像曼彻斯特人一样，给小贩提供大规模信贷。[95] 曼彻斯特人——他们还是 18 世纪最受青睐的制造商代理人之一，因为他们着手去创建大宗商品市场——除了给予信贷，还充分运用享有的尊重，制造出他们与开业商人有着相同社会地位的幻觉。为了给这种印象增添实至名归的感觉，他带着装帧炫丽的名片，还印了有抬头的信纸。他把这些东西和生意放在一起，目的是显示他曾广而告之，或在当地报纸上公布过这件事，即宣传他即将到来。[96]

小贩巡行贸易时获取资金的方式，连同对小贩纳新手续的评价，可以让我们区分出各种类型的巡游小贩。由于这些标准考虑到了小贩扎根在乡村共同体，它们可以揭示这个行业的一个主要分工。其实，对某些人而言，无论他们在其活动范围内占有什么位置，隶属一个共同体都在昭示着成功的可能，当小贩跻身那些"信誉卓著"者行列时，成功就愈加真实；同时这也意味着，一旦生意失败，后者还可以指望家乡共同体给他提供些许他急需的商品或工作，帮他度过这段失业的困难时期。而对那些无所归属或已不再归属于同胞网络的人来说，从事这行毋宁说就是身份一落千丈，社会地位边缘化，未来的成功遥遥无期。最后，这些双重标准也使推销员这个尚在发展中的形象浮出水面，他标志着一个开端，一个迈向雇员附属于企业的世界的开端。

第 5 章
在村落中——巡回的理由和支撑巡回的结构

既然家乡对于商人网络（由既巡回又定居的商人构成）而言，与他们立业所在、处于变化中的城市同样重要，下面我们就把注意力转向这些乡村共同体，也就是商人们启程的地方，以了解作为迁徙背后的驱动力的社会组织的性质，这种组织在经济上多种多样并紧密联结在一起。把斯特拉斯堡、里昂和法兰克福的市民与其老家阿尔卑斯山乡村紧密联结起来的到底是什么？他们生意中的变化又是怎样影响了家乡共同体？

自中世纪以来，阿尔卑斯山里的山区社会就在围绕着迁徙的观念不断发展。不仅如此，人口分布也很不规则，高地村落在人口上有明显优势，因为他们离关口和山区牧场较近。这种人口分布（如果我们因循这种思想流派，认为农村社会必然享有有限的农业资源，它着实会令人惊奇）指出了一些对于理解高地山村的"人口过剩"非常重要的东西，并能帮助我们弄清这样一个社会，它似乎从一开始就是在一片贫瘠和脆弱的土壤上成长发展的。

要转变视角，就必需切切实实地质疑构建山村传统形象的方式。通常对阿尔卑斯山村社会的分析都基于一些假设和档案资料。档案都被猜解为对"贫瘠土地"的抱怨、回荡在一个又一个山谷间绝望的哭喊。大雪、雨季洪水、雪崩、落石全都迫使农民仅仅以其双手开发他们的土地，在短暂的收获耕作季节里这需要太多的人力，事实上人手从来都不够用。历史学家从谷物短缺着手，说明了山区移民起到了山区生态系统的功能，是山区资源得以开发利用的途径。受那里人们的苦情的影响，他们也指责让人们掘地三尺也要弄来钱缴纳地方税的税收体系。[1] 这种分析的基础是深信，在如何开发利用上面，自然让人毫无选择；正如拉乌尔·布隆夏尔（Raoul Blanchard）描述的那样[2]，他们仍然按照 19 世纪在法国阿尔卑斯山区运用的农牧体系（季节性牲畜迁移与耕作体系）来说明一切。在他们的分析中，另一个一成不变的主题关系到山区共同体的社会结构，它一直被描述成小地主的"共和国"，他们在平凡无奇方面可真是人人平等[3]：土地记录见证了这点，城市观察家记述了这点，山民回忆录中更是无时无刻不在证实这点。

然而，这种强调自然过于强调文化的看法仍然需要被证实。如果迁徙是人口过密的一个因素，把它看做人口过剩的"氧气瓶"的话语就掩盖了移民和定居人口间的相互依存和重要联系：这种话语把迁徙看成一种必然的挣脱，而它其实也可以是占有地盘的途径。实际上，那些根据稳定性和流动性对共同体居民进行分类的分析（把空间当做唯一的分析标准），是从一个完全不同的角度在描述迁徙，这种视角至少迟至 18 世纪，对乡村移民背后的逻辑还是完全陌生的。

为了理解一个有所不同的现实，我们必须打开我们研究迁徙的思路，改变那些界限已被划定的地方，而且并不单单按照某些术语来思考，如竞争空间、由个体组成的群体（区分为流动的和不流动的），以及以土地来衡量的财富水平（仅基于土地所有权来构想等级关系）。换言之，认为社会由等级群体和自治群体构成但不用考虑这些群体之间的相互联系就可以合理地进行研究；或者把分析着眼点局限于狭窄的家庭单位或个人，凡此种种都意味着忽视了所有事实都扎根其中的脉络（语境），尤其是没给其他更贴切的社会型构的出现留出余地。

接下来就是尝试确立群体是如何演化的（并不把外迁当做一种乡村共同体设立壁垒的先行标志），以及无论在家族内部还是家族之间，个体间是如何相互联系的；还要查明位于这种联盟背后的是什么，以及在这出社会戏剧中演员们是如何忙于维持和摧毁它们的。这种方法以行动者间的互动本身为出发点，意欲返回乡村，把各个家族与他们的集体财富拼接起来，并追踪亲属关系网络的形成和演化，无论在高地还是在其他地方家族都是这个网络中的一部分。这使流动和身份认同问题变得复杂化，因为需要证明：一方面，留下者和离开者之间的联结并不会造成两个不同的家族单位，而只会成为所有家族、客户网络及婚姻的基础；另一方面，身份认同的建构既要通过社会关系，又要通过——有时更是如此——空间关系。

当然，这种类型的分析只能小规模进行。我们的研究进程将以上多菲内小贩网络（位于海拔一千四百米之上的贝斯、克拉旺与拉·格拉夫村）及位于吉萨尼山谷中洛塔雷关口另一边的布里杨松内的蒙内提耶的商人和小贩的地理发源作为出发点。随后我们会用这些"实验"模型，尽量弄清另一重要小贩区域的情况是否与上多菲内模型有重大差异。

土地和信贷

那么，是对故土的热爱让市民（新近才被他做生意所在的城市承认）留在了乡村吗？是因为依恋他那一亩三分地（不管有多小）农民才不断地在高地和低地之间穿行吗？由于土地的经济角色和情感角色在所有涉及农村社会的问题中都居于核心，再加上人们固有的观念是土地被寒酸却均等地分配给所有者，结果便形成了山区居民贫困、自由、团结的表象，因此，仔细评估土地在山区谷地经济中的重要性也就成为重中之重。

以下是17世纪末对两处谷地的一份分析：1671年的拉·格拉夫和1685年的贝斯。拉·格拉夫的摊派税登记簿上有四百四十九位土地所有者记录在案，原始资料详细说明了这次计算基于土地清册上记录的土地实际表面面积，并"以清册上每塞特瑞（sétérée）① 四十索尔的税率收取"[4]。贝斯的摊派税登记簿上有二百二十七名土地所有者。如果只限于按照土地界定财富，那么传统分析就可证明其有效：以地产为基础的社会等级表明，继承下来的财富分布并不广泛，而且一般而言，转机微乎其微，因为拉·格拉夫近70%的居民所有的土地表面面积少于村里的平均数4塞特瑞3加特雷，合1.7公顷。[5] 在贝斯，不足一半人口达到平均数，这里的平均数要稍高一点，有5塞特瑞2加特雷，合2公顷。两个案例中，有些家族很突出。在拉·格拉夫，有两个商人拥有五倍于平均数的土地表面面积还不止；在贝斯，四名最富有的居民人人拥有平均数的三到四倍（表一）。图一显

表一 以平均土地价值为基期，计算土地划分百分比

平均土地价值 =1	<0.5	>0.5 <1	>1 <2	>2 <3	>3 <4	>4 <5	>5
1671年拉·格拉夫	39	29	22	6	2	0	2
1685年贝斯	32	25	33	6	4	0	0

---

① 塞特瑞，也叫塞提埃，旧用土地度量单位，字面意思是播种一塞提埃种子所覆盖的表面。1塞特瑞=0.38公亩，1公亩=100平方米。——译者注

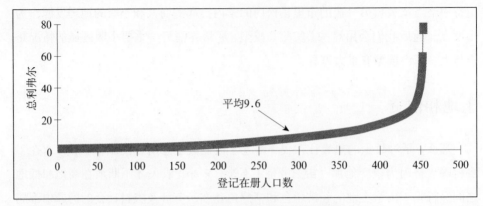

图一　1671年拉·格拉夫人口缴税登记

示，1671年拉·格拉夫人口缴税总额清楚地说明了共同体中的情形，大部分人拥有极小的土地，面积大约相等，少数人则显得鹤立鸡群。

18世纪蒙内提耶的土地所有权发展状况没有揭示任何重大变迁，或者与上多菲内其他村庄的关系面貌。[6] 18世纪前七十五年内，60%—70%的蒙内提耶居民拥有的土地表面面积小于平均数，只有一两个家族脱颖而出，拥有的面积是平均数的五倍有余。18世纪末，在大部分有势力的家族内部，土地财富集中过程清晰可见。

表二　以平均土地价值为基期，计算土地划分百分比

平均土地价值 =1	<0.5	>0.5<1	>1<2	>2<3	>3<4	>4<5	>5
1713年蒙内提耶	38	28	20	10	2.6	0	1
1741年蒙内提耶	29	36	21.1	9.4	2.7	2.7	0
1761年蒙内提耶	37.1	22.9	25	10.8	2.7	1.3	0
1770年蒙内提耶	42.2	19	23.2	11.3	2.8	1.4	0

然而，有几个事实让我们不得不重新考虑基于土地和税收之上的等级制之间的相互关联。

（1）对摊派税登记簿编制方法的一个分析揭示出，拥有土地的人不一定就是耕种它的人：这样的登记掩盖了佃农制的重要性。不仅如此，对相关家族的了解使我们可以看到，同一户的成员可能四散在不同的地产级别上，这样一来，伪划分就堆砌在实划分之上。要理解所有权和开发利用之间、拥有土地和耕作土地之

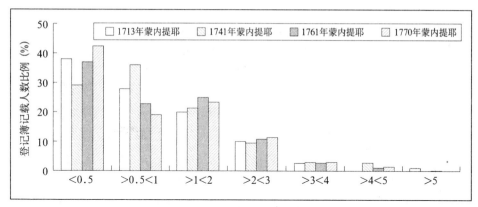

图二　18世纪土地所有者的分配变化

间的实际划分——当然不用考虑这两者之间的偏差，即声称所拥有的地产量与其在家族总收入背景下实际代表的量——至关重要的是，将税收登记簿与其他档案资料相互参考，并把它们与案例研究进行比较。

与这些税收登记簿比起来，我们能从遗嘱中得到什么呢？拉·格拉夫的让·基洛保存了一份他的地产记录，希望在法国，在新教教义再次被承认的那天，他能重新索回逃离王国时丢下的资产。让汇总了他父母遗嘱上记载的总量：他记下了他父亲的三千九百一十三利弗尔和他母亲的两千利弗尔。然后他汇总了他所继承的全部。根据遗嘱条款，让本应从其父亲那里继承一千九百五十七利弗尔，即他父亲宣布的总额的一半，他的两个妹妹之间分享另一半；他妈妈的遗产则在他们三个人之间均分。然而，他的账本汇总并估价了他父亲的财富的种种成分（农田、草地、树林、家族中早已有之的许多房产、他父亲获得的用以还债的货物），指出他分得的财产总计六千五百一十二利弗尔，也就是三倍于实际宣称的财产。为了算出父亲的遗产总量，还必须加上他妹妹那份，这就使总数翻了一番。如此估算过后，这份遗产早已数额巨大，而这还未算进商业事务。如果还记得1670年，即他父亲去世前两年，让给他与莫内和席寇合伙开设的公司投了六千利弗尔资本金，那么想象一下吧，总计精英等级的实际财富时，过去的税收记录（今天的也一样）造成了多么大的误导啊：即使我们假定地产总能构成一份遗产的主要部分，税收记录也会通过不包含几份大额财富，像村庄里最大的田地，使得共同体比实际情况显得更均等。[7]

（2）税收资料按照一家之主划分社会，把一户人家当做山区社会基本单位建立起来。然而交易实践证明，更切合实际的划分要基于更大的单位：以扩展家庭为单位，无论是眼下的还是外地的，一家之主其实是与这种更大的结构相关。从这种更广大的亲属关系网的视角重新读解摊派税登记簿，等级关系就发生了改变，并使之更加清晰可见。1771年在拉·格拉夫，八名最富有居民中有三个来自皮克家族：布雷斯、皮埃尔和文森。一切事物似乎都指向一个事实，即这些皮克家的人与巴黎的皮克家族有关系，后者从17世纪初就融入了巴黎的商人贵族圈子。一条线索引领我们相信事实确实如此，那就是巴黎市民奥利维埃·皮克（Olivier Picques），在来自上瓦桑的商人塞萨尔·尤斯塔什（Cesar Eustache）与其他巴黎大商人做的生意中，充当通讯员和商务地址。[8] 还是这个奥利维埃·皮克，他曾继承了五万零二百四十七利弗尔的遗产，他在1635年去世时给他的七个孩子留下了六十万七千七百九十六利弗尔遗产。[9] 他曾于1608年出任巴黎领事，1623年任领事裁判官。他的儿子小奥利维埃自己也于1648年成为领事。接着，一个名叫尼古拉斯·皮克的人在1664年任镇议员，1668年任巴黎市议员。[10]

要是分别考虑这些人，就会忽略其权势的两个重要维度：支持他们商业活动的家族银行网络，他们与之有密切联系的开店铺移民。无论如何，如果我们把扩展家庭看成一个不可分割的整体，而不论其成员是定居还是流动，我们就能按照其他活动来给这些精英等级定位，这些活动不是基于土地所有权，但在乡村却有同样大的影响力。从这个角度看，盖尔（Guerre）、马森（Masson）和阿尔托（Arthaud）家族的影响与他们在土地所有权的等级体系中只占据适中的位置毫无关系：盖尔家族成员无一位居顶层；最富有的是克劳德，拥有的土地只有平均数的三倍。然而，1670年他成了里昂市民；1680年他变卖了他在乡村拥有的一切。[11] 菲利克斯·盖尔（Felix Guerre）拥有的地产还不到人均的三倍，但他住在里昂的儿子是拉·格拉夫市民。[12] 在马森家族中，最富有的安德烈在摊派税登记簿上仅仅名列第七；不过，他的先人安德烈·马森死后为其编制的一份清单仅仅详列了其商品和信用证，它们保存在两个箱子里，那是他在名叫彭多兰吉的巴黎公寓里租来的。清单披露，仅在1610年，他与大约三十个巴黎商人进行的商业交易已经留给他多于两万六千三百五十利弗尔的欠缴债款。在巴黎，他有时被当成一名拉·格拉夫商人，有时则被视为一名里昂商人，这证明了其事业已经发展到何等地步。[13] 阿尔托家族也无一人拥有比三倍的人均数还多的地产，不过让·阿尔托的成功可谓辉煌，他于1656年成为里昂救济院院长[14]，随后又当上了市议员。[15]他那生活在拉·格拉夫的遗孀凭借他留给她的养老金，日子过得非常舒适。盖尔家族的情况与阿尔托和马森家族一样，一项脱离山区的战略正在实施中；这些家族不再投资乡村，但是由于他们没有完全与家乡断绝联系，较之那些占据土地等级制顶层的人而言，他们的影响力依然强大——甚至有过之而无不及：他们提供就业和进行干预的潜能，与其社会成功融合到一起，大大弥补了他们从土地拥有领域的部分退出。税收记录引导人们认为乡村历史仅限于其地理辖区，实际上它却包括了一切家族网络起作用的地方，所以说税收记录隐藏了真实等级。这些等级由迁徙的动力所形塑，因此是细小而微、变动不居的。

（3）要理解精英如何建立起他们的资本，不能单从地产方面看财富。一份对公证书的系统分析让我们可以一瞥土地和信贷各自扮演的角色。从1684—1690年间贝斯的公证人编制的全部契约一览表中[16]，可以得出几个与家族财富构成相关的结论：

（a）公证人编制的卖契几乎与债票一样多，而且只要涉及土地，多于一半的契约都是租约。

（b）从对这些卖契的分析可以肯定，土地市场几乎完全融入了信贷市场。实际上，在登记簿所能涵盖的六年间，只有七次土地出售是以现金支付，这些交易除了一个最不起眼的特例（三利弗尔）外，全都发生在商人在场的情况下。

（c）即便土地销售量的总体变动与低地地区的情况相差无几[17]（少于7%的土地被投放到市场），但牧地变动的显著性却是草地的三倍，因为还不到二十塞特瑞的耕地（约七公顷）曾经易手，相比之下，草地却达到六十朱诺（journauw）（约二十公顷）。这上面还必须加上没被登记为遗产的一部分条目（有六个此类案例）；或者是附属于住宅的（有四个案例）；还有一片树林和三座"山"（带山上牧草地的阿尔卑斯山房宅）。

乍看之下（表三和表四），债务契约都关系到较大金额，不过一份高达三千四百利弗尔的信用证造成了失衡。除了这个数额之外，我们考查的两个总额非常相似：五十四份总额达六千五百一十利弗尔的债务，对五十三份总额达六千七百五十六利弗尔的债务。表三算上那份高额信用证，平均每份债务是一百八十利弗尔，不算的话每份一百一十九利弗尔，表四平均每份一百二十七利弗尔。

表三 贝斯的公证人记录中，交易双方同意的销售分配（1684—1690）

价值（以利弗尔为单位）	件　数	总　额	总量百分比
少于25	9	104	1.5
25—49	13	503	7.4
50—99	12	869	12.9
100—199	11	1385	20.5
200—399	4	950	14.1
400以上	4	2945	43.6
总和	53	6756	100

表四 贝斯的公证人记录中，交易双方同意的赊购分配（1684—1690）

价值（以利弗尔为单位）	件　数	总　额	总量百分比
少于25	4	80	0.8
25—49	10	415	4.2
50—99	25	1929	19.4
100—199	10	1500	15.1
200—399	2	523	5.3
400以上	4	5463	55.2
总和	55	8810	100

根据其频率和数额，销售和债务的分布凸显出不同模式：小额销售数量繁多，小额债务则少得多；在数额较高的几行上（100—400利弗尔）销售比债务出现得更频繁。因此，销售就发生在标尺的两端，要么是小块土地，要么是广大地区。这样的反差使我们重返信贷市场的典型特征：商人赊销牲畜和谷物，并在许多场合放贷。交易一件摞一件，日积月累，并以口头或书面许诺的形式记录下来，他们要求债务人尽可能要在最短时间内偿还债务（六个月到一年之间）。但这样的时限根本没人理会，而且债权人还要时不时地——主要根据家庭因素（疾病、畏惧死亡、某个孩子要成家立业）或经济因素（不利的环境、怀疑债务人偿付能力）而定——去找公证人为其放款总额加上保险，并让债务人签署一份债务契约。这样，借出的钱款就算得到正式承认。接着，对本钱延迟清偿周而复始，再次累积，而利息还是多多少少按期支付，同时交易再开，新账也将算进旧债里。放贷人和借款人又回到公证人那里记下新债务，本金则又因拖欠债款和带利偿付而水涨船

高。因此，出售土地似乎能给在漫长的时间段内（有的长过四十年）滚雪球式的债务链画上句号。十年是一个完全标准的时段，第十年的年终负债者的继承人会变卖所有地产，他就此被他父亲死时传给他的债务重创：这笔债款在一百到五百利弗尔之间。

货币几乎不流通：乡村经济生活是按照信用和物物交换来运转的。土地能换来牲畜，还可以还债，换取工作，打通私人关系，报答权势人物。乡村生活显然被少数商人所支配，他们既控制着当地市场，又充当着联系城市市场的纽带。他们是大牧场主（最大的交易就是关系到牧场土地的交易），控制着唯一有利可图的市场，即牲畜市场。他们还是畜牧工资和收入的主要提供者，主要是通过出租他们冬天喂不了的牲口。

在这些商人中间，收税员扮演着支配性角色，这点从公证员的记录中就能清晰辨识出来：他无处不在，既作为一个小块土地的买主，又扮演了担保人的角色。他参与了差不多三分之一的销售和债务契约，他握有债务契约里认定的总金额的15%还多。一份对有收税员参与的销售合同的分析显示，他积累小块土地和小额债票；他只参与了四次金额高于一百利弗尔的购地，从未涉入金额高于一百五十利弗尔的（表五）。他所购资产总量占所有购置资产总价值接近14%。像他的购地一样，如果描绘出债务契约的整个区间，在相比较窄得多的那层也能找到他的信用证。[18]

表五　有利于贝斯收税人的赊购（1684—1690）

价值（以利弗尔为单位）	件　数	总　额	总量百分比
少于 25	0	0	0
25—49	3	128.13	8.5
50—99	8	648.19	42.9
100—199	5	736.2	48.6
200 以上	0	0	0
总和	16	1512.52	100

这种研究土地和信贷各自重要性的方法证明，与其说有积聚土地的策略[19]，不如说有积累信用证的策略。如此说来，于其平凡无奇处人人平等的小农形象，也就不攻自破。事实上，在法律体系的视野里，有相当数目的此类小农都被作如是观，因为他们中许多人所拥有的超过了其地产价值，这一点不单是对最穷的农

民是这样。至于说精英，他们很少拥有多于五公顷的土地。因此，既不是土地也不是买卖土地的交易使资本得以积累，而是从其他市场得来的利润，尤其是劳动力市场；而借助信用证就能控制这些市场。多数外迁者这么做（指迁徙）并不是为了缴税，而是为了偿还替他们缴了税的人，这两者完全不是一回事。由此就可弄明白商人迁徙如何支持了其他种类的迁徙：情况是，到别的地方付出劳动，是为了偿还在村里的债务合同。[20] 社会纽带就这样大大转变。

上溯几代人，追踪几个家族为获得土地而进行的派别斗争，表明了获得土地有三重功能：形成未来婚姻联盟的基础；打入区社牧场，因为一个人可以在那儿放牧的牲口数取决于他继承的土地的重要性（为此商人们将其债务人网络扩展到邻村，这样就能让可进入的牧场成倍增加）；最后，土地可以为获取城市供应商的信贷做担保。

开放的等级结构和家族网络

因此，山区共同体并不像城市观察家和历史学家所乐意评说的那样[21]，是如此众多的"小共和国"。历史学家虽然付出了艰苦努力，却受了诸种分析方法综合作用的影响。这些方法是为了研究低地农民，以及山区社会的晚近图景（以过去的贫困为借口，丝毫无视从前的富裕）才得以不断完善的。恰恰相反，这些在15世纪和17世纪迅速成长的乡村，是由极端不平等的社会群体构成的，是被三三两两散布在好几个地区的某些家族统治着的。下面我们就来看一看这些人的历史：雅克·贝拉尔、让·基洛、文森·皮克的遗孀、让·贝尔纳（Jean Bernard）、皮埃尔·古兰、让·佩里西埃（Jean Pellisier）以及几个死于半路的小贩，这样才能获得有关不同群体的角色和财富之多样性的深入见解。

位于乡村等级结构顶端的是雅克·贝拉尔这样的人。他于1690年死于里昂。"在市镇商人雅克·贝拉尔爵爷的妻子让娜·维尔的要求下"，他的财产清单被编制出来。[22] 贝拉尔被描述为一名"里昂商人"，尽管他生于米佐昂，在那里成家，直到1676年还是一名小贩，并且到死都定期走访乡村，从无间断，他在那里做生意，还拥有地产。[23] 南特敕令撤销时他还在米佐昂，并且1686年正是在这个山村里，雅克、他的妻子让娜·维尔及他们的孩子让、苏珊娜、西蒙、玛丽、让娜和雅克，全体宣布放弃新教。[24] 在他于里昂亡故时，四个孩子还活着：编制清单时让、苏珊娜和玛丽就在现场，西蒙不在，他已经参加了皇家军队。

雅克·贝拉尔定居里昂时根本不是穷人：他家族富有，他的妻子让娜·维尔是米佐昂一个商人的女儿，她于1658年4月15日嫁给他，带来了一万五千利弗尔嫁妆。1676年，还清嫁妆的前一年，他在里昂开了家店。在城里做生意的头三年，他跟他的兄弟让和姻亲让·德洛尔合伙。随后，让和雅克两人继续合伙。米佐昂乡村会议报告显示，雅克更多地待在里昂，他的两个合伙人则都住在米佐昂，让于1674—1675年是那里的领事，让·德洛尔则于1676—1677年继任此职。[25] 直到南特敕令撤销时，这俩人还活跃在乡村事务中。[26] 接下来的日子里，让·贝拉尔与其家族跟德洛尔和基洛家族一样，迁移到瑞士；只有雅克还留在里昂想继续做生意。[27] 这个策略，跟许多多律师、商人和未雨绸缪以保护家族遗产的贵族所用的一样（使已偿债务再次生效，或者编造合同或债务让自己破产并把财产留给一名自愿留守的亲戚来继续照看家族财产），也要置于家族网络的大背景下去看。[28]

实际上，研究核心家庭中的个人意味着忽略了进行抉择的大背景。例如，最基本的决定，像安排直系家庭成员在哪里定居，首先要在关系密切的亲属圈内讨论，并要考虑远亲所能提供的机遇。其次，不那么容易辨认的亲属，较远的家族联系，就通过宗教亲属纽带进行强化：因此雅克是让·基洛的教父（来自母系家族）；西蒙·德洛尔是雅克的姻亲，他被选作长子以外子女们的监护人。在真实的和虚构的家族亲属关系中，这两大类名单（它们是认同和团结的缔造者）相互叠加、相互支持，给每个家族成员都灌输了一种对扩大的家族群体的归属感。因此，核心家庭的历史只有在这些包含它们在内更大的家族网络背景中才有意义。[29]

雅克死后为他编制的清单既说明了为什么他的合伙人继续活跃在乡村，也解释了他自身的商务往来：他所有的价值一万九千零二利弗尔和十七索尔的信用证可以分成八个债务契约和四十五个许诺，这突出了在创造精英财富的过程中，开发利用山区人力的核心地位。至少三十四份信用证由来自上多菲内的人签署。不但如此，瓦桑的公证人档案进一步显示，清单还没有提及来自其他山村的信用证，像维亚尔·达瑞的米歇尔·杜里夫（Michel Durif）自1672年以来欠米佐昂的雅克·贝拉尔三百利弗尔，由此产生的利息也两年没付。此外，这份信用证只能代表杜立夫债款的一半，因为1684年他拥有一份总额五百九十利弗尔的债务，换句话说，正如契约写明的，比他父亲和爷爷的财产总和还要多。[30]

私人协议见证了由山区小贩业导致的不断繁荣，它与面向私人贷款的开端（甚至可以面向国家本身贷款：三位合伙人签署了一份年收入二十利弗尔的合同并由里昂市政厅担保之后，他们才到里昂来）一起，指出了一种参与公共借贷的战略，它虽仍是尝试性的，但却出自原创。遗憾的是，这样的合约却没能让我们得知这些商业交易本身的情况，因为编目清单只限于记录账本的数目。贝拉尔有五本账：分类账、发票登记簿、交易日记账、与其兄弟共有的购货账，以及包含他在里昂的商铺的出租收据的小账簿。但不论如何，为把小贩精英置于里昂商人等级体系之内，我们在四十一份雅克·贝拉尔在同年同月编制的清单中，把每份造成的花销汇总成一份一览表。根据花在每份清单上的时间不同，所支付的费用也有差异，这对建立每个等级的相对重要程度也有帮助。在这些条件下，贝拉尔在里昂最富有商人中以一百七十九利弗尔位居第三。在他前面还有两个商人：一个费用为二百零五利弗尔，另一个是那个时代最重要的商人之一、里昂市民奥克塔维奥·梅（Octavio May），他造成了三百五十五利弗尔开支；平均数是七十利弗尔。从他妻子的嫁妆看就已有迹象表明，这个家族在他定居城里之前就已非常富有。

雅克·贝拉尔租了一间可以俯瞰格瑞内特街和图邦街的房子，包括三间卧室、一个地窖、一间阁楼、两个商铺和商铺后面的储藏室。他在里昂的财产总价值达到四万两千八百四十利弗尔七索尔。包含其中的家具和食品价值一千一百五十三利弗尔。现款则根据其价值和来源地保存在不同的钱袋中，总额达三千七百三十五利弗尔。因此，其财富的绝大部分来自于在他店里发现的价值一万八千九百四十八利弗尔的商品（纺织品、衣服及各种各样的穗带和缎带），以及他保存在其卧室箱子里总额一万九千零三利弗尔的信用证。

他在里昂的家具是胡桃木质地，饰以绣锦。他用以保存文件和钱款的卧房，布置得煞费心思：椅子、床、有柱脚的桌子和橱柜全都是胡桃木制成的；绿天鹅绒和丝织绣锦环绕在卧床四周，框起窗槛，并使坐椅条贯纵横。另一间卧室可能是给孩子们准备的，因而比较随意（仍全是胡桃木质地），里面只有一张桌子、一张大床、两张小床，其中还有一个带轮子的（清单编制者并不认为有必要记录织物颜色）。厨房里有一个大胡桃木衣橱放他的内衣：十五件内裤、十二双袜子、二十四双拖鞋垫、两打手帕、一打黑色头饰件、两打亚麻内衣、六件内衣、两件无袖短上衣及一件马裤。除了用于在壁炉上烘焙和烧烤器具之外，炊具以及有六七名成员的日常家庭生活常备的物品一概不见踪影，从而给人造成这样一种印象：

这幢租来的房子主要是为商人的生活方式而准备的，或是招待各色途经路人的。但这也许只是编目清单造成的后果，因为它只对评估死者财产的价值感兴趣。

没有文献可供我们评估贝拉尔在乡村保有的财产。他的教父让·基洛（我们对他在里昂的生意情况一无所知，只知道一个事实，他追随父亲的脚步，也在那里租了一间店铺）却给了我们一些蛛丝马迹，表明一个山区大商人会在他所在的山村里留下些什么。基洛的清单总价值达到九千九百五十五利弗尔，包括了差不多得自他的两任妻子的三千利弗尔。然而，基洛家族在摊派税登记簿上并未名列前茅，因为以拥有土地计，家族中还没人超过村里人均数的两倍。不过，他们依然能与最富有的家族联姻：席寇家族和马森家族都位列纳税大户。让·基洛身后留下价值五千三百零一利弗尔的资产，其中牧场、农田和住宅所占比例几乎相等。他在伊耶村的住宅一共四层，还带一个花园，估价一千四百利弗尔。毗邻此处的是他名下的另一处花园，还有一座小楼矗立其间。他其余的地产，一处是高山牧场上的一所房子，价值五百利弗尔；另一处是山谷里的几片树林，值不了几个钱。他的主要住所里的家具由胡桃木制成，起居室用窗帘和大马士革加的斯红色斜纹呢墙帷装饰而成。其家具价值达到一千一百八十六利弗尔，稍高于贝拉尔在里昂的住宅家具。基洛的妻子在乡村也有一幢常住的房子。

很难追踪让·基洛的商业运营，因为在各种账簿中，他只提供了摘要和部分账目，里面的信息乱七八糟。不过，可以判明的是，他于1670年给公司投资六千利弗尔，1674年数额达到八千利弗尔。1671—1678年间，公司的账目在一万二千到一万八千利弗尔间浮动。想要知道从这些数字中能琢磨出什么来再次遭遇困难，因为就在1674这一年，他在其分类账上记下了他的私人资产价值一万八千零四十六利弗尔，而在其"秘密笔记"上这个数是三万一千零四十八利弗尔（尽管秘密笔记中通常包括了他继承的遗产价值）。同年，在他的货物清单上，它们被估价为一万零四百八十利弗尔——稍高于贝拉尔店里商品的一般价值，不过依然表明店铺库存状况不错。信贷和商品间的关系跟贝拉尔那里没什么不同，该出现的都出现了：五十四个商人店主，其中许多人单从名字上就可认出是来自瓦桑和布里杨松内，欠基洛的债款总额达到一万一千二百二十六利弗尔。

基洛在一本特别账簿上记录了他在家乡进行的交易。他提供的账目显示，当他离开拉·格拉夫时，有四十二人欠他总额九千一百四十五利弗尔的债款。某些情况下，他会提供债务人欠账的细目，或者交易的发生地，像在里昂与克劳德·阿尔托,在格勒诺布尔与菲利克斯·阿尔托。他把高地和低地之间的贸易混到一块儿,如卖给皮埃尔·皮克"一小捆丝",米歇尔·吉拉尔一匹马,马丁·贝尔迪厄一头骡子。对于这些人而言,基洛不单是一名赞助人和供应商,而且还起到银行家(在他的账簿上,某些人有赊购账目)和中间人的作用,因为他毅然替他们偿付他们欠别人的债款。除了在信贷市场和商品市场上投机获利,他也偶尔涉猎短期土地投机:1684 年 7 月 4 日在瓦桑,在一笔交易过程中,他获得了一小块价值六利弗尔的土地,两天后他便出手卖了十利弗尔,这笔交易就能提供六个月的信贷[31];当然,他通过贷款获利的金额比他倒卖土地赚的利润大得多。

贝拉尔和基洛的情况并不罕见。文森·皮克爵爷的遗孀仅其私人财产就留下了五千利弗尔,这还不算土地。摊派税登记簿让我们可以把这个家族置于土地所有者等级内:登记簿上,她的公公支付的地产税是平均数的五倍,她父亲支付了四倍。她身后的私人财产包括八百七十七利弗尔现金,就住所内的家具而言稍多于一千八百利弗尔(多于基洛的),以及牲畜:一头小骡子、两头母牛、一头牛犊还有二十只母羊,再加上她"冬季租借给"萨伏依的圣·让·达尔弗(Saint Jean d'Arves)的两头母牛和六只母羊。最后,还有价值两千二百三十利弗尔的信用证,一共分成三类:一千六百八十利弗尔借给她小叔子的贷款(从中可以看到家族银行体系运作的方式:一旦丈夫死掉,银行体系也不瓦解,遗孀继续向家族商贸事务投资);乡村平民欠她的债款,以及二十五份以上来自破产村民和萨伏依人的小额债务。这份清单也说明,在日常层面上,萨伏依和多菲内的边界形同虚设。

这些现今在城里做生意的多菲内富商不仅与莫特(Motte)家族有许多共同之处,还与其有生意往来,后者来自萨伏依,定居博维。莫特家族曾第一个开辟出博维和里昂之间的贸易路线。1650 年,他们在里昂一地的欠款达到一万四千七百三十利弗尔,其中九千八百六十八利弗尔由让·阿尔托、纪尧姆·阿尔托、亨利·雷蒙和盖尔所欠,他们全都是来自拉·格拉夫然后在里昂开业的商人。[32]皮埃尔·古贝尔(Pirrere Goubert)这样总结了莫特商人家族的起源:

> 没人知道莫特家族从哪里来,也许来自 16 世纪末的萨伏依,但在博维他们一直展示了一种令人称道的独创性。他们的财富几乎全部在私人不动产和生意里面,鲜有例外。一名莫特家族成员几乎一定会"在广场"有房子,并要用家具和费而不惠、华而不实、俗艳招摇的物件来豪华装饰一

番……你从未见着一个莫特家族的能耐心建起一处乡村庄园，或者到农舍去消夏并监督农民，掂量掂量玉米穗儿……他们是天生的商人。他们的激情在于处理并运输成千上万件未漂白的亚麻、漂白的布料、被单，甚至不惜关山远渡追逐新市场和更大的利润。他们喜欢迅速而频繁地流通汇票和现金，就像他们流转布匹和被单一样。他们只爱钱本身吗？任何人都可能会怀疑。他们爱它的绚丽多彩，爱它赋予他们的社会地位，爱它令人陶醉的感觉，这感觉在他们得到它、带着它、有时在失去它时，一定深有体会。然而，就像游戏中的玩家，他们顾不上给自己找什么依托，以提供一个坚实的地产基础。如果拿他们与众多其他更明智更有耐性的人比较，莫特家族的财富和权势就像一颗划过博维的彗星。[33]

通过购买土地拒不斩断根基；明显不情愿承担当地责任；大贸易中心取向的婚姻策略；人、钱、货的流动；五光十色的服饰和私人财产：凡此种种都构成了一个商人原型，这一原型在法国北部是崭新的，但却是来自阿尔卑斯山脉高地村庄的"商人精英"的典型，究其因并不是他们想要到那里寻找不那么贫瘠的土地，而是因为那里有利可图，有商品可以流通，而且有钱可赚。假如环境变化，利润的源泉干涸，或是开辟了其他更有前景的市场，那么这些把稳定性建立在人而非地方之上者，就会离开他们可能住了一个多世纪的城镇，但却不斩断根基，前往其他昭示着更光明未来的城市。

在社会等级低于这几个家族的层面上，小贩起着在迁徙商人和乡村贩夫之间的联系作用，他们或者从不间断的人员和商品往来中谋生（例如，赶骡人，以及保证旅行者安全通过山关险路的向导），或者通过迁徙手艺人来过活。商人和小贩都企图利用山区饲养牲口，而非种庄稼。来自贝斯的商人让·贝尔纳就是后一群体中的一例。1685 年他死后为其编制的清单表明，以土地计算（还不到五公顷），他的财富在摊派税登记簿上使他与那些缴纳两到三倍于平均缴税额的人为伍，但他却跻身村里二十四位最富裕的居民。他以信用证、商品和现金的形式留给他的继承人超过一万四千利弗尔遗产。换句话说，土地只占其遗产的不足十分之一。债务占最大的一份，总额接近一万一千利弗尔。它在三个具有相关重要性的群体中分割：面向个体的贷款、面向共同体的贷款，以及面向其他商人的贷款；外加他女儿死时返还给他的八百利弗尔嫁妆。由村民签的四十三份债务契约表明，小额借款反反复复，积少成多：一些换取食物和种子的黑麦、支付税款的一小笔钱、付给建筑商的一点钱、一头母牛或某件货物的价格，总计三千六百六十五利弗尔。他也借钱给最赤贫者，"手头不宽裕的人"，他这么写道。这笔钱记在一个专门账本上，共八十二利弗尔。这些贷款没有土地作保证，再也不会被偿付。多数情况下，他们甚至还没做好准备向劳工转变就被添到负债者网络之上。由于既不能索回贷款，也不能动用这些债款，贝尔纳的遗孀后来把它们全都卖掉了。接下来是共同体欠他的四项债务，总价值三千七百七十六利弗尔。这些表明，预付税款、市政工程、法律资费及食物短缺时的紧急贷款反复发生。这些债务给了他在共同体内一定的权力，也意味着他更容易打入山区牧场。接下来就是与其他乡村商人有关的总额两千零六十三利弗尔的六项债务。除上所述，他还有牲畜、货物和现金："金路易、西班牙皮斯托尔和其他法定货币"，价值超过三千利弗尔。[34]

在一个较低的等级上，其他小贩以同样的方式积累其资本。1676年，托马斯的儿子、来自克拉旺的皮埃尔·古兰名列十五个最富有的家族之中，他的土地是平均拥有量的两倍半。然而，村里纳税最高的人是安德烈·古兰，几乎可以肯定他就是皮埃尔的叔叔，他缴纳的税额是人均缴纳额的近五倍。1702年，他位居十名最富有家族的团体中，1717年，他跻身五个最有权势的家族。自从1733年开始，他的独子诺埃（Noé）在1721年就接替了他，成了住在村里的最富有的人。用这个家族做例证，我们就能明白，小贩如何通过循序渐进地控制乡村内外市场，积聚起足够的财富，使他的某个后代能够掌控足够的财富到低地开设商店。在低地，他们的小贩活动（他们只在淡季离开村庄）嵌入由贝拉尔、德洛尔和基洛家族建立起来的网络。回到村里，他们又成为农民，但同时还是小商人、经销商和中间人，这让他们冬天也照样能做生意。[35]

处在迁徙商人等级底端的那些人，他们死后为其编制的清单显示，他们的遗产都很少。来自维亚尔·达瑞的让·阿尔伯特（Jean Albert）死在巡回路上，他身后在低地留下价值二百七十利弗尔的货物和二百六十七利弗尔他人的欠款；在村里他的家具值五十利弗尔。[36] 皮埃尔·贡内（Pierre Gonnet）的商品价值一百三十九利弗尔，欠债二百四十利弗尔，名下地产值三十三利弗尔：让·兰波（Jean Rimbaud）爵爷二话不说就拿他的资产还了债。[37]

剩下的乡村人口（占绝大多数）把这个精英阶级当成衣食父母，赖以为生，后者向他们提供信贷和供应品，雇佣乡村人力。在这些共同体中，两种开发土地的方法相互冲突,从而掩盖了利用山区的两种相反途径。一方面,一群人永久定居在村庄,一些暂住的流徙之徒(手艺人和乞丐)则想要建立种植公司。他们认为跟种植作物比起来,饲养牲畜是次要的,公司可以实现牧场和农地互补,这样公司存亡就有赖于相互依存和共同体制约。另一方面,则是那些一年到头大部分时间都在低地开店的商人。他们回来时还要继续经营业务,并把在远方挣来的钱投到饲养牲畜和放贷这类有利可图的活动中。因此,后者的利益就与共同体约束的观念发生冲突。尤其是如何使用区社的山地牧场,是迁徙商人和其他人之间争论的根本所在:企图把牧场据为己用并在上面放养畜群的商人们,反对共同体内其余的人,后者急于保护对他们而言至关重要的牧草,因为那是田地的天然绿肥。[38]

与这些冲突携手并行的是各个群体间很大程度上的相互依赖,因为商人们需要乡村人力去耕种他们的土地,在夏季照看他们的畜群,冬季还要他们喂养牲口。不仅如此,商人们还通过销售自家生产的物件,从村民的非农业活动中赚钱。借由发放信贷,商人们还从工匠的手艺中获益,那是村里一些人在临时迁徙时赖以为生的看家本领。

让·佩里西埃就是这群土生土长的村民之一,他的家族出自萨伏依,他来到拉·格拉夫,从生意太忙没空种地的商人那里租来田地。17世纪末,佩里西埃居住在村里,他的家族中已经有人捷足先登,通过在村里给小贩当贩夫来获取商品。让是占绝大多数的小土地所有者中的一员,1671年,他纳税六利弗尔,是登记簿上记录在案者人均纳税额的四分之三。他膝下有一儿两女。1680年他死的时候,需要在他的三个孩子之间分割七百五十八利弗尔的遗产。这包括他们父亲的不动产、母亲的不动产,以及其他亲戚留给他们的遗物。他们在山区牧场有一座房子,价值二十四利弗尔;村里也有一座,价值一百五十利弗尔;一头骡子;价值五百一十九利弗尔的农田,以及总共一百三十五利弗尔的牧场。这份遗产清楚说明村庄内部两种文化之间,在商人和其余人之间,存在着差异。除了两座房子价值上的重大差异,主要对比可以在农田和牧场之间的关系上看出来。小贩们拥有的二者比例大致相等,佩里西埃家族拥有的农田却近乎牧场的四倍;对他们而言,最重要的事情是供养家庭。从价值上看,这三个孩子之间的遗产分割大致相等:弗朗索瓦(Françoise)得到二百六十七利弗尔,玛格丽特(Marguerite)得到二百七十四利弗尔,路易斯(Louise)得到三百一十利弗尔。然而更深入的考察揭示,其实根本不平等,因为所有的牲畜都留给了儿子,而且他还保有山区牧场的房子和骡子，留给他的牧场是他姐妹俩加到一块的两倍大。留给儿子的不动产能让他有机会进入商人圈子。姐妹俩保有村庄里的房子，每人还有一个价值二利弗尔的交易箱。我们不该忘记，这时候佩里西埃家族还没有自己的牲畜；实际上，他们照看的那些牲口是比他们富裕的人让他们托管的。最后，让是皮埃尔·皮克的一名客户，皮克是村里最富有的人之一，身居缴纳八倍于人均税款者之列。让欠他一百利弗尔，皮克把佩里西埃全家当做乡村里的劳动力来使唤。[39]

这样的家族，通过他们的土地和房产证实了公证人记录里传达的信息：弥漫在乡村生活中的信贷机制造成的后果是，每个人都在商人迁徙过程中起到了一定作用，即便他们既不是移民也不是商人。首先，有关各层次临时移民的例子，从给小贩干活的仆从到已经开店营业长期在外的人，后者借助冬季里到他这儿装填行囊、春天返乡的贩夫，已在开始攀爬社会等级的阶梯。不仅如此，迁徙商人等级体系中行动的每一层次都有其延伸部分，也就是分配给乡居之人的工作，涉及耕种土地、饲养牲畜或村里其他差事。在等级体系的顶端，在城市里做生意的商人把他们所有或部分不动产出租给其他村民，一旦生意把他们滞留在低地，他们就雇人确保其农场里的一切平稳运营。[40]他们使用他们的债务人的牧场，而且有权喂养和冬季饲养比正常情况更多的牲口。这些"监督"或"冬季饲养"协议的时效各不相同，从一个冬天到几年不等。出租人和承租人达成某种协议，要么他们共享畜产品，要么共同敲定牲口的最终售价，另外还有种情况比较少见，就是议定养老金。[41] 1684年9月，来自维亚尔·达瑞并在都灵开业的让·艾马尔，将他和他妹妹的所有不动产予以出租，为期三年。他的要价让他从他在村里的责任中解脱出来：他和妹妹要担负起支付给他妈妈的养老金（三塞提埃黑麦和四利弗尔十索尔），以及涉及不动产的税费。承租人同样必须为他自己和他妹妹支付六利弗尔银币[42]，这份协议与其说要充当一项实在的收入来源，不如说要创造相互依托的纽带。另外，让·艾马尔也支持小规模的小贩迁徙：来自维亚尔·达瑞的皮埃尔和让·菲奈（Finet）欠萨洛蒙爵爷、艾马尔和都灵商人协会三十九利弗尔，这笔钱他们是借来"为省内省外的生意准备的"。[43]

涉及牲畜的冬季饲养的协议是这些共同体运行良好的必备特征之一，它存在的范围是一个显示乡村等级结构开放程度的适宜指标。这些协议旨在使最贫困的人有机会获得畜产品，并且还能有一笔收入。17世纪，克拉旺当地人通过说明更换摊派税收税员会给共同体的贫困人员带来毁灭，来为他们拒绝更换进行辩护。

正是因为现任收税员在冬季把牲口委托给穷人们照看,他们才活到今天。而且收税员从中获得收入意味着他们缴纳摊派税和房地产税时会容易一些。[44]

在这些附庸团体中涌现出三种类型的迁移:

(1) **个体的永久性迁移**,它在最富与最穷的人当中都有影响。共同体中最富之人的迁移是乡村社会的基石,因为是他们构建起了网络,其中山区轴线不仅是唯一的要素,还是决定其他迁徙运动的要素。共同体中赤贫者的迁移,是因为他们不再拥有土地或人力来交换其生活必需品,如老人、没有生活来源的寡妇、穷人家的孤儿。[45]

(2) **临时迁移**,它与富有商人的迁徙有关。"小萨伏依人"、来自南阿尔卑斯山的"加沃特(gavot,专指生于上多菲内盖普的人)"、来自瓦桑的"多菲内人"、所有磨刀匠、小贩、贩夫,以及散布在农村和小镇市场的缝纫用品商,全都与富商借助一种双重依赖关系相联系:这些人在村里欠了他们的债,生意上还要仰赖他们。在17世纪末的萨伏依,一种新型迁徙发展起来,就是用小孩去当烟囱清扫工。这一方面涉及烟囱清扫工师傅和商人,另一方面关乎清扫工和三流小贩。这个行业无疑应该放到作为乡村生活基础的信贷和附庸网络这个背景下去看。烟囱清扫工师傅来自莫里昂内和塔伦泰斯的高地区社,专门从事经营,他们招募的儿童大都来自阿尔克(Arc)以下山谷低地的贫困地区,只有少数来自他们本村。[46]

(3) **赤贫者的大规模迁移**。在经济危机时代,当他们的乡村债权人(这些人也相应面临城市债权人的压力)全都同时要求偿付债务时,他们就会离开一文不值的土地,弃村庄而去。自中世纪以降,在瓦桑、凯拉斯,在其他地方无疑也一样,这样的背井离乡屡见不鲜。这意味着相当一部分土地被弃置不顾,因为没有人对其负责,甚至债权人也不想对其负责。[47]

大规模迁移依然通过精英阶层带回来的消息,与后者的向外迁移联系在一起:换言之,它发生在商人的地理视野以内。1687年,瓦桑山村的居民在逃离天主教统治时被捕,在被讯问时他们回答说,他们离开家园是"去寻找上帝的道",因为他们被应许了布兰登堡颇富吸引力的地产。商人特意回来给他们指明道路[48]:正是商人,使穷人们保持了对远方国度的鲜活想象,提供给他们有用的信息,让他们的背井离乡得以可能。同样,在18世纪,有人来自中央高原并在莫里昂内活动,其工作就是招募人手去西班牙。[49] 16世纪,奥弗涅和利穆赞都曾记载类似的大规模撤离,那时本地居民弃土离乡"前往西班牙寻找面包",以至于全民"离弃"的幽灵魅影幢幢，萦绕在这些地区行政当局的想象中；不仅如此，那让当局挥之不去的恐惧，当地居民更是毫不犹豫地加以利用，只为获取利益和减轻税负。[50] 1708 年，然后是 1777 年，官方记载，由于极端贫困，"许多人离开本国前往西班牙"[51]。另一方面，在那些精英阶层的迁徙不为人知的山谷里，像阿尔卑斯山男爵领地的低地山谷，或者在沙特勒兹修道院，人们死于饥馑，却做梦都没想过要去别的地方，到那葱茏繁茂的异土他乡。[52] 一旦山区谷地社会结构发生变迁，换句话说，一旦商人弃村庄而去而没有其他家族能起而代之，冬季迁徙活动就会枯竭，共同体很快就会一贫如洗，因为光有土地无法喂饱信贷结构和商品销售所能养活的那么多人。例如，这就是 1678 年发生在圣克里斯托弗镇的情形。格勒诺布尔的主教在一次教牧探访中说，那里从前曾有富商，但今天，

> 这个教区在主教管区内是最穷的一个；许多家庭一年连三个月的面包都没有，其余日子只能靠无盐的脱脂乳煮牧草苟延残喘。他们晒干油菜叶，冬天就指着这些过活……[53]

所有这些都强调了外迁的富裕商人和留在村里的贫困农民之间相互依存的关系。

阿尔卑斯山模式是独一无二的吗？

既考虑土地和私人财富，又重视把个体结合起来的大范围联合，不论它们是家族网络还是围绕信贷网络形成的群体，这样的分析尚未在其他小贩活动地区采行。因此，我们仅限于突出强调某些要素，它们表明，存在于其他商人迁徙发生地的社会结构和关系结构大体上与阿尔卑斯山区相类似；换言之，其特征是，有一个极其开放的社会等级体系，信贷盛行（相比之下土地所有权只是一个小角色），以及在庞大的扩展家庭的脉络中组织起来的关系往来（即便这些网络没有最大限度发挥其功用），它们拓展成一个由债务约束而成的客户群。

意大利阿尔卑斯山南部的瓦尔瓦莱塔，不仅通向那些法国山谷，也与其相似。那里绝大多数乡村人口拥有的土地不到五公顷，而有四分之一的人只是名义上拥有不动产。[54] 冬季饲养牲畜的合约，在这些地方叫"meyrie"合约，在 17 世纪和 18 世纪司空见惯[55]，这表明存在一群富有的商人精英。这些商人沿着通往西班牙的路线进行贸易：一些人在巴约讷或波城做生意，其他人则在加泰罗尼亚。来

自席安奈尔的瓦塞尔（Vassal）兄弟无疑利用了村民和迁徙者之间的双向关系往来，因为 18 世纪初俩人一个在荷属印度群岛做生意，一个是爱尔兰邮政服务在布里斯托尔的领导者，而且他们有个表亲是巴塞罗那露天市集的摊贩。大约记录在同一时间的"巡回商人"背井离乡，一直持续到 19 世纪中期。[56]

来自科莫湖周边谷地商人的成功，是阿尔卑斯山小贩业的奇观，直到 18 世纪中叶，他们还在把财富涓滴带回家园。布伦塔诺家族祖孙四辈都是特雷梅佐（Tremezzo）共同体的重要成员，他们依托乡村拓展他们的信贷和交易网络。1662 年，马丁·布伦塔诺以一弗洛林的年费，心满意足地获得法兰克福市场上一个摊位去展销他的水果。多梅尼各·布伦塔诺死于 1723 年，他从他父亲斯特凡诺那里继承了一千八百一十六弗洛林，身后却留下了十一万一千六百弗洛林。在他们早年积累财富的时期，布伦塔诺家族在乡村投资：1710 年左右，多梅尼各和他的兄弟保罗在特雷梅佐买下两栋房子，以及周围村庄的两大片土地和一处葡萄园。直到 18 世纪末这个家族才融入德国社会：彼得·安东·布伦塔诺 1797 年逝世时留下了上百万弗洛林，这些都是他在法兰克福经营商务和企业的成果。[57] 除了些微差异，盖塔、阿勒西纳（Allesina）和博隆加洛（Bolongaro）的家族史都遵循相同的模式。

在奥弗涅和利穆赞，土地毫无价值。[58] 自 17 世纪末以来，由于愿意耕地的人比较短缺，土地抛荒的例子数不胜数，它们还引起了杜尔哥①的注意。[59] 租约暴露出土地收入不足，"箍桶"的市价就能让移民放弃土地；频繁发生的地主和佃户相互冲突的诉讼，就因后者拒绝给颗粒无收的土地付租子。[60] 在这些中等大小的山区，就像在其他地方一样，财富能通过移民和运转在家族之间和家族内部的信贷链上进行积累：人们借钱出行，是为了"在上述行程中养活自己"，"为了能够成行"。[61] 债务流转在乡村内、乡村和西班牙之间、迁徙者之间：它们全都用家族遗产作担保。1780 年在加的斯，让·普伊德布瓦（Jean Puydebois）从他的同乡，一个面包师那里借了三百五十利弗尔图尔诺瓦②（livre tournois），用做担保的是"他在法国拉布兰德村拥有的不动产，包括树林、牧场和可耕地，都是从他父母那

---

① 杜尔哥（Turgot, 1727—1781）：法国经济学家，曾任路易十六的财政大臣（1774），因推行了令贵族不满的改革被革职（1776）。——译者注
② 利弗尔图尔诺瓦：在图尔城铸造的货币，最后成了皇家铸币。

里继承下来的"。没有土地可作借款担保的赤贫之人则没法离乡。[62]

随着某些迁徙者取得成功，不平等得以持续下去，结果乡村等级之间的鸿沟也加深了。一份对家族遗产和嫁妆的分析暗示了社会分化的程度。18世纪遗产领域不断加深的鸿沟，通过取一份外迁至西班牙的七十人样本并检视他们传下的家产得到证实：家产的变化范围在三十六到五千九百零四利弗尔之间，最密集的地方在二百利弗尔标度处，平均数是六百七十七利弗尔。居于顶端的是迁往西班牙的富商，像让·维吉埃（Jean Vigier）这样的人，他是钦琼商人公司的合伙人之一，他的两个儿子结婚时，他每个给了六千利弗尔，给他小女儿了一份一万利弗尔的嫁妆，还希望给他三个已经嫁出去的女儿各增加两千利弗尔的嫁妆。不但如此，按照小女儿婚约上的规定，她被指定为唯一的女继承人（他借此契约安排了他的全部财产），他还留给自己两万四千利弗尔养老。由此看来，他的资产总值达到七万五千利弗尔。[63] 对于不富裕的人而言，商人和手艺人的迁徙主要是一种支付家庭债务的手段。[64]

迁徙商人团体复制了乡居人口的社会等级结构，即便大部分商人在等级顶端才找得到：18世纪，在六十份由"西班牙"商人赠与他们的儿子的财礼中，有十二份与劳工给予其小儿子的数额相等；几乎一半样本都与耕地农场主赠与的财礼属于同一类型，总额在三百到九百利弗尔之间；超过一打的年轻人受益于价值超过一千二百利弗尔的遗产份额，这符合市民或富裕农民的小儿子的特征。[65] 1761—1791年间，在一百五十二份迁至西班牙的年轻人的婚约中，十六份获得的财礼超过五千利弗尔，五十一份在两千到五千利弗尔之间，五十三份在一千到两千利弗尔之间，三十份少于一千利弗尔。其中四十二人被指定为唯一继承人，一百零八人娶妻后被指定。被指定为继承人的儿子们大都有顶级财礼，那些只获得一份财礼的只能位居中间等级。[66] 同样，女孩的嫁妆更高：赠与让·维吉埃的五个女儿的嫁妆约在一万利弗尔上下；嫁给一名亲子继承人的玛丽·丹杜兰（Marie Dandurand），得到了八千二百利弗尔嫁妆。在商人等级的另一端，20%的儿子们被赠与的财礼不足一千利弗尔，有些人甚至在成为指定继承人后只娶了有不到四百利弗尔嫁妆的女子为妻。但要意识到这些数字常常被低估，其实他们足以养活小孩。不但如此，因为商人公司是严格围绕家族组织起来的，为了了解联姻策略，我们就该从乡村视角去检视家族网络运作的途径。

迁徙与比利牛斯山共同体生活之间的联系尚待阐明。这些乡村社会结构虽然一直以"小共和国"的面目示人,但却像阿尔卑斯山高地山谷中的一样,给人留下了充满不平等的印象。17世纪末的上瓦勒斯比尔,十分之一的家族拥有多于三分之二的农田,分粮租佃制(农民以实物支付租金)广泛存在。大革命前夜,当领事悲叹有大量"穷困潦倒的人翻身无望"而不得不去走私时,却有两个家族年收入达到一万两千六百利弗尔。[67]这些事实帮助我们了解到信贷网络的重要性。如果考虑到迁徙者活动的巨大范围,以及乡村中村舍编织业的新发展,那么这个论点值得认真考虑,即就像阿尔卑斯山共同体一样,这些是依托信贷和人力的客户群共同体。让-保罗·祖尼亚(Jean-Paul Zuniga)研究了从贝阿尔和巴斯克地区到拉丁美洲的迁徙,证实了这个分析。[68]

就苏格兰和英格兰而言,小贩与土地和家乡的联系仍然成问题。在英格兰,联系似乎非常松散,那里在他们死后为其编制的清单表明,除了在诺丁汉郡、林肯郡和赫里福德郡的农村地区有非常少的土地所有者之外,几乎没有小贩与农村社区有关联。[69]在苏格兰,小贩业的发展与市镇的发展同时发生[70],而且有一定数量的行旅商人是苏格兰市镇的市民。这种对成员资格的要求使我们看到经商条例:就算交易的商品平凡无奇,如黄油、油和鸡蛋,也得先交钱成为市民。这意味着一个人可以参与两个领域的活动并都能带来可观的利润:与英格兰的布匹贸易,以及销售某些其他商品到爱尔兰。但要享有完全商贸权利——换言之,就是销售进口自欧洲的商品的权利,以及参与跨英吉利海峡贸易和波罗的海贸易的权利——就必须加入行会,行会的会员资格是市民身份的三倍半那么贵(五百苏格兰币)。[71]在法国,经商条例和城市原始文献可能掩盖了小贩对乡村共同体一直以来积极的参与。只有通过重构家族和商贸网络才能回答这个问题。

起初,像在山区一样,牲畜交易是通向其他市场的途径。随着1603年苏格兰和英格兰王位合一及边界绥靖,1650—1760年间,英格兰市场日益增长的对羊毛和羊肉的需求振兴了牲畜饲养业。然后,它就从苏格兰南部传播,占领了整个苏格兰东南部的低地;18世纪中期,苏格兰南部高地的农场日益专门生产羊毛、皮革、绵羊和羊羔。从这些变迁中浮现出一种新型社会模式,一种更接近于阿尔卑斯山的模式,在这一模式中,通过利用区社牧场及其较弱的领地控制,商人精英阶层维护了自己的地位,并给乡村引入了一种新式家庭手工业。《居民调查》的一览表证实了农村手工业的扩张:在亚伯丁地区,克拉特教区以拥有五十一名全职商人为荣,他们是编织工、小贩、裁缝、修鞋匠、木匠和铁匠;摩尼马斯克教区登记了五十二名全职商人及许多农场雇工和佃农，其中大多数像在克拉特一样是编织工。然而，这些清单隐匿了妇女和儿童扮演的角色，梳羊毛和纺羊毛就是他们干的，工钱以原料计件支付，这有账簿为证。[72] 但我们需要研究存在于手艺人、当地小贩和出门在外的商人之间的联系。在抽走大部分家庭工业产品的小贩和亚伯丁、格拉斯哥、爱丁堡及其他地方的商人之间，市场是如何分割的？看上去似乎是乡村小贩和店主在农民和商人中间起到连接作用[73]，就像苏黎世地区的情形那样。[74]

与英格兰的合并扩大了苏格兰市场，提振了对牲畜产品的需求，再加上贸易往来过程中的资本积累，引发了 18 世纪苏格兰农业革命。格拉斯哥商人把注意力转向土地投资。反过来，这些变迁也影响了社会结构：小聚落消失了，农民的数目缩减了，与此同时人们拥有的土地表面积则上升了：许多过去买不起地产的成了日工，或者抛弃土地涌入城市无产阶级等级中。当这种新型社会群体（商人、工业家和治安官）进入土地市场时，地主和农民的传统联系就被打破了。[75] 就在这时，小贩业不可逆转的衰落发生了。研究这种关系网络，无疑为我们提供了一种对迁徙商人在这些发展变化中所占位置的理解。

另一方面，在苏格兰高地，农民编织工和他们为之干活的高级别商人之间并没有精英阶层充当中间人。小贩在边远城镇买下当地手艺人的全部产品，但他并不是他与之做买卖的社区的一部分，而是大城市商人的代理人[76]，因此给乡村的移民体系带不来任何弹性。这些乡村也在逐渐流失穷愁潦倒的人口，他们根据农业环境的不同或点滴消失或大量离去。[77]

苏格兰社会的复合性质，加上没有任何在社会分析的背景下考查家族网络和迁徙的研究，使我们难以弄清在这里，小贩职业是否是沿着与大陆迁徙商人乡村同行不同的路线构成的，或者能否辨别出一个世纪前有没有同样的发展，尤其是有没有从基于扩展家庭的组织向直系家庭的转型，结果小贩业最终仅仅作为一种残余活动存留于家庭的边缘（见第 7 章）。

第6章
信贷和社会关系

与将小贩看做游民的迷思相反，对迁徙商人境况的社会分析研究强调了他们的地理和家族根基；与把小贩视为独立不羁者的迷思相悖，研究表明他们是各种金融依附关系的囚徒，深陷于既供养又控制他们的社会关系体系中。信贷业务居于小贩文化的核心，它造成的联系纽带形成了彼此间的强制性依附，这种相互依附就是我们下面所要关注的。

小贩这行有赖于三个各自独立的地点：家乡，小贩获取商品供应的市镇，以及他进行巡行贸易的地区。在任意一个场所，巡回商人的贸易都要仰赖延期支付。然而，这三个场所中，每一个（所起作用）的相对重要性皆因时因地而异，取决于时代及小贩业在多大程度上融入了当时的社会架构。我们研究的小贩业中，第一个例子是在16世纪和17世纪，就货币流通而言，市镇扮演了一个有限的角色，因为大部分金融交易都发生在来自同一地区的人之间。然而，当小贩业于18世纪撤回地方时，来自山谷外的供应商日益增多，使得信贷结构更加复杂。迁徙者被彻底吸纳进三个分立的信贷网络：乡村中的信贷，巡回过程中给予迁徙者的信贷，城市商人给予的信贷。这些网络的相关性、面对经济受挫时它们的灵活性，外加赞助者提供的担保，以及小贩潜在的替补，对这一行业的延续都是必不可少的组成部分。

像这样的分析，到目前为止仅仅涉及多菲内地区的瓦桑山区，其他地方还没开始搞。这也就意味着，我们在很大程度上要用这个框架解构信贷机制。但无论如何，其他地方的研究也让我们瞥见，从欧洲的一端到另一端，这个行业奠基于相似的债务网；而且小贩的财富永远都是有名无实，是由三角债组成的名义财富。

信贷链

时间是信贷机制的中心。实际上，为了使体系运作起来，在两个不同的地方，给支付留出的时间必须是一致的。在乡村，债务可以以一个长周期周转：为偿还村里商定的债务契约或许诺留出的时间可以从六个月到十年不等，一年是最常见的周期；但实际上，经过更长时间段，债务总额不断积累，因为在公证处记录的债务契约是众多小许诺积累而成的。它们既是口头的也是书面的，由债务人写就并在前些年已经部分承兑。因此，一份债务契约就被看成一份给放款人的担保，一种把未付利息列入本金总额的途径。实际上很难知晓索要了多少利息。依照法律，利率不能高于5%，公证书提及的利率在4%—5%之间。19世纪几件诉讼涉及更高的利率（20%或更高），但这些纯属例外。这些契约远非高利贷，结清债务的方式显示，放款人常常在利息上蒙受损失，要不就亏在本金上。不过，把未付利息纳入所欠本金依然是大势所趋。债务一旦结清，契约往往会记录款项"已减"或"减款已承认"，这反映了所发生的事实而非仅仅是一种契约辞令的谨慎形式。有时，契约明确说明，鉴于利息超出了所欠本金，利息被减至与本金同一额度。

与在乡村得到准许的漫长信贷周期形成对比的是，城市信贷的时间周期很短。理论上，小贩在秋季按条件赊购，春天当他们从巡行贸易中返回时付清债款。有些商人甚至在小贩贸易活动的半路就索要第一份分期付款。因此，所给的信贷是短期的，在六个月到九个月之间。但就像层次较高的小贩通过把低层小贩的城市债务转变成乡村债务，从而充当了他们的赞助人一样，在城里开店的乡村移民通过允许间隔更长时间还款，同样在小贩和城市商人之间充当了中介人：他们从他们留在村里的家人那里得知相关个人的商贸事务和财富，而在城市和乡村之间流通的货币则给他们带来利息，也给了他们一定的支配劳动力的能力。

介于长期和短期信贷协议之间的是中期信贷协议（平均两年），它由迁徙小贩在其巡行贸易期间达成。[1]

因此，小贩业奠基于地理的、经济的及社会的三个现实之上：家乡，在那里小贩拥有土地和他人的欠款，这些为他获得城市信贷打开方便之门；低地，小贩在那里挣足够的钱去维持和扩大其财富；市镇，可以为小贩提供必要的资金做生意，移民在那里扮演中间人的角色，成为各种宗教团体财产和经济力量的接合处。显而易见，乡村里的信贷时长和小贩巡游路上允许花费的时间并不冲突，而且他通过巡行贸易赚的钱在高地要么用来偿还债款,要么放贷以增加他的债务人数目,或是用以提高其土地拥有量——换句话说,夯实他人给予其信贷所必要的基础。即便遇到阻碍,双倍于城市信贷的时间,在经济发展的全球背景下,意味着一切完美契合在一起,因为传统是:小贩在下一次巡行开头,或者在这次出行的末尾,由那些赶在他走之前要跟他结清(债务)的人,为他此前一次巡行中所售商品付账。这样,他就能在他巡行交易的开始和结束时,向城市企业付款以购其商品,即使这可能意味着要延期清偿迁徙商人提供给他的货物和钱款,迁徙商人就此吸纳了低地债务截止日期和城市商人所给的期限之间的差异。

对于其他存在小贩贸易的地区而言,这些网络如何运作,或者不同类型债务的允许偿付期限的变化,我们一无所知。一方面,我们有进口荷兰纺织品的英格兰进口商可以为例,1732年,他在为他向供应商延期支付进行辩护时抱怨说,他们习惯上只给他八个月的信贷,而伦敦的布匹商人则要过十六个月才付他款。[2] 另一方面,17世纪初,英格兰大商人力挺贷款期限不超过六个月,对于那些付现金的,折现不超过7%。[3] 不论如何,我们都对商人给予小贩的贷款期限缺乏精确的了解,对小贩给他顾客的贷款期限的了解也是如此,而这些知识对于弄清整个网络如何组成一个整体,以及这一结构中最脆弱的环节在哪里则是必不可少。

城市是紧张关系的首要场所:对于一名刚刚经历过一次糟糕巡行的小贩而言,主要问题是承兑他城里的债款。直到19世纪中叶的法国(或许在英格兰要更早),那些外迁并在城里开业的小贩允许巡回小贩处理临时金融困难,从而为他们提供了至关重要的帮助。这些迁徙商人从两个经济体系获益。在他们与城市商人的商贸往来中,他们只准予短期贷款:安德烈·马森死于1610年12月,在巴黎为他编制的清单中提到了他与首都商人的生意往来,清单上仅有两份信用证没写当年的日期;另一方面,雅克·贝拉尔和让·基洛两人都有同村人欠他们的大量长期债务。由于他们是小贩业劳动力的主要雇主,而且既了解这些人也了解他们的家族,他们就做好准备允许债务从一年滚到下一年,而且还在不同宗教团体财产和经济体系间充当中间人。他们与山里人做生意时在两个层面上运作。首先,在偿付前他们确定一个长期贷款期限,这样就允许小贩先与城里其他商人清账。然后,他们就把城里未付债款转化成乡村债务。

实际上,一旦过了商定的贷款期限,如果小贩还没能承兑他的债务,城市商人就会把它递送回他的老家。接着,债务可以通过几种渠道之一索还,全看商人在高地的亲戚。如果他在村里有亲戚能照顾他的生意事务，迁徙商人就会委托他们负责债款事宜。第二个选择是请求乡村公证人协助，他们可以代替离乡的家族。1764 年，阿维翁书商、亚伯拉罕的继承人让－约瑟夫·尼尔（Jean-Joseph Niel）用的就是这个办法。他授予一名来自多菲内瓦尔邦奈的公证人以代理人职权，后者为他收回两个小贩欠他的货款，共三百九十四利弗尔。[4] 几个奥弗涅的公证人在现定居西班牙的移民和住在本乡的人之间充当中介，因此名声在外：他调停悬而未决的遗产继承，为其客户利益辩护。因此，1788 年，"巴伦西亚王国德尼亚的商人"让－巴普迪斯特·勒盖伊（Jean-Baptiste Legay）刚刚逝世，他的遗孀伊丽莎白·玛泰夫人（Elizabeth Mathé）就授权一名奥里亚克律师，M. 帕里厄（M.Parieu），从圣桑丹的皮埃尔·布克（Pierre Buc）那里索还三百七十六利弗尔十五索尔，布克和他弟弟让曾从她丈夫店里赊购商品。[5] 与其相似，鲁昂的寡妇玛舒埃尔则托付库坦斯辖区执行员马特尔·鲁（Maître Roux），要他随时向她报告债务人的偿还能力。[6]

第三个选择涉及山村里来的其他商人，在较大规模上再现了最有权势的家族之间实行的债务转移，目的是建立起界定清晰、管理便易的客户群。因此，商人们互相授权以索还借给小贩的钱。这无疑就是 1700 年 1 月 11 日邦纳德尔给阿维翁书籍批发商让·德洛姆二百一十利弗尔十三索尔的收据的含义，这些钱是他以邦纳德尔代理人的身份从蒙内提耶不同的人那里要回来的。[7] 这个系统在两方面运转：迁徙商人通过村里的家人清偿其债务；如果迁徙者远离家乡死于巡游路上，也由家人变卖他们留下的几份资产。有无数例子都与城市居民帮忙结算那些山里人的财产有关，后者的部分资产仍然在低地。对于那些海外商人这个体系也同理运作。

除了出现了在城里签约的债务之外，在乡村网络外还发展出一种由年长小贩赞助年轻小贩的体系，前者把他们的门徒引介到自己的供应商那里。前辈推荐另一名处于小贩生涯起点的后辈，也暗含了某种前者对后者行为的责任和道德约定。商人要求欠债还钱自然首先会去找这位"保护人"。因此，1754 年 5 月，让·古兰支付了让·奥博特所欠的二百五十三利弗尔货款，货是后者"从里昂商人加兰（Gallant）和巴兰（Barrein）爵爷那里"进的。古兰不用找正式担保人就向这个公司推荐了奥博特，这就让他押上了他自己与里昂商人的关系，对此他心知肚明。接下来，古兰付清了奥博特离开低地后没能支付的货款。在新一轮秋季巡行贸易之前，由于奥博特没能在夏天把钱还给古兰，他们就去登记了这笔债款，通过山村公证人而转变为一份债务契约。在1760年之前的公证书里，这种由于在城里未付债款而把商人捆绑在一起的债务契约很少见，但在1760—1780年间，这种契约迅速倍增。如果这暴露了这个行业在那个时代不利的经济环境中所遭遇的困境，它同样也证明了飞速扩张的定点经营对山区小贩的需要在日益增长。

信贷链运行的方式有两个重要后果需要强调。首先，信贷链通过它的种种缺点表明了迁徙商人的角色在逐渐转变：从实实在在几乎能全盘控制移居进程的小贩企业家，蜕变为信贷链中一个灵活的环节——贷款，与别的商人签下债务合同，在贷款截止日还没到时清偿。在经济危机接连发生的时代，债务总有办法回到本村，这意味着整个家族债台高筑。建立在信贷和商品之上的财富是脆弱的，运气迅即由好变坏。城市商人对此心知肚明，他们建立调控体系，意在预见破产，减少损失。这些体系被信息网络所强化，这些网络能为商人们提供他们以货品相托付的迁徙者的最新财务信息。这些机制不仅对迁徙者的行为有深刻影响，还把财富涓滴汇入乡村，那里的一切社会关系都在其控制之下：这类机制很可能会迫使迁徙者彼此依存，但这种依存关系对于接受它的人而言则可能代价不菲。

强迫的依存关系和小贩的求助之道

合伙经营、金融担保和赞助是强迫的依存关系的主要情形。从一开始，前两者对于商贩活动的成功就至关重要：较小的商人立即就能亲身拥有足够的资金成立一个市镇货栈，或者具有必要的信誉获取市民权，这对那些在低地做生意的人来说是必不可少的。[8]

对某些人来说，要干这行，合伙经营是一项必需的前提条件；对另一些人而言，共同的资本投入使他们能够进行大规模的巡行贸易。因此，在对这一行业种种实践方式的寻踪觅迹中，在文本带领我们所达至的地方，就能发现形态各异、大小不一的合伙经营：联合财政支出，利润依照投资额按比例分成；还有，正如1631年合伙协议（协定进款不等分割）所证明的，一名合伙人提供一匹马和一定量钱款，另一人提供劳动和商品。[9] 不论他们是科坦登的书商还是阿尔卑斯山的缝纫用品商，几乎没有商人独自行商。在大多数情形中，他们都会与一人或二三人结伴启程，而且都是自家人；大多数都是兄弟、表亲和姻亲。[10]

合伙经营的重要性大到甚至于它的种种规则都在乡村学校中得到教授，在那里，孩子们学习根据所投资金与合伙持续的时间来解决合伙引发的问题。来自蒙内提耶的格拉维埃家族保存着一本 1788 年的练习册，孩子们就是用它来学习在合伙经营关系中，在可能遇到的种种情形下，如何计算个人利润。有一道习题可以为例：

> 三个商人组成一家公司。第一名商人投入五百九十八利弗尔，四个月后收回；第二名投入七百四十八利弗尔，八个月后收回；第三名投入八百四十六利弗尔，一年零三个月后收回。他们创造利润六百四十三利弗尔。问以投资贡献及三人合伙的时长为比例，每个人分成多少？[11]

但这种作为动身上路的前提的依存关系，也只是一种模棱两可、极不自在的关系，因为它暗含着个人既联合又单独地为损失和利润负责。证据显示，在经济危机蚕食利润的年代里，依存关系的固有失调使它越来越难被人忍受。1830 年 8 月 9 日，劳伦和雅克·科伦离开多菲内的拉·格拉夫动身去做生意。劳伦冬季的时候死于巡游路上，被宣布为"无偿还能力"。他们的赞助人维克多·尼古莱要求他弟弟结算他们共同签署的一百五十七法郎的本票，但雅克拒绝接受这次命运的捉弄，债款只要超过半数他就拒付。"我不会偏离于我事业的正义原则，那就是他们必须得有一人要付钱"，尼古莱在给为他工作的执行员的信中写道。因此，他要一名执行员去找雅克并把那一百五十七法郎要了回来，当然是连本带息（总共欠了三年）。这位手套商预见到一番讨价还价不可避免，就建议执行员以年利率 7% 或 6% 计算，而法律规定最高只有 5%；在信的结尾，他说他还有价值五十到六十法郎的手套，那是雅克上次经过时留下来交给他保管的，如有必要利息可以用它们来偿付。在兄弟俩的商品中，除了两个有待打开以编制货品清单的箱子什么也不剩，尼古莱告诉他的执行员"把那个寡妇带到格勒诺布尔，如果我这儿他欠的债清了之后还剩下什么东西，那就归她吧。"[12]

我们现有的小贩书信和回忆录中，他们全都谴责合伙经营关系蛮不讲理。让-皮埃尔·马格尼讲述了与他合作的伙伴是"一个心肠好、极诚实的人，但根本当不了商人"，就是为了"举例让他的孩子明白并警告他们，生意场上一个人只能靠自己，永远不能指望别人。"[13] 实际上，合伙经营是金融需要的直接产物已经成为广泛共识；可以这么说，一个人独自行商就是他已经获得巨大成功的证据；

而且自传中泄露了作者对社会区隔的渴望：和谐的关系并非易事，一旦生意转糟，合伙人一下子就会显得像一头为所有失望埋单的替罪羔羊。在自我辩护的背后，强迫合作共事的困境一目了然。

第二个强迫的依存关系是在来自财政资助人的压力下发展出来的，这就是财政担保体系。对低层小贩来说，即使稍不景气的年景还没到来，自己支付购货款就已经很困难了，而依存关系特别威胁到他们的生存。与个人财富关联在一起的财政担保发展起来，不仅意味着一名小贩要是无力偿付，其他人就得惴惴于心，而且意味着把进一步失衡引入了关系网络中。在经济增长的年代，大多数富有的人都会帮助那些条件差些的，但在经济衰退的时代，整个乡村的经济和社会结构都会发生动摇。

赞助体系只是一种变相的财政担保，它就像财政担保一样，能使犯错误或过分乐观的赞助人陷于财政困境。正如诺埃尔·吉尔的个案那样——他因充当了他弟弟（他们是同行）的担保人而欠债三千四百三十利弗尔——如果受害者是信任他的商人们，那么在多数案例中，恰恰是身为赞助人的小贩把那些人引介给受害者，进而遭受了那些人因欺诈不实或无力支付造成的损失。让·古兰在米歇尔·阿诺尔（Michel Arnol）与查隆的杜鲁亚尔（Druard）兄弟公司的生意中，同意做他的赞助人，并给他 1857—1858 年巡行贸易中将近一千六百法郎的采购提供担保。一年后，阿诺尔的账还没还清，杜鲁亚尔兄弟公司就去找担保人，让·古兰接下来的年头就以分期支付他那数额可观的债务度日，即便这意味着他要从其他公司那里找到高额贷款期限，要在他的家乡负债累累，还要每年在低地逡巡日久以期赚到更多的钱。[14] 在经济衰退年代，担保人和赞助人通过把最飘摇不定的时运系于那些最富有的人身上而削弱了整个商人群体，也就是整个乡村社会组织结构。然而，这种依存关系也有不同的两面：对于身为担保人的人，它使他们能够掌控小贩劳动和资产。在土地在本乡供不应求的时期，在几个有权有势的家族在为权力激烈争夺的时期，不止一人借提供财政支持得以过问人人觊觎的农地。这种相互依存必须放在乡村权力的背景中去考查，那里有很多金融联系，在那里小贩的债款轻而易举地就超出了他们的资产价值。

对财政资助人而言，乡村迁徙的极端鲜明的等级结构（其中小贩"精英"起到中流砥柱的作用，既充当劳工承包人又在城市贸易和巡回售卖之间扮演中间人）为他提供了所需的担保人。财政担保人在强使小贩相互依存的同时，也造成了一种揭发检举的社会风气：如果一名小贩企图脱离债权人，担保人鉴于自己的生存受到威胁，就会与商人联合起来找到他令他付款。商人的依存关系中头一个模棱两可之处就在于此，它助长的是剪除害群之马，是强迫小贩群体负担起某几个人无力支付的后果。这个强加在群体之上的道德法规被乡村精英运用的战略所强化，他们密切监督一份遗产的全部变化并对财产的任何改变保持警惕。

随着城市越来越多地为小贩扮演主要财政赞助人的角色，与此同时商人精英为了融入城市逐渐与家乡保持距离，移民监督体系也在历经转变。直到那时，监督一直是留守家中的家族成员的责任：整个家族离乡不在时，这份责任会逐渐托付给某些在村里有地位的人。

格勒诺布尔手套商维克托·尼古莱（Victor Nicolet）[15]在其1828—1842年间的书信中写道，他的大部分生意都是与"他的"商贩们做的。信中还详细披露了把城市商人和乡村大人物捆绑在一起的联系纽带。尼古莱生于瓦桑，1792年以来一直从事手套的生产和销售。19世纪30年代，他停产并把精力全部投入到对手套的营销上去。他借助信中提及的二百三十四名小贩，差不多能把他的手套卖到世界各地。[16]手套商的角色是双重的：他给小贩供应手套，更重要的是，他把出行和获取其他商品所必备的钱款贷给他们。

即便尼古莱生于瓦桑，他在山区也不再有货物或家人。借助日常通讯，他委托少数公证人、两个执行员和地区主要市镇的收税员负责调查小贩们的行为和财产，这些小贩手里有他托付的钱款和商品。这位手套商付给他们"跑腿费和劳务费"，每当面临的事务颇为微妙时，他不放过一次可以给他们提供经济激励的机会；每到新年伊始，他从不忘记用礼物酬谢他们。尼古莱从他的代理人那儿想要得到所有类型的信息：首先是关于小贩的，因为他必须能区别出重名的人，并把小贩置于他们家族的亲属关系网中。其次，他需要关于他们财产的信息，因为财产多少是他给他们多少信贷和商品的指标。例如1836年7月，他给其中一名受雇于他的执行员写了如下的信：

> 在巡行贸易到来之前，让我详细了解那些正跟我做生意，或者我今年可能与之做生意的人的偿付能力。眼下我账簿上记有的姓名全都附在下面：给那些偿付能力完好的记下字母B，偿付能力存疑者记D，高风险人物记M……我恳求您凭借我的全权决定权，能在两星期内回复给我一份完整名单。

在小贩的巡行贸易期间，尤其是如果小贩没有及时结清账款，他就询问其行踪。最后，他的"眼线"随时随地向他汇报迁徙者家人生活中的大事件，因为死亡、家庭定居或婚姻都会改变继承的遗产，而这也正是尼古莱收回债款的适宜时机。

　　面对基于信息和强制依存关系的信贷体系，小贩有何种可能的求助之道？保密是最重要的安全或预防措施；向债权人保密，这样他就能从好几个放贷人那里借款，对他继承的遗产保密，尤其是在它被债务严重减损的情况下，这样他就能找到担保人和资金提供者。可以想象得出，置身在这些共同体创造出的这类有害气氛中，任何信任都会事与愿违，给予信任只能自食苦果。要对付村里那些有地位的人挥动的权柄，不动声色、守口如瓶、吸引一批债权人加以利用，是农民在为减少依附保有迁徙自由而斗争中仅有的武器。

　　尼古莱和劳伦·巴尔默（Laurent Balme）的担保人让·拉梅尔（Jean Lamel）之间的通信，让我们能够衡量围绕在多重金融联系四周的保密水平如何，同时也见证了这些联系内部固有的模棱两可。1833 年，经尼古莱许可，劳伦·巴尔默有三笔账款没有偿付——一笔是九百四十八法郎，他已经还到四百零三法郎；另一笔有一千法郎，还到八百七十法郎，但是 7% 的利息已经欠了两年多，实际上总共还欠一千零一十法郎；第三笔有六百五十法郎，还欠一百九十二法郎，债务契约写明利息废止。后两份债务由让·拉梅尔担保，他是山谷里最可信赖的小贩之一。1834 年春天，劳伦·巴尔默将其部分财产挂牌出售，唯有这时拉梅尔才获知抵押契据上的剩余债权人姓名：三个是山区的重要人物（一个公证人被欠一百三十八法郎，一个法院办事员被欠三百零五法郎，一个收税员二百五十七法郎），第四位是寡妇康邦（Cambon），她是里昂的纺织品和袜类零售商，欠她五百四十法郎，其余的债权人是其他小贩。这次出售过后，尼古莱写信给拉梅尔，说了如下的话：

　　　　现在可瞒不了你了，尽管你有从劳伦·巴尔默那里收到的利息，不过事实仍然是，除了所有这些记录在案的债款之外，这个人还欠了更多……这让我决心不再瞒你——像他这种情况，你应该直冒冷汗……我建议你得采取主动，让他把剩余财产全都卖给你，或者给你最少最少不低于一千二百到一千五百法郎的财产，你要抢在其他人有机会索要之前立即给它们登记注册，以便补足你的担保品。如果你允许他在固定时间内购回他的财产，至少这种方式能对你有所弥补……时间对你不利，现在赶紧照我说的做，这对你内心的安宁至关重要。[17]

这是个见多识广的忠告，早在 8 月让·拉梅尔就发现了另外两项债务，总额一千二百法郎，钱都是在瓦桑借的，那里的两个放贷人准备买下劳伦·巴尔默剩下的财产。关于贷款协议的多样性，很少有这么翔实的细节，而且他们创建的关系及他们秘不示人的斗争策略，也很少会这样原封不动地示人：如果一些人被他们同意帮助的人给耍了，其他人，由于充分了解他们所处的位置让他们有权力控制那个人的劳动和财产，还是会同意充当担保人。所有乡村关系都打上了模棱两可的印记，每当生存手段遭到威胁，依存关系的概念就会土崩瓦解。

信贷网络的瓦解

这些分析证明，小贩活动使不同的经济文化和社会关系组织直接照面。这种遭遇以两大失衡为特征：作为信贷基础的担保及债务运作的周期一个地方一个样。一方面，城市和城市商人投身于资本主义的根本逻辑，其中土地充当信贷的抵押品，这种逻辑力避一切无利可图的资本停滞；另一方面，乡村通过人力劳动，而非土地之类出产的农产品得以维持下去，它们为了保有对其人力的控制权，特意把给予信贷当做一件武器。对于来自移民乡村的精英阶层而言，给偿还债务留出的漫长时期服从于一种截然不同的经济逻辑：债权人可以掌控由债务人和他们的家人组成的劳动力更长时间。这个逻辑有助于我们理解，为什么地方风气总是村民欠的债超出他们土地的价值：这是因为他们的债款既根据其土地又根据其劳动来计算。在这两个世界之间，我们已经看到由地位较高的小贩和迁徙商人打造的联系纽带：他们通过同意接收较低层小贩的负债，让这两个各不相同的经济文化协调运转。

正是这种信贷链中必不可少的纽带，在 19 世纪上半叶（自 19 世纪 40 年代以降）随着游戏规则的改变逐渐丧失其灵活性。随后建立起来的新秩序摧毁了信贷链各纽带之间的平衡，并使它的整体存在成为问题，也迫使商贩对他给予的信贷作出改变，尤其是要减少债务可以运行的时间：他必须在更短的时间内从低地和乡村收回钱款。

实际上，19 世纪三番五次的经济危机增大了巡行贸易不成功的次数。在低地，小贩的货卖得越来越少，债款偿还不了；在乡村，小贩一如既往地找人借钱。对于开业的迁徙商人而言，要回钱来越来越难，他们对小贩的态度也就日渐强硬起来。尼古莱的通信显示，随着危机此起彼伏，他的要求也越来越高。起初，他为了让家族成员为彼此的命运负责，努力对家族单位施加影响；随后，他把注意力转移到整个乡村网络，并通过要求担保，尽可能把社会上赤贫人员拖欠的债款与最有地位的人的财富捆绑在一起。19 世纪初，尼古莱要求一笔贷款要有担保，这是极为罕见的。自 1828 年以降，他通知在山区照管他的事务的执行员，从此以后他们只在得到"一份合适的担保"后才给予信贷。1831 年，他开始实行在债务失效需要重新约订的情况下，必需双重担保。1833 年，他直接介入对担保人的选择，并且反对单一家族担保好几个小贩。1837—1838 年间，危机已到危急关头，这时他改变做法，决定缩减贷款期限，不再允许任何信用延期。与此同时，他继续要求越来越多的担保；甚至在考虑一份新协议之前，他先要求两个担保人。当这个策略失败后，他就诉诸法律介入，并借此向他的所有负债人一并施压：他急于了结拖了好几年的买卖，而且再也不允许账款延期支付。为了弥补他在协议减免中被迫损失的数额，他把他的利率调高到 6% 或 7%，有时对于某些迁徙者甚至到了 8%，利息以哪种利率收取根据个人而定。例如，要担保一笔贷款，尼古莱坚持要在有公证人在场的情况下，让小贩在一份债务契约上登记：

> 我宁愿为诉讼费和你惹上身的花费出钱，无论如何，以后你会让他们把这些花费直接付给公证人。即使它花了我五个或六个法郎，我也会在你调到 8% 的利息上收回来。

另一方面，他则提出降低利率，从 7% 到 6%，目的是促使另一名小贩的弟弟承认对债务的连带责任——兄弟俩原本合伙，但哥哥死于巡游的半道上。

  城市经济实践和思维方式开山辟路，挺进乡村。在一而再、再而三发生危机的背景下，两种经济制度将往哪个方向上适应大势？两者之间可能存在何种协商？起初，城市商人诉诸传统方法，把问题交付法律。对于小贩而言，可能被抓住、被剥夺一切，甚至被逐出家园，是潜藏在所有协商背后的威胁。对他来说，他仅有的防御和唯一可以承受压力的手段就在于赤贫本身，不论是假装的还是确有其事。在资本主义基本逻辑与建立在迁徙基础上的农业经济逻辑之间进行的斗争中，这是生死攸关的大事。

协商总是始于拖欠债务而又建议减免欠账总额的商人。面对这一要求，债权人处于困难境地。一方面，他们计算潜在的损失和诉讼费，尽可能猜测小贩现有的和将来的资产价值。另一方面，他们担心这件事广泛流传，并被其他人当成先例争相效仿。基本上，城市商人正在打一场必输的战斗，因为乡村财富的积累远少于这些乡下人的总负债，而只有在债权人保持克制，不同时索要欠款的情况下，这个体系才能正常运转。

为了挽回其部分财产，破产的迁徙者常常捏造一次商品出售作为对策，把货优先卖给他们的老婆。尼古莱对此埋怨不已。一个相似的体系也在奥弗涅运转，在那里，巡回商人为了避开其债权人，会把他们所有的财产都放在其妻子名下，甚至是完全抵押（给妻子）；19世纪初，据称"从拉鲁直到夏瓦鲁山，女人拥有全部财产"[18]。一旦出现这些问题，手套商尼古莱的应对之道是，以他对这些家族的了解，预料到将来的遗产继承情况。这回轮到他守口如瓶，而且，他还要操心不要把他的协商及其结果传到其他负债家族的耳朵里。不过，他往往不得不同意减免50%的债款。[19]

小贩采取的第二个策略是宣布破产，这样就能免除全部债务，并经过一段时间销声匿迹之后，继续出来做生意。这种既常见又有利可图的做法从来自布里杨松内的奥古斯丁·巴勒尔（Augustin Barelle）的故事，以及尼古莱涉及他的信件中可以得到证明。1835年，奥古斯丁·巴勒尔有一张面值七百五十六法郎的本票，五年了还没向手套商偿付。巴勒尔虽然还没付这笔账，但到时候他利息照付，这令手套商感到满意，一直到这名小贩"被逮捕，并且其商品被某名里昂商人剥夺，在此之后他应征入伍，此事告一段落"。尽管如此，并非所有本票都被偿还，而且四年后，他的兄弟约瑟夫在做生意回来的路上来拜访尼古莱，向他提议说，他，约瑟夫，可以偿还奥古斯丁的债款，"条件是同意减免三分之二，他说他已经与另外几个债权人达成了类似的协议"。尼古莱委托他的一个执行员解决这件事：

> 我向您求助，亲爱的先生，有劳您搞明白这些绅士并对付他们，促使他们同意对半平分，换句话说就是支付50%，此外，我恳请您如此行事的时候神不知鬼不觉，因为对那些欠我一大笔钱并准备使出卑鄙手段的人来说，这个先例是灾难性的。

尼古莱继续说明他猜测约瑟夫这些要求背后的战略部署是什么：

无疑这个家族有一定收入。他们想把奥古斯丁弄出军队，然后给他提供钱财让生意再度开始运转，但首先他们要帮他摆脱全部债务。

在随后的夏天，讨价还价开始了。尼古莱开价不想低于三百法郎："如果他拒绝这个最新的解决方案，那么告诉他我宁愿等到他继承了遗产，那时候他就能付给我他兄弟的全部欠款，分毫不差；本金加上利息，还有我不得不花掉的钱也要补偿给我。"但是，作为附言，尼古莱接着说道："给这件事画上句号，除非您得知他有可能从他父亲那儿继承得足够多，我们有希望不损分毫。跟他做这笔交易，并确保您得到了支付给您的费用；这件事这样就算圆满。"一个月后，执行员以总额二百三十法郎了结了这件事——尼古莱损失了四分之三的本金总额还要多，而小贩现在则已为新的开始准备就绪。

实际上，追踪这些宣布自己破产的小贩揭示出，他们这么做并不表示他们活动的终结，并且这也是当信贷网络上的压力太大的时候，为重新确立一个更容易掌控的形势而偶尔采取的策略。因此，1776 年 8 月 7 日，诺埃尔·吉尔宣布破产，但这并未阻止他从头开始做起同样的生意。他在凡尔赛国王的公证人面前竭力证明，一方面厄运是他破产的唯一原因，而另一方面，他将同意支付所欠金额（"仅仅是本金总额"），条件是他的债权人同意给他"足够的时间和适当的条件"。我们不知道这个局面是如何化解的，但两年后他再次成为一名书商。1779 年，他与纳沙泰尔活字印刷社重新签订合同，甚至提议如果他们同意减免 12%—15%，他就现金支付，就像他是一名出版商对他完全有信心的长期客户；然而，纳沙泰尔活字印刷社学会了保持警惕，并没有遵从他的要求。1824 年他死的时候，他被看成是一名书商。[20]

安德烈·雷蒙（André Reymond）是个来自多菲内的缝纫用品贩子。一份对他登记在案的破产欺诈的分析显示，他终身都是一名小贩，但每十年左右就要宣布一次破产。每次他都与债权人达成协议，而且每次他都更换供应商和经营地点。如果说他第三次宣布破产不像前两次那样进行得那么顺利，那是因为他其中一个债权人（这个人令负责这件事的诉讼律师大吃一惊，而且尽管律师向他阐明，如果他将这件事交付法律，所有债权人将会损失多少钱）拒不同意与雷蒙达成协议。这位里昂商人要"让他真正破产，把他送进牢房，唯愿杀一儆百，以儆效尤"。这头一次诉讼案件的结果是宣判雷蒙无罪，他的债权人仅像之前协商的结清总额的

17%，而不是40%。这个小贩可以告诉旅店老板（他在那里存有一些货物），"他已解决了所有问题，他很快就会带着他的女婿回来，并像从前一样贩卖他的商品"。由于他的一次疏忽大意，他藏货的窝点被人发现，诉讼案件重新开启，这次雷蒙因破产欺诈而被判刑。[21]

在商人和小贩之间的关系发生根本改变之外，这些交易全都证明市镇—山区关系有了新发展：山区已经进一步沦为欧洲经济的边缘。乡村密探网络，无论它是由家庭成员构成还是仰赖乡村社会的顶梁柱，在时间和金钱两方面都是费而不惠，只有那些靠向小贩放贷赚取大部分收入的人才能奉献出足够时间从事这项既要了解家族又得知晓同名同姓者的繁费苦心的工作。日甚一日，精英阶层在断绝他们与山区的联络，商人也从巡回贸易中脱身。他们防备破产的证词清楚地指出，这类贸易已经变得何等边缘，在此情形之外，还指出了新的商贸实践。

表面上几乎没有什么改变。就像这个世纪上半叶一样，小贩赊购商品，在巡行贸易返回时支付货款。然而，两项新发展须提起注意。首先，交易涉及的金额越来越小。早在1776年8月，纳沙泰尔活字印刷社代理人保罗·马勒伯就在一封信中写道："我卖给他们的货很少，然而还是免不了被他们耍。现在诺埃尔·吉尔已经宣布破产。他们这些人里没人能信。"[22]正如负责雷蒙的破产事宜的破产管理人所披露，小贩为他们购买的几件商品付价高昂："雷蒙正在一个糟糕的时期做生意：他与大多数小贩的共通之处是，他支付的是大面积飞涨的商品价格。"另一位破产管理人给出了数字：几乎所有的小贩都不得不满足于最高只有2%—5%的折扣。只有地位非常高的小贩以及那些以现金支付的小贩才能期待10%的折扣。

其次，要求担保的供应商越来越少：只有一个债权人同意给雷蒙提供额外的商品，条件是让他女婿（被判定为"支付能力极高"）担保这份债务。商人们企图用这种方式限制虚假消息的后果：他们卖得极少而价格极高。如果小贩不偿还他借走的东西，商人也不采取任何步骤收回欠款，因为他们借钱时就不抱任何幻想。

在18世纪的英格兰，以下声明由一名商人在一本小册子背面所印，它显示，如果这不是实实在在的成功，至少也是渴望能对所有准备支付现金或铁屑和破旧衣服（小贩和顾客之间的其他通货）的小贩开放小商品市场：

广告：S.拉德尔（S.Rudder），希伦塞斯特的印刷工，以批发价向店主和商人出售以下物品，所有类型的丝线、镶边、带子、亚麻带、吊袜带、蕾丝及其他缝纫用品——各种品质的灰蓝色和大青色，他可以以他的承诺担保，而且价廉如制造厂家。各种类型的淀粉。伯明翰和谢菲尔德商品每种数量绝不少于半打。别针、针和许多别的物件，他会现款销售，跟制造商自身出售的条件一样。附注：对于破旧衣服、马鬃、废旧金属等，他给钱最多。"[23]

与此同时，随着行商贩卖渐渐成为一种边缘化的活动，企业正在建立起一个"旅行推销员"网络，它们在乡下为企业走访店铺。小贩和供应商之间的接触点，与数目一直在减少的山区居民及越来越多来自低地的人有关，旅行推销员成了新的中间人。

最后，公路和铁路的修建让进城逛商店变得容易多了：在此意义上，随着商店网络的发展，小贩的沿街叫卖失去了存在理由。据丹尼尔·笛福（Daniel Defoe）说，早在1745年，定点经营的成功就引发了英格兰小贩业的衰落。他写道："几位观察家评论道，跟上世纪相比，小贩越来越少，他们许多人已经在毗邻市场集镇的地方开设'店铺，或者储藏室，或者库房，并在周边村庄出售商品'。"[24] 城市商业的大门就这样对小贩关上了，贩夫们只剩下一个选择：要么设法让自己被某个公司雇用，这样可以从8%—10%的折扣中受益，这是赚取利润的唯一途径；要么——这是大多数人的命运——就是采购的商品被人漫天要价，这意味着他们活下来的唯一途径就是乞食讨饭加偷盗行窃。

同时，新的经济态度也在形成。面对经营困难，强迫的团结土崩瓦解，要使合伙经营运转起来，困难日甚一日。随后，担保的观念不再被接受，由此招致移民共同体的死亡，因为通过拒绝担保，精英阶层表明，拥有对人进而对其土地的支配权对他们来说不再重要。结果，尼古莱几次三番遇到拒绝承兑其担保的小贩，他意识到由此而象征的团结在乡村中正在丧失其重要性："我已经拒绝让皮埃尔进入我的住处，因为他告诉我他只会还清他自己的欠款，而不会给他担保的那些人还账。"[25] 最后，从城市商业不再需要巡回贸易的那一刻起，小贩之间的敌对便加深了，相互出卖的风气取代了团结之风。由陆军中将的代理人实行的敲诈勒索，摧毁了重要的禁书批发商科坦登小贩间的和谐：以允许他贩卖历书为条件，甘德兰（Gandelin）揭发了他的两个同胞："商人让·莱克勒（Jean Leclerc），他在德亚底安码头陈列并出售报纸；以及同样作为商人的朗日（Lange），他行旅在乡间贩卖报纸。"[26]

那些很少卷入这种长达几个世纪之久的迁徙形式的家族，给他们的儿子在新型工业的基础设施的建筑工地上寻得一席之地，从而就在乡村创造出新式成功楷模。让－约瑟夫·兰克（Jean-Joseph Rancque）的信[27]里在思想上附和了这种转变，他赋予时间和劳动重要价值。从此以后，他赞扬"许多年轻人"，他们找到了另外能"确保他们花的不比挣的多"的行当。这种自利精神基于支付给工人的计时工资，它也破坏了乡村的经济伦理。对这种伦理的谴责在对信贷的态度上显现出来。约瑟夫·兰克的父亲写给他的所有信都在提醒他，时代变了，"可以信赖、会付清欠款的人少之又少"。兰克在信里告诉儿子，他坚持行旅贩卖不放弃，最终结果无异于"他都不敢在社会上露脸"，因为乡村再也不准备谅解这种无利可图的固执己见，就像他们不愿原谅一次以信贷为本但却不成功的巡行贸易一样："人们不再把它当成信贷，而是当成应予谴责的行为。"让－约瑟夫·兰克从他1864年的第一波通信中就意识到事态已经明朗。面对这样的情势，让－约瑟夫只看到两条出路：从此以后，要么卖东西只用现金交易，要么离开这行——后一条路对他而言似乎是真正实际的选择。

> 如果你想让我高兴，那无论别人还欠你多少债，你都尽可能要回来，然后不过这种日子，并且小心在意，别让事儿来找你。

然而他自己在过去也"行旅"过，也背过行囊，正像之前他父亲所做的那样。

在奥弗涅，在西班牙做事的小贩述说着同样的故事：

> 在那里，他们也从事牲畜交易，而且也赊销。他们被起诉放高利贷，但如果考虑到他们投入的劳动和他们收回债款面临的困难——多少次黎明之前，入夜之后，他们走访农户，要涉及多少繁重的法律诉讼程序——尤其是一想到他们的顾客仅仅是农民，他们不得不仰赖农民的善意而不是并不存在的抵押品时，实际上利率一点也不过分。1908年的一项法律禁止利息高于6%的贷款。既然现售很罕见，把全部希望放在一次好收成（柑橘、大米和谷物）上，风险就会很高。唯一能做的就是换一行干，在此之前，如果确实有可能，就尝试收回暂缓的债款。他们许多人都回到了法国。[28]

在奥弗涅，信贷链也已瓦解，那些一起做生意的人在西班牙损失了他们的资产而且也收不回他们的债款，现在发现他们自己被其法国供应商穷追不舍，后者像尼古莱一样正在给他们施加越来越大的压力。面对债主的联合要求，商业伙伴间的关系破裂了，每个人都借助无休止的法律诉讼程序尽量让自己从他们的集体毁灭中逃出。[29]

城市资本主义逻辑已向乡村挺进。所有债主都同时要求清偿债务，这暴露了以信贷和迁徙劳工为基础的经济结构的弱点。城市债主的严厉要求揭示出乡村信贷出奇的脆弱。通常，同一村庄不同的人之间债务的极限水平意味着，那些最富有的人手头有的是时间，他们会根据自己的需要去挨个说服其债务人，有时也会根据一种奠基于共同体之上的经济伦理，其中问题常常在债务人死亡时得到解决，这种伦理要求，如果能证明是债权人等不及，债务人就不应被剥夺全部财产——取而代之的是，土地和房产被交换出去，以减少所欠金额。19世纪的经济危机与城市商业习惯的改变同时并举，它迫使大多数社会上最富有的人同时给债务人施压，从而完全颠覆了这种经济平衡。一方面，大多数乡下人支付不起，另一方面，债务所代表的金额（理论上是按土地价值计算）最后证明是一场空，因为欠款由不动产抵押，而不动产负担的债务水平已远远超出其价值。不论如何，三个世纪以来，由于有人在链条上的不同群体间起到联系纽带的作用，体系一直能够正常运转，而又因为他们分属两种不同的文化，整个机制处在从未间断的调整中。

城市逻辑占据支配地位，也改变了小贩家族看待小贩和这个行业的方式。他们学会了对时间和劳动区别估价。直到那时还被共同体所尊重的巡回贸易现在被轻视，就连承认起来都有困难，小贩业的整个社会组织发觉自己名誉扫地，其命运与作为其基石的信贷文化一样。16世纪，这种社会结构把乡村的大部分财富交付于少数人，而且因为这种附庸文化的运行方式使得社会赤贫成员既可糊口度日又可缴纳税款，从而备受称赞。19世纪，同样是这一信贷体系，却导致乡村精英阶层的社会地位下降。对旧有习惯的理解发生了改变，随之而来的就是它的迅速瓦解。旧有的等级制既没有发生转变，也没有被资本主义现代化，只是支离破碎。乡村变得空空如也，无可挽回，只不过反映了长期以来资本和山区经济所依傍的劳动之间的关系在不断贬值。[30]

这些信贷网络的瓦解，标志着小贩业及那些社会的衰亡。而在从前，亏得有商人迁徙，这些社会才设法养活了远远超出其自然资源允许范围的人口数目。

第 7 章
小贩业的衰亡

随着小贩业在商业世界的边缘化，以及在家乡的声名扫地，早在 18 世纪的英格兰[1] 和 19 世纪中期的法国，这一行业就开始衰落。

另一方面，西班牙则因其仍然缺乏多样化、方便快捷的商店，而在 19 世纪经历了一次小贩业复兴。[2] 拿破仑时期过后，来自康塔尔的共同体在新卡斯蒂利亚重新立足。同样的家族也返回各地：维尔梅努斯（Vermenouze）家族返回钦琼，雷贝罗尔（Rebeyrols）家族返回巴列卡和西恩波苏埃罗，苏尔尼亚克（Souniacs）家族回到比利亚托瓦斯，拉方（Lafons）家族回到桑托尔卡等。然而，上个世纪组成移民贸易框架的广大家族群体，经过革命战争导致的倾家荡产，并在变卖了他们在西班牙的资产之后，就再也没能重新形成。那些去而复返的家族财富有限，而且他们也没有被普遍的商业利益联系起来；他们的店铺，"交易所"，或是重新开张，或是全新开业，然而他们以之为中心牵着骡子去巡行的区域却萎缩了。有时，一个战略位置不错的货栈使高级分销得以可能，这可以稍许增加巡行的范围。

与前一世纪的共同体相比，除了退回一个狭小的家族结构以外，对生意所在地的投资消失了，商人网络不再扩张，企业规模也越来越小。在 1879—1931 年间的帕尔拉，为企业做事的平均人数从八个降到六个，然后降到四个——其中有一个是西班牙人，他终将接管企业。在乌玛内斯，1900 年公司里还有六个股东，1929 年就只剩下一个；在这个家族定居乌玛内斯之前，是家里的妻子负责这个贸易站。经营单位缩减到最小：三个迁徙者勉力维持贸易站和相关行旅贩卖，然后返乡。家族银行体系消失了，因而如果每个小贩在西班牙待到两年，他就会带着利润离去。罗斯·杜鲁（Rose Duroux）绘制的地图显示出康塔尔迁徙者在卡斯蒂利亚居住的各个地点，这证明这种小贩业的简化形式虽然受限于家庭单位，但其整体影响依然不容小觑，因为很少有村庄没有从康塔尔来的移民。[3] 他们跟 18 世纪法国农村地区的普通小贩一样，巡行的地区大小有限。他们每每造访小旅馆贩卖亚麻、家用床单和所有类型的五金器具，走到哪儿睡到哪儿，往往睡在他所到的一个农场的马厩里。在西班牙梅塞塔的贫困地区，信贷和以收获的庄稼充当付款对贸易依然非常关键：为了理解资产负债表中披露出的大量谷物，必须更加仔细地检视这些商人是如何融入市场运营的，不仅如此，还要把他们的活动与他们同胞的活动联系起来，后者大约在同一时间开始运营许多面包店。[4] 西班牙 1898 年的萧条期、1914 年的战争、1920—1922 年间比塞塔的良好汇率，致使迁徙者永久地弃西班牙而去。[5] 随后，他们由本地小贩顶替，这点毫无争议；早在 1815 年，康塔尔的迁徙者就报告说，现在都是西班牙人来做铜匠、面包师、马贩子、巡回摊贩和阉割者；[6] 我们在文学作品中偶尔会瞥见他们，或者在研究过程中也会碰见有关这一现象的证据，但到目前为止还没有致力于这一现象的西班牙本土研究。[7]

与家族传统决裂，不再以小贩业为生

为了研究这个行业最后的变化，我们必须再次以法国为例。随着拒斥基于扩展家庭群体的组织并退回一个狭小的家庭结构中，这个行业令人瞩目地以一种双重崩溃为结局，它为其全部未来发展画上了句号：家族传统和信贷结构双双被摧毁。这个最终阶段暴露出，在仍然延续使用"小贩"这个用语的背后，虽然还是身为迁徙商人，但却存在着判若云泥的思维方式和经营方式。

定期工资把这些家族带到另外一个经济世界。一方面，临时迁徙者从不确定自己能否衣锦还乡，这种由来已久的忧惧又因要还清债款而变本加厉，但现在它消失了；另一方面，可能一次成功的巡行贸易过后就能迅速致富，这种魅力在以新经济气质为主的大环境中也变得声名不佳而消失殆尽。此时出现了一种心理学不适；价值观彻底颠倒过来：对于城市和有薪地位而言，农业劳动和信贷失去了威望，领薪与否从此以后成为唯一的价值尺度。迁徙运动因此改变了方向和性质：商人的迁徙销声匿迹，求职取而代之，工作多是当小公务员、干家政服务或者做无条件劳工。在法国，所有我们能够找到其后代子孙的小贩都是新价值观风行乡间的证据。1858 年，让·古兰是一个可以追溯至 17 世纪的小贩家系中的最后一位，他问他妻子，他们当时 18 岁的儿子是否想要"成为一名商人"；她的回答是："他最热衷的是在科学院里做研究，但他明白咱们家里的钱到不了让他这么做的地步。"他们的儿子当了小贩，做过一段时间行商，然后定居在山谷里当了一名学校教师。20 世纪初，一名小贩的二儿子西普里安·巴尔默（Cyprien Balme）是萨森纳吉一所教会学校的督学。他想要获得执照，然后到铁路做事，或者找一份收税员工作。然而，他的抱负化为泡影，1906 年的时候他还是一名小贩。

自 19 世纪中叶农业大危机以来的二十年间，永久性迁移取代了季节性迁移。不过，传统的小贩迁徙即便受这种发展的影响，依然想方设法坚守阵地，甚至在 1875 年左右还有所扩张。法国阿尔卑斯山地理学研究所于 20 世纪 20 年代研究了这一现象，他们把结论奠定于口头调查的基础上，甚至称 19 世纪最后二十五年间小贩业有过一次最大规模的扩张。[8] 这些世纪末的小贩是谁？那些还能呈现出如此众多数目的人是谁？那些或许比我们根据参阅的文献推断出的人数更为众多的人又是谁？

1896 年和 1901 年对瓦桑谷地盛产小贩的村庄进行了两次人口普查[9]，相关分析披露了一个初步的发展变化——这个直到那时还是父死子继、代代相传的行业，现在仅仅存留在家族的边缘。1896 年，只有一种属于非典型家族的单身汉还在从事这一行业——这些人要么是住在一起的兄弟，要么是家里唯一挣工资的人。成家的小贩不再是一家之主，而是与其姻亲住在一起的年轻汉子，另外还有一个例子，是一个仆从为补贴工资而做了贩夫。在 19 世纪，在那些小贩专门从事杂货和种子交易的村庄里（像圣母村），这种专门化有段时间帮助他们保留住了这个行业——1896 年，村里还有十七名小贩是一家之主。然而，五年以后，只有四人还是。这些尚在坚守的人证明，家族结构并不能使自身长存不废。到五十岁还有家庭要养活的人里，只有很少人还在沿街叫卖。他们的孩子也将成为小贩，但只做几年，直到他们永久地往外迁移为止。19 世纪末巨大的小贩家族传统被摧毁了。

一份对同一组村庄的陆军征兵记录[10] 所做的分析，见证了这种边缘化的另一面。如果考虑到所有这些应征入伍的人（共四百零五人）都曾是小贩，就会出现这样的景象：三分之一要不是永久迁出就是至少在其生命盛年的大部分时间迁出的小贩，只不过是临时当个小贩而已。他们大部分人都仅仅做过一两年小贩，在服兵役之前或之后；另一些人在两份工作的间隙"旅行经商"；最后，一些人在从事其他职业失败后或是返回家乡，或是成为贩夫。最终，略少于 60% 的小贩回到家乡，稍多于40%的则离开了。对于他们所有人来说，找工作是一个漫长的进程，他们很少直接定居或者只搬一次家，一般至少要搬三次。[11]

因此，这个行业的根本转变被总体数字给掩盖了，只有对家族进行分析才能让我们洞悉这些转变，并认识到小贩业的根基发生了改变。从这些数字当中，即便小贩的数目按绝对值计算令我们相信这个行业在面对永久性迁移运动时仍然稳如泰山，但对相关家族的研究却表明，相反的情况才是真实的：这个父子相继而为的古老行业已被一扫而空，其他人只是在占用和适应它。如果仅仅依赖量化资料，我们就会被引导去记述一个不再存在的现实。我们需要从无所不包的统计数据那里更进一步，切近地考查涉及的家族。面对语词和官方分类的影响时需要谨慎，这两者相互交融，互为表里。而对于所给出的分类，人们接受和使用它们的方式也应当受到置疑。

对小贩的许可申请书的分析揭示了小贩从业者人数的变化。1849年7月27日法规及1852年7月28日和12月12日治安部发出的通告，把小贩业置于省长的司法权下，并强制迁徙者申请许可。鲁道夫·申达（Rudolf Schenda）分析了19世纪50年代贩卖书籍和印刷品的巡回商贩写的小贩许可申请书，精确地指出了这个行业演化过程中的一个转折点。一方面，他发现整个书贩群体都有相同的名字，都来自孚日和上加隆的同一批村庄；另一方面，他发现孤独的个人在各个年龄段都有，他们在经济危机时从共同体中走出来，没有工作，也找不到别的谋生途径，当他们无法再在固定职业中干下去时，他们就成群结队地涌向这个行当："书籍装订工"、"劳工"、"摊贩"、"缝纫用品商"、"退伍军人"、"石匠"、"收废品的"、"聋哑人（原文如此）"、"日工"。此外，文盲司空见惯，因而小贩许可申请书常常由公共抄写员书写，要不就是上面的笔迹含糊不清，拼写犹豫不定。[12]

多米尼各·勒奇（Dominique Lerch）对随后几十年（1849—1870年间）里的小贩许可申请书进行了分析，揭示出传统小贩业的迅速衰落：登记在下莱茵地区的一千一百四十份申请书里，只有8%来自至少已经申请五年的职业小贩；其他的都只是临时小贩。24%的人重新申请少于五次，68%的人只是有过一段叫卖的日子。这些申报单也使我们能够理解旅行推销员的出现，他们受雇于一家公司并仅为这一家工作：五十二名职业小贩里，七个来自位于巴伐利亚巴拉丁皮尔马森的威森堡，他们都受雇于温策尔（Wentzel）公司卖报纸。[13]

无论如何都应注意到，买卖报纸的价格低廉，这点极好地适应了这类小贩行当——它处于有一份收入和恳请慈善救济之间的财务边界上。实际上，19世纪末印刷品更多是被分发出去而不是由那些更成功的小贩出售。印刷品也是小贩赠送给孩子们的一份小礼物，旨在吸引母亲们的注意，或是作为他们间接与她们合作的报酬，与此同时，它也能确保他们自己在下次经过时受到热烈欢迎。[14]同样，收废品的也把图片送给那些带给他们骨头、粗麻布或动物皮毛的孩子们当报酬。[15]

对这个世纪末1897—1902年间伊泽尔地区的小贩许可申请书的研究，证实了旧网络的消失：在多菲内，只有两份申请书是由旧有的小贩家族成员申请的。剩下的申请书证明这个行业已经成为一个经济获利退居次席的职业，其首要功能是象征性的保护，免得让人乞讨度日。这也证明这个行业已被精英阶层据为己用，他们把它当成宣传他们观念的媒介。因此，在这些由于世纪之交而得到分析的许可申请中，有两个群体并列其间：激进分子和乞丐。第一个群体出售书籍、宣传册和报纸；他们的申请书简明扼要："渴望从今往后在伊泽尔卖《社会主义者》"，一份这么写；阿勒瓦尔市长为教堂司事的申请书补充道："申请人已经在售卖报纸《十字架》，无疑，他是在阿勒瓦尔大主教的命令下，打算代表行政区教会，搞一场激烈的社会运动。"其他人要求加入救世军。然而更多的申请者则是带着他们的单张报纸去乞讨，去感动人们，激起他们的怜悯和宽恕。

在后一个申请人群中，有两类人交叠在一起：乞丐和游民为了逃脱非此即彼的命运，都在寻求当小贩的机会。游民中有许多人仅仅是路过伊泽尔："没找到工作，希望离开格勒诺布尔去巴黎……"，"想回到里昂他的家乡……"，"我差不多身无分文，筋疲力尽，因为我是从日内瓦走来的……为了能搭上火车"。但变幻无常和虚伪不实是同一枚硬币的两面，这一面或那一面就藏在这些请求背后："我病了……我希望路上能卖点东西，这样我就能回家而不用沦落到去乞讨……"对许多人来说，疾病让他们毫无选择："我从1893年就开始有支气管炎，医生说我不适合服兵役……由于什么重活都不能干，我希望能卖些丝线、针、蕾丝等东西……"；"只能干小贩这行，考虑到我患有恶化得越来越严重的近视，因此哪怕这份工作对视力要求稍微高一点我都干不了……"；或者是年龄："我是一名六十二岁的老兵，我发现我失业了"；或是家庭环境："我失业了，与我妈相依为命，八个月内我的两个哥哥都没了。"但在所有这些情形中，做小贩甚至都不被那些申请许可的人当成是一份职业，或一份工作。恰恰是因为他们"没有工作"、"不能工作"，他们才提出这样的申请。

> 请允许我满怀敬意地祈求您的宽容，向我颁发一张小贩执照。经医疗鉴定，我患有残疾，我的右腿有静脉曲张和溃疡，这让我没法工作，为了逃离不得不去要饭的可怕境地，我做小贩实在出于被迫，为此我请求您的批准……
>
> 我的腿瘸了不能工作……
>
> 我目前没有工作，我愿意卖歌片儿和报纸，这让我在待业找工作期间能够糊口。

穷人是好人的基督教教条是如此深入人心，使得所有这些信满大街都是：推荐信往往非常坦诚，与自中世纪以来萦绕在西方人想象中的强盗和游民的危险形象形成鲜明对比：

> 我的左手大拇指被截掉了，我目前没有工作，身边能求助的极其有限，我希望凭这份文件，我能获得每日的口粮……
>
> 我和我妻子都失业了，我们希望以诚实的方式从这种境地中脱身，所以我想卖一些小文具、针线什么的……
>
> 我处于可怕的困境中……我的左腿被熊咬没了……

但是介于巡游和不法犯罪之间的话往往华而不实：

> 我被捕了……我犯了流浪乞讨罪，今天释放。由于我的视力大大减弱，我身为木匠，不能发挥我的职业能力进行工作。我请求您省长先生，行行好授予我一张小贩执照，好让我维持生计，而不用求助于公共慈善机构，直到抵达我在那里有熟人和朋友的波尔多为止。[16]

因此这个行业不再是人们的长久之计，而只是两份工作之间的临时救急，是劳动市场里多余人的庇护所。[17]

在移民村庄，小贩业也掩盖了赤贫者、没有生活资料的老人，以及八到十二岁之间的孩子这三者的被迫迁徙。有无数的例子都是关于小孩被小贩带走，"带到都灵地区并教他们做生意"，还有像从亚平宁山脉出来的米歇尔·德·卡斯塔内托利（Michele de Castagnetoli）这样的，后来在巴黎发现他"正跟一个帕尔玛人在一起展示他的跳舞的狐狸";或者被遗弃到一个小客栈;或者在陌生的市镇走丢。[18]另一些人,像塔伦托拉·阿勒西欧·迪·斯蒂芬诺·德·卡斯特沃利(Tarantola Alessio di Stephano de Castevoli),派他们去乞讨。一名导游和卖歌片儿和报纸的摊贩于1874年1月被捕,原因是他叫他八岁的儿子和另一名他专门为此雇来的十四岁大的孩子行乞并卖歌片儿。[19] 19世纪最后几十年中,在来自那不勒斯王国山区省份的旅行乐师群体中,儿童与成人的比率彻底颠倒过来:过去通常只有一两个孩子,现在则增加到这种地步:单独一个成人领着一个全部由儿童(年纪在六到十四岁之间)乐师组成的队伍。[20]

通过让小孩(多是孤儿)当学徒来把他们逐出山村的做法,在阿尔卑斯山有着悠久的历史。在法国,与此相关的契约可以在"亲戚、邻居和朋友"(他们负责决定孤儿的命运)一起开的会议的报告中发现:他们记下了如何付钱给一名迁徙者让他给这个孩子找个师傅,也就是意大利的"padrone"和"capo"。[21]在20世纪初的亚平宁山脉和意大利南部,儿童的迁徙呈现出令人忧惧的一面:政府当局和慈善机构都卷了进去。[22]在这一意义上驱逐他们是村民们最后的对策,他们没法养活这些不能出力干活的孩子们。但是,一旦他们过了八到十二岁这个关键年龄(从幼儿末期到青春期的过渡),有时他们的亲戚也开始担心并会尽可能打探孩子的下落,那时他已有两三年杳无音讯。[23]另一方面,一旦孩子到了十五岁,就再也不可能把他们遗弃,雇用这些青年人的旅行小贩也会允许他们返回乡村。

就这样,随着一贫如洗的小贩现在占据数量优势,那些把小贩这行当成饭碗谋生的人已经消失,他们由那些要求救济和应征入伍的人取而代之。当局没弄错:通过建立一个小贩许可申请系统,他们企图控制一贫如洗的游民,正如教会和政治党派所作的,他们把旅行推销员当成传播其信仰的途径。其实,在法国巴黎,活跃的宗教条约社团(Society for Religious Treatises)付钱给传教士—小贩去传播他们的新教宣传册。[24]让-弗朗索瓦·博特尔(Jean-François Botrel)举了两个相反的例子,说明西班牙的小贩业是如何被用于激进目的的:首先,1869年共和党人约瑟·埃斯特拉尼(José Estrañi)委托两个同是共和党人的盲人,流传一份宣传性的传奇小说,其中讲述的传奇故事都是支持共和主义理想的;其次,1876年,真正的天主教徒卡罗·玛利亚·佩里埃(Carlo Maria Perier)把颇受欢迎的单张报纸《人民报:社会守卫者附录》的抄件免费分发给"盲人和穷人,好让他们以每份不少于两毛五的价格出售,以此作为帮助他们的手段"[25]。做小贩取得收入成了一种次要考虑,就像 16 世纪末的情况那样,当时大量的云游先知满欧洲旅行,光着脑袋,留着长长的胡子,手里还拿着十字架,活在施洗约翰和先知以利亚话音的回响中。[26]

专门小贩

不过,某些传统小贩又设法在他们这行干了几十年。他们借助专门贩卖新式奢侈品,或是需求很大、重新采用技艺元素(像这一行业早期那样)的商品存留下来。每个小贩叫卖的地区都有几个精力转向新专业的家族。在多菲内,缝纫用品商变成眼镜商、种子商或花卉商;在比利牛斯山脉,他们变成书商;在奥弗涅,他们变成葡萄酒商人;在黑森林南部,他们成为叫卖玻璃珠宝的商贩;在莱茵河彼岸,他们贩卖的是图片。[27] 萨伏依的一些村庄被分成两个专业[28],上莱茵河地区的几个区社专门在冬季卖历书。[29] 在托斯卡纳的亚平宁山区,卖刮面石的小贩现在也开始卖起书来[30];在提契诺地区的布伦诺谷地,小贩形成了制作巧克力的古老传统[31],贩卖图片的也逐渐抛弃印刷制品改卖眼镜。[32] 在卢克斯的亚平宁山脉谷地,因为贩卖石膏像,小贩以 figurinai 著称。[33] 这些专门营生范围很广,巡回贸易组织也不限于一种单一的模式,因为以市场调查、供应的商品和乡村传统作为依据,或者是古老的做事方式死灰复燃,或者是为与 19 世纪末的新经济约束条件相适应而独创出各种销售方法。

比利牛斯山小贩是 18 世纪迁徙的主要潮流的一部分。一方面,他们来自上科曼日的山区共同体,同时他们又从加伦河来。在贩卖书籍的村庄周围可以画出一个三角形:东边是圣戈登(Saint-Gorden),西边是巴内尔－德－比格尔(Bagnères-de-Bigorre),南边是巴内尔－德－吕雄(Bagnères-de-Luchon)。很多小贩还有其他专营商品,贩卖书籍在相互关联的家族中只代表一小部分。[34] 这是关于网络如何变迁的绝佳例子,因为我们知道,自中世纪末期开始,从山区谷地走出来的人们就是一个复杂的商人迁徙结构的组成部分,他们向西班牙进发,把在城市里营业的富商、贩夫,以及贫困的磨刀匠和运水工的迁徙运动三者结合在一起。无疑,书籍在 18 世纪就已出现在小贩的行囊里,但直到 19 世纪 20 年代才有证据显示,卖书成为一项专门营生。

小贩在彼此之间分配了一年四季和整个法国:有些人在冬季出发,从十月份到转年六月，走遍阿莫里凯山区、诺曼底和所有巴黎盆地方圆二百七十公里以内的地区；其他人夏天起程，在四月到九月间，足迹覆盖法国南部、阿尔卑斯山、上卢瓦尔地区、布列塔尼和诺曼底。就这样，他们的足迹遍布全法国，索恩平原、侏罗山脉、洛林和阿尔萨斯除外[35]，毫无疑问，给那里供货的小贩从位于洛林和阿尔萨斯的企业进货，他们来自德国、意大利、瑞士和萨伏依，也有生于侏罗山的夏玛尼翁小贩。[36]

查尔斯·诺贝来（Charles Noblet）是专门生产畅销小册子的印刷商、出版商和书商，他在1869年和1874年与官方当局的交易中是他这个行业的发言人。我们可以相信他的话：

> 小贩总是循着同样的巡游路线：他们是实实在在地一年走完一圈；他们的巡行贸易……沿一个定好了的半径铺展开，他们结束的时候永远会回到起点……结果，没有什么能比说他们在乡村里不定期出现，或是说他们耍了些花招因而享有豁免权，与事实相差十万八千里的。我再说一遍，小贩总是在同一地区走访同一地点。[37]

给予客户的信贷也沿着同样的线路发展。这些小贩不仅仅只卖书：在他们的马车或行囊里还有稿纸、绘画、铜版画、钱包、项链、眼镜、皮夹、笔记本和日记本。偶尔也能看到历书。[38]

小贩组织是传统的——以几个相互关联的家族为基础形成一个利益集团，并在彼此之间划分巡游路线，以此保护他们的销售地盘，互通声气告知市场变化。查尔斯·尼萨尔（Charles Nisard）是商贩委员会（Committee for Peddling）的助理秘书，他指出："举例说，如果一个巴黎书商要让价格降低一利弗尔，一周或十天后整个小贩行会都会得知此事；毫无疑问，就在这里能找到一个原因来说明他们的力量和他们激发起的信心。"[39] 小贩在等级制群体中组织起来；"师傅"一直待在一个特定的地方分销货物，并决定他带在身边的"仆从"负责巡行的地区，后者一般是还在以这种方式做学徒的年轻人。接着，他们会花五六天时间贩卖商品，在此之后仆从与师傅在一个约定好的地点会合，一起向另一个大市镇进发。[40] 比利牛斯山网络与18世纪布里杨松内或诺曼小贩形成对比，这个网络似乎并不附属于任何一个移民所有的商铺的结构：它的商人等级结构没有顶端，这给先前时代的移民网络增添了新的独创性。

19世纪中叶，这种类型的小贩业陷入危机：1850—1860年间，它经历了相当大的衰落，继续支撑了几年之后，它实际上在1870年战争年间消失了。在这次危机之前，由"师傅"组成的群体的规模在一百五十到三百人之间，据资料记载，他们每人雇佣六到十二个"办事员"或"仆从"；换句话说，那是一个大约三千人的群体。1874年，他们只剩下不到四五百人。[41]

　　我们能精确指出在这次衰落背后巡回贸易路上的重重障碍[42]，也能找到销售书籍的其他贸易渠道的发展。例如歇尔省长就曾宣布小贩业"已被书店设法在农村地区为自己创造的商机所摧毁"；他在奥恩省的同事补充道，要是说小贩变得越来越少，那是因为"人们更愿去书店买书"；法莱斯的警察总长报告说小贩业"已经不那么要紧了，因为出现了只花五生丁就能买到的报纸，还有同样价钱的连载小说，这些在定点书商那里就有卖"。在洛林，波多（Baudot）是著名的来自特鲁瓦的乌多（Oudot）的继承者，也是法国面向小贩的最大的出版商之一，但他于1863年停业，同年《小日报》①出现，标价一苏②。[43]同时，书籍也通过其他渠道开始在农村地区销售："在这个地区，"一名来自南锡的书商向博物馆馆长抗议道，"不论多小，没有一个村庄里的乡村教师、修女及一到几名杂货商不卖书……"书卖得越来越便宜，一苏的报纸，像1863年以来的《小报》，让巡回叫卖小册子不再流行。此外，铁路闯入人们的视野，自然就把农村地区与市镇拉得更近了。[44]咖啡馆和阅览室成了唯一对农民的精英阶层有吸引力的东西。无论如何，当小贩们自己都放弃的时候，巡回贩卖书籍也就走到了尽头。书籍不再有利可图；它只是一件稀松平常的商品，随着1870年废除售书执照，书籍摆上了杂货商的货架，这无疑标志着，书不仅失去了使其贵重的稀有品质，也丧失了其奢侈品的地位。

　　在英格兰，1830年左右，同样的现象也在巡行的书贩中蔓延开来，便宜的期刊销售取代了书籍贩卖：

> 　　小故事书的绝迹突如其来，一如其长期繁荣占据主导地位之突然。1830年前后，出现了像《爱丁堡室内评论》这样便宜而重要的期刊，而像《日出前的夏日薄雾》这样的小故事书则消失了，随之而去的还有它们那可敬和卑劣的卖主。[45]

---

① *Petit Journal*，1863—1944年间刊发的一份巴黎新闻日报。选自《维基百科》。——译者注
② 一苏约等于一先令。——英文注

在 19 世纪的西班牙，小说分册出版流行一时，出版商借助负责推广和销售这些出版物的付薪雇员建起分销网络。在体系中扮演关键角色的"书籍推销员"，挨家挨户推销当下出版和即将出版的小说分册，这样他就建立起可以让他入户寻访、递送小册子及回收欠款的客户群。第一次世界大战后，产品变了："书籍推销员"开始给他的订阅者供应豪华版百科全书、书籍和期刊。[46] 随着印刷资料销售出口和渠道的倍增，小贩正处于全面边缘化的境地。[47]

大约在同一时期，有一些意大利农民专门巡回贩卖书刊。他们来自马格拉村，那里属于穆拉佐区社巡行的地区，尤其是从托斯卡纳亚平宁山的蒙特勒吉奥村来的。他们以来自彭特勒莫利的小贩而著称。同样在此例中，专门营生是少数富裕人的事情。到这个世纪中期，在这个拥有大约四百名农民的穆拉佐村里，外迁的移民登记簿上记录了六个书贩，相比之下有六十五个小贩贩卖磨刀石，附带也叫卖几本宣传册，有一百四十二名小贩专门以卖磨刀石为生。超过一半的迁徙者（1843 年，一百二十二人中有六十九人）声称他们到过法国，有时也去比利时；其他人去过威尼斯、托斯卡纳或皮埃蒙特；有几个到过科西嘉或德国。年复一年，人数不断变化，但在各个专业和目的地之间比率大体相同。大多数兜售磨刀石的小贩启程去皮埃蒙特，少数人继续前往法国。他们常常外出三四个月，四月出发六月返回，只有书贩才回得晚些。[48] 第二个也是不那么常见的外迁时期在秋季，从八月底一直到十月或十二月。目的地各有不同：小贩们旅行到科西嘉和撒丁岛去卖磨刀石、书籍和绘画。[49] 他们兜售的书籍主要是短篇小说、传奇和礼拜用书，但也可能有意大利语识字书。[50] 这些卖印刷制品的小贩常常因为涉嫌各种类型的非法买卖而被当局逮捕，比如贩运假币，走私烟草，或者贩卖淫秽书刊。[51]

书贩子通过赊购取得他们的货物供应，直到从巡行贸易中返回时才进行结算。[52] 在组织方面，这种巡行贸易与比利牛斯山小贩进行的比较相似：小贩赶着马车在一个市镇立足，然后派他的几个小儿子和他从其他家庭那里租用的仆从（都是十四到十八岁之间的孩子）带着书提着篮子或十字箱，进入周围小客栈和乡村。几天后他们转移到另一个市镇，从头再来一遍。同样的小贩等级结构在从贩夫到自己拥有马车并能上挽具的小贩中都有发现。[53]

货棚（Le bancarelle）是涌现在各处的小店，它们在 1855 年第一次被提及。20 世纪初，小贩把他们巡行的地区限于一个单独的意大利市镇，而且只卖书籍和绘画，附带卖几件夹杂其中的小饰物和雪花膏。20 世纪头十五年里，小贩与其家族定居在市镇里。1890 年还有五十七名巡回书贩登记在册；1916—1917 年只有不到十人，1936 年还剩不到四人。[54]

艾伯哈德·戈泰因（Eberard Gothein）描述过来自黑森林南部兜售玻璃制品的小贩的组织结构，它在 19 世纪简直就是先前世纪里意大利阿尔卑斯山民公司结构的写照。它也与曾使奥弗涅人的公司在西班牙广泛出现成为可能的结构有相似之处。公司建立在家族的基础上，总是把一个家族里的兄弟们团结到一处，它根据其利润决定每名"伙计"到哪里驻留，以及如何分派他，正如它可以禁止他为自己的利益交易、放款、花时间在咖啡馆或派对，或者参与跳舞或打台球之类的娱乐活动。[55]

在利穆赞，西班牙贸易的终结与刚刚出现的一种新型的专门做波尔多葡萄酒的巡回贩卖同时发生。在它起源的乡村——梅马克、阿丈塔和伊格尔顿——商人们从前就是从这里外迁到西班牙。第一批葡萄酒商人大约在 1880 年出发去考查法国北部市场。他们把他们的活动范围逐渐扩展到诺曼底和法国东部，接着到达比利时、荷兰和瑞士法语区。第二次世界大战后，有接近一百五十名葡萄酒商人是来到非葡萄酒酿制国家根据商品目录来销售瓶装葡萄酒。一旦下了一个订单，等到商人返回他的国家，瓶装葡萄酒就会发货。这些是个人冒险，涉足其间的家族信息藏得严严实实，后者尤其对商人的目的地守口如瓶。在这里，专门营生再次意味着创建新的巡行贸易摆脱信贷束缚。这些商人实际上成了银行业环路的一部分，反过来，自 20 世纪初银行就在他们的家乡设立支行。[56]

最有利可图的专门经营形式结合了奢侈品和对新市场的征服。我们以来自瓦桑的花卉商贩为例，来理解这个新型小贩行业是如何组织起来的。他们最初源自传统的布商和缝纫用品商家族，后来逐渐发现了新市场、新顾客、新的销售途径及为其远征融资的新途径。花卉商很快就成为小贩业"贵族"，就像所有采行新专业的小贩那样。很难确切找到花卉贸易的开端，因为它是专业化过程缓慢发展的结果，这一过程部分是商业性的，部分与地理有关。一些人与 1825 年第一次美洲航行有关[57]，但我们谈及的家族在先前的世代已经来到西班牙。[58] 不论真相如何，花卉商远洋航行的传统在这些远征里有其根源。远征早在 16 世纪就已开始，人们来到图卢兹或波尔多，接着从那里去到西班牙，再从那里跨越大西洋去往过去西班牙和法国的殖民地。[59] 这种特殊类型的专门业务也与便宜的彩印报纸，以及自然史书籍数量上升有关，它们使得资产阶级渐渐熟悉了外国植物，并使他们因此而心驰神往。[60]

花卉商出售所有类型的果树和装饰树、装饰植物、玫瑰丛及各种类型的球茎和种子。他们把它们装在结实的木盒子里，再添上几个篮子，并根据一年里他们出发的时间挑选一个目的地。那些秋季起程的去往拉丁美洲、地中海水域或中东；那些只能在初冬出发的则前往春天将至的国家：北欧国家和俄罗斯。让-皮埃尔·马涅（Jean-Pierre Magne）1806年生于多菲内的孟德兰，他是第一批大花卉商之一，走遍了从爱尔兰到巴利阿里①的欧洲、北非、埃及、俄罗斯、巴西；不止七次出行走访美国东部，从五大湖地区到新奥尔良。克劳德·舒文（Claude Chouvin）1853年生于邻村拉加尔德，他到过墨西哥、北美和加拿大，然后专门从事拉丁美洲贸易。其他人最远到过俄罗斯和伊朗边界。

他们的目标顾客群是显贵和富裕中产阶级：他们的宣传腔调糅合了对奢侈的呼唤、空中楼阁和异国情调。他们一到达目的地，就去繁忙的商业街租下一间商店，然后让自己获得知名度。由于拉丁美洲富裕的中产阶级人员庞大，他们就在报纸上做广告。在俄罗斯和埃及，有权势者构成少量精英，他们就在展示他们的货品之前把它们送给当地显贵，寄希望于获得王侯的恩宠，好吸引少数有地位的人光顾他们的商店。不论走到哪里，他们都要尽快把商品卖出去：顾客很少，植物经过长途跋涉，要么枯萎，要么需要过多照顾。他们希望能在两星期内卖出大部分货物，或者最多一个月，剩下的植物在返回路上经停一两个别的市镇时可以顺便卖掉。

除了植物之外，他们也向富有的资产阶级兜售梦幻，他们的宣传腔调主要瞄准的是想象。他们把名片和发票单印出来（常常用所在国语言）并给人留下这种印象：这家开在外国的商店是一家大商业机构的分支，其顾客包括法国最有地位的人物。他们在店里悬挂一般以蜡纸绘成的花卉图片，在预先发布的目录上翻印描述文字。在售的花、种子、球茎和秃树干作为广告，在他们的推销材料上呈现出令人惊异的、意想不到的形状和颜色：方巾状的绿玫瑰和蓝玫瑰，有十四厘米宽，三色风信子（白、蓝、红）开自同一球茎，龙胆根绽放数以千计的红花，奇异的兰花，开花的蕨类……果树成熟早得不可思议，结出累累果实：草莓在地上结

---

① 又名Balearic Islands，巴利阿里群岛，西班牙东海岸地中海中群岛，组成西班牙一自治区。——译者注

出来大得像橘子，樱桃树产了成串的葡萄一样的果实，桃树结了无核的桃子，苹果树和梨树的果实有四斤重，木莓大得像鸡蛋，还有许许多多梨树、樱桃树和桃树的矮个品种，可以当做室内的盆栽植物，"鲜美的果实一年结两次"。最后，这些目录还会系统地利用异域风情进行炒作：销往美洲市场的草莓原产自圣彼得堡，销往塔什干的水果和鲜花来自美洲，成串结果的樱桃树则是产自——西伯利亚。

他们的生意的财务结构与其他小贩的类似，所以花卉商也去找山谷里的大人物寻求支持，包括手套商尼古莱，他可是从未爽过约，一直从"格勒诺布尔手套商店的金库里"为他们提供资金。[61] 不过也有三个重要差异。他们的供应商在这个循环圈之外，商人们只借钱，从不赊购商品：保存下来的发票表明，大部分植物都是以现金支付。既然创办资本的投入最重要，因此商业合伙也就比其他类型的小贩行当涉及更多的人：花卉商要三五成群才出发，有时候更多。他们的合作关系往往是口头协定，行程期间一直持续；商人回家后两个月，他们结清账目，解除合作关系。[62] 最后，这类贸易使用新兴的银行服务，不是给其商品上保险，就是用于转移款项。[63] 在银行业刚起步时，城市商人充当中介，确保已经采取所有必要的预防措施。19 世纪末，这样使用银行已经司空见惯。

与其他种类的小贩比起来，花卉贸易是一项风险极大的业务，利润也难以确定。商人可能在他巡行贸易的任何一点上失去其货物。首先，一旦他的植株从苗床土壤中移出，要是天气太冷它们就有霜冻的危险（这是 1899 年和 1901 年克劳德·舒文遭遇的不幸）。如果海面太颠簸，它们可能在渡海时烂掉，1884—1885年，克劳德·舒文在去往哥斯达黎加的路上就遇到了这种情况。一旦登陆，花卉商永远不知道等待他们的是何种政治与经济气候：让-皮埃尔·马涅在 1829 年到达布宜诺斯艾利斯，正赶上让罗萨斯夺权上台的骚乱。而且在这一路上，小贩无论是想要获得贸易许可权，还是仅仅是旅行，都会遇到不同国家的管理机构。除了给他们的货物构成威胁的危险，还有小贩自身要面临的危险：当他们行经大部分地区并不卫生的国家时，当他们路过热带疾病在当地大面积流行的国家时，身上却只有很少的药物作为防护。

利润与小贩所冒的风险成正比。尤其是在早些年，一些人获得了巨大的利润，像 1834 年的让-皮埃尔·阿诺尔和让·罗纳（Jean Ronna）。尼古莱写道："小 M. 吉鲁（M.Giroud）刚刚告诉我，他在巴黎的代理人已经收到了总额一万四千零一十五法郎，这是你从 M. 高特洛（Gautereau）从利马代表阿诺尔和罗纳先生寄给你的两千八百皮阿斯特里面支付给他的。"[64] 在以后的时期，通过口口相传可以得知一次巡行贸易的平均利润为三千法郎。克劳德·舒文在他的信里提到的五次贸易活动中，只有两次获得成功（利润分别是三千法郎和五千法郎）；其他的顶多是业绩平平（九百法郎利润），要么就是多灾多难。在让－皮埃尔·马涅十八次巡行贸易中，他创造了平均两千九百三十四法郎的利润，最高八千法郎，最低则损失了二百五十法郎。从资本投入方面看，每次巡行贸易应该是平均四千法郎。与布商从一次三千法郎左右的资本投入里能赚六百法郎利润相比，就能发现这两者在盈利规模上根本没有可比性。

交易中不用赊购赊销，这是他们锁定的顾客和展开巡行贸易的方式所容许并以之为前提的。这种商贸往来中采购支付的是现金。赊购于是就在宣传腔调中起到了推销手法的作用，而不再作为一种经济的或互动的必需。为了给他们的宣传增添更大的可信度并鼓励顾客购买，有些小贩刻意安排，让顾客以为自己只按照购买价格的一半支付现金，另一半等到植株开花时再付——显然，到那时他们早就离开了这个国家。

这些小贩由此设法绕开了困扰在法国行商的小贩的主要问题：通过选择商业组织松散的国家，以及一个能够支付现金的富有客户群，他们就能从事这个行业并赚取利润，而不用受传统债务枷锁的束缚。乡村信贷不再是他们财富的基础——舒文从未幻想过他要回他在乡村里的几笔债款。在巡行贸易中，没人提供信贷，小贩们仅与城市商人银行家有联系，后者只要是市场有利可图就会毫无保留地提供帮助。同样，从此以后，为迁徙运动提供财政基础的旧有的团结也被弃之不顾：小贩在巡行贸易期间结成商业伙伴关系，是因为除此之外别无选择，但他们彼此怀疑，相互欺骗。人不为己，天诛地灭。

尽管可以赢利，乡村和家族却都不再想去巡回贩卖：从今往后成功意味着一种定居生活和一份固定收入，尽管很不起眼。每封信都表达了这种感情："在我看来，我们周围的人都比我们幸福：他们永远不用分别，就算分别也不会很长时间……我全心全意祈求上帝来照顾你。没有你我会变成什么样？一切都将失去。我们的儿子又会怎么样呢……"1894年1月，塞莱斯特·舒文（Céleste Chouvin）给她丈夫写道。让－皮埃尔·马涅在他1846年再婚之后便洗手不干。他与他的姻亲合作，成了贩卖骡子的商人。五年中他干这行赚了两千五百法郎利润，仅相当于花卉商一次巡行贸易的利润。这些数字证明了乡村价值观的颠倒。

19 世纪末，冲击南美洲的经济衰退是使花卉商放弃这行（尽管盈利有潜力但没人瞧得起）的决定性因素。克劳德·舒文的最后一次巡行贸易是在 1901 年，他于四月份在里约热内卢给他儿子写道："我将尽我最大努力从植物生意中赚钱，但我想如果我还想带着健康的身体回家，那么这将是我最后一次远航。我对这行是烦透了。这里没别的事做，除了让人甘冒口袋里所有的钱有去无回的风险：美洲已经彻彻底底地毁了，别的地方也无不如此。"[65]

最后，高纬度山区伴随传统生活方式一起被拒斥，人们前所未有地不再愿意住在那里。大发其财之后，没有一个花卉商回到那里；他们都会选择在低地一个盛产小贩的乡村开店。

这种个人冒险也能在奥弗涅找到，但仅限于社会边缘。奥古斯丁·裘利亚克（Augustin Jauriac）在墨西哥碰运气，原因正如 1851 年 8 月 23 日他在墨西哥写给他妹妹的信中所说，"如果命运不以某种方式眷顾你，你就必须以另一种方式靠近她……我没法忍受我离开奥弗涅时什么穷酸样回去时还什么样，除此之外，我的自尊也不允许我回去。"他十有八九在给一名来自多菲内卖高档珠宝和手表的商人打工。他是在步一个成功亲戚的后尘，后者用他赚的钱在马德里买了一家面包店。[66] 不过有几个地方发展出一种与"大规模冒险事业"相关的巡回贩卖：在阿尔孔萨，小贩把产自梯也尔的五金器具、刀具及有名的加泰罗尼亚小地毯销往美洲、西印度群岛、俄罗斯，甚至远及中国和印度洋。其他家族专门从事与地中海水域的双向贸易：他们向希腊和撒丁岛销售产自梯也尔的刀具、织物及大量圣艾蒂安的军工厂生产的武器；在返程路上，他们还把未经处理的动物皮革进口到法国，这能让他们的净利润率达到 50%。[67] 在这里就像在多菲内一样，海外冒险是一种必要的恶；一旦商贸事务得到解决，商业合伙人就会乐意梦想着那热切地等待已久的时刻：他们终于可以永久地回到家中了。

我们必须对一切耐心忍受。也许我们全都能够回到家乡、回到我们村庄的日子就要到了，我们将会坐在一棵巨大的冷杉树下庆祝施洗约翰节①，为西班牙币和意大利盾的健康兴旺干杯。我们应该像流浪的犹太人一样，在周游全世界后安定下来。[68]

---

① 施洗约翰节（Midsummer's Day）：6 月 24 日，英格兰、威尔士和爱尔兰的四个季度结账日之一，最初与夏至同一天，有些国家举行夏季欢庆。——译者注

正当个人冒险如火如荼展开之际，某些阿尔卑斯山南部的村庄则设法在旧制度①下重现巡回小贩的伟大时代。诚然，贸易路线由于正在美洲建立起来的商贸企业而改变，但它们只是跟随市场盈利的风向而转移。商品也不再相同：在丝绸、柑橘、烟草和印刷制品过后，19世纪末阿尔卑斯山商人将其注意力转向奢侈品。然而令人瞩目的是，商人结构仍然谨遵过去的行事方式，即把家族和乡村迁徙运动牢牢地掌控在由他们的同胞经营的店铺的网络内。这次向店铺和小贩的大网络回归，主要发生在阿尔卑斯山南部。[69]

依照传统，资本会在小贩首先迁移过去的地方积累。来自凯拉的埃吉尔的法尔克（Falque）兄弟在尼斯、都灵和尚贝里开业。接着克劳德离开都灵前往尼斯与他兄弟会合，他跟生于埃吉尔（法尔克的兄弟同样出生于那里）的奥古斯丁·瓦萨罗（Augustin Vasserot）合伙。1835年，他俩第一次出发去里约热内卢。他们在那里设立公司，说服了法尔克兄弟中的另一位，即在里昂之外定居的那位改变主意，他们还承担了订购和运输货物到拉丁美洲的事务。打开这个新市场后，他俩召集了他们家乡的迁徙商人背着行囊来这个新国家试水。就这样，其他公司也纷纷建立，这个地区逐渐被覆盖。与此同时，采购公司在法国成立以确保美洲店铺一直有货物供应，单在巴黎就有十三家。19世纪70年代，拉丁美洲的每个国家至少都有一家公司（巴拉圭除外）：里约热内卢有十家，蒙特维的亚②六家，布宜诺斯艾利斯五家，瓦尔帕莱索③和圣地亚哥各五家，危地马拉四家，墨西哥三家，波哥大三家，利马两家，科恰班巴、拉巴斯④和阿雷基帕⑤一家，无疑另一家在巴西；哥伦比亚有两家，厄瓜多尔一家，委内瑞拉一家，这几家是后来建立的，但不知为何比较短命。从那里出发，阿尔卑斯山商人还试图在别处立足。1865年前后在彼得格勒建立了一个小聚居区，一些人则在伊斯坦布尔和土耳其及北非碰运气。其他人在悉尼开业销售织物，然后来到努美阿⑥，他们成功地签订了合同，给监狱提供生活用品，接着他们又投身到咖啡贸易中。还有的人则来到孟买和河内。那

---

① 旧制度（Ancien Régime）：法国1789年革命前存在的政治和社会制度。——译者注
② 蒙特维的亚（Montevideo）：乌拉圭首都。——译者注
③ 瓦尔帕莱索（Valparaiso）：智利中部港口城市。——译者注
④ 科恰班巴（Cochabamba）：玻利维亚中部城市；拉巴斯（La Paz）：玻利维亚首都。——译者注
⑤ 阿雷基帕（Aréquipa）：秘鲁南部城市。——译者注
⑥ 努美阿（Nouméa）：新喀里多尼亚岛首都。——译者注

些首先在墨西哥开业的人,接着在蒙特维的亚成立公司,当他们要去河内开店经商时,他们就离开蒙特维的亚去找他们的侄子。就这样,他们继续生活在广大的18世纪网络的传统中。[70]

玉碑谷地的巴塞隆内特①小贩仅仅在墨西哥投资。1820年,他们开始了第一次行程。1846年,那里已经有了四十六家零售公司。[71] 法国的介入不仅使定居更加容易,还意味着除了墨西哥市场之外,法国军队和王室也成为潜在的顾客。[72] 那时候,一支销售大军遍布整个墨西哥,直到那时还从英国人、德国人和西班牙人那里进货的巴塞隆内特小贩(他们已经控制了商品批发市场),现在已在法国和英格兰设立了采购分公司。1890年以来,这些家族从他们的经销贸易中更进一步,在墨西哥建立了百货公司,风格与巴黎的那些类似,并被命名为"铁宫"、"利物浦港"、"贸易中心"、"维拉克鲁兹港"……除此之外,他们设立了一百一十家店铺,遍布整个墨西哥。1910年是最繁荣的一年,他们开了二百一十四家店铺,作为旅行推销员的供应基地。这些推销员都是他们的同乡,他们奔走于墨西哥各处。[73] 墨西哥革命终结了繁荣:

> 要是没有这次烦人的革命,[1913年,佩德罗·佛尔图尔(Pedro Fortoul)在给家人的信中写道]也许我已经去了法国,但我能怎么办?——我那点存款已经跟我朋友的一起,投到工业、农业和矿产业务中去了,不然兴许还在手里,可现在这些投资简直一文不值;我必须全部从头再来。内地的事情糟透了;扎卡托斯(Zacateus)被抢劫了,雅克家族的商店遭到焚毁并被洗劫一空,杜兰戈(Durango)的所有法国商店——隆巴德家族(Lombards)和波瓦隆家族(Bovallons)等——都被劫掠和烧毁。[74]

这些公司只从本乡招募人手。当家族中的年轻人再也不够填补空缺时,在墨西哥的公司和凯拉的公司中,村子里或山区里的青年就会占据自己的位置。[75] 招聘雇员再次需要通过担保人:债务把迁徙等级体系紧紧缚在一起,并且保证了雇主的权力,因为一个迁徙者启程离乡要花费一大笔钱:

> 为了置备他的全套装备,你必须给他一千法郎。公司会解决他在巴黎的采购。他还需要六百法郎去买一张三等舱船票。最要紧的是,你必须给

---

① 巴塞隆内特(Barcelonette):法国南部阿尔卑斯山脉上普罗旺斯阿尔卑斯省玉碑谷地的一个区社。——译者注

他两三百法郎帮他走完剩下的行程。

1910年，在一个人身上总共要花一千九百法郎。[76] 没有几个家庭负担得起航程和装备的花费，他们被迫要么在山村中借钱，要么直接找雇用这些年轻人的商家借。作为回报，他们出发前往墨西哥公司，在那里最短待上三到五年，这是"债务的自然进程（即还清债务）所需要的象征性时长（symbolic time）"[77]。

就像过去商人传统中的学徒那样，新来的移民隶属于他的师傅，而且只给他干活：不允许他更换雇主或结婚。学徒期一满，他差不多就会从底层迅速爬上业务高位。他还一直存钱，存到够让他回到山村里去的时候，他就把三分之二或四分之三的资本金留在墨西哥，并靠它产生的收入生活。那时他就能成家了。他必须在墨西哥过上五到十五年才能认真考虑回家的事。迁徙者的社会出身在他要在那里待多长时间及他返乡的可能性上扮演着重要角色。[78]

支配和挑选存在于迁徙链条上的所有环节。它们出现在移民出发的地方，出现在推荐小孩加入这行的担保人扮演的角色上，也出现在通过强迫移民的家人为筹集旅资而负债从而产生的义务上。当他到达时，他的一切资料和娱乐需要都由共同体来照管。那里管他吃住，但是伙食费、住宿费及提供给他家具的花费，都要从他的薪水里扣除。由于1842年成立的慈善机构的介入，以及它与其他法国社团（健身俱乐部、自行车俱乐部、法国人俱乐部、爱乐社团、合唱队、七月十四日社团、法国人行会）和法兰西圣路易教堂保持着联系，移民的空闲时间其实一点也不空闲。公司旅舍组织来自不同百货商店的员工聚会，法国人俱乐部还会定期邀请他们；最后，所有人都有义务到法国人教区教堂去，

> 这样他们就能在基督教环境中聚会，延续他们的习俗和传统，而且天知道说不定还能重现某种法国风味呢。[79]

对大多数人而言，移民将是永久的，虽然它一开始以临时迁移的面目出现。它基于一个幻象，一个商人的学徒身份已民主化了的幻象，即学徒身份向所有人开放，而非像先前时代那样只对商人家族子弟开放。移民启程前置办的装备就是这种看法的标志：

> 两双不带鞋钉的鞋（我还从没见过）；两套三件套衣服，就像我美洲的叔叔过去常穿的那样；一顶圆顶硬礼帽和软毡帽！四件衬衫，别忘了古板

的袖子和三件背心。我不知道这些个东西能派什么用场；三套长袖内衣裤；一打手绢；六双袜子；四条漂亮领带和起码的被单枕套。这些全都送到我住的旅店里了。多么荣幸！[80]

他的返乡象征性地在他起程时就显现出来。在传统学徒期的末尾，会给学徒一个衣领、一件衬衫和几件内衣，以便在回家时给他增添几分考究。现在，从他起程的那一刻起，小贩的脑海中就浮现出回家时要以什么面貌亮相，却没意识到他返乡的机会十分渺茫。某些小贩的成功使得靠移民发迹的梦想栩栩如生。事实上，1860—1865 年间，第一波返回的小贩拥有豪华别墅，还有为他们建造的庄严的纪念碑；他们举办欢迎会、舞会和宴会，这种令人过目难忘的华贵的生活方式是返乡移民在大西洋彼岸早已习惯的。这种生活方式成了移民成功的例证，它激发起那些没有参与其中的人无尽的想象。[81]

实际上很少有人能回来；平均起来，十个人里能有一个。"一百个在 1870—1892 年间出发、年纪在二十岁的年轻人，七十七个在四十五岁时还活着，只有十人回到了家乡。"据这些数据的提供者阿尔诺所说，另外六十七人"在斗争中被击败，只能苟延残喘、悲惨度日，不敢再回来。"[82] 不过，这并不意味着他们就在墨西哥开业经商，而且他们绝大部分一直都是只身一人。

19 世纪末，拉丁美洲政治风云突变，经济危机屡屡发生，这使得能够赚取的利润越来越不稳定，这种移民或"大规模冒险事业"（无论是个人的还是通过有组织的网络进行的）随之也不复存在。[83]

旅行推销员的出现

向小贩业的旧有结构回归，不应该掩盖近代的革新；最后的山区小贩仅仅为一家公司做事，这样他们实际上已经成了旅行推销员。旧有结构使巡回商人的迁徙得以发生，但其严格的性质则意味着，迈出从小贩到旅行推销员的一步是极为特别的一步。实际上，在发生迁徙的传统地区，这种转变并不是这个行业的自然发展：我们在第 4 章看到商品推销员主要通过其他渠道招募，与其家乡的亲属关系结构并无瓜葛。从此以后，这种结构再也不能对人及其财产造成任何控制，这种控制先前曾赋予迁徙商人网络以力量。而在老派小贩中，只有很少人会加入这些新型的商业循环。

20世纪初,某些小贩,比如多菲内的弗朗索瓦·巴尔默,就曾设法与某些公司保持一种特殊关系,而不必成为严格意义上的商品推销员。除了一直装在马车上的织物和衣服之外,小贩也开始利用商品目录和样品下订单,这就使他不用像以前那样在巡行贸易一开始就购买很多商品。按条件赊购和赊销仅仅是种非常次要的购销方式。小贩不仅乐见自己在商店和客户之间免去了充当中间人的任务,也对订购的商品能保证交付感到满意。[84]同时,与农业相比,商业越来越占据优势地位,弗朗索瓦·巴尔默也是出发得越来越早,回来得越来越晚,以致他八月份只回家待了几周。但是,这一战战兢兢地进入新型分销环路中的做法,仍然是边缘现象,并因下述原因而显得更是如此:从19世纪末开始,商家更喜欢用邮购来打开市场。前身是格勒诺布尔一家商行的福莱特(Frette)商业公司,就是这样通过出版精致目录并将其送达那些可能会进他们产品的商店,借助商贸合伙人负责外出签订必要的私人业务扩张合同,而设法在整个意大利市场站稳脚跟的。[85]

正如"曼彻斯特人"那样,这些带着目录和样品游说市场的人们转变了推销技巧。他们充分利用了体面的观念以及他们作为实体企业的性质,与巡回小贩给人留下的搅扰和遭鄙视的形象形成鲜明对比。像弗朗索瓦·巴尔默一样,他们借助名片和印有抬头的精美信纸接近顾客,这就掩盖了他们的巡游活动,并使顾客相信他们在城里拥有一家实体商店。

最后还有一种小贩行当。它既是在某些生产奢侈品的地区发展起来的,又独立地从一种迁徙传统的存在中发展而来。整个19世纪和20世纪初,来自沃尔泰拉①的"雪花石膏销售者"就是这样逐渐发展成一个组织。一开始,几个雪花石膏制造工合伙经营,在欧洲和美洲出售商品。接着,自1850年起,他们的儿孙辈继续定期出行去贩卖这些家庭产品。他们的护照揭示了他们走过多远的路:巴黎、伦敦、汉堡、不莱梅、里约热内卢、康斯坦丁堡、罗马尼亚、葡萄牙、西班牙、哈瓦那、中国、日本和澳大利亚。除了成品以外,许多人还随身携带大块石料,这样他们就能走到哪儿做到哪儿。[86];手艺由此增加了商人的收入。

词汇的发展变化方式为了解巡回商人在界定他们的身份时经历的紧张和困境提供了一个线索。官方用语对"小贩"的持久使用掩盖了这个行业的历史。实际上,行政标签并没有记录下小贩活动的变迁,而且许多小贩不但不以种种拟定分类来认识自己,还拒绝使用它们。在政府调查甚至人口普查中,他们对其行业

---

① 沃尔泰拉(Volterra):意大利托斯卡纳大区的一个城镇,属于比萨省。——译者注

保持沉默，宁愿给自己填上农民或土地所有者作为职业。[87]他们愿意称呼自己为商人，有时则具体到他们的特殊领域。这种态度很彻底，无论是对在法国或海外兜售种子和植株的花卉商，还是对把行囊换成手提箱和精选的传统眼镜架商品的眼镜工匠来说，都是如此。[88]在法国做植物生意的维诺的路易·基洛（Louise Giraud）就称自己要么是花卉商人、植物商人，要么是园艺学家，并从1877年开始使用商人园艺学家这一头衔。科坦登的书贩子称自己为"摆摊书商"、"书籍商人"或"售书商人"。[89]传统小贩业同其他一切一样，只是一掠而过。当它试图适应变化并存留下来时，它已经变成另外一种东西，它已经体验到其地位的跌落，这也反映在小贩表述其职业时的紧张不安上。

"小贩"这个术语被那些仍然视此种活动为一个行当的人所厌弃，这意味着这个词的含义变得越来越精确，其用法也限于那些没有固定巡行贸易的贩夫。19世纪末，这个词遭到降格、贬低，新的分类创建起来。实际上，16、17世纪的文本认为小贩分三类："……交易商（merchants trafficking in）"、"小商小贩（petty chapman）"和"针线商（haberdashers）"。18世纪，小贩成了更通用的术语，指代所有迁徙商人；19世纪，起初分类有点含糊不清，术语在不同的行政文献里可谓是五花八门。在19世纪上半叶的护照中，他们被称作"商人—小贩"。到了19世纪下半叶，由于身背行囊的小贩和牵着驮畜的摆摊商人二者的应付金额有所不同，营业执照的登记簿上给他们做了区分；对于那些驾着马车到处旅行的人，最终根据拉车的马匹数进行了区分。小贩相互之间彼此称呼"旅行商"。1870年后，"小贩"一词逐渐消失；小贩们发现自己被称作配镜"商人"、五金器具"商"、花"商"，甚至是送花"商"或园艺家"商人"，或者别的什么"商人"。小贩再次成为商人，就像早几个世纪乡村中最富有的居民相同的蜕变那样。最后，商品推销员也想与这个不再受人尊重的行业一刀两断，他们也希望被人称为"旅行商人"，而不是别的什么"出于道德和职业考虑"的称呼。[90]词汇就这样历经发展变化并再次呼召出在中世纪末期就已产生的形象——小贩被排除出职业劳动世界，再次成为"欺诈的乞丐"，涉嫌犯有一切罪行而且淫荡败坏。

在小贩曾经多种多样的欧洲，小贩业死亡了。可以将它看成象征着迁徙商人适应把他们逼向市场边缘的新式销售方法大爆发的最后尝试。销售渠道与日俱增、新的分销网络、农村地区的开放、邮购的迅速发展，凡此种种全都让小贩作为中间人显得多余。

第 8 章
巡回的文化

这些从偏远地区来的、对于他们巡行地区的居民来说既陌生又熟悉的"旅人",是几种经济和社会功能的交汇点。在他们途经的村庄里,人们热切地等着他们带来物品和梦幻;与此同时,他们又因数量不明,因为他们表面上的自由给人带来烦扰,而让人反感;定居商人因为害怕竞争也反对他们。不过,他们绝大多数都拥有家园,既有家人要养活,也要保护或去赢得自身的好名声。在这些表象和这些紧张之间,小贩自身与定居生活方式的关系,尽管模糊不清,但也随着时代的不同,根据他在迁徙等级体系中所处的位置而不断变化。这重重张力产生于巡回商人和低地定居商人之间冲突、敌对的社会价值观,它们又被这个行业(它建立在商品、新奇和巡回活动之上)中的特有做法所强化。不论如何,他们同样创造出了特有的文化现象。

在低地——吸引与反感

学者已经使用了规范的话语来介绍和描绘小贩。对于这个既不稳定又未分化的行业,这种话语提出了一种社会学:按照它的观点,尽管地点和专门化活动不断变化,但是所有巡回商人几乎都是一文不名,他们因都处在社会边缘而团结起来,是一群必须受到控制的人。实际上,小贩到处被辱骂、被阻挠,在 19 世纪中期之前几乎没人大声讲出另外一番实情;英格兰的例外引人注目,早在 17 世纪中期,那里就有人在国会为小贩扮演的重要角色和他颇有身份的主顾进行辩护,而且要把他们的争辩置于不同销售方法彼此斗争的背景下。[1]

从巡回商人的观点来看，普通小贩通过不断走访同一些地方逐渐获取了双重身份。因处于相互冲突的社会位置而失调，由此产生的紧张是这种双重身份的基础。普通小贩对他巡行的村庄了如指掌，就像了解他老家的村庄一样，然而村民仍然视他为不被信任的局外人，一个不能同化进村庄等级结构的社会边缘人物——小贩没有意识到，在他老家，他是上层土地所有者中的一员，跻身于那些掌管行政职务者的行列，他在17世纪可能是一个领事，在19世纪可能是名市长。小贩和他的同伴被视为没名没姓的外来人，彼此毫无区别，从欧洲的一端到另一端，他们都被当做一个人：在法国有"多菲内人"、"加沃特人"和"加斯康人"；在英格兰有"苏格兰布商"和"曼彻斯特人"；以及来自德语国家的"Saphoyer"、"Augstaler"、"Gryschneyer"、"Brysmäller"（指来自普里斯梅尔的小贩，该地现在称为阿拉尼亚）。[2] 在这些用语中，身份差异已被弭平，只有来源地凸现出来，就这样，这些词既表示了反感又表达了蔑视。定居的中产阶级反对由这些流动小贩造成的竞争局面，大肆传播这些用语，这种语言学边缘化由此进入语言，成为谚语的"智慧"语言及侮辱性语汇的一部分。有一条士瓦本谚语是这么说的：所有犹太人、巡回商人、萨伏依人之类的都该扔进一口锅里[3]；在德语国家，做一名"Saphoyer"同时就是个骗子或伪造者，半个犹太人。[4] "小贩"这个词在各地都包含贬义。

从一开始，行会正式提出的起诉和城市当局公布的禁令就使用了这种表明来源地、未分化的集体名词。他们的论点几乎是悄无声息地从一种语言使用域转变到另一种更具辱骂性的语言使用域、从单数转变到复数、继而从复数转变到控制不住的众多；或者从质问商人的活动跳到指控偷窃、从与人有关跳到与外人有关。1523年在伯尔尼，出现了要求对外来小贩（Krä zenträger和浑身跳蚤的人[5]）采取措施的呼吁；1556年，通过一项判决，判处士瓦本人、瓦伦人（Waalen）……Brysmäller、Gryschneyer非法。[6] 1590年，在斐迪南大公针对威尔士杂货商的法令颁布七年后，一则涉及名声可疑者的通告把萨伏依人、小贩和吉普赛人联系在一起。自17世纪以来，从瑞士到布兰登堡，议会不断接到针对迁徙者的起诉，这些人被描述成"滔天洪水"，或是"大陆瘟疫"。

定居商人和行会驱逐并骚扰小贩，要把他们从自己的市场上赶走，或者让巡回贸易事实上不可能进行，他们为此使出了无数招数，我们不打算对它们做更详细的说明。通过增加制约和禁令，他们要向每个人证明，尽管受到容忍，这些人依然是与众不同的危险人物，因此必须被严加监视。只要镇民还从小贩那里有所收获，规章的三令五申及不断骚扰，与其说给小贩制造了实实在在的障碍，不如说在使小贩的负面形象（它们早已长久铭刻在集体想象中）定型这点上更加卓有成效。

　　文学创作仿拟的小贩的负面形象是由学术或官方话语制造出来的，它们一直留存在大众想象中，直到这个行业衰亡。他是害群之马，一有盗窃发生或者可疑的失火事件，他就是第一个怀疑对象；早在1565年的格拉里斯，来自奥斯塔山谷的约翰内斯·马甘迪（Johannes Markandi）就因被人怀疑属于一个劫匪、强盗和纵火者的帮会，被投进监狱。直到发现他是清白的，才将其释放。[7] 在17世纪和18世纪的莫城，非法怀孕往往被归咎于过路商人或货运车夫。[8] 一旦有骚乱和暴力事件发生，他们是最大的嫌疑人；一旦恢复和平，他们就成了现成的罪犯。不仅如此，警方提交给警察局局长的报告给出了一个对那些危险的、需要密切监督的社会群体所作的现成分类，其中"摊贩、小贩和二手商贩……"这三者位于分类前三甲。[9] 与此同时，定居人口自身的价值得以确立，也强化了巡回商人的外来性质和坏名声。在爱尔兰18世纪90年代的动乱中，所有旅行者都被怀疑是同谋，小贩自然首当其冲被逮捕，虽然他们很快就被释放。[10] 在19世纪的法国，一个小贩要是被他的债主追捕，那些住在低地的人就会指认小贩好几辈都住在村子里的同乡，以此来协助追踪；古老的不信任和外来恐惧症绵延至今，而且事情还因许多家族继续在小贩网络内扮演中介人的角色而火上浇油。[11] 但这种对小贩的全面拒斥并不妨碍对他们抱持某种暧昧两可的看法：很长一段时间以来，有些东西只有小贩才卖，梦幻和娱乐只有小贩才能带来，他在婚礼上的受欢迎程度毫不亚于在露天集市上。

　　比起别的小贩，统治阶级、消费者及那些维护既定秩序的人刻画贩卖印刷制品的书贩的方式更是充满矛盾。

　　　　对文学的喜爱是如此广泛，以至于全面叫停这类交易难上加难。这么做，以土地为生的贵族、乡村神父，以及许多隔绝在没有书店的小镇和乡村里的人就被剥夺了一种重要商品。

　　马勒舍博是1751—1763年间的法国图书馆馆长，上面两句话出自他1752年写给贝桑松行政官的信中。[12] 在库坦斯，18世纪末小贩死后为其编制的清单证实了所谓"流行"文学主要吸引的是贵族阶层和议员，他们是唯一大量拥有街边贩卖的小册子的群体。[13] 其实，对于喜欢印张和流行小册子的人来说，小贩是他们热切等待的对象，是你叫得出他的名字的熟人，因为他能给你带来别人没法提供的阅读资料。在警方和书贩的战斗中，要是发现巴黎人站在后者一边，大可不必惊奇：

> 警方的线人发动了对小贩的战争，后者贩运的是在法国还能读因而被禁掉的好书。这些人遭到恐怖的虐待；所有警方的猎犬都在追捕这些穷困不幸的人，他们没有意识到他们卖的是什么，如果副警长心血来潮要禁圣经的话，他们也会把一本圣经藏在大衣里。[14]

实际上，小贩自己的申报和账簿见证了这一事实："有身份的人"是被禁文学的最大爱好者，他们很重视这些中间人，就像路易-塞巴斯蒂安·梅尔西埃（Louis-Sébastien Mercier）那样。[15]

因此，这些卖书的小贩在乡村精英中有像路易·西蒙（Louis Simon）那样的朋友，后者住在隆戈内地区的曼恩河上游，圣马丁之泉那里，远离通往昂热的大路。他等待着书贩路易·布瓦斯塔尔（Louis Boistard）的来访，因为他行囊里的东西可以满足西蒙对小说的渴望，并诱使他远离长老会图书馆。没有布瓦斯塔尔，西蒙就不得不离开当地，步行到大路边的一个村庄，直等到赶集那天才能交易商品，才能听到散布的新闻。[16] 因此，小贩的主顾愿意等着小贩，等着他上次经过时说起的书籍；有时他们甚至还会帮他点小忙，比如把他的行李和几捆商品存放在粮仓里，直到他下次再来。[17]

但是，这种同情是在恐惧和羞辱面前赢取的。神父和思想正派的人处处警惕。教区神父从不放过任何机会指出不是所有书籍都值得看。在意大利，小贩一到，神父就会下令教堂鸣钟以保护他的羊群：

> 这种情况十分常见，脖子上挂着书篮的小贩刚踏进村子，神父就下令大声敲钟，好让村民起身驱逐小贩。[18]

在法国，乡村神父会告知主教，他教区的某些教民是小贩的顾客，小贩给他们带来"十分不道德的书籍"[19]。在商人平易近人的外表下，教区神父发现了伏尔泰的冷笑，潜藏在他虚假谦恭背后的是他的新教根源。反过来，1850年商人成了社会主义宣传员，1870年他成了失败主义者，他是邪恶的化身——人们不是也说，除了不道德的书籍之外,他还卖砒霜吗?[20]思想正派的出版社直截了当地管他们叫"旅行的皮条客",他们为了腐蚀年轻女孩专务于激起卑污的本能,他们"在所有客栈前停下,随身携带着活底箱,趁父亲或丈夫不在时悄悄潜入房间"。让-雅克·达尔蒙提供了一份精选集,都是中世纪以来这类特别恶毒的讽刺,那里把小贩描绘成某个"有自己的领导、纪律、规章、暗号和战斗口号"的邪恶团体的成员,他唯一的目标就是点燃"种种造成无休止痛苦的激情",而只把"黑暗、仇恨、骚乱和毁灭"留在身后。[21]1861年,由于省长禁止查尔斯·布维埃(Charles Bouvier)从事小贩行当,可是"他的档案不包含任何违禁内容,而且他贩卖的书也都得到了授权",因此内务部长感到震惊;而省长则回复道,布维埃贩卖的是新教著作,一般而言"小贩往往与……传教和散布流言有关",他们是"受雇于外国势力的行商"。[22]

在这种背景下,自身贸易依赖小贩的公司想要为小贩扮演的角色赢得认可,为他们的工作赢得尊重,真可谓难比登天:

> 省长先生,因为规模缘故,我们的工厂坐落于摩泽尔,生产报纸和绘画使我厂在大工厂中占有一席之地。我们的产品不仅出口到遥远的地方,也通过批发商,然后再由他们倒手卖给巡行乡村的众多小贩,进而在全法国销售。公正的法律目的是使贩卖书籍和报纸不能再无限制地进行,这没有影响到我们,因为我们出版的报纸、绘画和其他东西都是虔诚和道德的,它们对于儿童毫无伤害。不过,这项法律大大瘫痪了我们在法国的销售。省长先生,我们很荣幸能够把待售商品目录寄给您过目,以便您能亲自判定它们,就像它们在一切报纸、图像和书籍都要登记的摩泽尔省所受的判定那样;然后,如果商人——小贩能与您接洽以获准在贵省销售我们的商品,您立即就能对我们出版物的性质有所明了。[23]

从大众开始参与政治的那一刻起,政府就陷入了三方纠缠之中:人们的欲望、承认小贩履行的重要经济功能、害怕小贩携带的文章的思想影响得到充分发掘。当局最终选择了密切控制和监督小贩业。自19世纪中叶开始,对不道德书籍流入普通人手中的恐惧盖过了小贩为精英阶层提供的便利,以及某些出版商所要求的体面。结果,仅靠消费者忠心耿耿才阻止了政府向小贩发动战争。[24]1851年6月12日的通告,紧接着就被小贩业研究委员会于1858年作出的报告附和重申，这标志着从此以后法国的主导观点——尽管还抱有使用毛细式分销网络的希望——趋于禁止印刷品流通：

> 八百万不道德的书籍在我们的村庄和我们的农村地区由一千只手传播……这就是1847年的情况……如果小贩业只能在这样的条件下运转，那它就应该立即被禁止。但是八百万正派的书籍，对于无法忍受其无知的人而言，却成为一种自我教育途径。这些书会引领他们在一日的辛劳后，进入道德情感和正直观念的世界，在他们心中激发出一种崇拜上帝的行为，一种对他的国家的爱，以及对君主的感激，还会使我们民族文学中最杰出的名字家喻户晓——这些是无可争辩的益处，没有任何开明政府会放弃哪怕一分一毫。

1869年，《世纪报》（*Siécle*）的一名作者为成功采取的压制措施作证：

> 今天有两个法国，城市法国和农村法国，它们被一个实际存在的、难以逾越的关税边界分割开，这比1789年大革命扫除的内部边界还要糟糕……这条无情的边界由整整一系列涉及印刷、书籍销售和小贩贩卖的法律构成。就在那里某些商品的销售受阻，实际上，受阻的商品就是书籍，是精神食粮。[25]

他们密切监视这个行业整体，一直到巴巴里①的手风琴演奏者和街上的流浪歌手：只允许前者演奏在正式歌剧的首演中听到的曲调；后者必须把他们的乐谱交给警方盖章，他们一旦即兴发挥或者擅自改写印刷歌本，他们的许可证就要被吊销。[26]

1627—1876年间，西班牙官方制定了一系列措施，企图阻止盲人高声宣读印刷小册子上的头条要闻，尤其想要阻止他们进一步评论，以便禁止或者至少限制盲人活动的影响。文献强调了由于他们"无礼的、下流的和骇人的表达方式"，他们"伪造的、有时带有扰乱人心性质的报告"而被激发起的愤怒，这些做法扰乱了公共礼仪和社会治安。1836—1847年间，一系列法律和法令旨在规约盲人和他们所说的话，强迫他们只宣读他们所卖的小册子上的要闻原文，限制他们做进一

---

① 巴巴里诸国（Barbary/Barbary States）：非洲北部和西北部穆斯林国家及摩尔西班牙的原称。——译者注

步评论，或者干脆禁止他们公开宣读他们的商品，就像 1839 年所做的那样。[27]

在英格兰，向小贩发动的战斗敌意较少，时间也比较短。直到威廉三世统治时期，对巡回商人的投诉（他们通过挪用款项逃税导致城市经济破产）才得到立法，一个贸易许可体系才建立起来，借此注册和四英镑费成为一项强制义务。但是很快就出现了一种绕过法律的途径："出借许可证"，即如果管理机构太过吹毛求疵，这种形式允许你在某特定乡村做生意期间，让某人借给你一张许可证。1704 年是标志官方管理政策结束的一年；即使仍在严厉惩罚出借许可证的做法，法律却是支持小贩业的；同年，巡回羊毛商和布商不再被要求拥有贸易许可证，接着在 1717 年蕾丝商也被解除了这项要求，最后在 1785 年，这条规章对所有商人废除。[28] 体面的 17 世纪社会没少嘲笑巡回商人人人手握精美饰品，像优质的蕾丝、平滑的手套、精雕细琢的梳子、眼镜及肥皂还自得其乐。伊丽莎白时代的歌曲，像《伦敦的叫卖声》(Cries of London)——佩皮斯（Pepys）① 后来在日记中写了同样的事——叙述了当时流行的服饰在全国各地多么容易买到，致使从服装上正确推断社会等级变得既困难又花费不菲，因为最低等的农妇也能跟上迅速变化的时尚潮流打扮得像个贵夫人。

巡回和认同

当小贩穿过乡间，遭到怀疑、规约和检举时，他学会了充分利用人们对其既有的形象。他的需求，以及他能掌控的、用以得其所欲的手段，依据他是赤贫小贩、普通小贩或商人而有所不同。

一方面，从公众的观点来看，赤贫小贩是巡回表演文化的一部分：就像拒斥传统的人（赤贫小贩也被归入此类）那样，他们借助特别的、颠倒了基本价值观的语言或表达方式来把自己与他人分开；因此，他们在日常生活的基础上想象出一个颠三倒四的世界，一个富足之地；并在他们对社会和官方（这二者使他们居于共同体边缘，或者把他们闭锁起来）的愚弄中找到了一种共同的身份认同。[29] 另一方面，他们又能把定居居民对他们形成的负面形象用于商业目的。这点在带有小贩从业许可申请书的文件中可以见到，其中他们充分利用了他们的社会边

---

① 佩皮斯·塞缪尔（Pepys Samuel, 1633—1703）：英国日记作者和海军行政长官。——译者注

缘地位、统治阶级对他们感到的恐惧、他们自身无论实实在在的还是不言而喻的一贫如洗、他们的体弱多病，以及他们有朝一日也许会拥有的流浪汉形象。弗朗索瓦·博特尔（Francois Botrel）表明，西班牙盲人驾轻就熟地伪造了这些五花八门的记录，以获取官方对他们协会的认可，以及其对销售印张的垄断：当他们贩卖非法出版物被抓个现行而要对簿公堂时，他们就利用他们失明的特征，声称不知道或没听出来供应商的声音。这么说一旦穿帮，有罪的盲人就会逃之夭夭；如果他最终还是被抓，也基本于事无补，因为他还可以哭穷，借此免付预期的罚款或诉讼费。他知道，就算结果坏得不能再坏，也不过是去囚犯工厂待上一小段时间。[30] 他们的策略全在于表面上顺从和背地里违法，一旦被抓，就托庇于沉默："盲人很熟悉这种策略：对于法律，表面上顺从并让自己尽量闪避，直到法律付诸实施后一个月，他就可以公然违反它。"[31] 这种亚文化利用了界定它的固定套路，它允许盲人协会（其数量可见于几个有名望的出版社）做他们的生意（其中相当大比例是欺诈），而不会有太多障碍：18世纪超过四分之一的流行爱情小说（不包括那些书中的信息虚假不实的）出版时不仅没有出版地或者出版社名称，就连日期也被完全漏掉了。[32]

普通小贩占据了介于赤贫小贩和商人之间的中间地带，他对他巡行的村庄了如指掌，就像了解自家村里一样，而且他可能在一年的部分时间里还要开一家店铺，因此他过着一种双重忠诚的生活。在他巡行的时节里，地理位置不断变换，这也透露了他日常生活中最基本的活动，迁徙也因此成为可能。17世纪，多菲内地区米佐昂的新教商人在勃艮第做生意，居住地却分布在里昂、巴莱莫尼①、欧坦、孔施。他们要结婚时需要确保婚礼通知在两个地方公布："米佐恩的教堂通知和阿尼－勒－杜②教堂通知，后一教堂是欧坦镇做礼拜的人常去的"，上面写有米佐恩教区登记簿上的参加婚礼的人数。[33] 同样，他们的遗嘱也传达了他们的双重身份认同多么深植于心，天主教徒休斯·加斯科斯（Hugues Gasques）就是一例。他是"从奥里来的商人，在波旁内的穆兰做生意"，他预见自己可能死在奥里或穆兰，就详细罗列出他最后的愿望。如果死在奥里，他要求就地埋葬并责成他的儿子和继承人安排这几件事：做弥撒，向穷人发放救济，给两个教堂遗赠（即使这些

---

① 巴莱莫尼（Paray-le-Monial）：法国东部勃艮第地区索恩－卢瓦尔省的一个区社。——译者注
② 阿尼－勒－杜（Arnay-le-Duc）：法国东部勃艮第地区科多尔省的一个区社。——译者注

财物大部分是给山村留的）；另一方面，如果他死在穆兰，他的内弟尼古拉斯·德（Nicolas Deus）将会在他的生意伙伴的帮助下打点一切，到时他就会安葬在穆兰，而且大体上，弥撒和施舍都会在那里进行。[34]

新教徒保罗·德洛尔（Paul Delor）是"这座城（里昂）里的商人，来自多菲内的米佐恩"。他要求安葬在离新教教堂最近的墓地中，在他生活过的三个地方分发救济：在米佐恩他发给穷人六十利弗尔，并捐赠了一份达二百利弗尔的本金总额，其利息可以作为牧师的生活来源；在里昂他向贫困者捐了六十利弗尔；在他进行巡行贸易的勃艮第，对于阿尼-勒-杜和孔施两地的穷人他都给了二十利弗尔。[35] 同样，他的兄弟、里昂市民兼有影响的教会议会成员托比·德洛尔（Thobie Delor），一直都通过慈善捐款在乡村保持着崇高形象。[36] 一旦在市镇开店，这些以前做小贩的人就会不断对家乡施加影响：他们的捐赠既是教堂所系，也被用来成立学校。[37] 与其相似，那些致富后回到家乡安度晚年的人们也不会忘记他们发家的那片土地。[38]

同样，来自奥弗涅的移民也要求死在哪里就埋在哪里；但是，他们在法国和西班牙之间分割他们的慈善捐赠，并要求为他们做弥撒。来自艾克雷勒①的皮埃尔·蒙塔涅（Pierre Montagne）本是一个"四处旅行的铜匠"。当他因病耽延在一家小旅馆时，就分配好了给几个他生活过的地方的捐赠：在他家乡，他安排了一百六十场弥撒，以超度他的灵魂，捐给教会委员会三十利弗尔，捐给济贫院五十利弗尔，并赠给加尔默罗会②五十利弗尔，条件是他能穿着加尔默罗会修士服下葬，向参加他葬礼的每个穷人分发五索尔。在西班牙，这名铜匠把遗产分赠给杜兰特（"他几乎毕生都在那里做生意"），以及离杜兰特最近的大市镇巴伦西亚。他留给土伦特的贫困者五十皮阿斯特[39]，给方济各会改革派修会③一百六十埃居④；他要求教区教堂为他做三场弥撒，并且对于那些他与其侄让·布朗日（Jean Bourlanges）合伙之前欠他钱款的人，债务一律免除。在巴伦西亚，他向医院捐赠了十皮阿斯特，为"天主仁慈的追逐"捐了四皮阿斯特，还分别在拉特朗的圣让

---

① 艾克雷勒（Escorailles）：法国中南部康塔尔省的一个区社。——译者注
② 加尔默罗会（Carmelite brotherhood）：天主教的托钵修会。——译者注
③ 方济各会改革派修会（Récollet order）：罗马天主教修会方济各会的法国分支。——译者注
④ 埃居（écu）：法国古货币单位。——译者注

礼拜堂、圣母堂①及圣索弗尔教堂资助了十二场弥撒。[40]

因此，在这些共同体中，生活的基础是一种离乡的乡村文化，一种随时可能远赴他乡并且不保证能重返家乡的乡村文化。不论离乡是为经济推动，还是作为一种帮助家族增加财富的手段，可能一去不返的现实给每个家族的日常生活都投下了阴影，即便比较富庶的家族也是如此。在遗嘱中，母亲们会为这样的事件预先做好准备：她们的儿子或继承人"要是由于在省外或王国之外做生意，不能回来享有或处置上述财产"，她就会指定女儿，再不成就指定侄子，作为继承人的替补。[41]这种离乡文化也说明了，为什么在奥弗涅家系的绵延不绝要由女人来确保。

在小贩等级结构的另一端，犹太人、意大利人和其他笨伯（1699年法兰克福商人就这么称呼他们）如何设法使自己从政治上融入与其自身阶级文化迥然不同的莱茵市镇中产/市民阶级？[42]不应该忘记，法兰克福是帝国内的自由市，直属帝国控制，由古老的家系和具有古老血统的"中产"阶级运作的市镇议会管辖。直到18世纪中叶，通过不给他们完全政治权利而只准予部分权利，并且拒绝给予他们市民权这类手段拒不吸纳外国商人（如果是意大利天主教商人进入一个路德宗市镇那就更是如此），明显是边缘化他们的一个策略。这就意味着他们参与零售贸易受到禁止，生意上要遭受更大的制约与更高的税收，他们还不许在城里拥有不动产。[43]

为了绕开压在他们头上的政治禁令，这些移民精英（他们已经决定融入其生意所在的城市）创造并贯彻了一种以文化活动方针为基础的策略。这种策略收到了成效，为他们打开了城市政府的大门。除了传统上意大利移民惯用的三种向城市渗透的途径：利用他们身为奥地利皇帝的米兰臣民或天主教臣民的特殊身份，通过给王孙甚或皇帝本人贷款来编织一个信贷网络，还有就是娶个德国老婆；他们还发展出一种新式文化社交，并将其转化为建造壮观的住宅和赞助艺术。

第一代以下的四代布伦塔诺家族都可以在法兰克福辨认出来。彼得·安东1735年生于特勒梅佐并在那里度过童年，他是成功融入城市的家族第一人。他的第一任妻子、意大利人宝拉·玛利亚·布伦塔诺（Paula Maria Brentano）死后，他又娶了马克西米莲·拉·罗舍（Maximiliane La Roche），她出生于一个有教养的

---

① 圣母堂（Lady Chapel）：大教堂或教堂内的圣母堂，通常置于圣坛之后祭奉圣母玛丽亚所用。——译者注

中产阶级世家。她最亲近的人取笑这桩婚姻，同情可怜的马克西米莲——她就要被迫离开莱茵地区的快乐生活，被关进阴暗的房子里，忍受"黄油和奶酪臭烘烘的味道和她丈夫的言行举止"[44]。通过这次再婚，布伦塔诺家族成为城市社会和文化生活的一部分，进入了歌德家族所在的社交圈。紧随七年战争（1756—1763）之后，彼得·安东用大量贷款和现金付款换来了同意他住在城里的授权，1776年他在那里买了一所叫做"金纽扣"的住宅，这里不仅装修豪华，还是他大摆筵席招待宾朋的地方。[45] 瓜伊塔（Guaita）、布隆加洛（Blongaro）和朱蒂（Jordis）家族如法炮制，在莱茵河岸边建起豪宅。这些住宅是一种象征策略的基础，这种策略促使商人有效融入莱茵城市的政治共同体。这种文化战略是新型"室内艺术"创作的动因，歌德从意大利归来后朝思暮想的就是这种艺术。昂贵的家具、绘画收藏、艺术品和图书馆是新型社会文化的基础。意大利人将其拓展到艺术赞助活动，由此参与到所有文化事件中去，并且他们还资助戏剧。[46] 1812 年，意大利小贩的后代安东·玛利亚·瓜伊塔成为法兰克福这座自由市的第一任天主教徒市长。[47] 各地的融合过程并非同步发生；个中差异可以通过意大利人和萨伏依人的较早融入，以及本地中产阶级从领主管辖下独立出来的过程加以解释。早在 1715 年的弗里堡，贵族等级完全由意大利出生的人构成，名字都是像佩罗拉、贝尔蒙特、布伦塔诺、里波拉和德·卡萨尔这样的；在苏略尔，贵族等级由来自萨伏依或奥斯塔山谷的人组成。[48]

然而，融合过程并不彻底，无论对错，这些新来的德国人一直受到怀疑，怀疑他们给了他们的朋友优惠待遇。[49] 对于他们的后代而言，意大利文化联系依然重要。彼得·安东·布伦塔诺的孩子身上两种文化皆有保留：克莱门斯①的全部著作都弥漫着意大利文化；每当歌德说到他妹妹贝蒂娜时，就会说"她是整个世界最令人惊奇的存在，她很不幸地处于意大利事物和德国事物之间，不断地从这边跳到那边，没有片刻安分的时候。"[50]

这些策略并不是意大利商人—小贩所独有的，所有这类商人—小贩都密切关注他们住宅的外观和其室内装饰的奢华，所以这些人特别引人注目。实际上，正如保罗·吉孔奈（Paul Guichonnet）注意到的，巴登和巴伐利亚最美的房子都是

---

① 克莱门斯·布伦坦诺（Brentano, Clemens）：德国诗人、小说家和剧作家，海德堡浪漫派的创立者之一。——译者注

阿尔卑斯山外来移民的。[51] 在法国，皮埃尔·古贝尔表明，祖籍萨伏依的莫特家族在博维建造的房子有着不同寻常的性质，并详细列举出房子里的财富（那是那个时代博维人难以想象的财富）：银器；珠宝；丝绸织成的衣服、印花布及平纹细布；织锦和墙帷；还有他们放在地下室中的储备，在那里，胡椒、咖啡、糖和巧克力在习惯上放熏火腿的地方都能找到。因此，1714年，弗朗索瓦·莫特的年轻遗孀的一间卧室里全都挂着"镶着金穗的深红色锦缎"；她的床就值一千六百五十利弗尔，她的梳妆台值一千零三十三利弗尔，她的银质梳妆盒，里面有粉底盒和美人斑及别的时髦玩意儿，值六百一十六利弗尔；她还拥有一架羽管键琴和"歌剧音乐"。皮埃尔·古贝尔总结道："在这些布商的房子里，18世纪的气氛——快乐、优雅、奢华及略显狂野——展露雏形。"[52] 在里昂，雅克·贝拉尔的目录清单也有相似的特征。

不论如何，物质和文化排场不只是一种经过深思熟虑的、融入市镇统治阶级的方针的要素之一，它还是一种迁徙商人特有的文化特征，这种特征在他们的行为举止中、在山区、在大路上始终都能找到。

在村庄：都市生活和外观文化

与开业的商店并肩运转，掌握最新的商品，抓住商家希望只向有信用的人给予信贷的心理，在不同的地理和社会范围之间过着四分五裂的生活：这就是迁徙商人的日常生活诸层面，它们不仅影响着他们的生活和思维方式，也开启了封闭的山村世界。城市的物质享乐主义文化出现在原本与外部世界老死不相往来的山村中，这是一系列广泛的文化转型中的一部分：巡回贩卖的行当给身在其中的迁徙商人增添了特有的文化特征，这不仅仅是得自他们常常与之打交道的城市商人。这些特征是在两种逻辑之间的矛盾冲突中铸就的：一种是要求移民最终定居在低地的市场逻辑，一种是既要他们主要从不断流动和保有其灵活性中点滴积累利润又使得他们快速变换贸易地点的逻辑。这后一种思维方式只能创造出微薄的财富，它的基础是几张纸，是以更大的信用为基础的信用，还有无休止地流通、销售、被替代的商品。但它却开辟出了能够吸引和维持信任的新型商贸关系，这种关系使得小贩能够挺进其自身通常被排除在外的市场。

这种在低地尤为显著的外观文化也能在山村找到。小贩死后整理出的账簿和清单见证了城市商品的到来和都市生活的引入：关系到家居和饮食的新时尚被引介到山区，这给那些没参与过商品交易的人提供了新的做事方式。自 17 世纪以来，比起其他村民的住宅，小贩精英住的房子从其面积大小和门窗数目上就与众不同；就像在萨伏依一样，在瓦桑造起了实际上已是小型庄园宅邸的房子。[53] 后来在亚平宁山谷地带的村庄里，"美洲式房屋"与它那错综复杂的熟铁护栏阳台也被建造起来 [54]；在阿尔卑斯山南部，圆柱和门阶把"美洲"小贩的房子与"墨西哥"小贩的房子区别开来。在 19 世纪和 20 世纪之交的科雷兹省，梅马克周围环绕着一圈宅第和气派的别墅，这些都是最后一波事业有成的小贩的财产。[55]

从这些房屋的室内装修中可以瞥及城市生活的精致。17 世纪以来，瓦桑有身份的小贩除了日用床铺、衣橱和坐凳之外，还有椅子和桌子。织物开始出现：被单枕套、床单、窗帘、桌布和餐巾；绘画装点墙面，地板铺上地毯。巴特雷米·罗姆（Barthelemy Rome）甚至有一张土耳其地毯，墙上挂有两幅油画。[56] 这份乡村家具的价值达到一千五百利弗尔。在意大利做生意的文森特·皮克爵爷的遗孀克劳丁·里奥多（Claudine Liothaud）引进了某种意大利的精致风格：一张铺着亚麻床单的卧床、蕾丝坐垫、一张地毯；大量以床单、餐巾、桌布、许多件精制织物及蕾丝（十四厄尔①"有大有小"的普拉吉拉丝绸）为主的家居日用织品；一个城里的衣橱，装有丝袜、手绢还有女用内衣；另外，她还有当做饰物的"六对发辫"、戒指（一个是绿松石的，一个是"镶有祖母绿的金戒指"，第三个是"镶有红宝石的金戒指"）、两个金十字架；最后还有在室内穿的拖鞋。[57]

在山区，成倍的陶器出现在商人家中，但即便是玻璃在市场上出现时，仍然见不到叉子——这正是山区里外表比文明化的举止更重要的进一步表现。胡桃和橄榄油一定能在厨房中找到，更富裕的人还有肥皂。我们已经看到贝斯的让·贝尔纳在他的"卧室"中有何种名目的物品。[58] 1685 年，当他从王国逃往瑞士时，让·基洛编制了一份他遗落在多菲内高地住宅中的商品清单，记录下他第一次企图逃跑后被盗的东西和他交给朋友保管的东西。他在伊耶的房子的装潢可以毫无惧色地拿出来跟市镇住宅媲美：他用窗帘、两张鲁昂地毯、若干家具及十幅绘画（三幅风景画，七幅表现世界七大奇观并带有镀金相框的画）布置和装饰他的住

---

① 厄尔（ell）：旧时主要用来测量织物的长度单位，长度因地而异，但在英格兰通常约等于十四米，在苏格兰约为九米。——译者注

宅。他女儿玩的娃娃穿着丝绸衣服，值十利弗尔。要确定他的家居日用织品更加困难，因为他把一部分带在身边，而且部分清单一定提及了货物。这里我们仅关注他分出的一个类目，即"家用织品和其他妇女所用物品"，其总价值达到二百利弗尔，有足够的女帽上的蕾丝及手绢。餐布和成套餐具里面包括大量餐巾、桌布、盘子、碟子及玻璃杯；甚至还有一个水晶杯。最后，他的藏书和鉴赏力显示出，就最高层次而言，大商人的文化世界小贩已经得其门而入。他的图书馆藏书多于八十卷，三分之二属于宗教书籍。[59] 约有五十本被他藏了起来，剩下的都被神职人员查获并烧掉。[60]

基洛给出了教士从"储藏室"里查获图书的书名：其中有"一本历史词典，三卷 M. 斯邦（M. Spon）的《黎凡特远行记》，两卷同样是 M. 斯邦著的《日内瓦史》，《亚历山大的故事》，《里昂城史》，杜巴尔图的作品四卷，以及超过二十卷论及各种主题古怪的巴赞语封皮的书，所有书都是全新的"。他有三把小提琴，还保存着一只鸵鸟蛋，借此他能参与到同时代人对科学奇闻奇事的品鉴中去。[61] 与其对比，同时代鲁昂超过四分之三的商人连一本书都没有，剩下四分之一虽然有，但其中只有四分之一才拥有一个藏书超过二十卷的图书馆；[62] 一个世纪以后在诺曼底的库坦斯，只有贵族、公证人和神职人员的房子才有窗帘和墙帷。[63]

这些编目清单让我们充分意识到我们的分类方式多贫乏，因为这些农村房舍事实上是城市寓所，它们属于那些在城市和农村两地分隔，不断地从一处迁移到另一处的家庭。给农村商人中的小贩精英分门别类，意味着对他们同时也是城市精英这一事实视而不见。

人的移动与商品的移动同时进行。一年之中，让·基洛的妹妹负责给村民供应从她哥哥那里订购的时髦商品和装饰品。他发给她塔夫绸、红色的沙特尔哔叽、科迪拉长绒厚呢、各种丝绸、发辫、手套、一把象牙梳、薄纱、波纹绸、黑丝绒、黄褐色布料、绘画帆布、各种颜色的缎带、锦缎、凸花花边、绘画用白棉布、丝线、匣子、鞋子和手笼。她还向他要这些货：杂货、肥皂、圆锥形糖块、护身符、豌豆、葡萄、硫酸盐及一个金戒指。所有这些东西都在17世纪的山村里流通。安妮·基洛也以织物交易皮革。一年当中，书信往来和商人短暂的到访给村民提交他们的订单提供了机会。一直到这个行业逐渐消亡，小贩都占领着乡村贸易，这种贸易直到较晚的阶段（20世纪）才在山村得以确立。小贩返乡时，马车载的东西常常重到得让家人在谷底迎接以帮着通过通往他家路上的急转弯。[64]

尽管大多数乡村居民借此能够熟悉新时尚和消费品，但也并非所有村民都能得到它们，正如乔治·基洛的房产清单以赤裸裸的语言揭示出的：这栋房子只有"一间用作厨房的幽暗小室"，里面配备了一个"碗橱装着陶器"、一桶牛奶、两个盛水的旧的鞍状物、一张铁质渔网、一口小铁锅、一个铁壶、一个红色白镴壶、两个座位、一个没上锁的箱子、一个捏制面包用的小橱柜、一张铺着两张床单的床、四个木碗、四把勺子（两个木的两个铜的）、一盏铁艺灯、一把锤子、一把斧子、两对火钳子；马厩和谷仓都只配有最简单的农具。编制清单的公证人几乎在每样东西后面都会标明这是"旧的"、那是"坏的"或者"只能当木柴"。[65]

由于缺乏对其他地方物质文化的研究，所以难以有效地进行比较。不过，关于苏格兰地区人死之后为其编制的清单的研究结果显示，商人是重要的消费者[66]，他们能第一个在市场上获取最新商品，也就是像手表或叉子这样能够标明新的生活方式的东西。[67]

把山村和城市联系起来的信贷链和雇佣，同时也是文化链和进入一个更广大的思想世界的途径。通过它们，新的宗教崇拜在乡村建立起来，像圣罗萨莉教，罗萨莉是来到科莫湖谷地的马勒莫圣徒，在1575—1577、1624—1625年间的西西里大瘟疫时人们都向她祷告；这一崇拜仪式持续了很长时间，因为在19世纪末的时候，来自格拉维多那谷地的妇女还穿着自己织的灰色方济各会修士袍，只不过现在添了花边做装饰，就跟她们几个世纪之前向那个圣罗萨莉起誓时穿的一模一样，誓言"意在让那些来自西西里谷地做生意的人们在瘟疫遍地流行时可以安全回家"。[68]

小贩精英在乡村和社交圈子（那是他们在市镇为生意甚或只为找乐子而常常出入的地方）之间也是智识交流的有威望的中间人：他们跟管理其乡村财产和债务的家人保持着通讯联系，他们为店员提供为期若干年的膳食住宿，他们还周期性地返回老家，凡此种种都意味着高地地区已然分有了他们业已扩大的眼界。比起其他类型的小贩行当，书贩尤其适于观念融合，对此只需看看18世纪约瑟夫·雷桑（Joseph Reycend）与意大利启蒙运动精英的大量通信就可了解。[69] 不过，他们并非单独的一群，在1815年左右的克拉旺，修道院长科尔（Abbé Col）把他在圣灵降临节布道的主题定为谴责启蒙运动思想家以及

那些敌视宗教、相信自己优越于别人……认为自己博学广识而不屑于

作基督徒、高高在上而不屑于屈尊自己践行宗教的人。[70]

毋庸置辩，关注外表是迁徙商人的基本文化特征，外表体现了他的首要"资本"，是其财富的反映，并因此为他所能被给予的信贷数量提供担保。商人们根据外表来决定是否放贷，并且要由他们亲自认可。破产商贩雷蒙·佩莱（Raymond Bellet）扮作成功人士的模样又碰了一次运气：他坐着马车回到村里，扮作富人，悄无声息地借了钱向村里的债主还债，后者对他恭维不断，还拿他的暴富开玩笑。秋天，他如法炮制，在出去做生意时经停里昂，拜访他往常的供应商，他们后来承认，他漂亮的外表把他们给耍了，于是他们就不明智地同意给他发更多的货。[71] 与之类似，诺埃尔·吉尔顺利地用外表给纳沙泰尔活字印刷社代理人保罗·马勒伯留下深刻印象。他那"货装得沉甸甸的四轮马车"，上面载着"种类繁多的货物"，还有他身边的办事员，这些都赢得了马勒伯的信任："他的业务显得井然有序：除非他做得这么好的禁书买卖玩不转了，否则我不认为他会亏损。再说他还有个老婆在孟塔吉呢"，为了十路易①左右的回报，他向吉尔提供了价值三百到四百利弗尔的书籍。[72]

因此，迁徙商人关注他们的穿着打扮是他们特有的特征之一。其中最富有的人衣着不菲，他们的遗嘱向我们透露了有关这些特别条目的信息。保罗·德洛尔把他"由西班牙哔叽呢和毛皮制成的睡袍"，他的"靴子、马刺和剑"留给他指定的继承人；给他的弟妹"一套查隆薄呢料子的衣服，颜色由她选"。[73] 安德烈·马森去巴黎随身携带两套衣服：一套是他四处走动时穿的一身红装配上绣有白色网眼马裤，另一套是为更庄重场合准备的饰有两条白色穗带的棕灰色外衣。[74] 萨伏依人安托万·居伊只穿白色、灰色或黑丝绸长袜，他有二十五双这样的袜子。[75] 在雇用合同或学徒合约及货币薪金中，几乎总是给几件衣服作为礼物。来自科尔蒂内的雅克·卢以一双鞋、一张手绢、一个衣领、一顶帽子，以及分别以三十五利弗尔和三十二利弗尔为交换条件招两个人，雇用了来自于塞勒的皮埃尔和纪尧姆·泰萨尔（Pierre and Guillaume Teyssal）兄弟俩，给他在连续三次的巡行贸易中当小贩。[76] 五年学徒期结束时，来自伊耶、住在皮埃蒙特的商人劳伦·艾特尔（Laurent Eytre）爵爷答应根据"他的鉴定"和"选择"给予让·贝耶（Jean Baille）"一套衣服"；[77] 在小贩等级结构的较低端，皮埃尔·贝尔蒂厄（Pierre Berthieu）

---

① 从前的法国金币，价值二十法郎。——英译注

答应安托万·阿尔诺，他如果在路上给他当八个月学徒就给他十一利弗尔和"一顶帽子和一双鞋"[78]。

这些给小贩的或者小贩拿回来的衣服（非常重视衣领、手绢和优质衬衫）造成了一种外观的等级，它对小贩的等级结构不断进行再生产，与此同时将迁徙商人和别的村民区隔开来。一个人的地位和信誉保证要以其穿的衣服的洁白程度来衡量。一种对个人卫生的非公开的注意就以这种方式表现出来；但是，外表文化借助对白色的日常家用织品的渴望，宣告了自身的存在。对于17世纪的精英阶层而言，用乔治·维加莱洛（Georges Vigarello）的话来说，要"洗净"衬衣并"展示出来"[79]（换句话说，衬衣让穿它的人看起来更加干净，让他更引人注目）；在山区，衬衣的重要性作为一种身份地位的象征体现出来。侮辱性语言传达出衣服重要的象征作用。对于来自西班牙奥弗涅的小贩巴普蒂斯特·皮卡特（Baptiste Picart）而言，可能没有比在村子里到处流传的流言飞语更恶毒的诬蔑了：据说他曾"在西班牙乞讨过救济金"，他还"像个乞丐一样没有属于自己的衬衫"[80]。渐渐地，另外几种衣服也开始体现出社会区隔：身为学徒的小贩会得到一套衣服以从仪态上与农民有所区分，后者穿着他那身粗毛毯的行头，硬挺挺的毫无灵便可言。所有临时的迁徙者就其对着装的关注而言可谓人同此心。马丁·纳多（Martin Naudaud）说明了当迁徙者返回村庄时，他是如何必须通过外表向旁观者证明其事业成功的。[81]

事实上，关于巡回商人的一切都意味着，他不得不从不间断地让他的供应商和潜在的顾客消除疑虑，尤其是考虑到其财富内在的脆弱性和他在定居人群中所唤起的恐惧。不但如此，身为家乡的小贩精英，显耀他们的地位简直是义不容辞之事。因此，为外表而战是乡村竞争的一种形式。在这场争夺头把交椅的斗争中，穷奢极侈是一种专用武器：从奥弗涅来的"西班牙"小贩通过非法携带匕首而使自身吸引眼球："在上奥弗涅这是很普通的事，那里大多数人都携带武器。这些人虽然多数都是做生意的，但也都已学会在西班牙王国如此行事的习惯。"[82]

在提契诺地区，妇女们炫耀从俄罗斯或波西米亚买来的华衣美服。[83]就在19世纪末，花贩每周六都去位于布尔-德瓦桑①的市场，他们从未放过任何一次戴着从俄罗斯带回的猩红皮帽趾高气扬大摇大摆的机会。[84]同时，区隔的渴望也在

---

① 布尔-德瓦桑（Bourg-d'Oisans），法国东南部伊泽尔省的一个区社。——译者注

社交仪式中体现出来，因而商人们愿意让自己沉浸于这样的感觉中：在奥弗涅的时候就像富有的西班牙人一样，在巴塞隆内特的时候就像富有的墨西哥人一样。富丽堂皇在这种外表文化中也占有一席之地，圣坛装饰、绘画和雕塑都成为典范，迁徙商人返乡时会把这些赠送给乡村教堂；这都是些慷慨的馈赠，不仅在当时吸引了走访乡村的主教的注意，就连今天也仍在触动来访的人们。外表文化也存在于从商人渗入的地区所引进的建筑风格中。在这点上，我同意保罗·吉孔内（Paul Guichonnet）的观点，与阿尔诺·冯·根内普（Arnol Van Gennep）的理论相反，吉孔内借助重建在蒂罗尔、福拉尔贝格和巴伐利亚的阿尔高①发现的典型的高地德国人的家系，把18世纪以来在萨伏依山区的教堂塔楼里发现的球形建筑归因于与德国的地域联系。吉孔内指出，它们的出现恰与涌向南部德国移民大潮同时发生，而在通往意大利的路上的内阿尔卑斯山谷地，这样的家系更是不见踪影，从而便削弱了冯·根内普把北部意大利人发源地归于这些建筑的理论。[85] 同样，我们也很难忽视图尔的圣马丁、利摩日的圣马夏尔礼拜堂和圣地亚哥—德孔波斯特拉神龛在建筑上的亲缘关系。[86]

外观文化远非一种一刀两断的做法。在迁徙者和定居者遭遇的过程中，前者创造出的文化能够既利用又受益于流动激发出的恐惧，并把不同的生活方式转换成他们自己的解释，他们为低地和高地提供了新的存在和思维方式。

---

① 阿尔高（Allgäu）：奥地利–德国边境的阿尔卑斯山区。——译者注

第 9 章
文明的生意？

在不断变迁的社会实践中，衡量山区居民（他们带着货物从市镇出发，走过乡村大大小小的地方）扮演的角色是否可能？这里的目的不是讨论大众文化的复杂问题，而是要强调小贩在欧洲文化实践转型过程中的重要性。第一步，这种路径需要对所贩卖的货物有所了解，也需要这些商品渗入不同地区和社会团体中时的编年次序。鉴于欧洲对于物质文化的深入研究的现状颇为参差不齐，这个框架很难建立起来，只能作为一个出发点来进行研究，因为许多购买小贩商品的社会群体都是按照他们自身的习俗来用它们，如此一来也就偏离了常规的用法和习惯。[1]

兜售的商品

小贩业除了有一个卓有成效地适应了那个时代经济市场弱点的结构之外，其成功毫无疑问还要归功于它提供奢侈品的能力，这些商品既新潮又往往是非法的，比起定点商家和店铺来还有价格优势。当然，小贩行囊里的货色不单单是这些新潮商品，他们提供的商品种类就像其数量一样，要依小贩的变化范围而定：在除了一个木头箱子之外没别的装备的贩夫到牵着马驾着马车旅行的商贩之间，存在着很大差异。无论如何，那时候的描述一直强调贩夫挨个村庄逐个农场兜售的物品之新奇。让我们通过那个时代一些人的评论，再次强调一下小贩所选商品的这一核心特征：

  小贩或者背负行囊，或者牵着一匹驮马，走访所有的村庄和农场。他不仅贩卖剪刀和眼镜、花手绢和日历，还卖填料、时髦的皮革商品及手表和塞块儿,事实上村里的车匠和铁匠做不出的所有东西他都卖。他无处不去。[2]

在德国,讽刺文学抓住意大利人塔布雷·克莱默(Tabulet Krämer)的形象,把他描绘成手捧个盒子在身前,盒子打开让人一瞥里面的橘子、柠檬和"时髦货"。[3]在西班牙,隆瑟沃修道院副院长堂·胡阿特(Don Huarte)针对那些脖子上挂着"满是没用、俗气东西的盒子"的巡回小商贩,指责他们拿走货真价实的钱币,在像"他们卖的骰子一样虚假的地方"留下他们自己的假币;[4] 当16世纪西班牙下令禁止贩卖扑克牌时,当局注意到,人们随即便从法国小贩那里得到了它们。[5]

就像在法国一样,在英格兰,由"苏格兰布商"或者有马匹可供驱驰的"多菲内人"精选的商品遵循着同样的路线。他们的财政基础是一系列范围很广的织物(棉布、平纹细布、高级丝光色布、白棉布和丝绸),占整个包裹的价值超过四分之三;其次是海量的缝纫用品及廉价小饰品;接着是衣服的配件及一些衣着用品(手套、袜子、头饰、帽子、皮带和斗篷);最后是一些小的奢侈物件:眼镜、领衬织物、手镯、香料和乡下庆典所用的物品。

让我们再来看看这群巡回商人中的某些人。17世纪末上多菲内小贩让·贝尔纳在山村里储存了一些商品,如果村里没有人买的话,他就会再次启程贩卖。他的清单里包含了各种各样的织物(印度粗毛地毯、平纹结子花呢、粗毛呢床单、帆布及"好几种颜色的缝纫丝"),蕾丝、发辫、丝绸缎带、缝纫用品、几双新鞋、胡桃油、各种刀,以及几种香料,包括生姜;光是织物就占了总价值的一半多:二百八十二利弗尔织物对一百三十三利弗尔的其余商品。[6] 雅克·佩恩(Jacques Payen)和迪亚克(Diaque)兄弟俩来自瓦桑的克拉旺,他们组建的公司的货物清单上列出了织物、针、线、别针、挂钩、鞋扣、纽扣、眼镜和眼镜盒、镜子、手套、梳子、吊袜带、长筒袜、无袖短上衣、文具盒、鹅毛笔、刀、叉、蕾丝、缎带、花边和荷叶边、手绢、玫瑰色珠链、鼻烟盒、几枚戒指、一些香料(丁香、肉豆蔻、胡椒),以及食用物品(糖、凤尾鱼、橄榄和烟草)、蜡、西班牙白葡萄酒……每件商品都有极广泛的质地、价格和质量可供选择;一双手套从五到十二索尔之间都有,长筒袜每双在十二利弗尔到三十索尔之间,手镜根据它们是否镀金或是否衬有贺卡在十五索尔到六但尼尔① ——镀锡手镜价值在一索尔到七但尼尔之间。[7]

---

① deniers,法国旧制银币,十二但尼尔等于一苏,19世纪停止流通。——译者注

三样东西：蕾丝、手绢和披巾，在所有英格兰小贩的背包里一定都能找到，它们的质量和种类都不可思议的豪华。例如，威廉·麦克雷尔（William Mackerell）就有十六种不同类型的蕾丝在售。[8]

那些最穷困的小贩搜罗轻便商品，寄希望于靠它们获取高额利润，这些人比其他小贩更加敏于兜售奢侈品和时尚商品。他们全都提供圣像和祈祷用品，甚至还在几个地区独占了经销权。[9] 19世纪初，来自意大利境内阿尔卑斯山南部谷地的小贩背包里有烟斗、梳子、刀、纽扣、小块肥皂、铅笔、眼镜、眼镜盒、玫瑰色珠链、耳环、时钟钥匙、编织针、小项链以及小十字架。[10]在法国，兜售印刷制品的人总会以各种不同的比例给他们的书籍、报纸、地图、扑克牌和手表中添上"时髦商品"、缎带和蕾丝。[11]以对挽歌和新闻的诠释著称的"夏玛尼翁"同样也卖小的缝纫用品及小玩意儿；一些人自称"医学博士"，其他人则竭力兜售"特效药"。[12] 18世纪走遍英格兰的犹太小贩几乎不卖别的，只卖小奢侈品：刮胡刀、小刀、扣带、纽扣、廉价手表、劣质商品、梳子、镜子、纸张、铅笔、鹅毛笔、蜡、爱国和宗教报纸、围巾和顶针。事实上，他们中的某些人与伦敦的犹太珠宝商合作，专做珠宝生意并向外省中产阶级提供戒指、手表、表链、鞋带扣、鼻烟盒、挂钩和茶钳。早在18世纪90年代，巡回珠宝生意就全部落在他们手上：西班牙系犹太① 小贩由于与东方市场有联系，也买卖一些香料。[13] 19世纪，珠宝和手表构成多菲内和奥弗涅小贩横跨大西洋带回的"廉价商品"的大头。[14]

在售商品和顾客之间的这一对话揭示了什么呢？存在三类特别的商品，它们全都向顾客娓娓道来，唤起他们的想象。这三类商品是：兼医灵肉的药物；华衣美服；游戏。它们与必需品，与缝纫用品、刀具或五金器具混杂在一起，成为销售技巧的一部分，这些技巧借助某些物件的一臂之力，炫耀新奇和不同寻常，意在激起顾客的梦幻。药物总是能找到，它们要么单卖，要么与其他商品合卖。以柑橘类水果为例，来自科莫湖周围山谷的意大利人在瑞士和德国都卖过这类水果，它们被用作药物（特别是柠檬），也被用作香料和香水。整个18世纪，在英格兰，

---

① 西班牙系犹太人（Sephardi）：自中世纪到15世纪末被驱逐，这段时期定居在西班牙和葡萄牙的犹太人或其后裔。最初他们逃往北非和奥斯曼帝国的其他部分地区，最后在法国、荷兰、英格兰、意大利和巴尔干半岛各国定居。与德系犹太人不同之处在于他们使用自己的传统语言拉迪诺语，并持守巴比伦犹太教传统而不依循巴勒斯坦犹太教传统。在现今约七十万西班牙系犹太人中，许多人居住在以色列。选自《大英袖珍百科》。——译者注

药品与小商小贩的商品目录始终联系在一起；早在 1720 年，迪西（Diceys）家族就与一个药品制造商达成协议，小贩随书籍一起卖的是"贝特曼博士的止咳清肺滴剂"；其他出版商也采取了同样的做法。[15]

分销规模

要在小贩兜售的商品族谱中评估市场占有率非常困难，原因有三：首先，找不到过硬的事实。其次，小贩并没有对贩卖的商品占有垄断地位——怎么区分一块从小贩那里买来的手表和在商店里买的？怎么能确切得知在农村的住宅里找到的一份特别的印刷品就是从小贩手里获得的？[16] 最后，许多种商品太过私密或者太易损毁，故而难以在档案中有所记载。查看小贩死后人们给他贩卖的典型商品编制的清单，往往困难重重、令人不快，原因就在于商品登记的类目标准和兜售的商品性质：怎能由于一项商品阙如就说这个家庭并不拥有它？考虑到下面这点尤其如此：小贩贸易中至关重要的部分就在于交易私人生活中所需的日用品，因此，这些用品传承的结果很可能不会不知所终，而是传给一个选定的继承人。不仅如此，华衣美服、各类游戏、祷告用品，乃至珠宝，明显都没有在其死后编制的清单中列入类目。

不过，小贩在销售某些物品时扮演的角色几乎是排他的，这可见于文学作品、语言习惯，偶尔还可从小贩的购货量上看出来。例如在 18 世纪末的英格兰，经销廉价手表与犹太小贩贴得如此之紧，乃至这些手表都被称为犹太手表。[17] 几乎没有研究珠宝贸易的著作；不过，在某些手表商贩和珠宝商贩死后为其编制的清单显示，他们也向很大一部分定点商店供货。[18] 不仅如此，清单中标贴某些种类的商品的精确程度也成了这件物品是否常见及其价值多少的标志。因此，法国的编目清单与 17 世纪英格兰编制的比较起来，纺织品和服装记述得马虎草率，这恰恰揭示出这些类目已在多大程度上成为日常消费品的一部分：某些清单只限于提及"所有家用织品"，很可能包含餐布和窗帘；接着在 1690 年之后，过去很常见的坐垫从此很少提及。[19] 单是这则信息就证实了玛格丽特·斯帕福德（Margaret Spufford）的结论，即小贩是 17 世纪英格兰服装贸易的推动者，并深化了英国历史学家提出的一个观点，他们说早在 18 世纪初就存在一个消费社会和大众市场。[20] 更晚近的研究使我们能够修正拟议中的整体图景，并证明存在显著的地区差异，而且在某些区域（例如在西北），市镇和农村之间对比鲜明。尽管消费社会根据社会和地理条件迅速扩张，但其界限则落在受益人和低级农场工人之间的地方。[21] 无论如何，必须强调的是，这些研究涉及的不是同一拨商品：那些特定的、不平等从中体现得一清二楚的物品，其市场与纺织品市场、尤其是作为初始研究基础的服装市场，并不是一回事。就奢侈品的市场占有率而言，这些观察到的差异提出了一系列问题，它们都与交易网络密度、一般商业活动的重要性及距离物品生产地远近有关。[22]

劳拉·威瑟瑞尔（Laura Weatherill）把自己的任务限定在对几样现代主义时期意义重大的物品进行历史溯源。她表明这些物品的销售状况是多么参差不齐。最新的大件装饰性产品，像绘画和窗帘，与那些标志餐饮新方式的东西（其外形并没有在注23的表中再现出来）一道，全都仅限于市镇。眼镜的销售面更广，但在伦敦可能也不过三倍于农村地区，两倍于外省市镇则司空见惯。[23] 作者从她对参差不齐的分销状况的分析中得出两个结论。为了理解商品是如何分配的，她强调小贩业在这里扮演的核心角色（例如，乡村商人拥有的书籍和手表数与城里的商人一样多，即便把在城市与农村编制的清单拿来对比后，发现两者手表的比例是21%对7%，也是如此）。[24] 她还指出城市的特点在于效益，因为与商人一样，农村地区的农业工人既有绘画，又有瓷器；而在外省市镇的农业工人手里，眼镜的数目两倍于乡村农业工人所有。[25] 这个分析得到了1760—1790年间侏罗山地区五百五十三份清单的证据支持[26]：不平等强化的是社会职业层面的对立，而非城市和农村简单的对立。在城市一如在农村，与商人有关的编目清单中，23%的内容都是书籍（作为对比，手艺人的清单中是19%，各种类型的农民是6%）。此外，常常发现物品和绘画与书籍捆绑出售：清单里提及祷告用品的60%的内容都包含书籍。恰如书籍的情况一样，农民阶层拥有的祷告用品也最少：商人和农村手艺人拥有70%的小饰品和报纸的存货。不过，在死于半道上的农民的口袋中总能找到一本宗教书籍。因而我们必须试图理解这本在农民存货清单中根本找不到的书，到底为什么能在更富裕的社会阶层的编目清单里发现。

这些发现使我们再次质疑某些解释模式，这些模式提出文化变迁通过模仿进行传播、较低等级模仿发源于较高等级的行为模式，因为它们证明，在英格兰，这种接受新式礼貌举止、采取室内装饰的新风味并将其醒目地列入清单的做法，绅士阶层的成员比起商人来少得多。尽管前者财富和地位都很出众，但他们拥有的绘画、眼镜、瓷器，甚或白镴、陶器瓦罐和平底锅，都要少于商人。[27] 德拉·维森比克-奥尔提厄斯（Thera Wijsenbeek-Olthius）分析了 18 世纪代尔夫特①居民死后为其编制的两千份清单，在荷兰得出了同样的观察结果。[28] 这种商品销售的不平衡也表明，小贩最初扮演的角色是某种能够满足他人欲求的人，即便他采取的方法跟今天的广告一模一样，即让新商品得到人们的瞩目，并借此创造出需求。

尽管人死后为其编制的清单自有其缺点，但它们使我们能够预估巡回小贩的文化影响：他们给英格兰家庭带来舒适，包括那些农业工人家庭。一个家庭可以得到从床上到窗户到桌子的织物供应。"在欧洲，没有哪个国家的人能像英国人一样，穿的、用的能有数量这么多、质量这么好的织物，"笛福在 18 世纪 20 年代写道。事实上，要等到 19 世纪，在多菲内小贩的行囊里才能再次找到同样数量多、品种杂的各色织物。不论一个英格兰农民的清单总价值有多少，总是少不了两套床单，而在 1580—1680 年间，农业工人的财富增长 85%，其家庭日用织品价值增长 271%。所有东西都算上的话，一贫如洗的人从家庭生活的日益舒适中受益最多。贩卖的各种帆布和棉料也用来制作衬衣和几套备用的衣服及贴身内衣；婴儿有了尿布，妇女则多了发辫、缎带和蕾丝来装饰她们的衣装。然而，自 17 世纪末以来，那些与一个世纪以后推动英格兰进入消费社会的小贩相近似的身影，还是无处可寻。[29] 不过，17 世纪以降，巡回商人的密集网络引进了新的时尚，这标志着一种人与己及人与人之间崭新的联系方式。对家庭日用织品的热衷及贴身内衣的出现，彻底颠覆了端庄的普遍标准并转变了界定色情的方式；小饰物、缎带和蕾丝模糊了社会等级的日常区隔。

英格兰那些被编目盘存的物品中，最引人注目的增长莫过于那些被用于全新目的的商品，它们要么关乎新式的餐桌礼仪、新兴的烹调技艺、新型饮品，要么着重于家居装饰。最显著的变化可以追溯到 1705—1715 年这十年间。[30] 织物、手表和书籍作为商贩的几种最主要物品，全国各地都找得到，巡回贸易所扮演的角色也由此得到证明；但绘画、瓷器和眼镜却尚未借助这一特殊的分销方法而大规模出现，或者说得更准确些，它们只与几种更专门的、不那么常见的或是新兴的小贩行当相关。例如，英格兰小贩直到 17 世纪末[31] 才贩卖瓷器，而在同一时

---

① 代尔夫特（Delft）：荷兰西南部城市。1075 年建立，1246 年设市。16—17 世纪为贸易中心。——译者注

期，眼镜在某些地区人们几乎闻所未闻（1675 年，在卡莱尔主教教区仅有 3% 的眼镜，在剑桥郡只能找到 6%）；与之相反，在别的地方，它们已然极为常见：伦敦有 34%，肯特有 37%。促进新产品的市场占有率的另一因素是，它们的价格多种多样，变化幅度很大，而且所有商品都能用合适的金额买到。在英格兰，绘画和图片的价格变化幅度巨大，但多数标价在每幅不到一先令；眼镜价格在一到五先令之间；一副刀叉可能要六便士。显而易见，同样的物品，质量越好，售价就会高得多，但重要的是它们也能廉价购得，这就使穷人们也能买得起。[32]

同一时期法国农村地区却不见同样的进展。米舍林·博朗和斯蒂芬·巴里 (Micheline Baulant and Stéphane Bari) 借助 17、18 世纪莫城地区的二百三十一份编目清单，制成了一份最常出现的五十种物品的表单。在这张表中，家用亚麻织物只出现在四个项目中：床单、衬衫、桌布和餐巾。[33] 尽管 1665 年以前，32% 的清单中没提到任何衬衫，而且 1751 年以后 [34] 这个数字只停留在 7%，然而，衬衫依然主要以大麻纤维制成，穿起来既舒服又有弹性，而且还不是从小贩手里购得的。[35] 在农村消费层面上，变迁的第一波标志，伴随着其中蕴含的文化变化，仅仅在 18 世纪八九十年代之后出现在马孔地区。[36]

即便从编目清单中我们得到的信息不那么直观和明显，还有一种衡量印刷制品通过小贩业进行分销的规模的办法。这个办法可以在前销售阶段向贩夫供货的那些人给出的信息中瞥见。自 17 世纪以来，英格兰陷入了"廉价书"（小贩贩卖的书籍）的汪洋大海：1664 年，在其设在伦敦的书店里，查尔斯·迪阿斯 (Charles Tias) 有近十万本这类书籍，每本只要两便士或四便士。而且他绝不是唯一一个专门干这个的人，这个市场兴起于 17 世纪 80 年代，已被大约十五家书店分享。[37] 西普里安·布拉格登 (Cyprian Blagden) 根据书籍的类别，估计出 17 世纪在英格兰销量在三千万到四千万、价格在二到七个半但尼尔的历书数量。[38]

在英格兰的迪西家族的商品目录中，版画主要分为 25 英寸 × 20 英寸的"木版王裁"和"铜版王裁"，它们占了 1764 年目录项中的三分之二强，为数分别是"木版王裁"三百三十四张，"铜版王裁"四百零六张（1754 年目录中相应的数字分别为二百七十八张和三百九十四张）。"木版王裁"以每"刀"二十六份空白印张一先令二便士的价格批发给小贩，若是彩色印张价格就是一先令四便士。"铜版王裁"要贵得多：一刀二十六份黑白印张价格两先令；彩色的价格翻倍，达四先令，再加上印光和加亮，一共要花六先令。小贩从这种物品中能赚取 300% 的利润，他们贩卖"木版王裁"的最高价能到每份空白印张两便士，每份彩色印张三便士，"铜版王裁"空白印张一份四便士，彩色印张一份八便士，如果还需印光加亮，则需一先令一张。[39]

在欧陆，印刷制品的扩张发生在 18 世纪，那时书籍成为小贩行囊中的一个基本组成部分，而且专门从事此种业务的小贩网络也已建立起来。在卡昂①的市集上可以发现它们有惊人的增长，来自科坦登的贩夫则到这里来进一部分货：廉价书和报纸的贸易额六十年里增长了三十倍。18 世纪初叶，贸易额在二百到三百利弗尔图尔诺瓦之间波动，到了 1710—1717 年间，波动范围增长到五百到一千利弗尔图尔诺瓦；随后在 1761 年和 1762 年，上升至七千利弗尔，1765—1767 年间到达九千利弗尔图尔诺瓦的顶峰。随后销量开始下跌，并且再未高过四千利弗尔图尔诺瓦。要是这类出版物售价适中，卡昂市集上贩卖的廉价书和报纸销售量就会以万计。[40]

同样，阿维尼翁也是一个生产制作绘画、报纸和扑克牌的重要中心，这些产品随后就由阿尔卑斯山小贩分销到全国的农村。在这里，销售数字再次使得我们能够精确指出贸易的规模。1746 年 8 月 30 日（小贩刚开始从山区走出来时），同是出身多菲内山区的书商让·儒弗（Jean Jouve）和让·夏约（Jean Chaillot）与一名印刷商人签订了一份合同：印刷商承诺，"他向他们提供三十令图案鲜明、名为'多米诺'的图片，价格按法国货币计算每令八利弗尔十五索尔，不仅如此，还以每百张三利弗尔七索尔六但尼尔的金额作价供应货物，并发给他们十令同样图案鲜明纸质厚度加倍的图片，全都在图卢兹明信片上印有多米诺图片，色彩分毫不差"。儒弗和夏约可以以单倍厚度每百张四十索尔、双倍厚度每百张四利弗尔的价格卖给次级商人，而不用进一步压低价格，除非有人一次至少拿三令的货。印刷商也同意以这个价格出售。[41]

就 18 世纪末印刷制品市场占有率的规模而言，还有进一步的证据，这次涉及制伪造假，这是小贩贸易中另一个很重要的面向。1778 年 8 月，为了有力地贯彻 1777 年规定中制定的有关特权的新法规，官方当局通过销毁所有书店库存的伪造书籍，出手教训了这些书店。他们查访的结果证明了伪造书籍流通规模之巨：1779 年 5 月到 1780 年 2 月间，超过两万五千本书在圣马洛的奥维乌斯（Hovius）

---

① 卡昂（Caen）：法国北部位于列·哈佛莱西南部的一座城市。——译者注

书店被销毁,而在雷恩①的奥德朗(Audran)书店和南特的约瑟夫·瓦塔尔(Joseph Vatar)书店,更多的书再次被销毁。在整个布列塔尼的书店中,约有十七万七千本伪造书籍遭到销毁。[42]

19世纪初,鲁昂书商勒克热内-拉贝(Lecrêne-Labbey)给蓝皮书系列中的书籍出的价格在十二本最贵的四利弗尔十六索尔到一百本最便宜的二十五索尔之间。[43] 就19世纪而言,让-雅克·达尔蒙估计,1847—1848年间经由比利牛斯山小贩分销的卷册和小册子的数量约在九百万;1855年则有一百五十万,或者可能有两百万(这个数字还不包括历书、歌本或单张报纸),他把短篇小说和灵修书籍当做最受欢迎的书籍。他估计1867年它们的数目有一百四十万或一百五十万本。[44]

多亏有发送记录,我们能够估计法国温策尔印刷厂——在法国总体的产出背景中,这是一家规模虽小但却并非不重要的生产中心——在19世纪60年代的产品数量:它每年出版二百万幅绘画,平均下来,每年在下莱因地区由小贩兜售的绘画就有十万幅。考虑到居民的数量,这就意味着每六个居民每年购买一幅画,为期十二年过后,每个居民就有两幅画。自19世纪中期以来,生产出的绘画90%被送往巴黎,从那里,比利牛斯山的小贩把它们分销到全法国。[45] 即使绘画的数量有所下降,分销的规模还是如此之巨,以至于在19世纪末叶,每个家庭都因至少拥有一幅画而引以为豪。绘画损坏了可以换一幅:"年底的时候要对房间进行检查;日历要撕下来换上新的,撕坏弄脏的画要扔掉也换成新的,"20世纪初的一名医生这样描写诺曼底。[46] 在前一个世纪的法国北部,左拉(Zola)每每描绘房间的内部装修时,至少要在一幅画前流连不已——在矿山别墅的马休家中,"在清漆的餐柜的那一边,是由同一种木头制成的桌子和椅子组成的家具。墙上照明强烈,上面挂着公司赠予的皇帝和皇后的肖像,士兵和圣徒带着俗气的金光闪闪的色彩,在画面上苍白地裸露着的空间里令人痛苦地跨步站着"[47];在皮埃隆内家,画被刻出来还加了画框:"餐柜上摆着镶金的花瓶、一面镜子,还有三幅上了画框的版画,房间采光这么充足,使得其中充满了某种卖弄风情的色彩。"[48]

同样的发展也发生在18、19世纪的西班牙:线装印刷品开本已有固定版式,

---

① 雷恩(Rennes):法国西北部一城市,位于南特以北。它曾是高卢罗马人的一个重要城镇,1196年成为布列塔尼的首府。——译者注

这是一种线装的一两页的小册子。与此同时，它的分销量剧增。[49]印数给出了分销的最初指标。一令是最小的印数单位（五百印张，也就是全张传单五百份，半张传单一千份），但印数可以高达三千到九千份。这些印张经由零售、交易和再生产，就在整个西班牙流通开去。20世纪，小贩根据市集和宗教节日的时间表，走邮政渠道将货发送出去。[50]在这一渠道，价格再次非常低廉：从17世纪到19世纪末，一本四页四开本（或者一张纸折叠四次）的"故事"或"传奇"（半张传单）只需花约两"夸尔托（一夸尔托等于一比塞塔的6%）"[51]，然后降至20世纪的一比塞塔的5%。价格根据需求而定，各不相同，换句话说，依时事话题或线装印刷品的成功与否而定，所以价格很可能翻倍甚或三倍。不仅如此，盲人（尤其还有他们的妻子或遗孀）在阅览室设立之前，建立起一个新闻报刊借阅体系（无论如何，这迎合了一群完全不同的公众的需求）。这个体系虽然于1814年遭到二手书店的集体抵制，但它对盲人们的事业非常有利。[52]

除了印刷制品以外，手表在整个欧洲传播的速度也是小贩行业之高效的鲜明指标，因为手表主要得通过这个渠道来销售。例如在荷兰，1690年以前手表几乎不为人知（1677—1686年间，编目清单上几乎从没出现过手表）；接着，三十年以后，它们遍地都是——1711—1750年间；拥有至少十头母牛的农民中，83%都有一块手表，母牛数少于十头的那些人也有58%配了手表（前一时期这个群体只有4%的人有手表），连一头母牛都没有的人里，比率也达到8%。[53]在英格兰，市场占有率稍有不同：伦敦、兰开夏和肯特处于第一集团，那里每隔一份编目清单就会提到手表，但在坎布里亚①、汉普郡、英格兰中部的偏西北处，找到手表的可能性一下子就降低了五倍。1700年前后，手表开始在巴黎劳动阶级的编目清单上出现（13%与仆从有关，5%与雇工有关），到了18世纪则开始迅速传播，因为就在大革命前，70%的仆从的编目清单上都会提及一块手表，32%的雇工的清单也是如此。[54]另一方面，就在大革命前的诺曼底，仍然只有精英阶级才拥有手表。[55]尽管存在行业和地域差异，但代复一代，个性化的手表也就渗入人口的各个组成部分中去了。

信息的另一来源，有关暴死于路上的人的报告，使得我们更能近距离接触到

---

① 坎布里亚（Cumbria）：英格兰西北部一个古凯尔特王国。它的南部在944年被盎格鲁—撒克逊人控制；它的北部地区在1018年被划归苏格兰管辖。——译者注

人们与他们某些财产之间的关系，并可证明在何种程度上人死后为其编制的清单掩盖了小贩业在某些物品世代传家过程中扮演的角色。两项研究，一项涉及侏罗山区[56]，一项检视的是里昂及里昂纳①和博久莱②地区[57]，用清单列出了男人和女人们离家时喜欢装在兜里带在身边的东西。从这两个区域中得出的结论是一致的：除了货币、手绢、鼻烟盒和小刀，男男女女们口袋里最可能装的东西是祷告用品（念珠和无袖圣衣）及灵修手册。因此，一个在侏罗山区遭到雷击的农民，身上带着"一小块手绢、一个鼻烟盒、一个装着眼镜的眼镜盒、一块被雷电击坏的法寻（即四分之一便士）、一本灵修手册"；所有这些东西都是典型的小贩兜售的物品。农民的儿子口袋里会装着一本《献给国王的祷告时刻》(Devotional hours dedicated to the King)；一个乞丐在路边的死尸身上也能找到一件无袖圣衣和一本《献给国王的祷告时刻》。

在里昂纳和博久莱地区，65%的尸身上都有一件无袖圣衣、一串念珠或一本灵修书籍。一名生在尼姆③、在皮卡第军团应征入伍的士兵随身携带着"一本意大利语祈祷书，书的正面背面都有十字架；还带着一块约有三十索尔硬币大小的白蜡，一面是复活节的羊羔，一面是圣卡洛·博罗梅奥（St. Carlo Borromeo），用一张纸包住，纸上画着一幅神圣尸衣的绘画。"[58]

这些日常用品的出现率很高，要比它们在编目清单中的出现率高得多，这清楚地证明了编目清单中的记录低估了个人拥有的财物。这些物品都是上一辈传给选定的人选，它们生动地表明，小贩贸易的主要特点就在于提供亲密、梦幻及成百上千使人得以自我肯定的小物件。

所贩物品的社会用途

既然作为中介的角色不可否认，那么小贩是不是一种使得品味统一化的力量呢？

一份关于木版画分销状况的研究有助于指明这点。L. 斯特波（L. Steub）对农民家中室内装修的描绘，揭示出在19世纪下半叶，来自天主教巴伐利亚威森堡的报纸数量剧增：在这些房舍里，与圣徒的画像紧挨着的是狩猎场景、农民生活场

---

① 里昂纳（Lyonnais）：一历史地区，原为法国中东部一省份。——译者注
② 博久莱（Beaujolais）：法国中东部大区，位于罗讷省北部和卢瓦尔省东北部。——译者注
③ 尼姆（Nîmes）：法国南部的一座城市，位于蒙彼利埃东北部。——译者注

景、塞瓦斯托波尔①之围及马真塔战役②和索尔费里诺战役③。1869年，斯特波描绘了阿尔卑斯山牧人小屋里装饰着的表明卡比尔战役的绘画。[59]克拉科夫、布吕恩（今捷克布尔诺[Brno]）或者维也纳书商的惯常做法可以解释为什么会选这种题材：他们以宗教、世俗及军事主题为基础，对画像有一套固定的挑选组合。[60]温策尔公司指定的德国小贩与书商通力合作，在整个欧洲东部对其进行传播。[61]温策尔公司还贯彻了一项聪明的语言策略，这样就在同样的基础上征服了海外市场。公司从十种语言的集合中创造出二十八种标题组合：四种语言构成了这些标题的基础——首先是法语，二十八种组合中的二十二种含有法语，紧接着是德语（十八种组合中含有），然后是英语和西班牙语，分别在十二种和九种组合中找得到。作为次级战略，公司也试图征服匈牙利、荷兰和葡萄牙市场，并通过琴斯托霍瓦④的朝圣中心占领波兰市场。[62]

面对区域和地方文化，温策尔、佩勒兰和勒蒙蒂尼（Remondini）[63]公司广泛分配了书籍和绘画的主题，这些主题对传布一种共通的情感颇有助益。然而，要是接着说，19世纪下半叶这些风行全欧的印刷品的消费者，通过他装饰在家居室内的绘画，或者借助他悬挂在家中、毫无品味的、带点宗教情感的骗人画像来认定自身，那可就未免走过头了。因为这些印刷品的功能——在它们对城市里一派浪漫的乡村幻境的狂喜中，在它们对工业化的拒斥以及对外国城市的看法中，在它们自身营造的想象世界里遨游的过程中——可能更多的是让人逃避世界，而非自我认同。[64]

因此，正如书商和小贩所作的那样，既然公众同样能在一个给定的范围内进行选择，那么他们表达出来的就是自身的偏好，而非品味。[65]无论如何，这项贸易考虑到了这种得到表达的偏好，因为小贩会根据销售模式来选择他们的商品，换言之，根据消费者的选择。事实上，某些小贩，像那些从提契诺地区来的，带着他们的小木箱，特地为天主教徒、新教徒及东正教徒提供绘画；因此，同样是耶稣

---

① 塞瓦斯托波尔（Sebastopol）：乌克兰南部克里米亚州海港城市。——译者注
② 马真塔战役（Battle of Magenta）：1859年的一场战斗，法军和撒丁军队在拿破仑三世的指挥下击败了约瑟夫一世指挥的奥地利军队。——译者注
③ 索尔费里诺战役（Battles of Solferino）：1859年6月24日，第二次意大利独立战争中奥地利军和法国—皮埃蒙特联军在伦巴第进行的一次重要战役。——译者注
④ 琴斯托霍瓦（Czestochowa）：波兰中南部城市，为天主教圣地。——译者注

被钉十字架的场景,给天主教徒的就会有十字架脚下的虔诚妇女,给新教徒的则没有。[66]

临时出版物与线装印刷品有共通之处,它们也在因应它们的目标听众而不断变化。[67] 这些临时出版物产生于 15 世纪末,那时正值巴黎、鲁昂或里昂的出版商总是以四页的小册子形式出版一些书信原文,后者讲述了查理八世战役中最重大的事件。接着,在 16 世纪头三分之一的末期,出版了第一份有关新闻事件的报道。1550 年后,它们的数量不断增加,尤其是在 1580 年其经销权落入小贩手中之后。这些文本独具特色,莎士比亚先前在《冬天的故事》里还曾戏仿过:常常反复断言(尤其是在标题中)新闻报道是"真的"和"普遍接受的",然而在语言包装的背后,其内容显示出一种对事件的永恒和象征层面的偏爱,不管是确有其事还是捏造事实。就这样,同样的故事在不同的市镇中出版了十多年,为了不过时,只是变换了地点、名字还有日期。

17 世纪,报道轰动性新闻事件的临时报纸的内容、外观和版式发生转变,这显示出它们正在丧失中产阶级读者群,而作为替代,它们正明显地面向不那么有文化的读者群。这些变化暴露出对更低成本的追求,及对卖报小贩的做事风格愈加适应。因此,1631 年公报一出现,临时报纸就迅速复制了它的版式,正像 19 世纪煽情小报要采用新闻日报的版式那样。即便无可争议的事实是,公报出现后历史事件就不常在临时报纸上报道,但它们并未彻底消失,每当有什么不平常的事情发生,在印刷商还有小贩的大力推动下,都会出版特别版面。直至 17 世纪末,显而易见的是,许多报道轰动新闻的临时报纸外观上越来越粗糙:在质量低劣的纸张上印刷,内容陈腐,还用雕刻粗糙的木刻画做插图,而且它们的写手是那些口语比书面语说得更到家的家伙——可能事情早就是这么回事,即写手就是小贩自己,就像 19 世纪常有的那样。

很难证明小贩在其贩卖的文章的创作过程中扮演了什么角色[68]:我们可以仔细查找曾做过小贩或曾与小贩网络有联系的印刷商的商品目录;但是档案资料里这种信息并非唾手可得。不过,还是有几个案例证实,这些文章中有些是在前一任小贩的店铺中付印的。16 世纪末,来自蓬特雷莫利的杰罗尼莫·加勒里(Geronimo Galleri)定居德国奥本海默,在那里销售书籍、印刷小册子。[69] 19 世纪,几个"夏玛尼翁"自己出钱印了新闻报纸,还有像佩蒂泊松(Petitpoisson)这样的人,以及其他人,他们出钱让厄比纳尔的卡巴赛(Cabasse)印四千份标题为

"孚日巡回法庭判处皮埃尔·维里昂（Pierre Virion）死刑的判决摘要"。[70]

19世纪线装印刷品的生产也证明，在产品制造过程中盲人小贩扮演着至关重要的角色：他了解公众想要哪类新闻，也知道他们喜欢听什么样的报道。他的角色是双重的：首先，他围绕着他的听众的期待和希望了解的主题创作文章；接着，他当众朗诵，把学究气的文章转译成普通的本地方言——莎士比亚的奥托力格斯干的就是这种事。不仅如此，盲人小贩还常常生产和出售印刷制品。尽管他们很少写文章或者把它们改编成诗行，但往往由他们负担运营的费用。卡罗·巴若拉（Caro Bajora）指出一个盲人作为例证：1855—1860年间，他让一个诗人为他干活，他详详细细地指导后者怎样把一次特别的冲动犯罪，或者匪徒的英雄事迹，或者盗窃牵连出的谋杀案，准确无误地改编成韵文诗行。接着，他要求诗人重写大约十行的中世纪文章，要保留其"骇人"的要素。[71]这名作家，另外还有许许多多无名氏，帮助我们了解到为什么一份作品的著作权归到了盲人自己名下：某种意义上，既然他们创作了，或者按他们熟悉的听众的口味选取了这些作品，他们也同样是它们的作者。

在印刷品市场的边缘地带，歌曲与小贩须臾不可分离，无论是在他大声唱歌吆喝他的商品以吸引顾客时，还是当歌唱就是他唯一的生存手段时。歌词是那个时代的报章上被热烈讨论的流行话题，在那里歌词被人们不断重复，广为传唱：

> 在巴黎，每件事都是一首歌的主题，任何人要是还没在歌曲里被嘲弄过，就算他是法兰西元帅或者是个被绞死的人，那么不管他做了什么也还是默默无闻。[72]

罗尔夫·莱夏尔德（Rolf Reichardt）与赫伯特·施奈德（Herbert Schneider）进行的研究揭示出，随着"浪漫"歌曲的退潮和政治歌曲越来越受欢迎，1762—1787年间发生了一次歌曲复兴："讽刺诗"（既奚落那些反对启蒙哲学家的人，也嘲弄某些高级教士、政客和贵族夫人的私生活）的数量在18世纪80年代经历了一次幅度高达四倍的增长；有关法律案件的歌曲在18世纪最后十年里增长了三倍；涉及最具轰动性的报道，像皇后项链事件、拉里 – 托兰达尔（Lally-Tollendal）胜诉并为其父恢复名誉的诉讼案件，和详细叙述当时政治局势的歌曲在18世纪70年代数量翻了一番。[73] 1788年，一名公务员在给巴黎中尉警官的信中写道："可以观察到，大街小巷里公开传唱的歌曲给乌合之众提供消遣，并把自由的观念传播给他们，最卑鄙的无赖恶棍将自己视为第三等级而不再尊敬地位比他高的人。要扼杀掉这种独立精神，没有什么比对所有这些人进行严厉审查更加行之有效的了……"[74] 在旧制度最后二十年里，小贩们用他们过耳难忘的叠句和朗朗上口的曲调公开谴责宫廷和这个体制中的不正义，为那些在巴黎和外省相信一切不会再延续既往的人们壮大了声威。

因此，通过城市和他们供应的商品，小商人把一种使得生活和思维方式发生转变的文化带入千家万户。不过，就像每个例子都会显示的那样，这种关系既不简单也不直截了当。如果手表反映了一种人们对彼此间的私人时间同步化的需求，这并不意味着人人都同等重视时间；就像书买来但往往不会去读一样，侏罗山区或里昂纳地区不识字的农民口袋里的书就可以为证。这些人并不曾捧书在手辨读，但由于书籍是神圣的东西，被注入了护佑的力量，因而具有魔力，并能安顿人心。在文盲被消除之前，小贩们通过把印刷和书写文字引入家庭，也凭借传播（自然是有所翻新和放大了的）官方新闻及当局本想尽力瞒报的消息，使广大人口接触到印刷文字，并发展出一种获取它的渴望。

在礼仪文明化进程中占据重要里程碑地位的其他物品，也以类似方式为大众所占有；就这样，大众进入了生产出他们的文化当中去。手绢的使用（就像叉子）就其与文明举止相一致而言，在"礼仪文明化"过程中是重要一步。这种文明举止要求自然官能间接实现功能的运转。[75] 手绢——在每个小贩的存货里都是必不可少的一项——就是（保持）距离的证据，就是下述三者之间差异的证明：文明举止的正常标准、分派给一件物品的用处，以及获取它的人赋予其上的用途。

手绢的发明可以追溯到古代，但直到 16 世纪，那时候还没有口袋，手绢就习惯性地附在左手袖子上。[76] 16 世纪时，它还不是很常见："低等级的人们抹鼻子时不用手绢，不过在中间等级，用袖子揩鼻子也是允许的行为。至于富人，他们把手绢装在口袋里……"[77] 由此可以想到，在 17、18 世纪，小贩在广大地区经销手绢，恰恰佐证了农村礼貌举止的不断增进。

我们一旦更细致地考察小贩贩卖的手绢的进货情况，就会对其种类繁多留下深刻印象。尽管袖珍手绢和领巾之间的差异一目了然[78]，但对这些物品的分析还是模糊了这些区分。奥弗涅商人 1770—1790 年间保留的账目显示，这些商品在贩夫最大规模的采购中扮演的角色殊为不小。更细致地考察这些交易不能不让人惊异：埃佩佐耶（Espezolles）是名来自奥弗涅的"巡回商人"，他给他的行囊里打满了二十二种不同类型的手绢,从纯白色棉手绢到鲁昂手绢(由亚麻和棉花制成),到丝绸或马德拉斯棉布质地的手绢,"绍莱风格"手帕,以及印花棉布质地的手帕。[79] 与之相似,英格兰小贩无论其生意多小,总是随身携带着一批价格和质量各异的手绢。沃尔特·马丁(Walter Martin)在其于纽约开列的清单的背包里,带着九种不同类别的一百八十四条手绢,每条价值在六但尼尔到一磅十但尼尔之间。在这个国家的另一端,约翰·麦基(John Mackie)在邓汉姆市场中开设的商店里,有曼彻斯特布料制成的手绢,精细布料质地的每条六但尼尔,苏格兰手绢每条八但尼尔,丝绸和面部手绢九但尼尔一条,"杂有优劣丝绸质地"的手绢只要三分之一但尼尔。[80] 最后,在 19 世纪初,1818 年 10 月 21 日到 1819 年 2 月 17 日间,来自瓦桑的克拉旺的诺埃尔·古兰在走访了六次分别位于阿瓦隆和索恩河畔沙隆的三家不同公司后,购进了二百三十多打时髦手绢——有红底、白底、深蓝底和绿底的印花棉布手绢;有饰有花团锦簇、金凤花镶边的加尔默罗会修女专用手帕;有至少七种类型的苏格兰手绢;还有"绍莱风格"手绢、马德拉斯棉布丝绸质地的手绢,以及几打用于哀悼和闻嗅的手绢,而非仅仅是几打"口袋手绢"。每种手绢的价格变化幅度不可谓不大,而且是依大小和质量而变:因此,可以观察到印花棉布手绢的要价在五点五法郎到三十六生丁之间,价格往往标在两法郎左右。苏格兰手绢的价格在二点一法郎到十四生丁之间;口袋手绢的价格仅仅相差一两倍,在八到十五生丁之间。

手绢绚丽多姿、种类繁多,最终法国贩夫们订购的口袋手绢只占很小一部分。这容易让人认为农民阶级很少出于礼貌的举止认为可取的目的使用它们,相反他们将其用在别的地方。17 世纪,《文雅守则》(Les loi de la galanterie)建议,谈话时要把自己的手绢摆出来:

> 一定的时间过后,你要把你的手绢从你的口袋里取出来,稍稍挥动一下,以显其大小及织工的美妙,千万不要拿来擤鼻子。[81]

就在大约同一时期,专门撰写贵族们对如何正确使用这些方形织物犹豫再三、举棋不定的编年史家雷奥的塔勒芒(Tallemant des Réaux),描绘了克鲁瓦西耶(Croisille)在听人宣读他的合同时,"把手绢搁在头上,让流苏垂到嘴里";还有劳伯斯邦·奥特里夫(Hauterive de l'Aubespine)如何用一根手指雷霆般强力地擤鼻子,吓得一位客人以为是枪炮轰鸣,大叫道:"先生,您没受伤吧?" [82] 塔尔杜夫在从口袋里掏出手绢的同时，总是惊叫道："哦，天哪，我祈求你，在你面前祈祷，遮住你的胸脯别让我看到它。"[83]这也显示出手绢被赋予的模棱两可的用途。既然在贵族内部还存在着在关乎礼貌举止的话语和实践之间的广泛差异，那就有充分根据认为乡村俗民也不会在他们如此热衷购买的丝绸和印花棉布手帕上擤鼻子，他们只会延续古老的做法，即便那个时代的礼仪手册建议摆出那样的姿势只应限于儿童。[84]在 17 和 18 世纪，手绢作为情人情话的一部分，无疑可见于法国农村社会圈子，正如早在一个世纪之前的贵族间一样[85]；而在英格兰农村[86]它则成为社会区隔的不二标志，这种区隔显示出一种对物品特有的独占性（而非迟迟未改的习俗），相比之下，精英等级对这种物品却有不同的使用方式；不同于贵族作出的榜样，农村社会有其自身的时尚。

1780 年出版的《职业与技术说明书》(*Description des arts et métiers*) 中，描述了在挑选一套典型的学徒衣装过程中，只推荐以"半荷兰棉布"或细棉布为面料的手绢。另一方面，在为拉布里夫小姐 (la Briffe) 建议的嫁妆里，手绢以一包包面料的面目出现："两打手绢要十七厄尔细棉布"。[87]这意味着手绢是用来擤鼻子的吗？或者意味着"口袋"手绢（一种礼貌叫法）是在自家制成因而我们必须在小贩巡回路上随身携带的面料中找到它的身影吗？如果是这样，那么小贩死后为其编制的清单就应留下些这种家庭活动的蛛丝马迹。苏珊妮·塔尔迪厄 (Suzanne Tardieu) 一丝不苟地列出了马孔地区的编目清单，但在八十八份仔细查阅过的清单中，只在两份中找到了这种蛛丝马迹；1798 年 8 月 12 日，两打半亚麻和棉制新手绢在一名根榭商人小路易 (Louis J.) 家中记录在案——这不是一个令人信服的例子，因为就在他家厨房旁边，他辟出一片空间用作商铺，而且编目清单从整体上显示，所售商品和家用物品之间根本没有分别。其次，1799 年 6 月 14 日和 15 日，五块带有红色条纹的新手绢于克雷瑟店主埃提安·G. (Etieene G.) 家中记录在案。[88]在莫城地区发现的五十种最常见的物品中，没有提到手绢。[89]另一方面，死在旅途的人中，男人大约四个里面有一个，女人还要多一点，都有一方手帕在其口袋中——格子的、条纹的、棉布面料的、印花布面料的、亚麻布面料的，甚至还有丝绸质地的[90]；说它们用于卫生目的不大可能。令人惊奇的是，17—18 世纪之间，装在尸体口袋里的钱币现身次数翻了一倍，与这些花里胡哨的手绢出现的比率相一致。毫无疑问，人们经常把手绢当钱包使，就像约瑟夫·罗斯 (Joseph Roth) 笔下的斯洛文尼亚卖栗子人那样，把他赚的小硬币系在他的红色手绢中。[91]

不仅如此，作为手绢的面料，对织物变化的研究显示，在法国，大麻纤维一直最流行，从未间断，亚麻则在17世纪露出怯态，随后在18世纪是优质亚麻和面部织物：印花装饰布、细棉布、细麻布（但却像17世纪的亚麻一样在数量上几乎处于边缘，只是取代了亚麻的用途，成了几种男式衬衫、围裙、女帽和领子的衬里的面料）。[92]因此，小贩贩卖的手绢的面料织物流行并不广泛，而且它们明显不是为此目的而生产的。最后，可能有人要问，是否手绢没有被排除在编目清单之外。我们很了解这些原始资料的限制，也很了解各项类目受到怎样的低估，尤其是日常家用织品[93]，但是手绢不见踪影似乎太过普通，不能作为清单出错的唯一来源。实际上，必须一直等到19世纪口袋手绢才在小贩的行囊中有其重要性，而且是用作清洁卫生之途。自17世纪以来，英格兰小贩的行囊为单张手帕留有最大的空间，这在这个时期的编目清单中有所反映。[94]

在离开手绢的主题之前，必须指出的是它也被用作其他知识分支的媒介：1688年，第一批英格兰丝质印刷手帕问世，上面印有新闻和消息，其中一块详细列出了乌得勒支条约的诸条款，另一块则复制了一张小贩巡行的全国道路图，配有完备的市集地点和日期。在19世纪的法国，士兵买来的手绢上印有骑术、训练和适当的武器维护手册。手绢也成了造成流行文化传播的途径之一。[95]

在不同的时代，遍布整个欧洲的农民阶级不仅将这些关乎文明举止的物品据为己有，还赋予它们上千种其他用途，在其上注入了另外的需求、别种交流方式。[96]这块方形物由此也就有了多种形态和多种目的：一个钱包、一个爱的信号或礼物[97]、一种社会区隔的标记；跟感冒时擦鼻涕比起来，用它来擦眼泪更合宜。手绢是一个体现差异和创造性用途的绝佳例子，每个团体都把这些差异和用途置于体现城市文明的物件之上。而在小贩那里，这些物件应有尽有，提供时也不附带说明书。

小贩外出行商时提供的物品和观念，有助于接受者思考和形塑他或她自身的个性。最终，无论这些物品以何种方式使用，这个事实本身，即小贩提供了表达他或她自身不可化约的个体性的机会，都是某种新的、迥然不同的东西。

结　论

　　我们遍历了五花八门、既相互竞争又相互联系的商贩迁徙活动，在这次旅程的终点，一件确定无疑的事情浮现出来：小贩这个到目前为止都被视为边缘的行业，事实上既是一项有着多种面向的活动，又是一个在过去的共同体中至关重要的现象。小贩业的历史就是一种经济现象和乡村社会结构相互关联着发展的历史，这段历史翔实地讲述了这个行业和维持它的共同体双重边缘化的过程。实际上，在15—20世纪之间，商人网络的影响力和成功事迹都在不断缩水，这标志着小贩业起源的地区日益贫穷和孤立：正如迁徙者们应得的垄断权被摧毁那样，整个小贩业的社会等级结构也是土崩瓦解。最终，小贩业所得的收入干涸了，这个行当成了工作市场中牺牲品的临时避难所。

　　要想重新发现长期以来被剥离的社会和经济现实之间的关联，然后以其全部复杂性重建它们的发展过程，这个目标只能在若干方法论转变后才能达成，这里我想强调其中三个首要转变。第一个是拒绝接受一种先验设定，即当时社会制造出的行业形象，或者将这些形象传达出的社会与经济边缘化状况视为理所当然。寻找巡回商人的乡土之根，针对的是城市话语将其归为巡回游历、无所归依的人，这使我们采取了一种更加曲折的立场，即看到他们的个体形象背后的社会建构，并聚焦于这种不但创造了他们而且他们也身处其间的社会建构。

　　第二个策略是，不要去描述预先归类的群体，这些划分往往依据他们的财富级别、地理区域（城市或农村）或在商界所处的位置进行，恰恰相反，要去独立研究常见的类型学，以及把个体结合在一起的联系纽带，并在此基础上描绘出按照这些联系纽带的模式和性质划分出的群体。这个过程可以让我突出两个往往被典型的历史编纂学忽视的事实：一个是涵括原子家庭的广大家族网络（与档案资料形成对比，它自然凸显前者）；另一个是在商人结构的各个层次占据一个中心位置、既是社会关系也是经济关系的信用行为。

　　第三个方法论转变突出了之前被传统社会史框架掩盖的信息。在作为历史学家分析基础的史料运用方式上，这点引起了共鸣：我对现象的重建往往是在面对（或不顾）档案分类法和文件的表面意义时完成的。历史学家天然要去查阅的、讨论小贩的原始资料可以分为四组：行政资料（营业执照列表，政府调查及出生、死亡和婚姻证明登记等），目的是记录小贩的状况，以便于控制并规约他们纳税；定居商人的投诉，由于小贩造成竞争，他们企图把小贩赶走；法律和警方资料，根据界定，它们只处理例外和边缘案件，无论是对盗窃、流浪、乞讨、非法交易的拘捕，还是商家破产；最后则是杜撰的材料，关于它，我的意思是存在于人们头脑中的记忆、词汇的记忆、文学和插图资料中的东西。因而，民族国家、充满嫉妒和感到委屈的商人、顾客、观众及为其家族寻根的后代们，也就成了即时可用的文件的首要作者。把它们列出来几乎足以说明它们共同努力要去描绘的巡回商人的形象。

　　为了看到一个不一样的事实，必须对档案提出不一样的问题，并找到小贩在其中并非即刻在场或明确现身的其他文件。这就意味着要抓住他们在组织其私人和家庭生活编织其关系网时，在其保留的家族档案里，在他们利用公证系统和司法体系独有的方式中，留下的关于其自身的蛛丝马迹。

　　在这场围绕着证据（小贩自己的证据和其他证据）的捉迷藏中，两个分立的事实被部分地揭示出来：头一个证明了小贩业不能单单按照被各色专门与小贩有关的档案资料一致归于其上的特征来概括；第二个解释了文本本身得以产生的环境，其中显示了小贩留下的，被小心翼翼地整理、归档、装箱的关于其自身的记录，怎样构成了双方交战的客观证据，怎样成为争论中利害攸关的问题，正是这个过程使这些文本得以生产出来。因而，它们反映了一个正在演化的社会的动态性和不确定性，而并未重建特殊的时刻或情境。主要是想象的领域成为这些相当少见的武器得以运用其间的活动领域，在那里，他们企图改变事物被刻画的方式，目的是强制采行一种新型权力分立。他们发现的证据旨在成为诸种世界观的框架，这些世界观可能合法化或者强行再定义每个群体在支配或拒斥其他社会范畴的企图中试图获得的角色。

　　在这样的背景下，对历史学家来说，档案的沉默同它的言说一样雄辩有力。因而，如果治安条例不告诉我们国家是把他们当成替罪羊以缓和分裂的各共同体之间的紧张的话，被警方拘留起来的小贩数量之大，就会让人认为他们是不正常的人。反过来，小贩也充分利用了其边缘位置，这种位置保护了对他财源永续（甚或只是保得性命）至关重要的自由；他们还想方设法哄来骗取一切尝试，为的是注册他们的身份，估价他们的财富，把其业务联系置于阳光下，或者揭开其活动面纱，而只留下历史学家与空白的文件奋战。

一旦认为这些由档案产生的文件是一个整体方案中的重要行动，是一场战役的组成部分，它们就失去了其表面上的纯洁无瑕，而且对那些寻求理解一个社会的动态和潜在的演化进程的人而言，就成了巨大的帮助：它们揭示出了文件的实质，与此实质相关的仅仅是沟通策略与人们的企图，以给他们自己和他们的社会群体确保一个未来。因为这些文件是一个与所发生的战斗有关的信息来源；因为对于这些信息，它们比据称它们应予描述出的有更多东西要说；因为它们迫使历史学家扪心自问，为什么它们被生产出来，它们数不清的自相矛盾原因何在。同样，它们还迫使他或她承担起这项缓慢而一丝不苟的任务，即在有关群体留下的所有文件之间进行对质和对话。这种观点把档案视为动态的，视为必然由冲突的事实和意味深长的沉默构成，它不仅可以让我们理解这些文件所争论的利害攸关的问题是什么，而且能揭示出，那些之前被遗忘或者尽管数量引人注目但却被说成不很重要的现象同样关键。定居中产阶级对迁徙商人最甜蜜的复仇，一定是人们把这诸种迷思当成社会事实而不放在心上。他们企图建立的这些迷思，涉及的正是他们长期以来针锋相对并徒然与之斗争的这些群体。

新的研究使得新的事实得以浮现，它们到目前为止还被传统研究遮蔽不彰。新研究还揭示出了有时模糊有时逃开了历史学家使用的传统范畴的社会结构。它迫使我们澄清某些概念，提出新问题，尤其是在与迁徙史和贸易史相关的地方。

有两个特征使得研究流动问题的典型方法显得与众不同。首先，以二分的术语看待迁徙。构成这些对子的可能是单纯的经济因素，像"吸引因素"和"推动因素"之间的对立，并企图用它们来理解背井离乡的原因；或者它们可能也会考虑到迁徙者的文化，而且还把经济事实与对虚幻的渴望联系起来，就像在成员关系群体和参考群体之间所作的社会学区分那样。其次，在应用这些理论上，流动是按两种相互分离的地理节点（出发点和到达点）与两种时点（此前和此后）来看待的。

总而言之，研究历史上欧洲迁徙活动的著作采纳了这些二分法和这个研究路径，无论是在出发点和到达点之间做典型比较，还是在若干目标地区比较几个移民人群，要么就是换成在若干目标地区比较一个单一共同体。即便地理区域多上几倍，问题总是那一个：比较几组空间对子。

然而，本书描绘的迁徙网络证明，外迁不一定就是一场与家乡地区的经济和文化断裂。同样，信贷链及把从事小贩业的村庄和市镇联系起来的雇佣劳动，粉碎了城乡之间传统的文化对立：在不同地区往来移动、根本不必在相互冲突的价值体系间择一而从的人们，接纳并利用他们遇到的多种文化。由于取得社会地位或者成为城市里社会等级结构的一部分这样的愿望，对于迁徙网络内的某些要素而言仍是外来的，我们就能问自己这样的问题，即身份认同是如何被建构起来的；而且我们发现身份认同不必建立在一个清晰的地理空间上，相反它能从一个社会的关系空间，一个亲属和同乡的网络空间发展出来，而独立于所涉及的地理区域。从中我们看到了研究迁徙的方法——参照两个地理节点（出发点和到达点）及迁徙者生命中的两个时刻（此前和此后）的局限性所在。

关于来源共同体的分析告诉我们，流动可以成为占有一个区域的途径，它能维持一个社会圈子，而且独立于农业资源而产生一个稠密的人群。因此，定居的生活方式并不必然是所有人类群体奋斗的目标，只不过它一定是所有迁徙运动的参照点。因此，不可采纳过分简单化、以吸引（吸引因素）和拒斥（推动因素）来看待流动的二分法，而应该坚持移民社会团体的彻底原发性。

作为这些社会团体的根基，信贷和劳动意味着团结的观念更加复杂，因为把迁徙者彼此结合在一起的纽带不一定就是积极的（以好客、支持或互助为纽带）或者中立的（一个渠道，一条进城之路）；它们也可能是消极的，如建立依附关系，这可能会妨碍迁徙者使用他自己找到的令自己受益的空间。从城市的视角来看，如果所有萨伏依人、从上多菲内来的人及其他山区居民，离开贫困地区（那里不可能给他们提供迁徙者的观念和向他们开放的可能性）后找到了自由和一种谋生手段，结果却身陷信贷和依附网络而被迫为村里富有的住户干活，这些是很不一样的。正是对这同一现象，那些将其财富建立在这些人的劳动之上的精英阶级，以及那些再也没有土地和劳动去出卖的人，有着完全不同的感知。这不是一种自然的或自由同意的相互依赖，对那些家资最少的人来说这是一种被迫的团结，而对所有参与者而言则是一种相互依赖。这就是这些社会结构的基础，就是对它们的成功和延续的一个保障。

信贷铁定被倾向于仅仅按财产所有权衡量财富的历史学家忽略掉了，尤其是在考察农村社会时，信贷今天似乎是一种至关重要的社会联系。小贩曾经位居信贷网的中央，遍及不同地区并扩展到各个时期。它曾是移民精英建立的"纸面"财富的基础。至此重新界定之后，典型的商人（对安家落户无动于衷，总是关注外表，寻找新的物项意在获取并投入流通）丧失了他个性中不因循守旧的一面（这是会不时遇到的），而成了自中世纪末以降一直稳定在场的商人传统的一部分。

在历史学家和他或她的原始资料之间，这些花招把戏和捉迷藏等游戏凸显出来，引领着我们以回到本书开头提出的问题作结：什么是小贩？拟议的定义，全部受到精英阶级的观念及城市想象的启发，它们把小贩囚禁在过分简单化的角色中，囚禁在没可能被承认的边缘地位里。不仅如此，他们还把极端多样的社会事实结合在一个单一的概念中：牢牢扎根在其家乡经济制度中的迁徙者，同来自葡萄牙和西班牙利用其残疾钻营牟利以求控制印刷小册子市场的盲人有什么共通之处？或者跟那些经历了地位下降并被吸引到非法书籍贸易中去的人有什么共通之处？有的小贩没法不让人想起当今的黑手党组织，其他人则令人想到卑鄙无耻和独自犯罪的开端，另外一些则给人以慈善组织的印象。陈腐的定义和类型让我们难以看到，是什么把从事最新商品大规模贸易、只在乡村偶尔露面的批发商，与以下这些人联系起来：驾着满载货物的马车走遍市镇和市场的富有巡回商人，给缝纫用品添进几份历书和歌曲的贩夫，以及展示其土拨鼠、或者试图用他有限的技艺混口饭吃的流浪汉。

这些问题激励我着手从事这项不可或缺的任务，即重新界定活动与人，最好能解释主要行动者的相关角色，尤其是国家扮演的角色，因为商人网络的历史起初是在制度、法律与警察机构中的缝隙和薄弱环节里逐渐展开的。本书试图循着踪迹探索这些店主和小贩。他们为历史上欧洲的消费者提供了宝贵的商品，在他们的消费者间创造出新的需求，确保了家族与受其庇护者财源不断，并在其力所能及处带来遥远的承诺。

附录：

欧洲 18 世纪来自布里杨松内地区的书商名录

Aillaud from Monêtier, bookseller in Lisbon (end of the eighteenth century-beginning of the nineteenth century).

Aillaud from Monêtier, bookseller in Coimbre (second half of the eighteenth century).

Aillaud, Daniel, from Monêtier, bo okseller in the Hague (second half of the eighteenth century).

Aillaud from Monêtier, bookseller in Paris (end of the eighteenth century-beginning of the nineteenth century).

Albert, Mathieu, from La Batie des Vigneaux, bookseller in Rome (end of the eighteenth century-beginning of the nineteenth century).

Albert from Arvieux in Queyras, bookseller in Madrid (end of the eighteenth century-beginning of the nineteenth century).

Aubanel from Aspres in the Hautes Alpes, born in 1720 and, from 1746, worked for Giroud; bookseller in Avignon in 1756; in 1767, in association with J.-J. Niel and the widow Barret and sons from Lyon, he bought back the Giroud business.

Baile from Briançon, bookseller in Genoa (end of the eighteenth century-beginning of the nineteenth century).

Barthélémy, Jacques, from Monêtier-les-Bains, bookseller in Madrid in the shop facing the Puerta del Sol fountain; son of Marguerite Ourcel, he married Magdalena Bonnardel; in 1754 he went into partnership with his brother; he was an agent for the Cramer family, for Gosse and for the Société typographique de Neuchâtel; also called Don Diego Barthelemi.

The Berard brothers, booksellers in Seville, agents to the Cramers (second half of the eighteenth century).

The Bertrand brothers from Monêtier, booksellers in Lisbon, agents for the Cramers and for the STN, recorded up until the end of the beginning of the nineteenth century; Jean-Joseph, succeeded by Joseph and then by the widow Bertrand.

Bez, Pierre, from Monêtier, bookseller in Barcelona (end of the eighteenth century – beginning of the nineteenth century).

Bez from Monêtier, bookseller in Pernambuco, Brazil (end of the eighteenth century-beginning of the nineteenth century).

Blanchon from St Chaffrey, bookseller in Parma (end of the eighteenth century-beginning of the nineteenth century).

Boeuf, Louis, from Briançon, bookseller in Turin (end of the eighteenth century-beginning of the nineteenth century).

Boeuf from Briançon, bookseller in Genoa (end of the eighteenth century-beginning of the nineteenth century).

Bompard from Villeneuve la Salle (Monêtier), bookseller in Genoa in the seventeenth century.

Bompard from Villeneuve la Salle (Monêtier), bookseller in Naples (end of the eighteenth century-beginning of the nineteenth century).

Bompard from Villeneuve la Salle (Monêtier), bookseller in Rio de Janeiro (end of the eighteenth century-beginning of the nineteenth century).

Bonnardel, Joseph & Dubeux, Jean-Joseph, booksellers in Lisbon in the mid-eighteenth century; agents for the Cramer family and to Gosse, they bought the bookshop from Reycend-Gendron in Lisbon; in 1771 Claude Dubeux, Jean-Joseph's brother, went on a business trip to Paris, giving as his address 'M. Gendron, quai des Augustins, Paris'.

Bonnardel, Louis Antoine, bookseller in Lisbon in the second half of the eighteenth century; agent for the Cramer family and for Gosse. The Bonnardels also had shops in Barcelona, in Cadiz and in all the major seaports.

Bonnardel from Briançon, bookseller in Turin (end of the eighteenth century-beginning of the nineteenth century).

Bonnardel, bookseller in Rome, eighteenth century.

Borel and Co. from Villeneuve la Salle (Monêtier), booksellers in Lisbon, agent for the Cramers, for Gosse and the STN (mid-eighteenth century-beginning of the nineteenth century).

Borel from Villeneuve la Salle (Monêtier), bookseller in Naples (end of the eighteenth century-beginning of the nineteenth century).

Bouchard, Joseph, from Monêtier, bookseller in Florence; an agent for the Cramer family and for Gosse, he was a publisher and bookseller (eighteenth century).

Bouchard from Villeneuve la Salle (Monêtier), bookseller in Bologna, cousin of Joseph Bouchard in Florence (eighteenth century).

Bouchard from Villeneuve la Salle (Monêtier), bookseller in Rome, agent for Gosse (eighteenth century).

Bouchard, Pierre Louis, bookseller in Metz, agent to the Cramer family (second half of the eighteenth century).

Bouchard, bookseller in Chambéry, to whom Jean-Jacques Rousseau went to buy books when he was at Charmettes (*Confessions,* book VI).

Bulifon, Antonio, from the Dauphine, publisher and bookseller in Naples (eighteenth century).

Carilian-Goeury and Bousson, of Briançonnais families, booksellers in Paris (end of the eighteenth century-beginning of the nineteenth century).

Chaillot, Jean, from St Didier en Dévoluy, born in 1706; in 1735 he was a pedlar selling ironmongery and haberdashery goods and books in Avignon; in 1756, in association with his brother-in-law Jean Jouve, he was a bookseller in Avignon; he died in 1772.

Chaillot, Jean-Thomas, the oldest of Jean's sons and his successor as haberdasher, ironmonger, printer and bookseller; then a bookseller in Avignon in 1773; married the daughter of the bookseller Jean Fabre, originally from Rodez; died in 1813.

Chaillot, Jean-Etienne and Pierre, Jean-Thomas' sons; continued their father's business throughout the nineteenth century.

Collomb, Hugues Gaëtan, from Monêtier, bookseller in Lisbon, agent to the Cramer family and to Gosse (second half of the eighteenth century).

Collomb, Joseph, from Monêtier, general agent to the Cramer family in Marseille (second half of the eighteenth century).

Colomb, Jacques, from Monêtier, bookseller in Granada (second half of the eighteenth century).

Colomb, bookseller in Milan (second half of the eighteenth century).

Delorme, Jean-Baptiste 8c Guibert, François, from Monêtier, booksellers and printers in Avignon, agents to the Cramer family and to Gosse (eighteenth century).

The Dubeux brothers from La-Pisse-en-Vallouise, and Claude Dubeux, from Briançon, booksellers in Lisbon (end of the eighteenth century-beginning of the nineteenth century). See Joseph Bonnardel, agent for the STN. There are also references to a Du Beux, a bookseller in Lisbon.

Dubeux, Jean-Joseph, from Briançon, bookseller in Coimbra, agent to the Cramer family (second half of the eighteenth century).

Dumollard from Briançon, bookseller in Milan (end of the eighteenth century-beginning of the nineteenth century).

Eymard from Arvieux in Queyras, bookseller in Madrid (end of the eighteenth century-beginning of the nineteenth century).

Fantin and Gravier from Monêtier, booksellers in Genoa. Fantin left Genoa for Paris in 1796.

Faure and Bertrand, booksellers in Lisbon in 1755, agents to the Cramer family and to Gosse (second half of the eighteenth century).

The Faure brothers from St-Chaffrey, booksellers in Parma, agents for the Cramer family and for Gosse (second half of the eighteenth century-beginning of the nineteenth century).

Faure from St-Chaffrey, bookseller in Madrid (end of the eighteenth century-beginning of the nineteenth century).

Garnier from Briançon, bookseller in Genoa (end of the eighteenth century-beginning of the nineteenth century).

Gendron, Pierre, from Monêtier, bookseller in Lisbon, relative and associate of Joseph Reycend; Gosse's most important agent around 1740; in 1760 did virtually no business any more; settled in Paris in 1757, where he published Camoëns' work; also an agent to the Cramer family; sold his Lisbon bookshop to Bonnardel and Dubeux.

Gibert, Carlo, bookseller in Barcelona (second half of the eighteenth century).

The Ginioux brothers and nephews, booksellers in Lisbon, agents for Gosse (second half of the eighteenth century).

The Ginioux brothers, booksellers in Coimbra, agents for the Cramer family and for Gosse (second half of the eighteenth century).

Ginioux, bookseller in Porto (second half of the eighteenth century).

Giraud from Briançon, bookseller in Genoa (end of the eighteenth century-beginning of the nineteenth century).

Giraud from Briançon, bookseller in Rome (end of the eighteenth century-beginning of the nineteenth century).

Giraud, Jean's heir, bookseller in Murcia, agent to the Cramer family (second half of the eighteenth century).

Giraud, bookseller in Turin, agent to the STN (second half of the eighteenth century).

Giraud from Monêtier, bookseller in Barcelona (end of the eighteenth century-beginning of the nineteenth century).

Giraud, Laurent, from Vallouise, bookseller in Turin (end of the eighteenth century-beginning of the nineteenth century).

Giroud, (Alexandre?), bookseller in Avignon, agent for the Cramers (second half of the eighteenth century).

Giroud from Grenoble, bookseller in Grenoble, agent for the Cramers (second half of the eighteenth century).

Gravier, Martinez and Raimondo, booksellers in Malaga (second half of the eighteenth century).

Gravier, Thomas, from Villeneuve la Salle (Monêtier), bookseller in Rome (end of the eighteenth century-beginning of the nineteenth century).

Gravier, Jean, from Villeneuve la Salle (Monêtier), bookseller in Genoa 1756–60, then in

Naples 1761–6; publisher and agent to the Cramers and to Gosse.

Gravier, Joseph-Antoine junior, bookseller in Genoa, one of the Cramers' bad debtors in 1762; Gravier, Yves junior, from Villeneuve la Salle (Monêtier), bookseller in Genoa and bad debtor for the Cramer family between 1765 and 1767.

Gravier, Yves and Jean-Simon, from Villeneuve la Salle (Monêtier), booksellers in Genoa. In 1870, Yves was an agent for Gosse (end of the eighteenth century-beginning of the nineteenth century).

Gravier, Jean-Simon, from Villeneuve la Salle (Monêtier), bookseller in Paris; he went into partnership with Pierre Joseph Rey and together they requested a patent to sell books in 1815 (Patent of 13 June 1816, no. 820); Jean-Simon went to Paris c. 1803 and died on 6 March 1839.

Gravier from Villeneuve la Salle (Monêtier), bookseller in Turin (end of the eighteenth century-beginning of the nineteenth century).

Gravier from Villeneuve la Salle (Monêtier), bookseller in Bologna (second half of the eighteenth century).

Guibert, Charles Michel, son of Michel Guibert of Avignon, born c. 1725. Apprenticed to F. Girard in 1743, then employed in C. Delorme's bookshop in Avignon in 1754 or 1755. There is no record of any book being published under his name and he died in 1789.

Guibert, Jean-Joseph, from Villeneuve la Salle (Monêtier), born in Turin; married Anne-Marie Josserand (widow of J. B. Delorme) in Avignon; bookseller in Lisbon with Reycend; died in Lisbon in May 1736.

Guibert, François, whose family was from Villeneuve la Salle (Monêtier); born in Lisbon in 1733, son of Jean-Joseph, brought up by Delorme in Avignon following the death of his father; in 1756 he went into business with Delorme; had a branch of the business in Cadiz; agent for Gosse.

Guibert, Joseph, from Villeneuve la Salle (Monêtier), bookseller in Bologna, agent for Joseph Bouchard of Florence (second half of the eighteenth century).

Guibert & Orgeas, booksellers in Turin, agents for Gosse (second half of the eighteenth century).

Guibert, agent in Marseille between 1783 and 1797.

The Hermil brothers, booksellers in Cadiz, amongst the Cramers' bad debtors in 1755.

Hermil, Antoine, bookseller in business with Rolland, and haberdasher in Naples; agent to Gosse (second half of the eighteenth century).

Jouve, Jean, son of Mathieu, from St Didier en Dévoluy: see Chaillot.

Mallen, Francesco, bookseller in Coimbra c. 1760–70.

Mallen, bookseller in Lisbon (second half of the eighteenth century).

The widow Mallen and sons, booksellers in Pono in 1800.

Mallen, Giacomo, bookseller in Valencia, agent for the Cramers (second half of the eighteenth century).

Mallen, Giambattista (Jean-Antoine, father and son), booksellers in Seville, agents for the Cramers (second half of the eighteenth century).

Margaillan, from Briançon, bookseller in Milan (end of the eighteenth century-beginning of the nineteenth century).

Margaillan, from Briançon, bookseller in Pavia (end of the eighteenth century-beginning of the nineteenth century).

Martin and Bertrand, Jean-Joseph, booksellers in Lisbon, agents for Gosse (second half of the eighteenth century).

Martin from Le Bez (Monêtier), bookseller in Rio de Janeiro (end of the eighteenth century-beginning of the nineteenth century).

Martin from Villeneuve la Salle (Monêtier), bookseller in Lisbon (end of the eighteenth century-beginning of the nineteenth century).

Merle from Villeneuve la Salle (Monêtier), bookseller in Rome (end of the eighteenth century-beginning of the nineteenth century).

Mounier from Villeneuve la Salle (Monêtier), bookseller in Madrid (end of the eighteenth century-beginning of the nineteenth century).

Niel, Jean-Abraham, son of Jean Gabriel, bookbinder; born in 1715 in St Didier en Devoluy; in 1734 he was taken on by C. Delorme; in 1738 he married Anne-Marie Martin; he was a bookseller in Avignon in 1740 and died in 1750. His widow, helped by her son and her brother-in-law Balthazard Niel, continued to run his business (contract of partnership between 1754–56). She died in 1762.

Niel, Etienne Alexandre, son of Jean Gabriel, born in 1722; bookbinder with his father, and then independently after 1745; sometimes described as a bookbinder, sometimes as a printer.

Niel, Balthazard Jean, son of Jean Gabriel, born 1724, apprenticed to C. Delorme in 1737. Worked with his sister-in-law in 1761; in 1765 he married Jeanne Marie Vernet; in 1777 he was both a stockbroker and a bookseller. He went bankrupt in 1778. In 1789 he was a bookseller with his son Jean-Baptiste.

Niel, Jean-Joseph, son of Jean Abraham and Anne-Marie Martin; bookseller in 1763. In business with Aubanel and Barret from Lyon between 1767–78. Condemned to death by the *Commission d'Orange* and executed on 4 Messidor, year III (i.e. the tenth month of the Republican calendar, year 3).

Niel, Jean-Joseph, cousin to the former and son of Etienne Niel. A bookseller from 1792.

Niel, Jean-Joseph, bookseller in the Cap Francais in 1786.

Orcel, Joseph, from Briançon; in the mid-eighteenth century he was a bookseller in the rue de la Montera, Madrid, and agent to the Cramers. His brother Jean-Baptiste was a bookseller in Lisbon; Joseph Orcel (of Madrid) was the favoured intermediary of the Portuguese. Jean-Baptiste had to return to Madrid before 1750 following Joseph's death; he was an agent to the STN, a cultivated letter-writer and had a shop in Coimbra.

Orcel, Jacques-Antoine, from Monêtier, bookseller in Coimbra, married into the Bertrand family who were booksellers in Lisbon (second half of the eighteenth century-beginning of the nineteenth century).

Orcel from Monêtier, bookseller in Barcelona (end of the eighteenth century-beginning of the nineteenth century).

Pic from Monêtier, bookseller in Turin (end of the eighteenth century-beginning of the nineteenth century).

Prat, François, from Val des Près, bookseller in Turin (end of the eighteenth century-beginning of the nineteenth century).

Raby, Jacques Antoine, from Monêtier; Director of the Royal Printing House in Turin; one of the Cramers' bad debtors between 1755 and 1761.

Raby, bookseller in Turin, one of Gosse's important agents (second half of the eighteenth century).

Rey, Georges and Co., Pierre Joseph, from Villeneuve la Salle (Monêtier), booksellers in Lisbon (agents for the STN), then in Paris. Pierre Joseph went back to Paris around 1800: see Jean-Simon Gravier.

Rey, Marc Michel, bookseller in Amsterdam and the bookseller who made the most inroads into the Russian market; principal agent for the Cramer family in the Netherlands; Rousseau's publisher (second half of the eighteenth century).

Reycends, Jean-Baptiste and Collomb, Jean, booksellers in Portugal, agents for the Cramers in 1758–61. Reycends, Jean-Baptiste, bookseller in Lisbon, agent for Gosse (second half of the eighteenth century).

Reycends, Joseph and Gendron, Pierre, booksellers in Lisbon, agents for Gosse sometime between 1740 and 1779; in 1747, Gendron and Co. empowered Diego Barthelemi to act for them in the matter of the estate of Pedro Simion, in getting their money back, coming to an agreement over terms and calculating how much was due to them; in particular in coming to an agreement over the small but frequent amounts he owed to the business; Joseph Reycends left Lisbon for Turin in 1756, where he went into partnership with Guibert; he was a cousin of the Barthelemy family from Madrid, and of the Bonnardel family to whom he left the Lisbon shop.

Reycends, Jean-Baptiste and Collomb, Joseph, booksellers in Lisbon, agents for the Cramers in 1758–9.

Reycends from St Chaffrey, bookseller in Parma (end of the eighteenth century-beginning of the nineteenth century).

Reycends & Colomb (from Marseille), booksellers in Milan, agents for the Cramers between 1755–8.

Reycends & Guibert & Sylvestre, from Monêtier, booksellers in Turin, agents for the Cramers between 1756–60, which then became Reycends in partnership with the Guibert brothers, who developed the bookshop business and their connections with the Cramers between 1760 and 1766 to become the biggest bookshop in Turin. Reycends and Guibert opened a branch in Cadiz in 1760; they too worked with Gosse.

Rolland, Francisco, from Saint Antoine de Vallouise, bookseller in Lisbon, then a printer in partnership with Jean Joseph Rolland and Estevao Semiond (second half of the eighteenth century).

Rolland, Gabriel and Son, booksellers and haberdashers in Naples (second half of the eighteenth century).

Semion, from La-Pisse-en-Vallouise, bookseller in Lisbon (end of the eighteenth century-beginning of the nineteenth century).

Vallier from Monêtier, bookseller in Barcelona (end of the eighteenth century-beginning of the nineteenth century).

A Briançonnais man from Villeneuve la Salle (Monêtier), bookseller in Palma in Majorca (end of the eighteenth century-beginning of the nineteenth century).

This list was compiled from the following sources:

Gravier family private archives
Geneva State Archives, business F 61 to 63.
Albert, A., *Les Briançonnais libraires,* Grenoble, 1874, pp.19–23 and *Biographies bibliographic des Briançonnais, cantons de la Grave et de Monêtier-de-Briancon,* Grenoble, 1877, p.97.
Barber, G., 'The Cramers of Geneva and their Trade in Europe between 1755 and 1756', *Studies on Voltaire and the 18th Century,* vol. XXX, 1964, pp.377–413.
Blanchard, R., 'Aiguilles', *Revue de Géographic Alpine,* 10, 1922, pp.127–60.
Bonnant, G., 'Les libraires du Portugal au XVIIIe siècle vus à travers leurs relations d'affaires avec leurs fournisseurs de Genève, Lausanne et Neuchâtel', *Arquivio de bibliographia portugesa.* Ano VI, no. 23–4, Coimbra, 1961, pp.195–200; 'La librairie genevoise dans la Péninsule ibérique au XVIIIe siècle', *Genava,* new series, vol. Ill, 1961–2, pp.103–24; 'La librairie genevoise en Italic jusqu'à la fin du XVIIIe siècle', *Genava,* new series, XV,

1967, pp.117–60.

Braida, L., *Le Guide del tempo. Produzione, contenuti e forme degli almanachi piemontesi net settecento,* Deputazione subalpina di storia patria, Turin, 1989.

da Gama Caeiro, F., 'Livros e livreiros franceses em Lisboa nos fins de setecentos e no primeiro quartel do seculo XIX', *Anaia da Academia Portuguesa da Història* (Lisbon), series IIa, II (26), 1980, pp.301–27.

Gazetta universale, vol. XIX, 1792, no. 56, p.448. Infelise, M., *L'editoria veneziana nel '700,* Milan, Franco Angeli, 1989.

Lay, A., 'Libro e società negli stati sardi del Settecento', in *Libri, editori e publico nell' Europa moderna. Guida storica e critica* a cura di A. Petrucci, Roma-Ban, 1977, pp.249–82.

Lopez, F., 'Un apercu de la librairie espagnole au milieu du XVIIIe siècle', in *De l'alphabetisation aux circuits du livre en Espagne XVIe-XXe siècle.* Editions du CNRS, Paris, 1987, pp.387–416.

Machet, A., 'Le marche du livre francais en Italic au XVIIIe siècle', *Revue des Etudes italiennes,* new series, vol. XXIX, no. 4, 1983, pp.193–222.

Moulinas, R., *L'lmprimerie, la Librairie et la Presse à Avignon au XVIIIe siècle.* Presses Universitaires de Grenoble, 1974; 'Une fanulle d'imprimeurs-libraires avignonnais du XVIIIe siecle: les Delorme', *Revue francaise d'histoire du livre,* no. 3, 1972, pp.45–78.

Romano, R., *Napoli dal Viceregno al regno,* Einaudi, Turin.

Piwnik, M.-H., 'Libraires français et espagnols à Lisbonne au XVIIIe siècle', in *Livres et Libraires en Espagne et au Portugal (XVle–XXe siècles).* Editions du CNRS, Paris, 1989, pp.81–98.

注 释

导论

[1] A. Furetiere, *Dictionnaire universel*. The Hague, 1690: 'A merchant who sells his goods in the street.... *Pedlar:* Pedlars sell pictures, sheaths, scissors, laces and other small objects. The term particularly applies to those who sell newspapers. Decrees and other loose-leaf publications.... To *peddle:* To carry around one's neck, or on one's back, a large wicker basket or pack containing merchandise to sell on the streets and in the countryside...'.

Dictionnaire de l'Académic française, Paris, 1694: '*Pedlar:*... more generally this term is applied to those who sell newspapers. Decrees, Judgements and other printed public documents in the streets'. There is no entry for *to peddle.* Jacques Savary des Bruslons, *Dictionnaire universel du commerce,* Geneva, 1742, vol. 1, pp.969–71, gives a general definition relating to the city pedlar: *Pedlar:* petty merchant who shouts his various wares and produce in the streets;... particularly refers to the *Pauvres Maîtres du Corps de la Librairié, 6r de la Communaute des Relieurs* (Paupers and master craftsmen of the Bookselling Guild, and Association of Bookbinders) who were permitted to sell their goods on the street.

[2] *L'Encyclopédie on dictionnaire raisonné des sciences...*, Paris, vol. 3, 1753, entry for *pedlar,* pp.659–60. *L'Encyclopédie* proposes the same definition of the city pedlar and distinguishes between the general sense of 'hawking petty, trifling objects through the streets or from door to door' and the specific usage 'in the context of bookselling', repeating the definitions contained in previous dictionaries.

[3] A. Franklin, *Dictionnaire historique des Arts, métiers et professions exercées dans Paris depuis Ie xvme siècle,* Paris, H. Walter, 1906, pp.180–1.

[4] R. B. Westerfield, *Middlemen in English Business, particularly between 1660 and 1760,* 1915, reprint New York 1968, pp.314–15.

[5] Ibid., p.315.

[6] J. Corominas, *Diccionario Crítico Etimológico de la Lengua Castellana,* Berna, Francke, 1954.

[7] *Gridi nelle strode fiorentine,* G. Pecori ed., Florence, 1980.

[8] I. E. Fietta, 'Con la cassetta in spalla: gli ambulanti di Tesino', *Quaderni di cultma alpina,* no. 23, 1985, pp.4–111 (6).

[9]   J. Augel, *Italienische Einwanderung und Wirtschaftstätigkeit in rheinischen Städten des 17. und 18. Jahrhunderts,* Bonn, 1971, pp.189, 191, 193. F. Braudel has brought to our attention the abundance of terms used for pedlars across Europe in order to demonstrate that this string of names refers to a group of professions which cannot be conventionally categorized:*Civilisation materielle, economic et capitalisme, XVe-XVIIIe siècle,* Paris, 1979, II, *Les Jeux de l'Echange,* p.58.

[10] W. Shakespeare, *The Winter's Tale* (1611), Act IV, Scene 2.

[11] R. Chartier, *Figures de la gueuserie,* Paris, Montalba, Bibliothèque bleue, 1982, pp.13–30 (pp.107–31). The book was published in 1596 in Lyon and there were several new editions published at the beginning of the seventeenth century by Nicolas Oudot, in Paris and in Troyes.

[12] R. Duroux, 'L'Auvergnat de Madrid et la litterature espagnole', *Actes du colloque d'Aurillac, Le Migrant, 5–7 juin 1985,* Aurillac, 1986, pp.63–79 (68).

[13] Francisco de Quevedo, *La Hora de todos.* Scene XXXI.

[14] B. Gracian, *El Criticón* (1651), Madrid, 1957, pp.157–8. Cited by R. Duroux, 'L'Auvergnat de Madrid...', p.68.

[15] Lope de Vega, *El abanillo;* Tirso de Molina, *Quien no cae no se levanta* and *For el sótano y el torno,* cited by R. Duroux, 'L'Auvergnat de Madrid...', p.68.

[16] As in the works of Armestro y Castro, Cancer, Castillo Solorzano, Gracian, Lanini, Monroy y Silva, Moreto, Navarrete, Quevedo, Santos, Tirso de Molina, Vega, and many others; as cited by R. Duroux, 'L'Auvergnat de Madrid...', pp.69–71.

[17] G. Duval, *Littérature de colportage et imaginaire collectif en Angleterre a l'époque des Dicey (1720-v. 1800),* Bordeaux, Presses Universitaires de Bordeaux, 1991; the original doctoral thesis was consulted (Ph.D., University of Dijon, 1986, p.44).

[18] L. Fontaine, *Le Voyage et la memoire. Colporteurs de l'Oisans au XIXe siècle.* Presses Universitaires de Lyon, 1984, pp.231–4. To put this in the wider context of new insights into the peasantry see R. Hubscher, 'Modele et antimodele paysans', in *Histoire des François XIXe-XXe siècle,* vol. 2, *La société,* Y. Lequin ed., Armand Colin, Paris, 1983, pp.122–44.

[19] F. Braudel, *La Méditerranee et le monde méditerranéen à l'époque de Philippe II,* fourth edition, Paris, 1987, pp.30 and 39. Translated by Sian Reynolds as *The Mediterranean and the Mediterranean World in the Age of Philip II,* London, Collins, 1973.

第一章

[1]   G. Duby, 'L'état de la vallée de Barcelonnette au Moyen Age', *Sabença de la Valeia,* Barcelonnette, 1984. The Apennines became populated during the same period; R. Sarti, *Long Live the Strong: a history of rural society in the Apennine mountains.* The

University of Massachusetts Press, Amherst, 1985, p.58.

[2] A. Allix, *L'Oisans au Moyen Age. Etude de géographic historique en haute montagne d'après des documents inédits suivie de la transcription des textes,* Paris, 1929, pp.110 and 145–53. L. C. Bollea, 'II mercado di Pinerolo nel sec. XIV, *Bolletmo Storico-Bibliografico Subalpino,* 1929, pp.237–246 (239).

[3] P. Guichonnet 'L'émigration alpine vers les pays de langue allemande', *Revue de géographic alpine,* 1948, pp.553–76 (540 and 543). P. Aebischer, 'Voyageurs, artisans et marchands valdotains a Fribourg au XVe siècle, et brigands fribourgeois dans la vallée d'Aoste', *Augusta Pretoria. Revue valdôtaine de pensée et d'action régionaliste,* 1926, pp.58–65. (This document brings to light the existence of a combined trade in leather and in woollen sheets, centred on a colony of men from the Valle d'Aosta in Fribourg, who imported dyes from Italy for the Fribourg textile industry and employed others from the Valle d'Aosta in the factories making the sheets.)

[4] I. Guy, 'The Scottish Export Trade, 1460–1599', *Scotland and Europe, 1200–1850,* T. C. Smout ed., Edinburgh, 1986, pp.62–9.

[5] J. Heers, 'Gênes, Lyon et Genève: les origines des foires de change', *Cahiers d'Histoire,* V, 1, 1960, pp.7–15 (8–9). Jean-François Bergier, 'Genève et la Suisse dans la vie économique de Lyon aux XVe-XVIe siècles', *Cahiers d'Histoire,* V, 1, 1960, pp.33–44.

[6] A. Allix, *L'Oisans au Moyen Age,* pp.138–9. All the routes were described-along with how difficult they were and the length of time they took-by Jacques Signot, in 1515. His descriptions were published as 'Description des passaignes des Alpes en 1515', *Bulletin de la Société des Études des Hautes Alpes,* Gap, 1887, pp.225–34. See also C. F. Capello, 'La "Descrizione degli itinerari alpini" di Jacques Signot (o Sigault) (*Codici e stampe dei secoli* XV-XVI)', *Revista Geografica italiana,* 1980, pp.223–42. For more information on the 'lofty trade route', the succession of mountain passes taken by men from Faucigny and the Valle d'Aosta on their way to Germany, see P. Guichonnet, 'L'émigration alpine...' pp.548–9.

[7] Trip to Spain made by Barthelemy Joly, 1603–4, mentioned by A. Poitrineau in *Les Espagnols de l'Auvergne et du Limousin du XVIIe au XIXe siècle,* Mazel-Malroux, Aurillac, 1985.

[8] Again, in the middle of the thirteenth century, the Savoyard Alps experienced a real growth in population. The population figures demonstrate this: the important towns were now in the highlands. Barcelonnette in the Ubaye valley was one of the large towns in Provence, with 3–4,000 people at the beginning of the fourteenth century, in other words half the population of Nice, and two-thirds of that of Toulon (G. Duby, *art. cit.*). In the Dauphine, La Grave at the foot of the Lautaret mountain pass, with

320 families recorded in 1339, was out in front, way ahead of the Bourg d'Oisans, situated where the valleys opened out onto the plain, which had 271 families and was second-and second with a population scarcely higher than any of the other mountain valleys with pasture-land located near the mountain passes (A. Allix, *L'Oisans au Moyen Age...*, pp.150–1).

[9] In the sixteenth century, the geographers were already referring to certain Alpine valleys as 'peddling valleys'; 'Krämerthal', or 'Kremertal': Tschudy in his *Die Uralt Warhaftig Rhetica* (Basel, 1538), or Sébastien Münster in *Cosmographie* (Basel, 1538), thus designated the Challant valley; and a century later, Scheuchzer, in his *Alpenreise,* called the eastern part of the Valle d'Aosta 'Pedlar's valley'. These documents are cited by H. Helmerking in *Zwei Augstaler Krämerfamilien im Kanton Zürich, Separatabdruck aus Zurcher Monatschronik,* Winterthurseen, 1937, quoted by P. Guichonnet, 'L'émigration alpine...' p.550 and note 57. From the Blenio valley in Lombardy, there is a record of long-distance migration dating back to the fourteenth century, which makes particular mention of the highland villages: F. C. Farra and Don G. Gallizia, 'L'emigrazione dalla Val Blenio a Milano attraverso i secoli', *Archivio Storico Lombardo,* 9th series, vol. 1, 1961, pp.117–30 (118).

[10] J. Augel, *Italienische Einwanderung und Wirtschaftstätigkeit in rheinischen Städten des 17. und 18. Jahrhunderts,* Bonn, 1971, pp.42–58. M. Aymard, 'La Sicile, terre d'immigration', *Les Migrations dans les pays méditerranéens au XVIIIe et au début du XIXe,* Centre de la Méditerranée moderne et contemporaine, Université de Nice, Nice, 1973, pp.134–57 (150).

[11] Upper Faucigny in the Savoy region, including Cluses, Nancy-sur-Cluses, Bonneville, Scionzier, Magland, Sallanche, Passy Arâches; the Valle d'Aosta, including Gressoney, Antey, Valtournanche, Ayas, Challant, Issime. P. Guichonnet, 'L'émigration alpine...', pp.542–3, describes this progression, using work done by Hektor Ammann, *Neue Beiträge zur Geschichte der Zurzacher Messen,* Aarau, Sauerländer, 1930; by Adolf Birkenmaier, 'Die fremden Krämer zu Freiburg in Breisgau und Zürich', *Zeitschrift der Gesellschaft für Beförderung der Geschichte-Altertums und Volkskunde von Freiburg,* 1913, vol. XXIX; by K. Martin, 'Die Savoyische Einwanderung in das alemannische Süddeutschland', *Deutsches Archiv für Landes und Volksforschung,* vol. VI, fasc. 4, 1942, pp.647–58; and by A. Schulte, *Geschichte des mittelalterlichen Handels und Verkehrs zwischen Westdeutschland und Italien, mit Ausschluss von Venedig,* Leipzig, Duncker and Humblot, 2 vols, 1900.

[12] A. Dietz, *Frankfurter Handelgeschichte,* Frankfurt, 4 vols, 1921, vol. 2, pp.414–15.

[13] M. Aymard, 'La Sicile, terre d'immigration', in *Les migrations dans les pays méditerranéens au XVIIIe et au début du XIXe,* Centre de la Méditerranée moderne et contemporaine, Universite de Nice, 1973, pp.134–57 (147–52). R Merzario, 'Una

fabbrica di uomini. L'emigrazione dalla montagna comasca (1650–1750)', *Mélanges de l'Ecole française de Rome,* 96, 1984, 1, pp.153–75.

[14] From 1700, a small community of grocery and haberdashery merchants, originally from Lommel in Brabant, established itself in the region of Bitche in Lorraine. In three-quarters of a century they had developed a network of shops and stalls across the area, and pedlars of lesser means revolved around those who had succeeded in setting up business there. Today Lommel is situated in Limburg in Belgium. D. Hemmert, 'Quelques aspects de l'immigration dans Ie comté de Bitche, fin du XVIIe siècle, debut XVIIIe', *Actes du 103e Congrès national des Sociétés savantes. Nancy-Metz, 1978, Histoire moderne et contemporaine,* Paris, 1979, pp.41–56.

[15] K. Martin, 'Die Savoyische Einwanderung in das alemannische Süddeutsch-land', *Deutsches Archiv für Landes und Volksforschung,* vol. VI, fasc. 4, 1942, pp.647–58 (656). E. Gothein, *Wirtschaftsgeschichte des Schwarzwaldes und der angrenzenden Landschaften,* Strasbourg, 1892, pp.406–7 and 433.

[16] P. Guichonnet, 'L'émigration alpine...', p.567, where he gives numerous examples.

[17] D. Hemmert, 'Quelques aspects...', pp.44–5. 1ST. Riis, *Should Auld Acquaintance Be Forgot... Scottish-Danish relations c. 1450–1707, 1* vols, Odense University Press, 1988, pp.8–40.

[19] Their total numbers were more modest, however. A Biegansa, 'A note on the Scots in Poland, 1550–1800', in *Scotland and Europe, 1200–1850, T.* C. Smout ed., Edinburgh, 1986, pp.157–65 (157).

[20] M. Spufford, *The Great Reclothing of Rural England, Petty Chapmen and their Wares in the Seventeenth Century,* London, The Hambledon Press, 1984, p.26.

[21] F. Braudel, *La Méditerranée et Ie monde méditerranéen à l'époque de Philippe II,* fourth edition, Paris, 1987. Trans. Siân Reynolds as *The Mediterranean and the Mediterranean World in the Age of Philip II* (London, Collins, 1973). See p.45 on the importance of Armenian pedlars in eastern trade. A. Bieganska, 'A note on the Scots in Poland...', pp.158–9. In contrast, émigration from Italy was a Court émigration of intellectuals and artists in the King's service; the Saxon émigration was primarily military in nature and the English émigration was confined to a few firms of rich merchants.

[22] T. Riis, 'Scottish-Danish relations in the sixteenth century', *Scotland and Europe 1200–1850,* T. C. Smout ed., Edinburgh, 1986, pp.82–96 (88–91).

[23] J. Augel, *Italienische Einwanderung....* ends his book with a note on each of these men, as does K. Martin, 'Die Savoyische Einwanderung...'. Wilhem Mauer, in his 'Piemonteser und Savoyer in Siiddeutschland', taken from 50 *Jahre Familienforschung in Südwest-Deutschland,* Gustav Hahn ed., Stuttgart, 1970, pp.117–27 continued the task of enumeration undertaken by K. Martin and J. Rumpf-

Fleck in *Italienische Kultur in Frankfurt am Main im 18. Jahrhundert,* Petrarca-Haus, Cologne, 1936, which gives an account of the Italian merchants established in Frankfurt in the eighteenth century on pp.130–9. For a list of Savoyard émigres in Vienna, Bavaria and in the Empire, see C. and G. Maistre, G. Heintz, *Colporteurs et marchands Savoyards dans ['Europe des XVIIe et XVIIIe siècles,* reports and documents published by the Academy of Saint François de Sales, vol. 98, Annecy, 1992, pp.217–41.

[24] A. Bieganska, 'A note on the Scots in Poland...', p.158; T. Riis, *Should Auld...,* p.39.

[25] F. Braudel, *La Méditerranée...,* p.46.

[26] Strasbourg Municipal Archives, Vth series, 121/20. I am here taking my lead from J.-P. Kintz, 'Savoyards et grand commerce à l'aube du XVIIe siècle, l'exemple de la Compagnie des Trois Frères', *L'Europe, l'Alsace et la France. Problèmes interieurs et relations Internationales à l'époque moderne. Etudes réunies en l'honneur du doyen Georges Livet pour son 70e anniversaire,* Colmar, éditions d'Alsace, 1986, pp.32–8.

[27] G. Livet, 'Une page d'histoire sociale: les Savoyards à Strasbourg au début du XVIIIe siècle', *Cahiers d'Histoire,* vol. 4, 1959, pp.131–45. See also C. Wolff, 'Un type de marchands sous Louis XIV: Les Savoyards de Barr', *Annuaire de la Société d'histoire et d'archéologie de Dambach-la-Ville,* Barr, Obernai, vol. 3, 1969, pp.122–7.

[28] Departmental archives of the Isère 1J 1102. *Livre de raizon apartenant à Moy Jean Giraud de Lagrave où est contenu mais affaires empartimlier. Comancé le 17 janvier 1670 à Lion.* His Account Book is unfortunately far from complete: he only noted down a certain amount of his business dealings, which were usually recorded in five separate books, which have not been preserved: the 'ledger' which dealt with official business dealings; the 'daybook'; his 'secret book' in which he noted down everything related to the structure, changes, and accounts between the partners of the successive commercial firms he set up; his 'travel notebook' and his 'La Grave notebook', which was reserved for his business dealings with the highlands. Thus Geneva is not mentioned as a place in which he did business and had a temporary residence, except in the chronicle which closes his Account Book which tells of the persecution suffered by the Protestant community and by his family in the summer of 1685.

[29] Departmental archives of the Rhone, B series, 8 May 1690.

[30] For more information on merchant-migrants and links with the home village, see 0. Martin, *La Conversion protestante à Lyon (1659–1687),* Geneva, Paris, Droz, 1986, pp.50–65.

[31] E. Arnaud, *Histoire des protestants du Dauphiné aux XVIe, XVIIe et XVIIIe siècles,* 3 vols, Paris, 1875, vol. 1, pp.499–510.

[32] J. Augel, *Italienische Einwanderung...,* pp.62–105, 193.

[33] J. Augel's index in *Italienische Einwanderung...* mentions 77 members of the Brentano

family who were established in the Rhine area between the end of the seventeenth century and the end of the eighteenth century. See also A. Dietz, *Frankfurter Handelgeschichte,* Frankfurt, 1921, pp.240–59 and J. Rumpf-Fleck, *Italienische Kultur*..., p.18, which also looks at the different branches of the Brentano family in Frankfurt (pp.25–8), and lists on pp.133–5 the members of the tour branches of the family in Frankfurt in the seventeenth and eighteenth centuries.

[34] H. Onde, 'L'émigration en Maurienne et en Tarentaise', *Bulletin de la Société scientifique de Dauphiné,* 1942, pp.41–99 (43). There are numerous examples in Chanoine Dechavassine's 'L'émigration savoyarde dans les pays de langue allemande', *Congrès des Sociétés savantes de la Province de Savoie, Actes du Congrés de Moûtiers, 5 et 6 septembre 1964,* pp.86–97.

[35] T. Riis, 'Scotttish-Danish...', p.90.

[36] T. A. Fischer, *The Scots in Sweden,* Edinburgh, 1907, pp.10–17. See also *The Scots in Germany,* Edinburgh, 1902, and *The Scots in Eastern and Western Prussia,* Edinburgh, 1903, both from the same author.

[37] E.-B. Grage, 'Scottish merchants in Gothenburg, 1621–1850', *Scotland and Europe, 1200–1850,* T. C. Smout ed., Edinburgh, 1986, p.113.

[38] T. C. Smout, 'The Glasgow merchant community in the seventeenth century', *Scottish Historical Review, 47,*1968, pp.53–71 (64–5). In the 1680s, one-eighth of Glasgow merchants peddled fabrics in England.

[39] D. Hemmert, 'Quelques aspects de l'immigration...', pp.43–4. Italian immigration was obviously not confined to the peddling movement, and all European countries had their 'Court Italians'; Victor-Louis Tapie, *Baroque et classicisme,* Paris, 1972, book 3; Jean-Michel Thiriet, 'I/immigration italienne dans la Vienne baroque (1620–1750)', *Revue d'Histoire économique et sociale,* 52, 1974, pp.339–49.

[40] Departmental archives of the Isère, 1J 1102.

[41] E. Gothein, *Wirtgeschaftsgeschichte*..., p.578. E.-B. Grage, 'Scottish merchants in Gothenburg...', pp.112–27 (112).

[42] Departmental archives of the Hautes Alpes, 4E 4839, 6 August 1686.

[43] J. Augel, *Italienische Einwanderung*..., pp.201–2.

[44] M. Aymard, 'La Sicile, terre d'immigration', pp.150–1.

[45] R. Merzario, *Il Capitalismo nelle montagne. Strategic famigliari nella prima fase di industrializzazione nel Comasco,* Il Mulino, Bologna, 1989, pp.139–40. At the beginning of the eighteenth century, a handful of men headed towards Russia.

[46] Departmental archives of the Isère, 1J 1102.

[47] National Archives: MC, et/LXXXVI/213.

[48] Departmental archives of the Isère, 4G 271/283.

[49] J. Augel, *Italienische Einwanderung*..., p.164.

[50] E. Gothein, *Wirtschaftsgeschichte*..., pp.740–1 and 849.
[51] J. Augel, *Italienische Einwanderung*..., p.192.
[52] J. Augel, *Italienische Einwanderung*..., p.198. In 1708, a Frankfurt ruling tried to resolve this problem.
[53] J. Augel, *Italienische Einwanderung*..., p.195.
[54] National Archives: MC, et/LXXXVI/213.
[55] L. Fontaine, 'Family Cycles, Peddling and Society in Upper Alpine Valleys in the Eighteenth Century', in *Domestic Strategies: Work and Family in Prance and Italy, 17–18th Century*, S. Woolf ed.. Editions de la Maison des Sciences de l'Homme/Cambridge University Press, 1991, pp.43–68.
[56] H. Ammann, *Freiburg und Bern und die Genfer Messen* (dissertation), Langensalza, Beyer, 1921, pp.35, 41, 51, cited by P. Guichonnet in 'L'émigration alpine...', pp.551, 559–60 concerning the temporary warehouses established by men from the Savoy and the Valle d'Aosta, where the pedlars from each network came to stock up with goods.
[57] Departmental archives of the Creuse, E 511, 11 April 1591, as cited by Andre Thomas in 'Caspar Ie Loup, ligueur et chef de brigands en 1595', *Memoire de la Société des Sciences naturelles et archeologiques de la Creuse*, vol. XXIV, pp.363–73 (368–72). I should like to thank Michel Cassan who was kind enough to send me this document from the archive.
[58] J. B. Kälin, 'Alte Klagen gegen fremde Hausierer und Krämer', *Mitteilungen des historischen Vereins des Kantons Schwyz*, 1885, fasc. 4, pp.69–72. Cited by P. Guichonnet, 'L'émigration alpine...', p.555.
[59] Rulings from 1628, 1632, 1671, 1692. J. Augel, *Italienische Einwanderung*..., pp.193–4.
[60] Complaint from the Frankfurt merchants in 1772. J. Augel, *Italienische Einwanderung*..., p.203.
[61] J. Augel, *Italienische Einwanderung*... p.189. G. Levi demonstrates this in his study of immigration in Turin in the seventeenth century, *Centra e periferia di uno stato assoluto*, Turin, 1985, pp.11–27.
[62] A. Bieganska, 'A note on the Scots in Poland...', *art. cit.* p.156.
[63] T. Riis, 'Scottish-Danish...', p.88.
[64] E.-B. Grage, 'Scottish merchants in Gothenburg...', p.114.
[65] T. Riis, 'Scottish-Danish...', p.87. It should one day be possible to study the links between artisan and merchant networks. Until fuller and more complex studies on occupational migration have been undertaken, we should merely highlight the common village origins of craftsmen and pedlars.
[66] Departmental archives of the Hautes Alpes, IE 4839, 10 July 1684.
[67] Departmental archives of the Hautes Alpes, IE 7218, 19 October 1680.
[68] Departmental archives of the Hautes Alpes, IE 7215, 10 August 1684.

[69]   Departmental archives of the Hautes Alpes, IE 7218, 14 February 1690.
[70]   E. Gothein, *Wirtschaftsgeschichte*..., p.849.
[71]   Departmental archives of the Hautes Alpes, IE 4839, 2 December 1685.
[72]   Departmental archives of the Hautes Alpes, IE 4839, 6 August 1686. Vincent Albert was to have his son with him for six months of the year, in winter for the first three years; the firm would pay him 20 *livres* in wages, would look after him for a month were he to fall ill, and would provide him with 'silk stockings, shoes and gaiters'.
[73]   G. Livet, 'Une page...', pp.134–5.
[74]   P. Guichonnet, 'L'émigration alpine...', pp.555–6 and 559. There remain numerous exchanges of letters between towns on this subject. The same complaints arose in Strasbourg from the 1620s onwards. G. Livet, 'Une page...', p.138.
[75]   A Birkenmaier, 'Die fremden Krämer...', pp.93–110, describes the regulations in Fribourg between the mid-fifteenth century and the end of the sixteenth century which aimed at restricting the Italian pedlars.
[76]   K. Martin has shown that, out of a group of 384 wives of immigrants, only 60 came from the Savoy or were born of Savoyard parents who had settled in Germany, and all the others were German.
[77]   D. Hemmert makes the same observation concerning the Savoyards' entry into the bourgeois class of Bitche, 'Quelques aspects de l'immigration...', p.51; P. Guichonnet, 'L'émigration alpine...', p.565.
[78]   The native merchants of Frankfurt obtained repeated rulings (1707, 1722, 1734) forbidding the establishment of these 'mixed' ventures. J. Augel, *Italienische Einwanderung*..., p.202.
[79]   D. Ozanam, 'La colonie française de Cadix au XVIIIe siècle, d'après un document inédit (1777)', *Mélanges de la Casa de Vélasquez*, IV, 1968, pp.259–349 (287). To trace the development of the legislation, see A. Dominguez Ortiz, Los *Extranjeros en la vida española durante el siglo XVII*, Madrid, 1960, pp.59–64; and also D. Ozanam, *ibid;* pp.261–4. This distinction complicates research into the French community in Spain, since a certain number of them were counted as Spanish.
[80]   J. Nadal and E. Giralt, *La Population catalane de 1553 à 1717. L'immigration française et les autres facteurs de son développement,* Paris, SEVPEN, 1960, p.51.
[81]   G. Livet, 'Une page...', pp.133–4.
[82]   P. Guichonnet, 'L'émigration alpine...', p.559.
[83]   *Ibid.,* pp.556–7.
[84]   A. Poitrineau, *Les Espagnols,* p.223.
[85]   P. Guichonnet, 'L'émigration alpine...', p.557.
[86]   E. Gothein, *Wirtschaftsgeschichte*..., p.578.
[87]   J. Augel, *Italienische Einwanderung*..., gives numerous examples on pp.160–6.

[88] H. Kellenbenz, *art. cit.,* pp.159–60.

[89] P. Guichonnet, 'L'émigration alpine...', gives numerous examples for Switzerland and southern Germany on p.555.

[90] E. Gothein, *Wirtschaftsgeschichte*.... p.434.

[91] A. Bieganska, 'A note on the Scots in Poland...', *art. cit.,* p.158.

[92] A. Dominguez Ortiz, Los *Extranjeros*..., pp.64–5.

[93] J. Augel, *Italienische Einwanderung*..., p.197. T. Riis, *Should Auld*..., p.196.

[94] D. Ozanam, 'La colonie française de Cadix...', p.266. M. Aymard, 'La Sicile, terre d'immigration', p.148.

[95] S. Cerutti, 'Du corps au métier: la corporation des tailleurs à Turin entre XVIIe et XVIIIe siècle', *Annales ESC,* 1988, no. 2, pp.323–52. *La Ville et les métiers. Naissance d'un langage corporatif* (*Turin, XVIIe-XVIIIe siècles*), Ecole des Hautes Etudes en Sciences sociales, Paris, 1990.

[96] E. Gothein, *Wirtschaftsgeschichte*..., p.433.

[97] Ruling of 1531. K. Martin, 'Die savoyische Einwanderung...', pp.647–58.

[98] T. Riis, *Should Auld*..., pp.75–6.

[99] A. Bieganska, 'A note on the Scots in Poland...', *art. cit.,* p.158.

[100] T. A. Fischer, *The Scots in Sweden,* pp.5–7. There was the same indignation on the part of the Stockholm burghers in 1635 (p.7).

[101] The pragmatic ordinance of 1623 forbade goods that had been produced elsewhere being brought into the country. In 1625, the Frenchmen who had set up business in the ports had a certain amount of their property seized, and some of them were even imprisoned. In 1635, there was a further confiscation of goods. In 1647, Philippe IV laid down strict limits on the amount of currency that could be taken out of the country. The treaty of 1659 asserted freedom of movement and trade, and the French were given solemn guarantees. The war over devolution and Holland provoked a further reaction which went beyond policies involving customs and prohibition to include inspections of houses and shops, and further confiscation of goods. At the end of the century, a more normal situation was re-established and lasted for the better part of the eighteenth century, despite rulings concerning bans and higher tariffs (notably in 1778). J. Perrel, 'Introduction a une etude sur l'émigration corrézienne vers l'Espagne sous l'Ancien Régime', *Bulletin de la Société des Lettres, sciences et arts de la Corrèze,* LXVII, 1963, pp.92–101 (95).

In 1593 the French pedlars found themselves banned from selling a number of products; in 1626 Spain refused to allow fancy goods, ironmongery, and numerous items produced in France into the country; the only articles allowed in were sails, rigging and items of haberdashery indispensable to the shippers of the fleet in Seville, destined for the Indies. A. Poitrineau, *Les 'Espagnols' de t'Auvergne et du Limousin du XVIIe au XIXe siècle,* Aurillac, Mazel-Malroux, 1985, pp.221–2. A further example: in 1657, a royal proclamation forbade the French pedlars from going into the street, from door to door, selling their rubbish and buying gold and silver braid, and scraps of precious metal; a proclamation which was revoked some 20 years later. [A. Poitrineau, *Les Espagnols*..., p.225.]

[102] E. Gothein, *Wirtschaftsgeschichte*..., p.466.
[103] T. A. Fischer, *The Scots in Sweden,* pp.29–32.
[104] E.-B. Grage, 'Scottish merchants in Gothenburg....', p.114.
[105] J. Augel, *Italienische Einwanderung*..., p.196.
[106] A. Dietz, *Frankfurter*..., pp.243–4.
[107] K. Martin, 'Die Savoyische Einwanderung...', p.8; and P. Guichonnet, 'L'émigration alpine...', pp.555–6.
[108] P. Guichonnet, 'L'émigration alpine...', p.558.
[109] P. Guichonnet, 'L'émigration alpine...', pp.554–8.
[110] J. Augel, *Italienische Einwanderung*..., p.194.
[111] A. Bieganska, 'A note on the Scots in Poland...', pp.157–8.
[112] T. A. Fischer, *The Scots in Sweden,* pp.5–7.
[113] Frankfurt ruling, 1628. J. Augel, *Italienische Einwanderung*..., p.192.
[114] The first rulings date back to 1632, and reached their maximum force in Frankfurt and Mainz in 1671. J. Augel, *Italienische Einwanderung*..., pp.160 and 193.
[115] A. Dietz, *Frankfurter*..., p.601.
[116] G. Livet, 'Une page...', pp.142–5.
[117] National Archives: MC, et/LXXXVI/213; Departmental archives of the Isère, 1J 1102.
[118] The record book for debts owed to the Compagnie des Trois Freres concerns 507 people and, apart from a few debts which are a decade or so old, all the others were contracted between 1608 and 1611.
[119] Complaint from the Society of Swabia in 1582; K. Martin, 'Die Savoyische Einwanderung...', p.7.
[120] E. Gothein, *Wirtschaftsgeschichte*..., p.741.
[121] H. Kellenbenz, 'Le déclin de Venise et les relations économiques de Venise avec les marchés au nord des Alpes (fin XVIe siècle-commencement du XVIIIe siècle', *Aspetti e cause delta decadenza economics veneziana net secolo XVII,* Atti del convegno 27 giugno-2 luglio 1957, Venice 1961, pp.107–83 (145–9).
[122] P. Guichonnet, 'L'émigration alpine...', pp.559–60 gives numerous examples of these Savoy and Piedmont families.
[123] B. Caizza, *Industria e commercio delta repubblica veneta nel XVIIIe secolo,* Banca Commerciale Italiana, Milan, 1965, pp.13–15 and pp.160–70.
[124] G. Livet, 'Une page...', p.138.

[125] Savoyards (from Sallanche) established themselves in the Bitche area right in the middle of a period of unrest (1672); from 1700 these 'mercatores Sabaudii' made up the elite of the merchant bourgeoisie. D. Hemmert, 'Quelques aspects de l'immigration...', p.45; and P. Guichonnet, 'L'émigration alpine...', p.559.

[126] G. Livet, 'Une page...', p.132; C. and G. Maistre, *L'émigration marchande savoyarde aux XVIIe-XVIIIe siècles: l'exemple de Nancy-sur-Cluses.* Academy of Saint François de Sales, Annecy, 1986, pp.21–2.

[127] M. Virieux, 'Les migrations en Dauphine d'apres les passeports delivres par le commandement de la province (1740–1743)', *Evocations*, 1973, pp.97–116 (112), emphasizes the influx of merchants and carters from the dioceses of Die, Gap and Embrun heading for the Savoy which was at war.

[128] G. Livet, 'Une page...', pp.135–8.

[129] J. Augel, *Italienische Einwanderung...*, pp.197–8.

[130] J. Augel, *Italienische Einwanderung...*, p.199.

[131] Departmental archives of the Rhone, 3E 4781B, notary Antoine Favard.

[132] M. Balard, *La Romanic génoise...*, J. Le Goff, *Marchands et banquiers du Moyen Age,* Paris, Presses Universitaires de France, 1980. Peddling also played an essential part in Asiatic trade; see *The Cambridge Economic History of Europe*, vol. V, *The Economic Organisation of Early Modern Europe*, p.279.

[133] F. Braudel, *Civilisation matérielle, économic et capitalisme, XVe-XVIIIe siècles,* vol. 2, *Les Jeux de l'Echange,* Paris, 1979 edition, p.129.

第二章

[1] A. Allix, *L'Oisans au Moyen Age. Étude de géographic historique en haute montagne d'après des documents inédits suivie de la transcription des textes,* Paris, 1929, pp.150–1.

[2] Thus, in 1713, there was the handing over of the valleys to the King of Sardinia; the tax that he imposed on fabrics which came from the Dauphine, and the subsequent ban on importing such fabrics; followed in 1745 by the French ban on exporting wool and hides from France. A. Albert, 'Le pays Briançonnais: les Queyrassins negociants', *Bulletin de la Société d'étude des Hautes-Alpes,* first series, vol. 8, 1889, pp.313–31 (316–17).

[3] R. Bornecque, 'La vie dans le Briançonnais au XVIIIe siècle d'après les memoires des ingenieurs militaires', *Cahiers d'Histoire,* XV, 1, 1970, pp.15–42 (28–31).

[4] E. Gothein, *Wirtschaftsgeschichte des Schwarzwaldes und der angremenden Landschaften,* Strasbourg, 1892, p.741.

[5] See chapter 6: Credit and social relationships.

[6] J.-P. Poussou, *Bordeaux et le Sud-Ouest au XVIIIe siècle. Croissance économique et*

attraction urbaine, Paris, Editions de l'E.H.E.S.S, 1983.

[7] T. A. Fischer, *The Scots in Sweden,* Edinburgh, 1907, p.17.

[8] T. Riis, 'Scottish-Danish relations in the sixteenth century', *Scotland and Europe, 1200–1850,* T. C. Smout (ed.), Edinburgh, 1986, pp.82–96 (88–91). J. J. Israel, *Dutch Trade Hegemony,* Oxford, 1989.

[9] A. Bieganska, 'A note on the Scots in Poland, 1500–1800', *Scotland and Europe....* pp.157–65 (p.159).

[10] T. C. Smout, 'The Glasgow Merchant Community in the Seventeenth Century', *Scottish Historical Review, 47,* 1968, pp.53–71 (66).

[11] T. A. Fischer, *The Scots in Sweden...,* p.37.

[12] E.-B. Grage, 'Scottish merchants in Gothenburg, 1621–1850', *Scotland and Europe...,* p.117.

[13] D. R. Ringrose, *Madrid and the Spanish Economy* (1560–1850), University of Carolina Press, 1983, pp.164–92.

[14] My apologies for placing so little emphasis in this book on the merchant migration of the Jewish communities. The work involved in putting the structure of these networks in some sort of perspective vis-a-vis the home communities is beyond the proposed scope of this volume. However, I should like to draw attention to three meticulously researched and interesting studies, covering Holland, England and France: B. W. de Vries, *from Pedlars to Textile Barons: The Economic Development of a Jewish Minority Group in the Netherlands,* Amsterdam, 1989; T. Endelman, 'L'activite economique des juifs anglais', *Dix-huitième siècle,* no. 13,1981, pp.113–26; R. Moulinas, 'Le Conseil du Roi et le commerce des Juifs d'Avignon en France', *Dix-huitieme siècle,* no. 13, 1981, pp.169–79; and the beautiful book by Elias Canetti which describes how, at the beginning of the twentieth century, his Rumanian grandfather travelled through Europe just like any seventeenth-century merchant, *Histoire d'une jeunesse, la langue sauvée,* Munich, 1977, Paris, 1987, p.127.

[15] D. Albera, M. Dossetti, S. Ottonelli, 'Societa ed emigrazioni nell'alta valle Varaita in eta moderna', *Bollettino storico-bibliografico subalpino,* LXXXVI, 1988, 1, pp.117–69 (132–3). In the Savoy, P. Guichonnet noted 'the progressive reduction of the distance covered', and the end of large-scale successes for the merchants who came from the Val de Montjoie and were established in Vienna, Bavaria, or even Poland; 'L'émigration saisonnière en Faucigny pendant la premiere moitie du XIXe siècle (1783–1860)', *Revue de Géographic alpine,* 1945, vol. XXXIII, fasc. 3, pp.465–534 (489 and 501).

[16] L. Zanzi and T. Rizzi, J *walser nella storia delle Alpi, un modello di civilizzazione ei suoi problemi metodologici,* Edizioni universizari Jaca, Milan, 1988; P. P. Viazzo, *Upland Communities: Environment, Population and Social Structure in the Alps since*

the Sixteenth Century, Cambridge, Cambridge University Press, 1989.

[17] N. Daupias d'Alcochete, 'Bourgeoisie pombaline et noblesse libérate au Portugal', *Mémorias e documentos para a historia luso-francesca.* IV, Fundacao Calouste Gubenkian, Paris, 1969, pp.15–39.

[18] For more information on the education of merchants' sons, see D. Julia, 'L'éducation des négociants en France au XVIIIe siècle', *Colloque Négoce et Culture à l'époque moderne,* European University Institute of Florence, 3 and 4 December 1987.

[19] P. Guichonnet, 'L'émigration alpine vers les pays de langue allemande', *Revue de Géographic alpine,* 1948, pp.553–76 (567).

[20] C. and G. Maistre, *L'Émigration marchande savoyarde aux XVIIe-XVIIIe siècles: L'exemple de Nancy-sur-Cluses,* Academy of Saint François de Sales, Annecy, 1986, p.185.

[21] See Ulrich Pfister's analyses of the activities of the Brentano and Curti families in the Zurich region, *Die Zürcher Fabriques, Protoindustrielles Wachstum vom 16. zum 18. Jahrhundert,* Editions Chronos, Zurich, 1992, pp.141–4 and 258–70.

[22] French National Archives, MC, et/CXXII/1552, 30 August 1604. My thanks to Robert Descimon who shared with me his knowledge of Paris merchants and his experience of the handwriting of notaries of the period, which was not easy to read.

[23] French National Archives, MC, et/XXI/69, 2 July 1605 and 6 July 1605. Henry Bompart, a merchant haberdasher of Bagnoles, originally from Monêtier, was also involved in this traffic of mulberry bush seeds, *idem,* 17 May 1605.

[24] A. Chatelain, *Les Migrants temporaires en France de 1800 à 1914: Histoire économique et sociale des migrants temporaires des campagnes françaises du XIXe au début du XXe siècle,* Lille, 1976; A. Poitrineau, *Remues d'hommes: Les migrations montagnardes en France XVIIe-XVIIIe siècles,* Paris, 1983; J.-J. Darmon, *Le Colportage de librairie en France sous le Second Empire,* Paris, 1972.

[25] M. Spufford, *The Great Reclothing of Rural England: Petty Chapmen and their Wares in the Seventeenth Century,* London, The Hambledon Press, 1984, p.27.

[26] S. Jaumain, 'Les colporteurs Hainuyers du XIXe siècle', *Annales du Cercle royal d'Histoire et d'Archéologie d'Ath et Musées athois,* 1984, pp.282–340 (298)-the villages of Quevaucamps and Stambruges in particular. Unfortunately the study is too late to allow any valuable comparisons to be made.

[27] However, the research currently being pursued by J. Terras i Elias from the (autonomous) Barcelona University leads one to believe that certain Catalan villages in the Pyrenees had developed peddling societies.

[28] N. McKendrick is unable to provide accurate figures for the itinerant pedlars, since, given their reluctance to buy trading licences or register themselves, they are very difficult to pin down; however, he gives the number from the Census of 1851 (right in

the middle of a period of decline) which was around 30,000: N. McKendrick, J. Brewer and J. H. Plumb, *The Birth of Consumer Society: The Commercialization of Eighteenth Century England,* Bloomington, Indiana University Press, 1982, pp.87–8. In 1676, when the question of peddling was troubling Parliament, it was estimated that there were 10,000 of them, and in 1696–7 they were compelled to buy trading licences: the first register recorded around 2,500; M. Spufford, *The Great Reclothing...,* pp.14–15. A. Chatelain gives national and regional figures for France for all migrants at the beginning of the nineteenth century but is unable to isolate the peddling component: *Les Migrants temporaires en France de 1800 à 1914...,* pp.41–7. There is also an upsurge in the numbers certified for the Savoy in H. Onde, 'L'émigration en Maurienne et en Tarentaise', *Bulletin de la Société scientiftque du Dauphiné,* 1942, pp.41–99 (68). There is a lack of comprehensive information in A. Poitrineau's *Remues d'hommes...,* pp.26–7, where he only gives certain regional numbers: 6,000 coppersmiths, tinsmiths and pedlars out of a total resident population of 57,000 in Murat, in the Cantal in year II. In Oisans, according to the register of trading licences, there were 270 pedlars in year VI, and at the height of the profession in 1850, there was a maximum number of 700: L. Fontaine, *Le Voyage et la Mémoire, colporteurs de l'Oisans au XIXe siècle,* Presses Universitaires de Lyon, 1984, pp.34–5.

[29] M. Spufford, *The Great Reclothing...,* p.21.

[30] For more information on the Auvergne, see A. Poitrineau, 'Petits marchands colporteurs de la haute Planeze d'Auvergne à la fin de l'Ancien Régime', *Annales du Midi,* vol. 88,1976, pp.423–36 (434); for Oisans, see L. Fontaine, 'Family Cycles, Peddling and Society in Upper Alpine valleys in the Eighteenth Century', in *Domestic Strategies, Work and Family in France and Italy, 17th-18th Century,* Stuart Woolf (ed.). Editions de la Maison des Sciences de l'Homme/Cambridge University Press, 1991, pp.43–68.

[31] M. Virieux, 'Les migrations en Dauphiné d'après les passeports délivrés par le commandement de la province (1740–1743)', *Evocations,* 1973, pp.97–116 (104 and 109).

[32] R. Blanchard, 'Aiguilles', *Revue de Géographic alpine,* 10, 1922, pp.127–60 (141).

[33] P. Guichonnet, 'L'émigration saisonniere en Faucigny...', pp.507–10.

[34] R. Chartier, 'Livres bleus et lectures populaires', *Histoire de l'édition française,* vol. 2, *Le Livre triomphant 1660–1830,* Paris, Promodis, 1984, pp.498–511.

[35] Quoted by R. Mandrou in *De la culture populaire aux XVIIe et XVIIIe siècles,* La Bibliothèque bleue de Troyes, Paris, Stock, 1964, new edition 1975, pp.40–2. For more information on the regulation of peddling and on the role of pedlars in the illicit business of books, see J. Queniart, *L'lmprimerie et la librairie à Rouen au XVIIIe siècle,* Paris, Klincksieck, 1969, pp.189–206. M. Marsol, 'Un oublié: Pierre

Heron, "marchand libraire" à Langres en Bassigny (1756–1776)', *Bulletin d'histoire moderne et contemporaine du Comité des travaux historiques et philologiques,* no. 11, 1978, pp.33–74 shows that his business was based on the sale of tens of thousands of almanacs, Books of Hours and devotional books, and thus proves that his was a shop where the pedlars came to stock up.

[36] Letter from Paul Malherbe (the elder) to the Société typographique de Neuchatel, 13 August 1774, quoted by R. Darnton, 'Un colporteur sous l'Ancien Régime', *Censures, de la Bible aux larmes d'Eros,* Centre Georges Pompidou, Paris, 1987, pp.130–9 (133–4).

[37] J. Queniart, *L'imprimerie et la librairie à Rouen...*, p.205.

[38] C. Berkvens-Stevelink, 'L'édition française en Hollande', *Histoire de l'édition française,* vol. 2, p.324.

[39] R. Mandrou, De *la culture populaire...*, p.32.

[40] As well as men from the Pyrenees, mention is also made of men from the Vosges, originally from the village of Chamagne, hence the name 'Chamagnons' which was applied as a general term for all pedlars from the East. Mention should also be made of men from the Savoy, the Jura, from Cantal in the Auvergne and certain groups from outside France: Italians, especially those from Piedmont and Parma; Swiss from the Ticino region now living in Lorraine; and Germans from the Bavarian Rhine regions who came to Alsace to stock up. J.-J. Darmon, *Le colportage de librairie...,* p.61.

[41] The ridge of granite plateaux between the Corrèze and the Dordogne was the route taken by those emigrating to Spain. Many men from the cantons of Brive, Tulle, Corrèze, Egletons, Lapleau, La Roche-Canillac, Beynat, Meyssac, Beaulieu, Argentat, Mercoeur and Saint-Privat took part in this émigration. This region was linked to the Cantal cantons by Xaintie: Pleaux, Mauriac, Salers.... J. Perrel, 'Introduction à une étude sur l'émigration corrézienne vers l'Espagne sous l'Ancien Régime', *Bulletin de la Société des Lettres, Sciences et Arts de la Corrèze,* LXVII, 1963, pp.92–101 (34).

[42] J. Perrel, 'Les Limousins en Espagne aux XVIe, XVIIe et XVIIIe siècles: les émigrants'. *Bulletin de la Société des Lettres, Sciences et Arts de la Corrèze,* LXVIII, 1964, pp.31–40 (31).

[43] J. Perrel, 'L'émigration bas-limousine en Espagne aux XVIIe et XVIIIe siècles', *Actes du 88e Congrès national des Sociétés Savantes, section d'histoire moderne et contemporaine, Clermont-Ferrand, 1963,* Paris, 1964, pp.709–29; for more information on religious links see pp.712–15; map on p.717.

[44] J. Bodin, *Livres de la République,* V, 1576, p.471.

[45] A. Girard, *Le commerce français à Séville et Cadix au temps des Habsbourg. Contribution à l'étude du commerce étranger en Espagne aux XVIe et XVIIe siècles,* Paris, 1932, p.566. J. Nadal, *La población española, siglo XVI à XX,* revised and

expanded edition, Barcelona, 1984, pp.64–72. N. Castells i Calzada, 'Els moviments migratoris en la Catalunya moderna: el cas de la immigració envers la ciutat de Girona (1473–1576)', *Primer Congrés d'historia moderna de Catalunya,* Barcelona, 1984, pp.65–74 (70–71).

[46] E. Giralt y Raventos, 'La colonia mercantil francesca de Barcelona a mediados del siglo XVII', *Estudios de historia moderna,* vol. 6, 1960, pp.216–78.

[47] As quoted by J. Perrel, 'Introduction...', p.93. Throughout the seventeenth century, estimates as to their number varied: according to Montchretien, there were 200,000 Frenchmen who had settled in Spain in 1596. In 1626, the French ambassador referred to the same numbers as did Thomas Le Fevre in 1650 and Brunelet Van Aerssen in 1655. In the same year, Martina de la Mata put the number of foreigners settled in the Kingdom at 120,000, most of whom were French. In 1680, the Marquis de Villars hesitated between 65,000 and 70,000; and, in 1682, La Vauguyon talked of their being between 80,000–100,000. In 1700 the Gremios from Seville thought that Spain had 160,000 foreigners. See p.93, *ibid.*

[48] Trip undertaken by Père Labat, from the Dominican order, into Spain and Italy, vol. 1, p.285 and following, quoted by A. Girard, *Le Commerce français*..., pp.561–2.

[49] J. Perrel, 'Les Limousins...', pp.36–7.

[50] A. Girard, *Le commerce français*..., p.555.

[51] A. Poitrineau, *Les 'Espagnols' de l'Auvergne et du Limousin du XVIIe au XIXe siècle,* Aurillac, Mazel-Malroux, 1985, pp.20–2, 150 and 233.

[52] A. Girard, 'Saisie des biens français en Espagne', *Revue d'Histoire économique et sociale,* 1931, pp.297–315.

[53] D. Ozanam, 'La colonie française de Cadix au XVIIIe siècle, d'après un document inédit (1777)', *Mélanges de la Casa de Vélasquez,* IV, 1968, pp.259–349.

[54] Archives Nationales, Affaires Etrangères, Bl 294, Mongelas to Castries, 1 August 1786: 'From time immemorial, men from the province of Limousin who travel round Spain have been able to peddle their wares in the streets of Cadiz and sell oil, vinegar and coal. The value of their activities has always been recognised: these commodities were good value, and beyond that, individuals had the advantage of being furnished with goods at their home by these men.../... Spain, especially Cadiz, is a real source of wealth for this province. None of these men who came to Spain settled here. After three or four years spent in Cadiz, the pedlar goes back to his own country, returns to Spain, undertakes four or five campaigns in Spain, then goes back to his homeland with the fruits of his labour, gets married there and settles down surrounded by his family. When they leave Spain, those such as the oil-sellers, who have their own occupation, as it were, hand it on to their children or nephews, or sell it-what they call 'passing on the pitcher' [*passer le jarròn*]. Each group in the same line of trade

combines forces and has a common fund to finance their expenditure...'; quoted by D. Ozanam, 'La colonie française de Cadix...', pp.300–1.

[55] R. Duroux, 'L'Auvergnat de Madrid et la littérature espagnole', *Actes du colloque d'Aurillac, Le Migrant, 5–7 juin, 1985,* Aurillac, 1986, pp.63–79 (72). In Castile, the Valencia region and Andalusia, according to research done by Hamilton, there was an additional 20–30 per cent drop in the purchasing power of the average wage-earner- see J. Nadal, *La poblacion...*, p.67. For an overview of the erosion of trading terms between the price of pasture-land and the price of wool, and for the tension between the number of men and the yield from the land in the eighteenth century, see D. R. Ringrose, *Madrid...*, pp.169–71.

[56] R. Duroux, 'Les boutiquiers cantaliens de Nouvelle-Castille au XIXe siècle', *Mélanges de la Casa de Vélasquez,* 1985, vol. XXI, pp.281–307 (284–5).

[57] A. Girard, *Le Commerce français...*, pp.554–8.

[58] A. Girard, *Le Commerce français...*, pp.553–4. In 1680, the Marquis de Villars put the number of Frenchmen in Andalusia at 16,000 (*ibid.,* p.567). For contemporary estimates, see R. Duroux, 'L'Auvergnat de Madrid...', pp.63–4.

[59] A. E. Paris, *Reports and documents,* Spain, 133, p.19, dated 1770, quoted by A. Poitrineau in *Les 'Espagnols'...*, p.33.

[60] D. Ozanam, 'La colonie française de Cadix...', p.287. On the changes in legislation, see A. Dominguez Ortiz, Los *extranjeros en la vida española durante el siglo XVII,* Madrid, 1960, pp.59–64; and D. Ozanam, 'La colonie française de Cadix...', pp.261–4. This distinction makes research into the French community in Spain difficult, since a proportion of this community was counted as being Spanish.

[61] A. Poitrineau, *Les 'Espagnols'...*, p.161.

[62] R. Duroux, 'Les boutiquiers cantaliens...', p.286.

[63] National archives, F20/434, quoted by R. Duroux, 'Les boutiquiers cantaliens...', p.287.

[64] National archives, F20/434, quoted by R. Duroux, 'Les boutiquiers cantaliens...', p.287.

[65] A Spanish baker looks back fondly to the days before the War of Independence, when French men married Spanish women, 'which they no longer do today*. Quoted by R. Duroux, 'Les boutiquiers cantaliens', p.290. A. Poitrineau, *Les 'Espagnols'...*, p.160.

[66] R. Duroux, 'Les deux centres d'attraction des cantaliens de Castille (XIXe siècle)'. *Centres et périphéries. Actes du IIe congrès de la Société des Hispanistes français,* Clermont-Ferrand, Adosa, 1987, pp.193–212 (201).

[67] National archives, F20/434, quoted by R. Duroux, 'Les boutiquiers cantaliens', p.287.

[68] One such merchant wrote to his cousin to ask him to bring some 'razo' from the Auvergne (a type of woollen material), rather than cotton fabrics. A. Poitrineau, *Les*

'Espagnols'..., p.94.
[69] D. R. Ringrose, *Madrid...*, pp.165–7.
[70] A. Poitrineau, *Les 'Espagnols'...*, p.86 counts the servants amongst the casualties of the Spanish adventure.
[71] A. Poitrineau, *Les 'Espagnols'...*, pp.40–4.
[72] See chapter 7.
[73] A. Poitrineau, *Les "Espagnols'...*, pp.238–40.

第三章

[1] Bibliothèque Nationale, Ms. fr. 22130, fo. 37, November 1754.
[2] G. Bonnant, 'La librairie genevoise dans la Péninsule ibérique au XVIIIe siècle', *Genava,* new series, vol. Ill, pp.103–24. P.-J. Gurnard, 'Le livre dans la Péninsule ibérique au XVIIIe siècle; temoignage d'un libraire français', *Bulletin hispanique,* vol. LIX, 1957, pp.176–98.
[3] M. Infelise, *L'editora veneziana nel '700,* Milan, Franco Angeli, 1989. A. Machet, 'Le marche du livre français en Italic au XVIIIe siècle'. *Revue des Etudes italiennes,* new series, vol. XXIX, no. 4, 1983, pp.193–222 and 'Librairie et commerce du livre en Italic dans la deuxieme moitié du XVIIIe siècle'. *Studies on Voltaire and the Eighteenth Century,* vol. CLIII, Oxford, 1976, pp.1347–80.
[4] F. Lopez, 'Un aperçu de la librairie espagnole au milieu du XVIIIe siècle', in *De l'alphabétisation aux circuits du livre en Espagne XVIe-XXe siècle,* CNRS, Paris, 1987, pp.387–416.
[5] C. Berkvens-Stevelink, 'L'édition et le commerce du livre français en Europe', *Histoire de l'édition française,* vol. II: *Le Livre triomphant 1660–1830,* Paris, Promodis, 1984, pp.305–13 (309).
[6] In particular in Barcelona, Madrid and towns in Andalusia; 79 French firms were recorded in Cadiz in 1772; 8,734 foreigners (of which 2,701 were French) in 1791; and, out of the 20 or so booksellers in Cadiz between 1770 and 1790, a fair number were French. C. Péligry, 'Le marché espagnol', *Histoire de l'édition française,* vol. II: *Le Livre triomphant 1660–1830,* pp.370–7.
[7] The syndic of Lyon booksellers is quite clear on this point: in 1783, books came from 'all over Germany, from Holland, Switzerland, and Italy; primarily from Geneva, Lausanne, Berne, Yverdon, Basle, Neuchatel, The Hague, Brussels, Liege, Avignon, Rome, Venice, Turin, Milan, etc....'; and, he added, were intended both for the Lyon trade and also for the southern provinces of France, as well as being in transit for Italy and Spain. R. Chartier: 'Livre et espace: circuits commerciaux et géographie culturelle de la librairie lyonnaise au XVIIIe siècle'. *Revue française d'histoire du livre,* 1–2, 1971, pp.77–108. For more information on the circulation of the book see H. J.

Martin, *Livre, pouvoir et Société à Paris au XVIIe siècle, 1598–1701,* Paris, 1969, 2 vols, pp.296–330.

[8] G. Barber, 'The Cramers of Geneva and their trade in Europe between 1755 and 1766', *Studies on Voltaire and the Eighteenth Century,* vol. XXX, 1964, pp.377–413; 'Who were the booksellers of the Enlightenment?', *Buck und Buchhandel im 18 Jahrhundert,* ed. G. Barber and B. Fabian, Hamburg, 1981, pp.211–24. G. Barber, 'Pendred abroad: a view of the late eighteenth century book trade in Europe', *Studies in the Book Trade in Honour of Graham Pollard,* Oxford, 1975, pp.231–77. 'Books from the old world and for the new: the British international trade in books in the eighteenth century'. *Studies on Voltaire and the Eighteenth Century,* CLI-CLV, 1976, pp.185–224.

[9] *Annales des Alpes,* XII, 1908–1909, pp.219–25.

[10] A. Albert, *Les Briançonnais libraires,* Grenoble, 1874, pp.19–23; and *Biographic, bibliographic des Briançonnais, cantons de La Grave et de Monêtier-de-Briançon,* Grenoble, 1877, 97 pp.

[11] This network which, unlike the mountain networks, make use of temporary migration was however bound by family ties. For more information, see D. Ozanam, 'La colonie française de Cadix au XVIIIe siècle, d'après un document inédit (1777)', *Mélanges de la Casa de Vélasquez,* IV, 1968, pp.259–349 (281–8).

[12] M.-H. Piwnik, 'Libraires français et espagnols à Lisbonne au XVIIIe siècle', in *Livres et Libraires en Espagne et au Portugal (XVIe-XXe siècles),* CNRS publications, Paris, 1989, pp.81–98 (85). The author also demonstrates the important role played by Spaniards such as Mena from Madrid, who was one of the Cramers' most important correspondents.

[13] R. Pasta, 'Prima della Rivoluzione: aspetti e vicendi del mercato librario italiano nelle carte della Société typographique de Neuchâtel', *Mélanges de l'Ecole Française de Rome,* 2, 1990, pp.5–43.

[14] *Ibid.,* pp.19–20.

[15] H.-J. Martin, M. Lecocq, H. Carrier, A. Sauvy, *Livres et lecteurs à Grenoble, Les registres du Libraire Nicolas (1654–1668), 1* vols, Geneva, 1977; and E. Maignien, 'Les Nicolas, libraires à Grenoble (1608–1681)', *'Petite revue des bibliophiles dauphinois,* vol. IV, 1913, pp.220–24; and 'L'imprimerie, les imprimeurs et les libraires à Grenoble du XVe au XVIIIe siècle', *Bulletin de l'Academie Delphinate,* third series, vol. 18, 1883, part 2, Grenoble, 1884. Departmental Archives, Isère, H 963 to 968, account book belonging to Jean Nicolas, father and son, 1647–1677; IJ 1102, account book belonging to Jean Giraud, merchant from La Grave; and the Gravier family private archives. I should also like to thank Mlle Geneviève Juillard who lent me precious documents from her family archives.

[16] Departmental archives of Isère, IJ 1102.
[17] For example, the case of Miquel Albert is intriguing; he was a Spanish lawyer whose surname was extremely common in La Grave and in the Villard d'Arene. He launched into publishing in Valencia in 1493. His editorial style, as much in the choice of subject matter as in his business practices, sat uneasily with the cultural background of a Spanish lawyer in the fifteenth century and were in sharp contrast to those of other publishers in Valencia. P. Berger, *Libro y lectura en la Valencia del Renacimiento,* 2 vols, Valencia, 1987, pp.156–7. Right at the beginning of the seventeenth century, at the very least between 1603 and 1609, Simon Graffart, a print-seller and printer of story books, sold his prints into the Spanish market. He had business dealings with some of the Dauphine merchants who traded in Spain, such as Jean Ramband and Jacques Bertrant who were very probably part of the same network. M. Preand, P. Casselle, M. Grirel, C. Le Bizoune, *Dictionnaire des éditeurs d'estampes à Paris sous l'Ancien Régime,* Paris, Promodis, 1987, entry on Graffart, Simon.
[18] The Rigaud family were numbered amongst the most important Lyon booksellers in the seventeenth century. They specialized in the production of literary and spiritual works and made a significant contribution to the introduction of Spanish and Italian spiritual works into France. H.-J. Martin, *Livre, pouvoir et Société à Paris au XVIIe siècle, 1598–1701,* Paris, 1969, 2 vols, pp.324–5. On 12 November, 1587, Mathieu Thomas Guesse [Guerre] and Pierre Nicolas, merchants from La Grave, jointly declared the sum of 4 gold ecus owed to B. Rigaud, for the sale and delivery of books', Baudrier, *Bibliographic lyonnaise,* third series, Paris, 1964, pp.178–83.
[19] Baudrier, *Bibliographic lyonnaise...,* devotes a large part of volume 3 to the printer Benoît Rigaud. J. P. Seguin, *L'Information en France avant le périodique: 517 canards imprimes entre 1529 et 1631,* Maisonneuve et Larose, Paris, 1964, p.14.
[20] Departmental archives of Isère, 5E 238/1, 5E 580, Protestant registers from Mizoen kept between 1669 and 1681.
[21] H.-J. Martin, M. Lecocq, *Livres et lecterns à Grenoble...,* pp.55–9.
[22] Departmental archives of Isère, H963.
[23] Furthermore, Nicolas was clerk to the extraordinary war effort in the tax district of Grenoble and general treasurer to the Duke of Lesdiguieres; E. Maignien, 'Les Nicolas...', p.224.
[24] On 15 October 1578, Didier Mathourel (Mathonnet), Jean Gravier and Claude Juge, merchants from La Grave, acknowledged jointly owing 3 gold ecus to Benoit Rigaud, for goods from his bookshop, the debt being repayable at the next fair. Baudrier, *Bibliographic lyonnaise...,* pp.178–83.
[25] Departmental archives of the Hautes Alpes, archives from the commune of La Grave, unclassified, tallage register of 1671.

[26] Departmental archives of the Hautes Alpes, 1E 7214, 12 June 1680; and departmental archives of the Isère, IJ 1102.

[27] Departmental archives of Isère, IJ 1102.

[28] Departmental archives of the Rhône, B series, 8 May 1690. See appendix.

[29] H. Lüthy, *La banque protestante en France de la Révocation de l'Edit de Nantes à la Révolution,* Paris, 2 vols, 1959, pp.36–7. Until the eighteenth century, Lyon was the main stop-off point for men and goods from Geneva on their way into France.

[30] E. Arnaud, *Histoire des protestants du Dauphiné aux XVIe, XVIIe et XVIIIe siècles,* 3 vols, Paris, 1875, vol. 1, pp.499–510. A chronological list of those admitted into the bourgeois class has been published in A. L. Covelle, *Le livre des bourgeois de l'ancienne Republique de Genève, publié d'après les registres officiels,* Geneva, J. Jullien, 1897.

[31] H.-J. Martin, M. Lecocq, *Livres et lecterns à Grenoble...*, pp.58, 64, 270 and 282. In the seventeenth century, the Chouet and de Tournes families were the only significant Genevan booksellers in the French market, and the only ones to sustain important networks of correspondents, which primarily comprised Calvinist booksellers.

[32] Departmental archives of the Isère, IJ 1102.

[33] H.-J. Martin, *Livre, pouvoir et société...*, p.323. On the de Tournes, by the same author, see also 'Stratégies éditoriales dans la France d'Ancien Regime et du dix-neuvième siècle', *Livre et lecture en Espagne et en France sous l'Ancien Régime,* Paris, 1981, pp.63–77 (71 and 72); and P.-F. Geisendorf, 'Lyon et Genève du XVIe au XVIIIe siècle: les foires et l'imprimerie', *Cahiers d'Histoire,* V, 1, 1960, pp.65–76.

[34] Around 1730, the bookselling trade in Geneva had no further use for the Lyon stopover: 'The printing presses in our country have run for twenty to thirty years for Spain and Portugal', wrote François Grasset to Malesherbes in 1754. Bibliothèque Nationale, Paris, Ms fr. 22130/37, quoted by G. Bonnant, 'Les libraires du Portugal au XVIIIe siècle vus à travers leurs relations d'affaires avec leurs fournisseurs de Genève, Lausanne et Neuchâtel', *Arquivio de bibliographia portuguesa,* Ano VI, no. 23–24, Coimbra, 1961.

[35] The output from Lyon came to an abrupt halt when the Revocation was announced; a very real collapse took place in subsequent years. H.-J. Martin, *Livre, pouvoir et société...*, p.324. From their ledger, Giles Barber has analysed the Cramers' business activities from 1755. Between 1755 and 1766, they did half their business with France, and a quarter with the Iberian peninsula. Italy and the German states represented 12 per cent and 8 per cent of their business respectively; as for the northern European states, their share of business was negligible-3 per cent was done with England and 2 per cent with the Netherlands. They continued to trade in books in Latin and prayer books, aimed at the southern European market. G. Barber, The Cramers...', pp.394–5.

[36] Private Gravier family archives.

[37] G. Barber, 'The Cramers...', p.392.

[38] Private Gravier family archives; R. Blanchard, 'Aiguilles', p.144. In 1786, Jean-Joseph Niel was a creditor to a bookseller in the Cap français. R. Moulinas, *L'Imprimerie, la Librairie et la Presse à Avignon au XVIIIe siècle,* Grenoble, Presses Universitaires, 1974, p.139.

[39] R. Moulinas, *L'Imprimerie...*, pp.180–1. In Paris, the law demanded a minimum of four printing presses; figures were similar in Lyon (p.182, *ibid.*).

[40] R. Moulinas, *L'Imprimerie...*, pp.192–3.

[41] J. Queniart, *L'Imprimerie et la librairie à Rouen au XVIIIe siècle,* Paris, Klincksieck, 1969, p.192.

[42] The Parisian bookseller Antoine Boudet, a capable man and one little given to bias, on returning from Spain in 1763 put the volume of trade in books with Spain at 800,000 *livres tournois* (currency originally minted at Tours, which later became the royal money), and at 50,000 *livres tournois* the proportion of book imports into Spain for which Avignon was responsible, very much below Venice's share (350,000 *livres tournois*) and Antwerp (200,000), but well above that of Paris which, added to that of Lausanne, Geneva and Lyon, constituted only 100,000 *livres tournois*. In the case of Portugal, the same source indicates that Switzerland, Avignon, Antwerp and Italy together accounted for 200,000 *livres,* whereas France only sold 50,000 *livres* worth there. From one of Boudet's letters, an extract from the Bibliothèque Nationale française, 22 130, no. 44, printed at the end of the article by P. J. Guinard, 'Le livre dans la Péninsule ibérique...'.

[43] R. Moulinas, *L'Imprimerie...*, p.136.

[44] The account book belonging to the Cramer brothers indicates that they had Garrigan print a book in Portuguese for them. R. Moulinas, *L'Imprimerie...*, p.140. State Archives of Geneva, business, F57, p.96.

[45] G. Bonnant, 'La Librairie genevoise en Italic jusqu'à la fin du XVIIIe siècle', *Genava,* new series, volume XV, 1967, p.140.

[46] Here I am following in the footsteps of R. Moulinas, 'Une famille d'imprimeurs-libraires avignonnais du XVIIIe siècle: les Delorme', *Révue française d'histoire du livre,* no. 3, 1972, pp.45–78; A. Albert, *Le maître d'école briançonnais. Les Briançonnais libraires,* Grenoble, 1874, 23 pages.

[47] G. Barber, 'The Cramers...' *art. cit.* The book trade also operated directly between Italy and Spain. G. Bonnant, 'La librairie genevoise en Italic...', p.149.

[48] A. Lay, 'Libro e societa negli stati sardi del Settecento', in *Libri, editori e pubblico nell'Europa moderna. Guida storica e critica,* a cura di A. Petrucci, Roma-Ban, 1977, pp.249–82.

[49] R. Moulinas, *L'Imprimerie...*, pp.145 and the note on page 58.

[50] P. Pironti, *Bulifon-Raillard-Gravier. Editori francesi in Napoli,* Naples, 1982.

[51] F. da Gama Caeiro, 'Livros e livreiros franceses em Lisboa nos fins de setecentos e no primeiro quartel do seculo XIX', *Anais da Academia Portuguesa da História* (Lisbon), series IIa, II (26), 1980, pp.301–27 (313).

[52] R. Moulinas, 'Une famille...', p.68.

[53] R. Moulinas, 'Une famille...', pp.72–3.

[54] Letter from Thomas Gravier in Rome to his father Simon Gravier in Bez, parish of La Salle, 1762, Gravier family archives.

[55] Contract of apprenticeship with the merchants Berard and Tardieu, 22 September 1769, Gravier family archives.

[56] Letter from Thomas Gravier in Rome to his father Simon Gravier in Bez, parish of La Salle, 1762, Gravier family archives.

[57] This information was gleaned from the payment of a debt owed to Joseph Antoine Raby, Gravier family archives.

[58] Borel, who was to be the people's representative at the *Convention Nationale,* was sent away at a very young age to be a clerk in the Gravier bookshop. A. Albeit, *Biographic, Bibliographic du Briançonnais, Cantons de la Grave et de Monêtier-de-Briançon,* Grenoble, 1877, p.29.

[59] In his memoirs, Jean-Simon explained that his departure was motivated by the approach of the revolutionary army and by the fact that he had been threatened with arrest for undertaking to print the *Mémoires pour servir à l'Histoire de la Revolution française* by the Abbé d'Auribeau, who had emigrated to Rome.

[60] From the Gravier family archives.

[61] M.-H. Piwnik, 'Libraires français et espagnols à Lisbonne...', p.87.

[62] M.-H. Piwnik, 'Libraires français et espagnols à Lisbonne...', pp.87–8.

[63] Geneva State Archives, business, F62, letter of 31 March 1780 to Yves Gravier in Genoa.

[64] G. Barber, 'The Cramers...', *art. cit.* The book trade also operated directly from Italy to Spain.

[65] A. Machet, 'Librairie et commerce du livre en Italic...', pp.1365–6.

[66] M.-H. Piwnik, 'Libraires français et espagnols a Lisbonne...', p.88.

[67] A. Machet, 'Le marché du livre...', p.200.

[68] H.-J. Martin, *Livre, pouvoir et société....* pp.324–5. The business that the de Tournes family did with the Jesuits and the Catholic Mediterranean regions was always considerable, whether they were in Geneva or Lyon. P.-F. Geisendorf, 'Lyon et Genève du XVIe au XVIIIe siècle: les foires et l'imprimerie', *Cahiers d'Histoire,* V, 1, 1960, pp.65–76 (73).

[69] G. Bonnant, 'Les libraires du Portugal au XVIIIe siècle...'. See also M.-H. Piwnik, 'Libraires français et espagnols à Lisbonne...', pp.88–9.

[70] G. Bonnant, 'La librairie genevoise en Italic jusqu'à la fin du XVIIIe siècle', *Genava,* new series, vol. XV, 1967, pp.117–60 (131–2). On numerous occasions Yves Gravier from Genoa was accused of distributing banned literature: see E. Parodi, 'Yves Gravier libraio-editore in Genova nel sec. XVIIr, *La Berio,* XXIII, 1983, pp.38–47. See also Renato Pata's work on the distribution in Italy of work by the Enlightenment thinkers, in particular 'Venezia e la Svizzera: tracce di un commercio librario' (a paper given at the conference *L'editoria del Settecento e i Remondini,* Bassano, 28–29 September 1990), and 'Produzione, commercio e circolazione del libro nel Settecento' (a paper given at the conference *Un decennio di storiografia italiana sul secolo XVIII,* Vico Equense, 25–28 October 1990).

[71] L.-M. Enciso Recio, 'Actividades de los Franceses de Cadiz 1789–1790', *Hispania XIX,* 1959, pp.250–89, quoted by A. Poitrineau, *Les 'Espagnols' de l'Awergne et du Limousin du XVIIe au XIXe siècle,* Aurillac, Mazel-Malroux, 1985, p.238.

[72] L. Braida, *Le Guide del Tempo. Produzione, contenuti e forme degli almanachi piemontesi nel settecento.* Deputazione subalpina di storia patria, Turin, 1989, pp.232–3. A. Lay, 'Libro e societa negli stati sardi del Settecento', in *Libri, editori e pubblico nell'Emopa moderna. Guida storica e critica* a cura di A. Petrucci, Roma-Bari, 1977, pp.249–82 (274–81). The author also provides a letter from Giraud to the Société typographique de Neuchatel, asking them to mix those books which were banned in with the others, or even to conceal them in the paper in which the books were wrapped: p.273.

[73] R. Pasta, 'Prima della Rivoluzione...', pp.16–17.

[74] N. Dallai Belgrano, 'Gravier et Beuf librai-editori e le guide illustrate di Genova fra '700 e '800', *La Berio,* XXVI, 1986, pp.43–86.

[75] Letter from Thomas Gravier to Jean-Simon Gravier, 21 July 1798.

[76] A. Lay, 'Libro e società...', pp.249–82 (261).

[77] Letter from Thomas Gravier to Jean-Simon Gravier, 16 August 1789. A letter from 1802 stated that Thomas had bought the contents of several convent libraries and that he had stored-or, in other words, hidden-the valuable titles with private individuals. These letters have reached us in fragmentary fashion, quoted in the legal proceedings taken out by Thomas' heirs against Jean-Simon. Bibliothèque Municipale de Grenoble, 8/3220.

[78] Bibliothèque municipale de Grenoble, R. 7451.

[79] The account between *sieur* Cormontaigne from Rome and Thomas Gravier reveals that coffee and chocolate changed hands, as well as books. In Lisbon, Rolland received large quantities of coffee, sugar and rice; F. da Gama Caeiro, 'Livros e

livreiros franceses em Lisboa...', p.314.
- [80] M.-H. Piwnik, 'Libraires français et espagnols à Lisbonne...', p.87.
- [81] R. Moulinas, 'Une famille...', p.65, note 55.
- [82] Bibliothèque Municipale de Grenoble, R 7451.
- [83] For more information on the Raby family, see P. Léon, *Marchands et spéculateurs dauphinois dans Ie monde antillais du XVIIIe siècle. Les Dolle et les Raby,* Paris, 1963.
- [84] Quoted by R. Moulinas in *L'Imprimerie...*, pp.148–9.
- [85] Malesherbes, quoted by A. Sauvy, 'Le livre aux champs'. *Historic de l'Edition française,* vol. II: *Le Livre triomphant 1660–1830,* Paris, Promodis, 1984, pp.430–43 (431).
- [86] F. Lopez, 'Un aperçu de la librairie espagnole...', pp.406–7.
- [87] F. Lopez, 'Un aperçu de la librairie espagnole...', p.408.
- [88] His Spanish first name does not necessarily mean that he was born in Spain. François Lopez has himself seen the death certificate of Don Diego Barthélémi, born in 'Monastier de Brianzon'. To make integration easier, such pedlars might assume Spanish first names for the time they spent in Spain. In Italy too, first names were Italianized in registers. Elsewhere, parish registers in Alpine villages gave us the name 'Scolastique'....
- [89] C. Lamoignon de Malesherbes, *Mémoires sur la librairie,* p.155, quoted by Anne Sauvy in 'Le livre aux champs...', p.431: 'By chance I have learnt that there is a significant trade in books printed in France being done with Spain, Portugal and Italy. This is perhaps the only active business which the French booksellers do: for in Germany, Holland, Switzerland and elsewhere, they prefer to forge our books than buy them from us because our bookshops charge too much for them. The trade being done with Italy and Spain concerns books intended for these two Nations, which are printed in Lyon and in other Southern towns and it is then the itinerant merchants or pedlars, who are called *Bisoards* and who live in the area around Briançon, who come down from the mountains every year to put together a selection of books from Lyon and elsewhere and then take them themselves as far as Cadiz or Sicily.'
- [90] Through the debts owed, the inventories drawn up after a death refer indirectly to these essential links: the inventory drawn up in 1750 of Jean-Abraham Niel's goods also mentions the debts owed by two 'ironmongers'. R. Moulinas, *L'Imprimerie...*, p.136.
- [91] Bibliothèque nationale de France, Fr 22 124, fo. 285, quoted by R. Moulinas in *L'Imprimerie...*, p.147.
- [92] Report by the Parisian bookseller David after his visit to the fair at Beaucaire in 1754, quoted by R. Moulinas in *L'Imprimerie...*, p.147. For more information on the

Beaucaire fair and its prosperous period between 1730 and 1789, see P. Léon, 'Vie et mort d'un grand marche international, la Foire de Beaucaire (XVIIIe-XIXe siècle)', *Revue de geographic de Lyon,* vol. XXVIII, no. 4, 1953, pp.309–28.

[93] Bibliothèque nationale de France, Fr 22 075, to. 214, quoted by R. Moulinas in *L'lmprimerie...*, p.146.

[94] BNF, Ms Fr 22127, fo. 46–9, De La Porte, *Mémoire au sujet du commerce des livres que font les colporteurs qui descendent des montagnes de Provence et de Dauphiné,* 15 October 1754.1 should like to thank René Favier who passed on this reference to me.

[95] M. Infelise, *L'editoria veneziana nel '700,* Milan, Franco Angeli, 1989, p.237; M. Infelise, *I Remondini di Bassano, Stampa e industria nel Veneto del Settecento,* Bassano, 1980. L. Braida, *Le guide del Tempo...,* pp.102–5 refer to the part played by book pedlars from the Tyrol valleys to Turin.

[96] J. De Lalande, *Voyage d'un François en Italic dans les années 1765 and 1766,* II, Paris, 1769.

[97] M. Infelise, *L'editoria veneziana...,* p.260.

[98] *Stampe per via. L'incisione dei secoli XVII-XIX nel commercio ambulante dei tesini,* exhibition catalogue by B. Passamani, Pieve Tesino-Trento-Bassano del Grappa, 1972, Calliano, Arti grafiche R. Manfredi, 1972. See in particular the article by E. Fietta on 'II commercio tesino nel mondo', pp.31–42 (32); and by the same author: 'Con la cassetta in spalla: gli ambulanti di tessino', *Quaderni di cultura alpina,* no. 23, 1985, pp.4–111.

[99] M. Infelise, *L'editoria veneziana...,* p.260.

[100] *Stampe per via...,* p.25.

[101] *Stampe per via...,* pp.37–8 and the individual notes on pp.79–98.

[102] M. Infelise, *L'editoria veneziana...,* p.259.

[103] A. Machet, 'Le marché du livre...', p.200.

[104] P. Casselle, 'Recherche sur les marchands d'estampes parisiens d'origine cotentinoise à la fin de l'Ancien Régime', *Comité des travaux historiques et scientifiques. Bulletin d'histoire moderne et contemporaine,* 11, 1978, pp.74–93. A. Sauvy, 'Noël Gille dit La Pistole, marchand forain, libraire roulant par la France', *Bulletin des Bibliothèques de France,* May 1967, pp.177–90. R. Darnton, 'Un colporteur sous l'Ancien Régime', *Censures, de la Bible aux larmes d'Eros,* Centre Georges Pompidou, Paris, 1987, pp.130–9. J. Queniart, *L'lmprimerie et la librairie à Rouen au XVIIIe siècle* Paris, Klincksieck, 1969, pp.56–9 and 198–206 and *Culture et Sociétés urbaines. dans la Prance de I'Ouest au XVIIIe siècle,* Paris, Klincksieck, 1978, pp.387 and 402–12.

[105] D. Ozanam, 'La colonie française de Cadiz au XVIIIe siècle...', p.328.

[106] P. Casselle, 'Recherche sur les marchands d'estampes...', p.89.

[107] A. Sauvy, 'Noël Gille...', p.185 and R. Moulinas, L'lmprimerie..., p.136.

[108] F. Lopez, 'Un aperçu de la librairie espagnole...', p.395. A. Gurierrez, *La France et les François dans la litterature espagnole. Un aspect de la xenophobic en Espagne (1598–1665),* Lille, Atelier national de reproduction des theses, Universite de Lille, 1982, part II, chapter 3.

[109] J.-J. Darmon, *Le Colportage de librairie en France sous le Second Empire,* Paris, 1972.

[110] G. B. Martinelli, *Origine e sviluppo dell attivita dei librai pontremolesi,* Pontremoli, 1973, pp.15–16.

[111] R. Moulinas, *L'lmprimerie...,* pp.399–401.

[112] G. Bonnant, 'La librairie genevoise dans la Péninsule ibérique...', p.112. Bernard Lescaze, 'Commerce d'assortiment et livres interdits: Genève', *Histoire de l'Edition française,* vol. II: *Le Livre triomphant 1660–1830,* Paris, Promodis, 1984, pp.326–33 (333).

[113] G. Bonnant, 'La librairie genevoise dans la Péninsule ibérique...', pp.114–16. P.-F. Geisendorf, 'Lyon et Genève du XVIe au XVIIIe siècle: les foires et l'imprimerie', *Cahiers d'Histoire,* V, 1, 1960, pp.65–76 (see p.73 for the importance of this religious literature to the de Tournes business).

[114] G. Bonnant, 'Les libraires du Portugal au XVIIIe siècle...'.

[115] Except in Navarre which enjoyed special status. F. Lopez, 'Un aperçu de la librairie espagnole...', pp.399–400.

[116] Bibliothèque municipale de Grenoble, 8/3220.

[117] M. Infelise, *L'editoria veneziana...,* p.249.

第四章

[1] Cited by A. Sauvy in 'Noël Gille dit La Pistole, marchand forain libraire roulant par la France', *Bulletin des Bibliothèques de France,* May 1967, pp.177–190 (178). Montsurvent, Boisroger, Gouville and Montcarville were the parishes where peddling was most prevalent. To which one can add Ancteville, Vaudrimesnil, Gouvelle-sur-mer, La Rondehaye, Geffosses and especially Muneville-le-Bingard, which was a real breeding ground for fairground bookstalls, according to J.-D. Mellot, in his article 'Rouen et les "libraires forains" à la fin du XVIIIe siècle: la veuve Machuel et ses correspondants (1768–1773)', in the *Bibliothèque de l'Ecole des chartes,* vol. 147, 1989, pp.503–48 (511). Savary des Bruslons' *Dictionnaire* mentions the sale of light-coloured fabrics called *rapatelle* as being a traditional specialization of the Coutances pedlars.

[2] A. Sauvy 'Noël Gille...', p.178 and R. Darnton, 'Un colporteur sous l'Ancien

Regime', *Censures, de la Bible aux larmes d'Eros,* Centre Georges Pompidou, Paris, 1987, pp.130–9 (131). J.-D. Mellot, 'Rouen et les "libraires forains"...', p.511. The same career path can be observed in the Ticino region: I. E. Fietta: 'Con la cassetta in spalla: gli ambulanti di Tessino, *Quaderni di cultura alpina,* no. 23, 1985, pp.4–111 (46–50).

[3] J.-J. Darmon, *Le colportage de librairie en France sous le Second Empire* Paris, 1972, pp.28–9.

[4] Letter from Orléans, 6 July 1772, J.-D. Mellot, 'Rouen et les "libraires forains"...', p.513.

[5] A. Sauvy, 'Noël Gille...', p.182 and J.-D. Mellot, 'Rouen et les "libraires forains"...', pp.532–5.

[6] 1755 Report on pedlars, J.-D. Mellot, 'Rouen et les "libraires forains"...', pp.516–7.

[7] A. Sauvy, 'Noël Gille...', pp.180–90. There are also numerous examples of this pattern in J.-D. Mellot, 'Rouen et les "libraires forains"...', pp.519–20.

[8] J.-D. Mellot, 'Rouen et les "libraires forains"...', p.530.

[9] H.-J. Martin, 'La preeminence de la librairie parisienne', *Histoire de l'Edition française,* vol. II: *Le Livre triomphant 1660–1830,* Paris, Promodis, 1984, pp.263–81.

[10] P. Casselle, 'Recherches sur les marchands d'estampes parisiens d'origine cotentinoise à la fin de l'Ancien Régime', *Comité des travaux historiques et scientifiques. Bulletin d'histoire moderne et contemporaine,* 11, 1978, pp.74–93 (84–85).

[11] J.-J. Darmon, *Le colportage de librairie...,* pp.32 and 48–50; L. Fontaine, 'I reti del credito', *Quaderni Storici,* no. 68, 1988, pp.573–93. For the Auvergne region, A Poitrineau has recorded the terms of certain contracts of employment, 'Aspects de l'émigration temporaire et saisonniere en Auvergne a la fin du XVIIIe siècle', *Revue d'Histoire Moderne et Contemporaine,* 1962, pp.5–50 (426–7).

[12] M. Spufford, *The Great Reclothing of Rural England, Petty Chapmen and their Wares in the Seventeenth Century,* London, The Hambledon Press, 1984, pp.61 and 82–3; R. B. Westerfield, *Middlemen in English Business, particularly between 1660 and 1760,* 1915, reprint New York 1968, p.376. Generally speaking, the economic life of modern England was in the grip of interdependent regional credit networks, so that every man, even the poorest, was trapped in a 'spider's web of credit'. N. McKendrick, J. Brewer and J. H. Plumb, *The Birth of Consumer Society. The Commercialization of Eighteenth century England,* Bloomington, Indiana University Press, 1982, pp.205–10.

[13] S. Jaumain, 'Les colporteurs Hainuyers du XIXe siècle', *Annales du Cercle royal d'Histoire at d'Archéologie d'Ath et Musées athois,* 1984, pp.282–340 (315).

[14] C. Niermann, 'Gewebe im Umherzien-Hausierer und Wanderlager in Bremen vor 1914', *Geschäfte der Bremer Kleinhandel um 1900, Beiträge zur Sozialgeschischte Bremens,* Heft 4, Teil 1, p.212.

[15] J.-D. Mellot, 'Rouen et les "libraires forains"...', p.511. However, it is still not known where the widow Machuel was originally from.

[16] *Ibid.*, p.525.

[17] A. Sauvy, 'Noël Gille...', p.185. J. Quéniart, *Cultures et Sociétés urbaines dans la France de l'Ouest au XVIIIe siècle,* Paris, Klincksieck, 1978, pp.387–412 provides numerous insights into the role played by this Cotentin network.

[18] A. Sauvy, 'Noël Gille...', p.189. For a comparison with England, see the list drawn up by Richard Trendall of Norfolk in M. Spufford, *The Great Reclothing...*, pp.53 and 69, and the study by R. B. Westerfield, *Middlemen in English Business...*, p.383.

[19] P. Casselle, 'Recherche sur les marchands d'estampes...', pp.82–3.

[20] *Ibid.,* p.83.

[21] 19 May 1765, Bibliothèque nationale, mss. fr. 22096 (118) as cited by P. Casselle in his 'Recherche sur les marchands d'estampes...', p.77.

[22] J. Queniart, *L'imprimerie et la librairies à Rouen au XVIIIe siècle,* Paris, Klincksieck, 1969, pp.402–12.

[23] A. Sauvy, 'Noël Gille...', *art. cit.* p.185; and R. Moulinas, *L'lmprimerie, la Librairie et la Presse à Avignon au XVIIIe siècle,* Grenoble, Presses Universitaires, 1974, p.136.

[24] For more on the establishment of book pedlars in Paris, and the changing policies concerning them, see H.-J. Martin, *Livre, pouvoir et Société à Paris au XVIIe siècle, 1598–1701,* Paris, 1969, vol. 2, pp.357–8.

[25] Victor Hugo, *Quatre-vingt-treize,* ed. Garnier-Flammarion, Paris, 1965, p.111.

[26] D. Roche, 'La Police du livre'. *Histoire de l'Edition française,* vol. 2, *le Livre triomphant 1660–1830,* Paris, Promodis, 1984, pp.84–91 (90–91); A. Sauvy, 'Livres contrefaits et livres interdits', *Histoire de l'Edition française,* vol. 2, *Le Livre triomphant 1660–1830,* Paris, Promodis, 1984, pp.104–19.

[27] M. Trifoni, 'I "santari". Venditori itineranti di immagini devozionali a Campli e nel teramano'. *La Ricera Folklorica,* 19, 1989, pp.113–20. Nizard: *Essai sur le colportage de librairie,* 1855, pp.41–2, quoted by J.-J. Darmon in *Le colportage de librairie...,* p.74.

[28] There are examples of such existences, never far from that of beggar, in A. Poitrineau, 'Aspects de l'émigration...', pp.36–7; or, on temporary work see R. Sarti, *Long Live the Strong: a history of rural society in the Apennine Mountains,* The University of Massachusetts Press, Amherst, 1985, pp.88–9.

[29] J.-F. Botrel, 'Les aveugles colporteurs d'imprimés en Espagne', *Mélanges de la Casa de Vélasquez, 9,* 1973, pp.417–82 and 10, 1974, pp.233–71. J. Marco, *Literatma popular en España en los siglos XVIII y XIX. Una aproximacion a los pliegos de cordel,* Madrid, Taurus, 1977, pp.103–9.

[30] J.-F. Botrel, 'Les aveugles colporteurs...', pp.253–4.

[31] J. Caro Bajora, *Ensayo sobre la literatura de cordel,* Revista de occidente, Madrid, 1969, p.61. Blindmen who travelled from fair to fair, singing to the accompaniment of a guitar or violin, then selling the printed text of their song, were to be found all over Europe; but were not organized in the same way as the Spanish blindmen. With regard to Italy, Gabriella Solari has discovered various references to this in the archives, and the Universita degli studi di Siena has brought together a certain number of such songs in its *Archiveiodelle fonti orali.*

[32] D. Curto, 'Litteratures de large circulation au Portugal (XVIe-XVIIe siècles), Colloque *Les imprimes de large circulation et la littérature de colportage dans l'Europe des XVIe-XIXe siècles,* Herzog August Bibliothek Wolfenbutel, April 1991, to be published.

[33] W. Shakespeare, *The Winter's Tale,* Act 4, Scene 3.

[34] D. Diderot, *Jacques le Fataliste et son maître,* edited with an introduction and notes by Yvon Belaval, Paris, 1973, p.60: '... garters, belts, watch straps, snuff-boxes in the latest style [real *jaback*], rings, watch cases'. The name Jaback was taken from the Jaback Hotel in the rue Saint-Merre in Paris. Jewellery and novelty goods of all types were sold there for a time. It was fashionable then only to buy 'real *jaback*' articles.

[35] J. Taylor, *Prologue to A Very Merry Wherry-Ferry Voyage: or Yorke for My Money,* quoted by V. E. Neuberg in *Popular Literature: a history and guide from the beginning of printing to the year 1897,* London, 1977, p.56.

[36] *Le Mercier Inventif,* from the Bibliothèque bleue, Troyes, 1632. My thanks to Daniel Roche for having brought this text to my attention.

[37] N. McKendrick, J. Brewer and J. H. Plumb, *The Birth of Consumer Society...* p.93.

[38] T. Endelman, 'L'activité économique des juifs anglais', *Dix-huitième siècle,* no. 13, 1981, pp.113–126 (123).

[39] B. Geremek, *Truands et misérables dans l'Europe moderne (1350–1600),* Gallimard/Julliard, 1980.

[40] S. Ferrone, 'La vendita del teatro: tipologie europee tra cinque e seicento', Institut Universitaire Européen, Florence, Symposium: *Négoce et culture à l'époque moderne,* 327/88 (col. 76) 41 pp.

[41] 'Comici, Ciarlatini, Montainbanco, Erborari', as cited by A. Paglicci-Brozzi in *Contribute alia storia del teatro italiano. Il teatro a Milano net secolo XVII,* Milan, 1891, cited by S. Ferrone, 'La vendita del teatro...', p.28.

[42] For more on the world of street theatre, see P. Burke, *Popular Culture in Early Modern Europe,* Cambridge, 1978. I have consulted the Italian translation, *Cultura popolare nell'Europa moderna,* Milan, 1980, pp.92–9.

[43] As cited by V. E. Neuberg, *Popular Literature...,* p.76.

[44] 22 July 1732, cited by V. E. Neuberg in *Popular Literature...,* p.117.

[45] G. Pitrè, *Usi e costumi, credenze e pregiudizi del popolo siciliano,* Palermo, 1978, vol. 1, pp.177–216. 0. Niccoli, *Profeti e popolo nell'Italia del Renasci-mento,* Rome-Bari, Laterza, 1987, pp.27–37. *Il libra dei vagabondi,* Piero Camporesi ed., Turin, 1973.

[46] *Stampe per via. L'incisione dei secoli XVII-XIX net commercio ambulante dei tesini,* the catalogue of the exhibition put on by Bruno Passamani, Pieve Tesino-Trento-Bassano del Grappa, 1972, Calliano, Arti grafiche R. Manfredi, 1972, p.33.

[47] G. Duval, *Littérature de colportage et imaginaire collectif en Angleterre à l'époque des Dicey (1720–1800),* Presses Universitaires de Bordeaux, Talence, 1991 (I consulted the Ph.D. thesis deposited in the University of Dijon, 1986, p.85.) [author's note]

[48] In France, those who chanted hymns and laments were recruited from the Chamagne region in the Jura, according to Nisard. Nisard, *Essai sur le colportage de librairie,* 1855, pp.41–2, as cited by J.-J. Darmon, *Le colportage de librairie...*, p.74; and B. Maradan, 'Chamagne et les Chamagnons, colporteurs en livres', *Les Intermédiaires culturels,* Aix-en-Provence, 1981, pp.277–89. J. Lesueur, 'Une figure populaire en Lorraine au siècle dernier, le colporteur ou chamagnon'. *Bulletin de la Société lorraine des Etudes locales de l'enseignement public,* 1969, 3, pp.29–39.

[49] J. Lesueur, 'Une figure populaire en Lorraine...', p.32.

[50] D. Roche, *Le Peuple de Paris,* Paris, 1981, p.225.

[51] L. S. Mercier, *Tableaux de Paris,* Amsterdam, 1783–88, vol. 1, pp.285–7; cited in D. Roche, *Le Peuple de Paris,* pp.225–6.

[52] T. Endelman, 'L'activité...', p.123.

[53] R. Sarti, *Long Live the Strong...*, p.66.

[54] A. B. 11 923, in the year 1756, cited by A. Farge, *Le Goût de l'archive,* Paris, Seuil, 1989, p.111.

[55] J.-F. Botrel, 'Les aveugles colporteurs...', p.255.

[56] On at least three occasions-in 1666, 1674 and 1721-the brotherhood had their status confirmed as professionals who earned a living from their labour and not from begging; J.-F. Botrel, 'Les aveugles colporteurs...', p.425–7.

[57] Also known as *pliego suelto* [loose sheets], this was a notebook of a few pages, formed from one sheet of paper folded twice to constitute 8 pages. The idea gradually spread and booklets of 32 pages or more were termed *pliegos. J.* Marco, *Literatura popular...*, p.33.

[58] J. Marco, *Literatura popular...*

[59] J.-F. Botrel, 'Les aveugles colporteurs...', pp.251–2.

[60] J. Marco, *Literatura popular...*, pp.33–50. The following is an example of the length of the titles: 'Aqui se contiene un duke tratato, /de como une mujer natural de Valladolid, / siendo cautiva desde Bugia negola ley de Nuestro Senor, y se casocon

un rico moro, do estuvo veinte y tres anos en la secta de Mahoma, y fue Dios servido, que al cabo de este tiempo cautivaron un clerigo hermano suyo, el cual sirvio a su hermanas tres anos de su esclavo sin conocerle y como fue Dios servido que al cabo de tres anos se conocieron por ciertas preguntas, y el arrepentimiento de la Renegata, y las sentidas lamentaciones quebizo, / y como tuvieron lugar de venir a Roma y reconsiliarse con el Santo Padre.'

[61] J. Marco, *Literatura popular*..., pp.33–50 and 194. J.-F. Botrel, 'Les aveugles colporteurs...', pp.259–60. Also *infra,* chapter 8: The Culture of Itinerancy.

[62] J.-F. Botrel, 'Les aveugles colporteurs...', pp.253–4. There is a description of the iconography of Goya's paintings of blindmen in J. Caro Bajora, *Ensayo*..., chapter 1.

[63] J.-F. Botrel, *La diffusion du livre en Espagne (1848–1914),* Madrid, 1988.

[64] J. Caro Bajora, *Ensayo*..., p.60. The art of the Sicilian *cantastorie* was similarly codified in the diction, gestures and expressions which accompanied the narration: see G. Pitre, *Usi e costumi,*..., pp.178–9 and S. Burgaretta,' "Cuntu" e contastorie nella Sicilia di oggi'. *La Ricerca Folklorica,* 19, 1989, pp.121–5.

[65] R. Schenda, *Folklore e letteratura popolare: Italia-Germania-Francia,* translated by Maria Chiara Figliozzi and Ingeborg Walter, Bibliotheca Biographica, Istituto della Enciclopedia Italiana fondata da Giovanni Treccani, Rome, 1986, p.279. *L'Information en France avant le périodique. 517 canards imprimés entre 1529 et 1631,* Maisonneuve et Larose, Paris, 1964, p.16.

[66] 0. Niccoli, *Profeti e popolo nell'Italia*..., p.29.

[67] However, in the Auvergne in the nineteenth century, the women took care of the sale of livestock. R. Duroux, 'Femme seule, Femme paysanne, Femme de migrant', *Colloque d'Histoire d'Aurillac, Ie Paysan,* 1988, pp.145–68 (160); the situation was similar in the Val Varaita: D. Albera, M. Dossetti, S. Ottonelli, 'Società' ed emigrazioni...', p.129.

[68] Jean Eymard's account book in the Musée Dauphinois.

[69] A. D. Rhone, 7B 21, 21 July 1734. Archive discovered by Renaud Ferrand for his Master's dissertation *Sacrilèges et blasphèmes en Lyonnais et Beau-jolais,* Lyon II, 1989.

[70] J.-D. Mellot, 'Rouen et les "libraires forains"...', p.524; M. Trifoni, 'I "santari". Venditori itineranti di immagini devozionali...', p.117; F. Barbier, 'Un exemple d'émigration temporaire: Les colporteurs de librairie pyrénéens (1840–1880)', *Annales du Midi,* vol. 95, 1983, pp.289–307. B. Maradan, 'Chamagne et les Chamagnons, colporteurs en livres', *Les Intermédiares culturels.* Publication de l'Université d'Aix-en-Provence, 1978, pp.277–89, and J.-J. Darmon's book *Le colportage de librairie*....

[71] I. E. Fietta, 'Con la cassetta in spalla..., pp.4–111.

[72] There are examples given for the Auvergne at the end of the eighteenth century in A. Poitrineau: 'Aspects de l'émigration...', p.427; for Savoy in C. and G. Maistre's *L'émigration marchande savoyarde aux XVIIe-XVIIIe siècles. L'exemple de Nancy-sm-Cluses,* Academic Salesienne, Annecy, 1986, pp.70–80.

[73] London's overwhelming domination was also a reflection of the importance of the city, in which, in 1800, one English person in ten lived: in 1801 the total population was estimated at 9 million, with 900,000 in London.

[74] L. Weatherill, *The Growth of the Pottery Industry in England 1660–1815,* New York, London, 1986, p.123.

[75] M. Spufford, *The Great Reclothing...,* pp.79–80.

[76] B. Amouretti, 'La tournée d'un colporteur dans les monts du Beaujolais sous le Second Empire, 1864–1868', *Cahiers d'Histoire,* vol. XXXII, nos 3–4, 1987, pp.341–58 (343).

[77] M. Spufford, *The Great Reclothing...,* pp.43 and 69.

[78] S. Jaumain, 'Les colporteurs Hainuyers...', pp.310 and 313.

[79] Charles Nizard, *Essai sur le colportage de librairie,* p.48, as cited by J.-J. Darmon, *Le colportage de librairie...,* p.37.

[80] A. Sauvy, 'Noël Gille....', pp.180–2.

[81] *Memoire au sujet des colporteurs dans diverses provinces, fait pour M. Anisson,* 1755, Bibliothèque nationale, ms. fr. 22 128, document 92, as cited by A. Sauvy, 'Le livre aux champs', p.432.

[82] A. Sauvy, 'Noël Gille...', pp.184–5.

[83] J.-D. Mellot, 'Rouen et les "libraires forains"...', p.529.

[84] 5 March 1765, Bibliothèque nationale, mss. fr. 22096 (120), as cited by P. Casselle, 'Recherche sur les marchands d'estampes...', p.76.

[85] Notice of 15 December 1764 'concerning those merchants selling prints who trade in immoral books'; Bibliothèque nationale, mss. fr. 22096 (113), as cited by P. Casselle, 'Recherche sur les marchands d'estampes...', p.76.

[86] P. Casselle, 'Recherche sur les marchands d'estampes...', pp.76–8.

[87] M. Spufford, *The Great Reclothing...,* pp.88–9; A Poitrineau, 'Aspects de l'émigration...', p.308.

[88] L. Fontaine, *Le Voyage et la Mémoire, colporteurs de l'Oisans au XIXe siècle,* Lyon, Presses Universitaires de Lyon, 1984, p.126; B. Amouretti, 'La tournée...', p.349. Gravier family archives.

[89] *Ibid.,* pp.113–40. P. Martin-Charpenel, 'Les colporteurs de l'Ubaye en basse Provence', *Annale de Haute Provence,* no. 291, 1981, pp.3–57. B. Amouretti, 'La tournée...', pp.350–2.

[90] R. Duroux, 'Les boutiquiers cantaliens de Nouvelle-Castille au XIXe siècle',

Mélanges de la casa de Vélasquez, 1985, vol. XXI, pp.281–307 (295).

[91] La vie pénible et laborieuse de jean-Joseph Esmieu, Annales de Haute Provence, no. 255, 1969, pp.329–41; no. 256,1969, pp.414–27; nos 257–8,1969, pp.453–75; no. 259, 1970, pp.33–49;no.260,pp.100–21; nos. 261–2, pp.161–87 (no. 259).

[92] P. Martin-Charpenel, 'Les colporteurs de l'Ubaye...', p.13.

[93] F. da Gama Caeiro, 'Livros e livreiros franceses em Lisboa nos fins de setecentos e no primeiro quartel do seculo XIX', Anais de Academia Portuguesa da História (Lisbon), Series IIa, II (26), 1980, pp.301–27 (312). See chapter 7.

[94] N. McKendrick, J. Brewer and J. H. Plumb, The Birth of Consumer Society..., pp.88–9.

[95] R. B. Westerfield, Middlemen in English Business..., pp.313–14.

[96] N. McKendrick, J. Brewer and J. H. Plumb, The Birth of Consumer Society..., pp.77–81.

第五章

[1] R. Blanchard, 'Le haut Dauphine a la fin du XVIIe siècle, d'apres les proces-verbaux de la Révision des feux de 1700', Revue de Géographic alpine, vol. 3, 1915, pp.317–419. A. Allix, L'Oisans au Moyen Age, étude de géographic historique en haute montagne d'après des documents inédits suivie de la transcription des textes, Paris, 1929, p.157. J. Augel, Italienische Einwanderung und Wirtschaftstätigkeit in rheinischen Städten des 17. und 18. Jahrhunderts, Bonn, 1971, p.56. A Poitrineau, Remues d'hommes. Les migrations montagnardes en France 17e-18e siècles, Paris, 1983, pp.5–24. D. Sella, 'Au dossier des migrations montagnardes: l'exemple de la Lombardie au XVIIe siècle'. Melanges en l'honneur de Fernand Braudel. Histoire économique du monde méditerraneen, Toulouse, 1973, pp.547–54. C. and G. Maistre, L'émigration marchande savoyarde aux XVIIe-XVIIIe siècles. L'exemple de Nancy-sur-Cluses, Académic Salésienne, Annecy, 1986, pp.24–31.

[2] R. Blanchard, 'Le haut Dauphiné...', p.402. For these men, migration was also a response to the winter which left them unemployed for more than half the year, when the isolation of the villages, cut off from one another by snow and avalanches, made enforced idleness even more difficult to bear. R. Blanchard, Les Alpes Occidentals, vol. Ill, Les Grandes Alpes françaises du nord, Arthaud, 1943, 2 vols, vol. II, p.324. P. Guichonnet, 'L'émigration saisonnière pendant la première moitié du XIXe siècle (1783–1860)', Revue de Géographic alpine, vol. XXXIII, fasc. 3, pp.465–534 (468–70).

[3] B. Bonnin, La terre et les paysans en Dauphiné au XVIIe siècle (1580–1730), doctoral thesis. University of Lyon II, 1982. A Poitrineau, Remues d'hommes..., pp.6–24. H. G. Rosenberg, A Negociated World, Three Centuries of Change in a French Alpine

Community, University of Toronto Press, 1988 adopts the same line of argument for the modern period in the history of the Queyras valleys.

[4] Tallage register for La Grave 1671: 'register to which we have not added an estimation of the price of assets, nor of personal property or business, not knowing how to go about this, never having yet seen it practised in any community under this Mandate'.

[5] 1 *sétérée* = c 38 *ares*. L. Cortes, *L'Oisans, recherches historiques, tourisme,* Grenoble, 1926, p.122.

[6] L. Fontaine, 'Family Cycles, Peddling and Society in Upper Alpine Valleys in the Eighteenth Century', in *Domestic Strategies. Work and Family in France and Italy 17–18th Century,* Stuart Woolf ed.. Editions de la Maison des Sciences de l'Homme and Cambridge University Press, 1991, pp.43–68.

[7] It should be noted that the tables of those registered repeat the figures given in the wills.

[8] César Eustache formed a business partnership with Jacques Blattier 'in Paris, as elsewhere... and takes up residence in the house of *sieur* Olivier Picque, merchant, residing in the city of Paris, 6 rue Saint Denis, where they agree that all writs, summons and other legal acts be carried out'. French National Archives, M.C. et/CXXII/ 1552, 30 August 1604.

[9] French National Archives, MC, et/XXX/18, 30 August 1635.

[10] G. Denière, *La Juridiction consulaire de Paris 1563–1792,* Paris, 1872.

[11] Departmental archives of the Hautes Alpes, IE 7214, 1 April 1680.

[12] Departmental archives of the Hautes Alpes, IE 7214, 9 June 1680.

[13] French National Archives, MC, et/LXXXVI/213. I should like to thank Robert Descimon who found this inventory, helped me to decipher it and supplied me with a wealth of information on the merchants-mostly concerning well-established silk merchants-with whom Andre Masson did business. In particular, I owe all information concerning the Picque family to him.

[14] Bibliothèque Municipale, Lyon, manuscript no. 1161, p.13, quoted by L. Cortes, *L'Oisans...,* p.269.

[15] Departmental archives of the Hautes Alpes, IE 7214, 1 March 1680.

[16] Departmental archives of the Isère, 3E 846, Master Bard's legal records. Besse had 230 householders in 1685, and 132 in 1695: Departmental archives of the Isère 4E 25 1G 36 and 1G 39.

[17] Information imparted to me by Gérard Béaur, to whom I extend my thanks for the discussion we had on this subject. G. Béaur, *Le Marché fonder à la veille de la Révolution. Les mouvements de propriété beaucerons dans les regions de Maintenon et de Janville de 1761 à 1790,* Paris, Editions de l'EHESS, 1984.

[18] The family archives of the tax collector of Clavans demonstrate the extraordinary

extent of his network of village debtors: he had bills, promises and obligations relating to 83 families, in a village where the number of landowning householders dropped from 171 in 1676 to 64 in 1695. Ribot family archives, Maison du Patrimoine d'Huez in Oisans.

[19] L. Fontaine, 'Family Cycle...'.

[20] The sale of land prompted by tax debts accounted for 15 out of the 53 sales; in other cases the money lent to pay taxes was not distinct from other loans.

[21] L. Fontaine, 'L'Oisans au pluriel. Perceptions de la montagne uissane 1750–1900', *Imaginaires de la haute montagne*. Documents d'Ethnologie Régionale, no. 9, C.A.R.E., Grenoble, 1987, pp.85–96.

[22] Departmental archives of the Rhône, B series, 8 May 1690.

[23] Departmental archives of the Hautes Alpes, 1E 4839, 8 and 30 June 1684.

[24] Departmental archives of the Isère, 4 G 277, pastoral visit by Monseigneur Le Camus.

[25] Departmental archives of the Isère, 4E 25 S3.

[26] Departmental archives of the Isère, 4E 31 1D2.

[27] Departmental archives of the Isère, 1J 1102.

[28] M. Sauvan-Michou, 'La Révocation de l'Edit de Nantes à Grenoble, 1685–1700', *Cahiers d'Histoire,* 1956, pp.147–71 (166–7). B. Diefendorf, 'Les divisions religieuses dans les families parisiennes avant la Saint-Barthelemy', *Histoire, Economic et société, 7,* 1, 1988, pp.57–77 (71–3).

[29] See G. Levi's analyses of recent approaches to the family, and his study of family groups in Piedmont: *L'Eredità immateriale. Camera di un esorcista nel Piemonte del seicento,* Einaudi, Turin, 1985.

[30] Departmental archives of the Hautes Alpes, IE 4939, 8 and 30 June 1684.

[31] Departmental archives of the Hautes Alpes, IE 7215, 4 and 6 July 1684.

[32] P. Goubert, *Families marchandes sous l'Ancien Régime: les Danse et les Motte de Beauvais,* Paris, SEVPEN, 1959, pp.27–30.

[33] *Ibid.,* p.176.

[34] Departmental archives of the Isère, 3E 846, 9 June 1684.

[35] L. Fontaine, 'Family cycle...', p.64.

[36] Departmental archives of the Hautes Alpes, IE 4839, 18 May 1684.

[37] Departmental archives of the Hautes Alpes, IE 16 October 1684 and 19 March 1685.

[38] L. Fontaine 'Affare di Stato, affari di famiglie: politica anti-protestante, strategic private et vita communitaria in una valle alpina del XVIIe secolo', *Quaderni Storici,* 72, 1989, pp.849–82. C. and G. Maistre, *L'émigration marchande savoyarde aux XVIIe-XVIIIe siècles. L'exemple de Nancy-sur-Cluses.* Academic Salesienne, Annecy, 1986, pp.128–36.

[39] Departmental archives of the Hautes Alpes, IE 7214, 4 April 1680.

[40] Departmental archives of the Hautes Alpes, IE 7214, 5 January 1689. The debtor agreed to mow his merchant creditor's pasture-land for 20 *sols* per *setier.* See footnote p.17.

[41] In 1679, *sieur* Raphael Rome paid 20 *livres* for the upkeep of two cows and a calf. Departmental archives of the Hautes Alpes, IE 7214, 27 April 1679.

[42] Departmental archives of the Hautes Alpes, IE 4839, 18 September 1684.

[43] Departmental archives of the Hautes Alpes, IE 4839, 20 August, 1684.

[44] Departmental archives of the Isère, 4E 26 GG9, 13 March 1668.

[45] L. Fontaine, 'Solidarites familialés et logiques migratoires en pays de montagne à l'époque moderne', *Annales ESC,* 6, 1990, pp.1433–50. In the Varaita valley, the beggars recorded in the nineteenth century were children, widows and old people. D. Albera, M. Dossetti, S. Ottonelli, 'Società ed emigrazioni nell'alta valle Varaita in età moderna', *Bollettino storico-bibliografico subalpino,* LXXXVI, 1988, 1, pp.117–69 (126).

[46] H. Onde, 'L'émigration en Maurienne et en Tarentaise', *Bulletin de la Société Scientifique du Dauphiné,* 1942, pp.41–99 (79–84).

[47] A. Allix, *L'oisans au Moyen Age.* As early as the population censuses of 1434 and 1459 in Queyras, temporary migrations were already in evidence, as were the settling elsewhere of the richest members of the community and the mass departures of the poorest. 59 empty houses were recorded, against 57 which remained occupied. R. Blanchard estimated that the population fell by between 600 and 700 people in the first part of the fifteenth century. The census of 1700 recorded the same phenomenon. R. Blanchard, 'Aiguilles', *Revue de Géographic Alpine,* 10, 1922, pp.127–60 (138–9). For comparable information for the Dauphine in the seventeenth century, see R. Blanchard, 'Le haut Dauphiné...', pp.409–10. Departmental archives of the Isère, 4E 25 S 10, 'Report on those who have left the area, leaving behind their assets because they could not pay the rates'. This report draws up a list of 56 families in the 16th century and makes a note of the destination for which they were heading.

[48] Bibliothèque municipale, Grenoble R. 30 f. 130–2 and departmental archives of the Isère, B. 2153, 22 June 1686.

[49] J. Nicolas, 'L'émigration des Mauriennais en Espagne en 1767', *Congrès des Sociétés Savantes de la Province de Savoie,* new series, 1, 1964, pp.72–80.

[50] The people of the Auvergne profited from this imagined fear right up until the end of the eighteenth century. A. Poitrineau, *Les 'Espagnols' de I'Amergne et du Limousin du XVIIe au XIXe siècles,* Aurillac, Mazel-Malroux, 1985, p.198.

[51] A. Poitrineau, 'Aspects de l'émigration temporaire et saisonnière en Auvergne à la fin du XVIIIe siècle', *Revue d'Histoire Modeme et Contemporaine,* 1962, pp.5–50 (38).

[52] R. Blanchard, 'Le haut Dauphiné...', p.401.

[53]   Departmental archives of the Isère, 4G 271/283.
[54]   In 1746, 82 inherited estates out of 366 were not even worth 5 *sols;* in 1773 this was the case for 65 out of 360 and in 1814 for 64 out of 341. D. Albera, M. Dossetti, S. Ottonelli, 'Società' ed emigrazioni...', pp.26–127. The tallage registers are likely to be misrepresentative in the same way as those in the Upper Dauphine, and to be similarly distorted by the fact that members of the families represented on them were often spread over several tax bandings. In 1860 in the Lucques mountains, the average land surface area owned was less than 3 hectares; R. Sarri, *Long Live the Strong. A History of Rural Society in the Apennine Mountains,* The University of Massachusetts Press, Amherst, 1985, p.101.
[55]   D. Albera, M. Dossetti, S. Ottonelli, 'Società' ed emigrazioni...', p.125.
[56]   D. Albera *et al.,* 'Societa ed emigrazioni...', pp.128–36. In the eighteenth century, according to the priest in Chianale, the poor would go to Spain bearing certificates given them by Capuchin monks to the effect that they were newly converted to Catholicism: they used them to beg for alms 'and since the country is extremely wealthy, they returned much laden down with money...', p.138.
[57]   A. Dietz, *Frankfurter Handelgeschichte,* Frankfurt, 4 vols, 1921, vol. 2, pp.240–59.
[58]   Even though certain villages in the Auvergne were renowned for their fertile soil. A. Poitrineau, *Les 'Espagnols'...*, p.67.
[59]   Quoted by Jean Perrel, 'Introduction à une etude sur l'émigration corréziene vers l'Espagne sous l'Ancien Régime', *Bulletin de la Société des Lettres, Sciences et Arts de la Corrèze,* LXX, 1966, pp.183–98 (191–2).
[60]   J. Perrel, 'Les Limousins en Espagne aux XVIe, XVIIe et XVIIIe siècles: les emigrants', *Bulletin de la Société des Lettres, Sciences et Arts de la Corrèze,* LXVffl, 1964, pp.31–40 (38).
[61]   *Ibid.,* p.37.
[62]   J. Perrel, 'Une région d'émigration vers l'Espagne aux XVIIe-XVIIIe siècle: le plateau de Roche-de-Vic (Correze)', *Bulletin de la Société des Lettres, Sciences et Arts de la Corrèze,* LXX, 1966, pp.183–98 (191–2).
[63]   A. Poitrineau, *Les 'Espagnols'...*, p.140 and pp.55–6.
[64]   L. Fontaine, *Le Voyage et la Mémoire, colporteurs de l'Oisans au XIXe siècle.* Presses Universitaires de Lyon, 1984, p.193; J. Perrel, 'Une région d'émigration...', p.193.
[65]   A. Poitrineau, *Les 'Espagnols'...*, pp.141–2. J. Perrel, 'Une région d'émigration....', p.192 gives examples of fortunes bequeathed in Spain in 1793. One man left a bakery worth more than 12,000 *livres;* the fortunes of the others were more modest-between 1,800 and 600 *livres.*
[66]   A. Poitrineau, *Les 'Espagnols'...*, pp.55–7.
[67]   J.-F. Soulet, *La Vie quotidienne dans les Pyrénées sous l'Ancien Régime (du XVIe au*

XVIIIe siècle), Paris, 1974, pp.50–1.

[68] J.-P. Zuniga, 'La mobilité sociale dans une Sociéte coloniale: Ie cas du Chili au XVIIe siècle'. *Bulletin du Centre Pierre Léon d'histoire économique et sociale,* nos 2–4, 1992, pp.41–51.

[69] M. Spufford, *The Great Reclothing of Rural England. Petty Chapmen and their Wares in the Seventeenth Century,* London, The Hambledon Press, 1984, p.44.

[70] T. C. Smout, The Glasgow Merchant Community in the Seventeenth Century', *Scottish Historical Review,* 47, 1968, pp.53–71 (55).

[71] *Ibid.,* pp.59–62. The author puts the merchant population of Glasgow between 400 and 500 in the seventeenth century. The customs registers between November 1683 and November 1686 allow one to put the number of those who traded on a more or less regular basis with England at 50 or 60; whereas there were between 35 and 45 trading with Ireland, and between 55 and 65 with Europe or America, some of whom were involved in several markets. McUre puts the number of those trading with England at 67: J. McUre, *A View of Glasgow,* 1736, edited by J. F. S Gordon, *Glasghu fancies,* Glasgow, 1872.

[72] R. A. Dodgson, *Land and Society in Early Scotland,* Oxford, 1981, pp.205–70. See also T. C. Smout, *Scottish Trade on the Eve of the Union,* 1660–1707, Edinburgh, 1963. For more information on the workings of tenant farming, see I. D. Whyte, *Agriculture and Society in Seventeenth Century Scotland,* Oxford, 1981, pp.33–6.

[73] R. A. Dodgson, *Land and Society...,* pp.205–70.

[74] U. Pfister, *Die Zürcher fabriques, Protoindustrielles Wachstum vom 16. wm 18. Jahrhundert,* Editions Chronos, Zurich, 1992, p.258.

[75] R. A. Dodgson, *Land and Society...,* pp.271–5.

[76] R. A. Dodgson, *Land and Society...,* pp.314–20.

[77] I. D. Whyte, *Agriculture and Society...,* pp.39–41.

第六章

[1] A. Poitrineau, 'Petits marchands colporteurs de la haute Planèze d'Auvergne à la fin de I'Ancien Régime', Annales du Midi, vol. 88, 1976, pp.423–36 (429); L. Fontaine, Le Voyage et la Mémoire, colporteurs de I'Oisans au XIXe siècle. Presses Universitaires de Lyon, 1984, pp.129–39; and N. McKendrick, J. Brewer and J. H. Plumb, The Birth of Consumer Society: The Commercialization of Eighteenth Century England, Bloomington, Indiana University Press, 1982, pp.208–9.

[2] D. J. Ormorod, *Anglo-Dutch commerce, 1700–1760,* Cambridge Ph.D., 1973, p.110, quoted by M. Spufford, *The Great Reclothing of Rural England: Petty Chapmen and their Wares in the Seventeenth Century,* London, The Hambledon Press, 1984, p.80, note 28; L. Fontaine, 'Le reti del credito. La montagna, la citta, la pianura: mercanti

dell'Oisans tra XVII e XIX secolo', *Quaderni Storici,* 68, 1988, pp.573–93; A. Poitrineau, 'Petits marchands colporteurs...', pp.427–8 and 432–3. In international markets, the usual credit time allowed was 3–6 months. *The Cambridge Economy of Europe,* vol. V, *The Economic Organisation of Early Modem Europe,* p.307.

[3] R. B. Westerfield, *Middlemen in English Business, particularly between 1660 and 1760,* 1915, New York, 1968, pp.313–4 (385).

[4] R. Moulinas, *L'lmprimerie, la Librairie et la Presse à Avignon au XVIIIe siècle,* Grenoble, Presses Universitaires, 1974, p.148.

[5] A. Poitrineau, *Les 'Espagnols' de I'Amergne et du Limousin du XVIIe au XIXe siècle,* Aurillac, Mazel-Malroux, 1985, pp.143 and 146.

[6] J.-D. Mellot, 'Rouen et les "libraires forains" à la fin du XVIIIe siècle: la veuve Machuel et ses correspondants (1768–1773)', *Bibliothèque de l'Ecole des chartes,* vol. 147, 1989, pp.503–38 (511).

[7] R. Moulinas, 'Une famille d'imprimeurs-libraires avignonnais du XVIIIe siècle: les Delorme', *Revue française d'histoire du livre,* no. 3, 1972, pp.45–78 (47).

[8] In such cases, it was the financial guarantee which was more important than a business association. J. Augel, *Italienische Einwanderung and Wirtschaft-stätigkeit in rheinischen Städten des 17. und 18. Jahrhunderts,* Bonn, 1971, p.199.

[9] Departmental archives of the Isère, 4E 24, Sll, statement of 24 December 1654 of the merchandise belonging to Jehan Hostache and Jacques Garden, Auris en Dauphiné.

[10] J.-D. Mellot, 'Rouen et les "libraires forains"...', pp.512–13. Departmental archives of the Isère, 1J 829, register of copies of letters sent by Victor Nicolet, glove manufacturer, from the rue Saint-Jacques in Grenoble, to various merchant pedlars in the Oisans region (7 January 1828–10 April 1842).

[11] Exercise book belonging to Jean-Baptiste Bompard, Villeneuve la Salle, completed 28 January 1788. Gravier family private archives.

[12] Departmental archives of the Isère, 1J 829, letter of 2 August 1834.

[13] From the memoirs of Jean-Pierre Magne of Mont-de-Lans, 1804–98, Musee Dauphinois, Grenoble.

[14] Departmental archives of the Isère, 1J, 927, from the papers of Jean Gourand of Clavans in the Dauphine, a pedlar in the Yonne and Nievre *départements* (1834–59).

[15] Departmental archives of the Isère, 1J 829. A detailed analysis is given in L. Fontaine, *Le Voyage et la Mémoire, colporteurs de l'Oisans au XIXe siècle.* Presses Universitaires de Lyon, 1984, pp.45–103.

[16] This is a minimum figure, given the shortcomings of the source documents. One can compare it with the number of trading licences taken out in year V (of the Revolutionary Calendar), and with the number given in the labour survey of 1848–269 and 594 respectively, bearing in mind that these records also include

shopkeepers. L. Cortes, *L'Oisans, recherches historiques, tourisme,* Grenoble, 1926, pp.226; and the departmental archives of the Isère, 162 Mi.

[17] Departmental archives of the Isère, 1J 829.

[18] Departmental archives of the Isère, 1J 829; and A. Poitrineau, 'Aspects de l'ernigration temporaire et saisonniere en Auvergne à la fin du XVIIIe siècle', *Revue d'Histoire moderne et contemporaine,* 1962, p.32.

[19] L. Fontaine, *Le Voyage...,* pp.88–94.

[20] A. Sauvy, 'Noël Gille dit La Pistole, marchand forain libraire roulant par la France', *Bulletin des Bibliothèques de Prance,* May 1967, pp.177–90 (189–90) and R. Darnton, 'Un colporteur sous l'Ancien Régime', *Censures, de la Bible aux larmes d'Eros,* Centre Georges Pompidou, Paris, 1987, pp.130–9 (137–8).

[21] Departmental archives of the Isère, 4U 376, legal proceedings against Andre Reymond, 1861–2.

[22] R. Darnton, 'Le colporteur...', p.134.

[23] G. Duval, *Littérature de colportage et imaginatif collectif en Angleterre à l'époque des Dicey (1720-v. 1800),* doctoral thesis. University of Dijon, 1986, p.120.

[24] R. B. Westerfield, *Middlemen in English Business...,* p.316.

[25] Departmental archives of the Isère, 1J 829, May 1830.

[26] Bibliothèque nationale de France, mss. fr. 22099 (150), February 1769, quoted by P. Casselle in 'Recherche sur les marchands d'estampes parisiens d'origine cotentinoise a la fin de l'Ancien Régime', *Comité des travaux historiques et scientifiques. Bulletin d'histoire moderne et contemporaine,* 11, 1978, pp.74–93 (77).

[27] Departmental archives of the Isère, 1 Mi 218, 1863–1914.

[28] Letter from Gustave Ratie of Castille, one of the last survivors of the migrants from the Auvergne, to Rose Duroux, 11 November 1980, quoted in R. Duroux's 'Monographic d'une famille d' "Espagnols". La Saga des Ratié', *Revue d'Auvergne,* vol. 99, no. 3, 1985, pp.271–310 (276).

[29] See the court case which surrounded the dissolution of firms in Chinchon and Navalcarnero in A. Poitrineau, *Les 'Espagnols'...,* pp.172–4.

[30] For information on the ways in which the economic and human structures of the merchant-migrant villages changed, see P. Vigier, *Essai sur la répartition de la propriété foncière dans la région alpine,* Paris, SEVPEN, 1963 for the Alps; R. Blanchard, 'Aiguilles', *Revue de Géographic Alpine,* 10, 1922, pp.127–60 (153–61). For the Apennines, see R. Sarti, *Long Live The Strong. A History of Rural Society in the Apennine Mountains,* The University of Massachusetts Press, Amherst, 1985, pp.100–1, 106–7, 129 and 216. For the Pyrenees see J.-J. Darmon, *Le Colportage de librairie en France sous le Second Empire,* Paris, 1972, p.32. For the Massif Central region, see J. Perrel, 'Une région d'émigration vers l'Espagne aux XVIIe-XVIIIe

siècle: Le plateau de Roche-de-Vic (Corrèze)', *Bulletin de la Société des Lettres, Sciences et Arts de la Corrèze,* vol. 70, 1966, pp.183–98 (194–7).

第七章

[1] R. B. Westerfield, *Middlemen in English Business, particularly between 1660 and 1760,* 1915, New York, 1968, p.316.

[2] D. R. Ringrose, *Madrid and the Spanish Economy (1560–1850),* University of California Press, 1983, pp.185–92.

[3] R. Duroux, 'Les boutiquiers cantaliens de Nouvelle-Castille au XIXe siècle', *Mélanges de la Casa de Vélasquez,* 1985, vol. XXI, pp.281–307 (289–91).

[4] *Ibid.,* pp.292–3. A. Poitrineau, *Les 'Espagnols' de l'Auvergne et du Limousin du XVIIe au XIXe siècle,* Aurillac, Mazel-Malroux, 1985, p.176.

[5] R. Duroux, 'Les boutiquiers cantaliens...', pp.297–8. See the correspondence studied by A. Poitrineau (*Les 'Espagnols'*..., pp.95–6) which shows the tensions between the credit networks and, in particular, the difficulties experienced by the migrant merchants in recovering the debts agreed during their campaign; and, as an indirect consequence, their determination to get back what was owed to them in the highlands.

[6] A. Poitrineau: *Les 'Espagnols'*..., p.242.

[7] In this vein was the following announcement which appeared in the *Boletm oftcial* of the province of Leon on 8 September 1876, inviting 'pedlars and all those selling the same type of goods (school books) to come and stock up with books for boys' and girls' schools' from Raphael Garzo and Sons, printers. J.-F. Botrel, *La Diffusion du livre en Espagne (1848–1914),* Madrid, 1988, p.15.

[8] C. Robert-Muller and A. Allix, *Les colporteurs de l'Oisans,* Grenoble, 1925, republished 1979 by the Presses Universitaires de Grenoble.

[9] Departmental archives of the Isère, IMi 155, canton of Bourg d'Oisans.

[10] Departmental archives of the Isère, série R, the Bureau de Recrutement, which existed from 1867.

[11] L. Fontaine, *Le Voyage et la Mémoire, colporteurs de l'Oisans au XIXe siècle.* Presses Universitaires de Lyon, 1984, pp.205–29. P. Guichonnet 'L'émigration saisonnière en Faucigny pendant la première moitié du XIXe siècle (1783–1860), *Revue de Géographic alpine,* 1945, vol. XXXIII, fasc. 3, pp.465–534 (495–6) demonstrates how these men alternated between employment in the watch-making workshops and time spent as a pedlar when there was no work to be had.

[12] R. Schenda, *Folklore e letteratura popolare: Italia-Germania—Francia* [translated from the German into Italian by Maria Chiara Figliozzi and Ingeborg Walter], Bibliotheca Biographica, Istituto della Enciclopedia Italiana fondata da Giovanni Treccani, Rome, 1986, pp.212–14.

[13]   D. Lerch, *Imagerie et société, l'Imagerie Wentzel de Wissembourg au XIXe siècle,* Strasbourg, Librairie Istra, 1982 (the page numbers quoted are those of the typed thesis, Strasbourg, 1978), p.240. A more detailed analysis of the applications for permits appears in D. Lerch, 'Du colportage à l'errance, Réflexions sur le colportage en Alsace au XIXe siècle'. *Revue d'Alsace,* published by the Fédération des Sociétés d'histoire et d'archéologie d'Alsace, no. 113, 1987, pp.163–89.

[14]   S. Jaumain, 'Les colporteurs Hainuyers du XIXe siècle', *Annales du Cercle royal d'Histoire et d'Archéologie d'Ath at Musées athois,* 1984, pp.282–340 (314–15).

[15]   J.-J. Darmon, *Le colportage de librairie en France sous le Second Empire,* Paris, 1972, p.71.

[16]   Departmental archives of the Isère, 9T 78.

[17]   In his *Notas cordobesas* Ricardo de Montes y Romero recalls Torrezno, the beggar who turned pedlar at the end of the year to go and sell calendars and almanacs in Cordoba and in the farms and hamlets of both the near and the more distant rural areas, 'advertising them with a peculiar, almost unintelligible shout', *Recuerdos del Passado,* vol. II, 1914, p.112, quoted by J.-F. Botrel in *La Diffusion du livre en Espagne...,* p.16.

[18]   G. B. Martinelli, *Origine e sviluppo dell'attività dei librai pontremolesi,* Pontremoli, 1973, pp.74–5; the child was doubtless put up for sale again in Parma and taken by a man with a bear from the village of Bedonia in the Parma mountains.

[19]   Ibid., pp.77–82.

[20]   C. T. Genoino, 'Suonatori ambulanti nelle province meridionali. Archivi della polizia borbonica e postunitaria nell'Ottocento', *La Ricerca Folklorica,* 19, 1989, pp.69–75.

[21]   L. Fontaine, 'Solidarités familiales et logiques migratoires en pays de montagne à l'époque moderne', *Annales ESC,* 6, 1990, pp.1433–1450. Examples for the Apennine region are given in R. Sarti, *Long Live the Strong. A History of Rural Society in the Apennine Mountains,* University of Massachusetts Press, Amherst, 1985, p.86.

[22]   L. Fontaine, 'Solidarités familiales...'; examples for the Apennine region in R. Sarti, *Long Live the Strong...,* p.120. G. B. Martinelli, *Origine e sviluppo...,* pp.85–8 gives details of the legislation drawn up to prevent these children being abandoned. C. T. Genoino, 'Suonatori ambulanti...', pp.73–4.

[23]   G. B. Martinelli, *Origine e sviluppo...,* pp.82–90.

[24]   J.-J. Darmon, *Le colportage de librairie...,* p.88. See also A. Dubuc, 'Un colporteur évangéliste rouennais de 1877 à 1891', *Actes du 109e Congrès national des Sociétés savantes, Dijon, 1984, Section d'histoire moderne et contemporaine,* vol. 1, Paris, 1984, pp.245–57.

[25]   J.-F. Botrel, *La Diffusion du livre en Espagne...,* p.14.

[26] O. Niccoli, *Profeti e popolo nell'Italia del Rinascimento,* Rome-Bari, Laterza, 1987, pp.125–32. A. Delia Portella, 'La parabola della memoria: racconti di servitori di Dio nell'Italia del secolo corso', *Bollettino Storico-Bibliografico Subalpino,* 1991, pp.91–113.

[27] R. Schenda, *Folklore e letteratura popolare...,* p.213.

[28] F. G. Frutaz, 'Anciennes families valdotaines à l'étranger', *Bulletin de la Société Académique, Scientifique et religieuse du Duché d'Aoste,* no. 20, 1913, pp.191–4.

[29] D. Lerch, *Imagerie et société...,* p.243, uses the inhabitants of Ober-morschwihr as an example.

[30] R. Sarti, *Long Live the Strong...,* p.84.

[31] F. C. Farra and Don G. Galliza, 'L'emigrazione dalla Val blenio a Milano attraverso i secoli', *Archivio Storico Lombardo,* 9th series, vol. 1, 1961, pp.117–30 (126–7). G. Levi, *Centra e periferia di uno stato assoluto,* Turin, 1985.

[32] *Stampe per via. L'incisione dei secoli XVII-XIX nel commercio ambulante dei tesini,* exhibition catalogue by B. Passamani, Pieve Tesino-Trento-Bassano del Grappa, 1972, Calliano, Arti grafichi R Manfredi, 1972, pp.39–40.

[33] R. Sarti, *Long Live the Strong...,* pp.84–5.

[34] J.-J. Darmon, *Le Colportage de librairie...,* pp.30–1.

[35] J.-J. Darmon, *Le Colportage de librairie...,* pp.37–41.

[36] J.-J. Darmon, *Le Colportage de librairie...,* p.91. Moreover, the prefects' reports show that in peddling regions such as the Alps, the Isère and the Massif Central, the *Gascons* were not as active (p.55).

[37] Charles Noblet, Chronique du Journal général de l'Imprimerie et de la Librairie, 25 December 1869, quoted by J.-J. Darmon in *Le colportage de librairie...,* p.41.

[38] J.-J. Darmon, *Le Colportage de librairie...,* pp.72–3.

[39] Charles Nisard, *Essai sur le colportage de librairie,* 1855, quoted by J.-J. Darmon, *Le Colportage de librairie...,* p.41.

[40] J.-J. Darmon, *Le Colportage de librairie...,* pp.48–50.

[41] J.-J. Darmon, *Le Colportage de librairie...,* pp.50–4.

[42] R. Schenda, *Folklore e letteratwa popolare...,* p.182.

[43] J. Lesueur, 'Une figure populaire en Lorraine au siècle dernier, le colporteur ou chamagnon'. *Bulletin de la Société lorraine des Etudes locales de l'enseignement public,* 1969, 3, pp.29–39(38).

[44] J.-J. Darmon, *Le Colportage de librairie...,* pp.71 and 123–4.

[45] V. E. Neuberg, *Popular Literature, a History and Guide from the Beginning of Printing to the Year 1897,* London, 1977, p.212, quoted by G. Duval in his doctoral thesis *Littérature de colportage et imaginaire collectif en Angleterre à l'époque des Dicey (1720-v. 1800)* (University of Dijon, 1986, p.41), Bordeaux, Presses

Universitaires de Bordeaux, 1991.

[46] J.-F. Botrel, *La Diffusion du livre en Espagne...*, pp.18–20.

[47] J.-F. Botrel, *La Diffusion du livre en Espagne...*, pp.11–33.

[48] G. B. Martinelli, *Origine e sviluppo....* pp.19–59.

[49] G. B. Martinelli, *Origine e sviluppo...*, pp.60–1 and 65, 68, 107. Many travelled to Corsica without a passport.

[50] G. B. Martinelli, *Origine e sviluppo...*, p.123, and the list of books declared on p.124.

[51] G. B. Martinelli, *Origine e sviluppo...*, pp.118–21.

[52] G. B. Martinelli, *Origine e sviluppo...*, pp.69 and 115. In the examples, the amount of merchandise borrowed this way ranged from 55 to 325 /wres-worth.

[53] G. B. Martinelli, *Origine e sviluppo...*, pp.117–8.

[54] G. B. Martinelli, *Origine e sviluppo...*, pp.69–72.

[55] E. Gothein, *Wirtschaftsgeschichte des Schwarzwaldes und der angrenzenden Landschaften,* Strasbourg, 1892, p.849.

[56] P. Luès, 'L'émigration des "marchands de vin de Meymac" (Corrèze)', *Révue de Géographic alpine,* 1936, pp.925–42. The first branch was opened in Egletons around 1909 and a short time afterwards, three others were established in Meymac.

[57] C. Robert-Muller and A. Allix, *Les Colporteurs de l'Oisans...*, p.37.

[58] Departmental archives of the Isère, 1J 829, letter of 1 February 1839.

[59] D. Ozanam, 'La colonie française de Cadiz au XVIIIe siècle, d'après un document inédit (1777)', *Mélanges de la Casa de Vélasquez,* IV, 1968, pp.259–349 shows how (pp.271–2), following the war of Succession in Austria, the French merchants seized upon the chance to do business with the Spanish Indies which had been cut off from Europe for several years: there followed a series of individual ventures in which several amateur merchants foundered, having thought to make their fortunes in a short space of time, as well as a few supposedly stable firms. The tradition was none the less an old one.

[60] As Nicolas Barker so rightly pointed out to me, for which my thanks.

[61] Departmental archives of the Isère, 1J 829 and 11U 29, 10 November 1837, a 'firm dealing in plants, bulbs, flowers and gloves' linked the pedlars Arnol, Oddoux, Guille and Magne. From the memoirs of Jean-Pierre Magne of Mont-de-Lans, Musee Dauphinois, Grenoble.

[62] Departmental archives of the Isère, 11U 29 (10 November 1837).

[63] At the beginning of the twentieth century, the migrants from the Auvergne also began to use the banking system to finance their attempts at changing the focus of their business. Hence the Andrieux brothers became involved in the hydroelectric industry in Spain so as to supply their flour-mill. R. Duroux, 'Monographic d'une famille d'"Espagnols". La saga des Ratié', *Revue d'Auvergne,* 99, 3, pp.271–310 (302).

[64] Departmental archives of the Isère, 1J 829.

[65] L. Fontaine, *Le Voyage*..., pp.147–92.

[66] R. Duroux, 'Monographic d'une famille d'"Espagnols"...', pp.281–4 and 291. In fact, after the collapse of the large firms, the predominant type of specialization in Spain remained the bakery.

[67] R. Becquevort, *Les Colporteurs d'Arconsat au XIXe siècle,* Cercle occitain d'Auvergne, Clermont-Ferrand, 1973.

[68] Letter from Antoine Thérias, written in Santa-Cruz in Tenerife and addressed to his friends Beauvoir and Griffon in Messina, quoted by R. Becquevort in *Les Colporteurs d'Arconsat*..., p.17.

[69] Recent work done by Béatrice Veyrassat demonstrates that the old merchant-pedlar regions such as le Valais, St Gall, Schaffouse and Winthertour (where many from the Dauphine emigrated after the Revocation of the Edict of Nantes) had also developed vast business networks with Latin America in the nineteenth century. B. Veyrassat, *Réseaux d'affaires internationaux, émigrations et exportations en Amérique Latine au XIXe siècle. Le commerce suisse aux Amériques,* Librairie Droz, Geneva, 1993.

[70] R. Blanchard, 'Aiguilles', *Revue de Géographic Alpine,* 10, 1922, pp.127–60 (145–8).

[71] P. Gouy, *Pérégrinations des 'Barcelonettes' au Mexique,* Presses Universitaires de Grenoble, 1980, p.52.

[72] *Ibid.,* pp.56–7.

[73] *Ibid.,* p.60.

[74] *Ibid.,* pp.93–101.

[75] A. Albert, 'Le pays Briançonnais: les Queyrassins négociants', *Bulletin de la Société d'Etude des Hautes-Alpes, 1st* series, vol. 8, 1889, pp.313–31 (326–7).

[76] E. Charpenel, *L'Epopée des Barcelonettes,* Imprimerie petites affiches B. Vial, Digne, 1978, pp.15–16.

[77] P. Gouy, *Pérégrinations*..., p.80.

[78] P. Gouy, *Pérégrinations*..., pp.83–5.

[79] A. Genin, *Les François au Mexique du XVIe à nos jours,* new edition published by Argos, Paris 1933, p.407, quoted by P. Gouy in *Pérégrinations*..., p.90: for more information on these associations, see also pp.86–92.

[80] Quoted by E. Charpenel, *L'Epopée des Barcelonnettes*..., pp.21–2.

[81] P. Gouy, *Pérégrinations*..., pp.110–11.

[82] F. Arnaud, *L'Emigration et Ie commerce français an Mexique,* E. Prayer, Paris, 1902, p.164; quoted by P. Gouy in *Pérégrinations*..., p.85.

[83] R. Blanchard, 'Aiguilles...', p.147.

[84] L. Fontaine, *Le Voyage*..., pp.140–3.

[85] E. Borruso and R. Bossaglia, E. *Frette & C.,* Milan, 1989.

[86]　S. Serra, *Travail et travailleurs de l'albâtre à Volterra,* thesis written at the Ecole des Hautes Etudes en Sciences Sociales, 1983, pp.344–63.

[87]　For an analysis of the desire of those concerned to find new terms for describing their activities see P. Retureau, *Une forme méconnue de rente à domicile, les négociants-voyageurs,* Ph.D. dissertation, Lille, 1971.

[88]　L. Fontaine, *Le Voyage...*, pp.140–92.

[89]　J.-D. Mellot, 'Rouen et les "libraires forains"', p.514.

[90]　P. Retureau, *Une forme méconnue...*, pp.18 and 36.

第八章

[1]　M. Spufford, *The Great Reclothing of Rural England, Petty Chapmen and their Wares in the Seventeenth Century,* London, The Hambledon Press, 1984, pp.13–14; and N. McKendrick, J. Brewer and J. H. Plumb, *The Birth of Consumer Society. The Commercialization of Eighteenth Century England,* Bloomington, Indiana University Press, 1982, p.87.

[2]　P. Guichonnet, 'L'émigration alpine vers les pays de langue allemande', *Revue de Géographic alpine,* 1948, pp.553–76 (550).

[3]　K. Martin, 'Die Savoyische Einwanderung in das alemannische Suddeutsch-land', *Deutsches Archiv für Landes und Volkforschung,* vol. VI, fasc. 4, 1942, pp.647–58 (650).

[4]　J. Augel, *Italienische Einwanderung und Wirtschaftstätigkeit in rheinischen Städten des 17. und 18. Jahrhunderts,* Bonn, 1971, p.252.

[5]　*Ibid.,* p.194.

[6]　K. Martin, 'Die Savoyische Einwanderung...', pp.647–58, quoted by P. Guichonnet in 'L'émigration alpine...', p.555.

[7]　P. Guichonnet, 'L'émigration alpine...', p.553 and the bibliography contained in note 65.

[8]　M. Baulant, 'Groupes mobiles dans une Société sedentaire: la Société autour de Meaux aux XVIIe et XVIIIe siècle', *Les Marginaux et les exclus dans l'histoire,* Cahiers Jussieu, no. 5, Paris, U.G.E, 10/18, 1979, pp.78–121.

[9]　Alletz, Traite de la police moderne', Paris, 1823, quoted by R. Cobb in *La protestation populaire en France (1789–1820),* Paris, 1975, p.36 and all of chapter 1 on police practices.

[10]　S.P.O.I Rebellion Papers 620/35/87 used by N. O'Ciosain of the University of Galway, to whom I should like to extend my thanks for having lent me his then unpublished work on the circulation of printed matter in Ireland.

[11]　Departmental archives of the Isère, 4U 321 and 4U 376; the trial of Auguste Bellet and André Reymond.

[12] Quoted by M. Ventre in *L'imprimerie et la librairie en Languedoc au dernier siècle de l'Ancien Régime,* 1700–1789, Paris, The Hague, 1958, p.280.

[13] R. Lick, 'Les intérieurs domestiques dans la seconde moitié du XVIIIe siècle, d'apres les inventaires après décès de Coutances', *Annales de Normandie,* no. 4, 1970, pp.293–316 (309).

[14] Louis-Sebastien Mercier, quoted by D. Roche in *Le Peuple de Paris,* Paris, 1981, p.223.

[15] J. Queniart, *L'Imprimerie et la librairie à Rouen au XVIIIe siècle,* Paris, Klincksieck, 1969, p.204.

[16] D. Roche, *Les Républicans des lettres. Gens de culture et Lumières au XVIIIe siècle,* Paris, Fayard, 1988, pp.375–7. A. Fillon, *Louis Simon: étaminier, 1741–1820 dans son village du Haut Mame au siècle des Lumières,* Le Mans, 2 vols, 1983.

[17] Departmental archives of the Isère, 4U 376 and 4U 321. Bankruptcy trial of Andre Reymond and Auguste Bellet.

[18] 9 October 1859, extract from the correspondence between the civil criminal court of Pontremoli and the mayor of Mulazzo: 'It is not unusual that, scarcely is the pedlar within the village, with his basket of books around his neck, than the priest orders the bells to be rung loudly so as to stir the population up against him'. Quoted by G. B. Martinelli, *Origine e sviluppo dell attività dei librai pontremolesi,* Pontremoli, sup. Artigianelli, 1973, p.53.

[19] C. Marcilhacy, *Le Diocese d'Orléans au milieu du XIXe siècle,* Paris, 1964, p.281.

[20] J.-J. Darmon, *Le Colportage de librairie en France sous le Second Empire,* Paris, 1972, pp.26–7 develops this idea in some admirable passages and provides numerous references. For more information on legislation between the Revolution and the Third Republic, see M. J. Hefferman, 'Rogues, rascals and rude books: policing the popular book trade in early nineteenth-century France', *Journal of Historical Geography,* 16, 1, 1990, pp.90–107.

[21] J.-J. Darmon, *Le Colportage de librairie...,* pp.26–7.

[22] F. Barbier, 'Un exemple d'émigration temporaire: les colporteurs de librairie pyrénéens (1840–1880)', *Annales du Midi,* vol. 95, no. 163, 1983, pp.289–307.

[23] Departmental archives of the Bas-Rhin, T.39, quoted by R. Schenda in *Folklore e letteratura popolare: Italia-Germanica-Francia,* translation by Maria Chiara Figliozzi and Ingeborg Walter, Bibliotheca Biographica, Istituto della Enciclopedia Italiana fondata da Giovanni Treccani, Rome, 1986, p.182.

[24] See J.-J. Darmon, *Le Colportage de librairie...,* pp.97–128, for more on the attitude adopted and the legislation implemented throughout the nineteenth century in France.

[25] Quoted by J.-J. Darmon, *Le Colportage de librairie...,* p.106.

[26] R. Cobb, *La Protestation...,* p.45.

[27] J.-F. Botrel, 'Les aveugles colporteurs d'imprimes en Espagne', *Mélanges de la*

casa de Vélasquez, 9, 1973, pp.417–82; and 10, 1974, pp.233–71 (238); and 'Des professionnels de la clandestinité: les aveugles colporteurs dans l'Espagne contemporaine', Histoire et clandestinité..., Revue du Vivarais, 1979, pp.301–16; see also, in the appendix, the list of edicts concerning the peddling and selling of printed material between 1627 and 1867.

[28] R. B. Westerfield, *Middlemen in English Business, particularly between 1660 and 1760,* 1915, New York, 1968, pp.315–6.

[29] 0. Lurati, 'I marginal! e la loro mentalità attraverso il gergo', Glauco Sanga, 'Estetica del gergo. Coma una cultura si fa forma linguistica'. *La Ricerca Folklorica,* 19, 1989, pp.7–16, 17–26. B. Geremek, *Truands et misérables dans l'Europe moderne (1350–1600),* Gallimard/Julliard, 1980. The chimney-sweeps also created their own language: C. Favre, 'Le patois des ramoneurs ou "terasu" (alias "térafué")', *Travaux de la Société d'Histoire et d'Archéologie de Maurienne,* vol. XII, 1955, pp.29–38.

[30] J.-F. Botrel, 'Les aveugles colporteurs...', pp.428–9, 438, 449. In 1835, Salustiano de Olózaga in his *Informe sobre las ordenanzas de la Hermandad de Ciegos de Madrid* was well aware of this when he wrote that the blind could commit crimes 'a sabiendas, en la confianza de que no podrá probarseles legalmente, y aunque se les pruebe pueden estar seguros de que no se les castigará con mucho rigor, ya por la compasion que naturalmente excitan, ya porque en realidad hay en ellos menos materia punible que en los demas hombres'; quoted by J.-F. Botrel, 'Les aveugles colporteurs...', p.235 'knowing exactly what they were doing and confident that no official proof could be produced, and that even if what they had done could be proved, they were certain not to be punished too harshly, either because of the pity that they naturally aroused, or because in real terms, they had fewer possessions which could be seized than other men.'

[31] A. Ferrer del Rio and J. Peres Calvo, Los *Españoles pintados por su mismos,* Madrid, 1844, p.471, quoted by J.-F. Botrel, 'Les aveugles colporteurs...', p.235. For more on the legislation concerning the printing of pamphlets, see J. Marco, *Literatura popular en Espana en los siglos XVIII y XIX. Una aproximacion a los pliegos de cordel,* Madrid, Taurus, 1977, pp.173–82.

[32] J. Marco, *Literatura popular...,* pp.119–21. J.-F. Botrel, 'Les aveugles colporteurs...', p.236.

[33] Departmental archives of the Isère, 5E 238/1 (example from 1676).

[34] Departmental archives of the Isère, 27J 3/67, 'the testament of Hugucs Gasques, son of Pierre, a merchant from Auris conducting his business in Moulin in Bourbonnais' drawn up in 1682.

[35] Departmental archives of the Rhône, 3E 4781B, 15 May 1656.

[36] 0. Martin, *La Conversion protestante à Lyon (1659–1687),* Geneva, Paris, Droz, 1986,

pp.50–65. Odile Martin quotes Thobie Delor's will and the donations it includes for Mizoen (1658). A. Poitrineau, *Les 'Espagnols' de l'Auvergne et du Limousin du XVIIe au XIXe siècle,* Aurillac, Mazel-Malroux, 1985, pp.209–10.

[37] J. Augel, *Italienische Einivanderung*..., p.292.

[38] P. Guichonnet, 'L'émigration saisonniere en Faucigny pendant la premiere moitié du XIXe siècle (1783–1860)', *Revue de Geographic alpine,* vol. XXXIII, fasc. 3, pp.465–534 (510) takes as an example an inhabitant of Taninges in Faucigny who, at the end of the nineteenth century, left 25,000 francs to the town of Lima in recognition of the friendship he had been shown. There are other examples concerning the Savoy region in Ch. Wolff. 'Un type de marchands sous Louis XIV: Les Savoyards de Barr', *Annuaire de la Société d'histoire et d'archéologie de Dambach-la-Ville,* Barr, Obernai, vol. 3, 1969, pp.122–7; and C. and G. Maistre, G. Heitz, *Colporteurs et marchands Savoyards dans l'Europe lies XVUe et XVIIIe siècles.* Papers and documents published by the Academic Salesienne, vol. 98, Annecy, 1992, p.120.

[39] There were two types of *piastres:* the ordinary *piastre,* or *peso sencillo,* which was worth between 15 and 16 *reaux* (around 4 French *livres);* and the 'strong' or 'real' *piastre, peso fuerte,* which was equivalent to 20 *réaux* (*or 5* French *livres*). Since this concerned rates within Spain, in this case it is probably the ordinary *piastre* which is meant. D. Ozanam, 'La colonie française de Cadix au XVIIIe siècle, d'apres un document inedit (1777)', *Mélanges de la Casa de Vélasquez,* IV, 1968, pp.259–349 (esp.277, note 1).

[40] A. Poitrineau, *Les 'Espagnols'*..., pp.83–4 and 208.

[41] Departmental archives of the Hautes Alpes, IE 4839, 5 March 1686.

[42] Complaint from the Frankfurt merchants to the town council, 16 February 1699, quoted by M.-C. Hoock-Demarle, 'Etre Brentano a Franckfort a la fin du XVIIIe siècle', *E.U.I. Florence,* November 1988, p.4.

[43] J. Augel, *Italienische Einwanderung*..., p.109.

[44] Merck, the Darmstadt scholar, quoted by M.-C. Hoock-Demarle in 'Etre Brentano à Francfort...'.

[45] J. Rumpf-Fleck, *Italienische Kultur in Frankfurt am Main im 18. Jahrhundert*..., Petrarca-Haus, Cologne, 1936, pp.20–2.

[46] *Ibid;* p.38. Here again they were acting within the tradition of patronage established by the merchants of the Middle Ages. Jacques Ie Goff, *Marchands et banquiers du Moyen Age,* Paris, PUF, 1980, pp.106–16.

[47] M.-C. Hoock-Demarle, 'Etre Brentano à Franckfort...'.

[48] B. Amiet and H. Sigrist, *Solothumische Geschichte,* vol. 2, Soleure, 1976. G. von Vivis, 'Les Besenval de Brunnstatt', *Bulletin de la Société Academique religieuse et scientifique du Duché d'Aoste,* 1913, pp.206ff.

[49]   E. Gothein, *Wirtschaftsgeschichte des Schwarzwaldes und der angrenzenden Landschaften,* Strasbourg, 1892, p.740.

[50]   Quoted by J. Rumpf-Fleck, *Italienische Kultur...*, p.24.

[51]   P. Guichonnet, 'L'émigration alpine...', p.567.

[52]   P. Goubert, *families marchandes sous l'Ancien Régime: les Danse et les Motte, de Beauvais,* Paris, SEVPEN, 1959, p.149.

[53]   C. and G. Maistre, *L'émigration marchande savoyarde aux XVIIe-XVIIIe siècles. L'exemple de Nancy-sur-Cluses,* Academic Salesienne, Annecy, 1986, pp.161–3.

[54]   R. Sarti, *Long Live the Strong. A History of Rural Society in the Apennine Mountains,* The University of Massachusetts Press, Amherst, 1985, pp.66 and 129. The same phenomenon was observed in the Ticino region where the elegant houses belonging to the emigres contrasted strongly with those belonging to the settled population; *Stampe per via. L'incisione dei secoli XVII-XIX net commercio ambulante dei tesini,* exhibition catalogue by Bruno Passamani, Pieve Tesino-Trento-Bassano del Grappa, 1972, Calliano, Arti grafiche R. Manfredi, 1972, p.14.

[55]   P. Luès, 'L'émigration des "marchands de vins de Meymac" (Correze)', *Revue de Géographic alpine,* 1936, pp.925–42 (941).

[56]   Departmental archives of the Hautes Alpes, IE 7217, summary inventory carried out by honest Cecile Clot, widow of *Sieur* Barthélémy Rome from La Grave, 25 September 1688.

[57]   Departmental archives of the Hautes Alpes, IE 7218, general inventory of each and every piece of furniture, gold, silver, debts, papers, deeds and documents left by the aforementioned late Claudine Liothaud, wife when alive of *Sieur* Vincent Pic, begun on the 1 December 1691 at the aforementioned location of Terrasse in La Grave. The inventories relating to merchants in Nancy-sur-Cluses examined by Chantal and Gilbert Maistre share the same features: C. and G. Maistre, *L'émigration marchande Savoyards aux XVHe-XVIIIe siècles...*, pp.166–7.

[58]   Departmental archives of the Isère, 3E 846, 9 June 1684, noted in the records of Maître Bard, Besse notary.

[59]   By way of comparison, see Ph. Benedict, 'Bibliothèques protestantes et catholiques à Metz au XVIIe siècle', *Annales ESC, 1,* 1985, pp.343–70.

[60]   He left in a chest in Louis Aymon's house 40 books 'on our religion and on the history of the Reformed Church' and prayer books 'which hold no memories, apart from the monotony of the mass'; 'behind a beam on the wall' in the pavilion in his garden he hid another six books 'concerning our religion', and yet more in the stairways of his house.

[61]   Departmental archives of the Isère, 1J 1102, 'Livre de raizon a Moi Jean Giraud de Lagrave, où est contenu mais affaires emparticulier, commence Ie 17 janvier 1670 à Lion' [daybook belonging to me, Jean Giraud, containing my private affairs, begun in

Lyon on 17 January 1670].

[62] J. Queniart, *L'imprimerie et la Ukraine à Rouen...*, p.286.

[63] R. Lick, 'Les intérieurs domestiques...', p.301. For information on Lyon, see M. Garden, *Lyon et les Lyonnais au XVIIIe siècle,* Paris, 1970, p.459. For Paris, see D. Roche, *Le peuple de Paris, essai sur la culture populaire au XVIIIe siècle,* Paris, 1981, p.217 and illustration p.218. For Grenoble, see G. Berger, 'Litterature et lecteurs a Grenoble aux XVIIe et XVIIIe siècles. Le public littéraire dans une capitale provinciale'. *Revue d'histoire moderne et contemporaine,* 1984, pp.114–32.

[64] L. Fontaine, 'Le colporteur familier: un commerce de la sociabilité', *Bulletin du Centre d'historie économique et sociale de la région lyonnaise,* no. 3–4, 1984, pp.85–102 (96–9).

[65] Departmental archives of the Hautes Alpes, 4E 4839, 4 September 1685.

[66] J. G. Fyfe (ed.), *Scottish Diaries and Memoirs. 1746–1843,* Stirling, 1942, pp.257–88 and L. Weatherill, *Consumer Behaviour and Material Culture in Britain, 1660–1760,* Routledge, London and New York, 1988, p.171.

[67] L. Weatherill, *Consumer Behaviour...*, p.180.

[68] M. Zecchinelli, 'Arte e folclore siciliani sui monti dell'Alto Lario nei secoli XVI-XVIII', *Rivista Archeologica Comense,* 1950–1, pp.65–119; quoted by M. Aymard in 'La Sicile, terre d'immigration', in *Les migrations dans les pays méditerranéens au XVIIIe et au debut du XIXe,* Centre de la Méditerranée moderne et contemporaine, Université de Nice, 1973, pp.149–50.

[69] A. Lay, 'Libro e società negli stati sardi del Settecento', in *Libri, editori e publico nell'Europa moderna, Guida storica e critica* a cura di A. Petrucci, Roma-Bari, 1977, pp.249–82 (268).

[70] Departmental archives of the Isère, 27/j 3/46, Sermons by the Abbe Col.

[71] Departmental archives of the Isère, 4U 321, the trial of Auguste Belief, 1862.

[72] R. Darnton, 'Un colporteur sous l'Ancien Régime', *Censures, de la Bible aux larmes d'Eros,* Centre Georges Pompidou, Paris, 1987, pp.130–9 (134).

[73] Departmental archives of the Rhone, 3E 4781B, 15 May 1656.

[74] French National Archives, MC, et/LXXXVI/213, 7 December 1610.

[75] C. and G. Maistre, *L'émigration marchande savoyarde aux XVIIe-XVIIIe siècles...*, p.167.

[76] A. Poitrineau, 'Petits marchands colporteurs de la haute Planèze d'Auvergne à la fin de l'Ancien Régime', *Annales du Midi,* vol. 88,1976, pp.423–36 (426).

[77] Departmental archives of the Hautes Alpes, IE 4839, contract of apprenticeship between Pierre Baille, son of Jean, on behalf of his son Jean, and *sieur* Laurent Eytre of Hières, 10 July 1684.

[78] Departmental archives of the Hautes Alpes, IE 3839, 2 October 1685.

[79] G. Vigarello, *Le Propre et le Sale, l'hygiène du corps depuis le Moyen Age,* Paris, 1985, p.82. The author demonstrates (pp.68–89) that the word 'clean' changed its connotations during the course of the seventeenth century; cleanliness became a criteria of social distinction, and the whiteness of one's shirt a fundamental indication of this.

[80] A. Poitrineau, *Les 'Espagnols'...*, p.99.

[81] M. Nadaud, *Mémoires de Léonard ancien garçon maçon,* text edited and with notes by M. Agulhon, Paris, Hachette, 1977, pp.118–19.

[82] A. Poitrineau, 'Aspects de l'émigration...', p.42.

[83] I. E. Fietta, 'Con la cassetta in spalla: gli ambulanti di Tesino', *Quaderni di cultwa alpina,* no. 23, 1985, pp.4–111 (100–1).

[84] L. Fontaine, *Le Voyage et la Mémoire, colporteurs de l'Oisans au XIXe siècle,* Presses Universitaires de Lyon, 1984, p.193. Martin Nadaud also talks of how the Auvergne emigrants stopped wearing drugget: M. Nadaud, *Mémoires de Léonard...,* pp.118–19.

[85] P. Guichonnet, 'L'émigration alpine...', p.564.

[86] J. Perrel, 'L'émigration bas-limousine en Espagne aux XVIIe et XVIIIe siècles', *Actes du 88e Congrès national des Sociétés Savantes, section d'histoire moderne et contemporaine, Clermont-Ferrand, 1963,* Paris, 1964, pp.709–29 (717–21).

第九章

[1] M. de Certeau, *L'Invention du quotidien,* Paris, 1974 (*The Practice of Everyday Life,* translated by Steven Rendall, University of California Press, 1985). Hogarth, *La culture du pauvre,* Paris, 1976. P. Bourdieu, *La Distinction, critique sociale du jugement,* Paris, 1979.

[2] P. Mantoux, *The Industrial Revolution in the Eighteenth Century,* quoted by V. E. Neuberg in *Popular Education....* pp.122–3.

[3] E. Gothein, *Wirtschaftsgeschichte des Schwarzwaldes und der angremenden Landschaften,* Strasbourg, 1892, p.432.

[4] Quoted by A. Poitrineau, *Les 'Espagnols' de l'Auvergne et du Limousin du XVIIe au XIXe siècle,* Aurillac, Mazel-Malroux, 1985, p.36.

[5] C. Douais, Letters from Charles IX to M. de Fourquevaux, the ambassador to Spain, 1565–72, Paris, 1897, p.263, quoted by A. Poitrineau, *Les 'Espagnols'...,* p.27.

[6] Departmental Archives of the Isère, 3E 846, 9 June 1684, from the records of Maître Bard, a notary of Besse.

[7] Departmental archives of the Isère, 3E 846, 5 April 1684 from the records of Maître Bard, notary of Besse. See also the inventory of Joseph Ducret, a Savoyard in Barr, in Ch. Wolff, 'Un type de marchands sous Louis XTV: Les Savoyards de Barr', *Annuaire de la Société d'histoire et d'archéologie de Dambach-la-Ville,* Barr, Obernai, vol. 3,

1969, pp.122–7 (125).

[8] There are examples for seventeenth-century England in M. Spufford, *The Great Reclothing of Rural England, Petty Chapmen and their Wares in the Seventeenth Century,* London, The Hambledon Press, 1984, pp.85–106. The author notes how accurate the description of Autolycus' pack is. For France, A. Poitrineau has published an inventory of the pack belonging to a Dauphine pedlar in 1623, Petits marchands colporteurs de la haute Planèze d'Auvergne à la fin de l'Ancien Regime, *Annales du Midi,* vol. 88, 1976, pp.423–36 (311).

[9] M. Vernus, 'La diffusion du petit livre de piété et de la bimbeloterie religieuse dans le Jura (au XVIIIe siècle)', *Actes du 105e Congrès national des Sociétés savantes, Caen, 1980,* Paris, 1983, pp.135–6.

[10] D. Albera, M. Dossetti, S. Ottonelli, 'Società' ed emigrazioni nell'alta valle Varaita in eta moderna', *Bollettino storico-bibliografico subalpino,* LXXXVI, 1988, 1, pp.117–69 (135).

[11] A. Sauvy, 'Noël Gille dit La Pistole, marchand forain libraire roulant par la France', *Bulletin des Bibliothèques de France,* May, 1967, pp.177–90 (184).

[12] J. Lesueur, 'Une figure populaire en Lorraine au siècle dernier. le colporteur ou chamagnon'. *Bulletin de la Société lorraine des Etudes locales de l'enseignement public,* 1969, 3, pp.29–39 (34).

[13] T. Endelman, 'L'activité économique des juifs anglais', *Dix-huitième siècle,* no. 13, 1981, pp.113–26 (121–2).

[14] Letter from Augustin Jauriac to his sister, written from Mexico on 23 August 1852; R. Duroux, 'Monographic d'une famille d'"Espagnols". La Saga des Ratié', *Revue d'Auvergne,* vol. 99, no. 3, 1985, pp.271–310 (282).

[15] J. Feather, *The Provincial Book Trade in Eighteenth-Century England,* Cambridge University Press, 1985, p.83; and V. E. Neuberg, *Popular Literature, a History and Guide from the Beginning of Printing to the Year 1897,* London, 1977, p.113.

[16] A. Sauvy, 'Le livre aux champs', *Histoire de l'Edition française,* vol. 2, Paris, 1984, pp.430–43 (431), for example, reveals that the pedlar was not the only one to sell books in the countryside.

[17] T. Endelman, 'L'activité...', p.121–2.

[18] See, for example, the account book belonging to the pedlar Pierre Rullier from Le Chatelard in the Tarentaise (Savoy), who in the 1770s supplied numerous businesses in northern and eastern France with watches, gold chains, clocks, snuffboxes etc. He himself obtained the goods by mail order from Geneva and London, and received the Genevan merchandise through another Savoyard who had a business in Dijon. Paris archives, D5 B6 3611.

[19] L. Weatherill, *Consumer Behaviour and Material Culture in Britain, 1660–1760,*

Routledge, London and New York, 1988 p.3 and appendix 1, pp.206−7.

[20] M. Spufford, *The Great Reclothing...* Thirsk, *Economic Policy and Projects: the Development of a Consumer Society in Early Modern England,* Oxford, 1978; N. McKendrick, J. Brewer and J. H. Plumb, *The Birth of Consumer Society. The Commercialization of Eighteenth Century England,* Bloomington, Indiana University Press, 1982. For a discussion of the concepts, see J. Styles, 'Manufacturing, Consumption and Design in Eighteenth-Century England' in *Consumption and the World of Goods,* Brewer and R. Porter, eds, Routledge, London and New York, 1993, pp.527−54.

[21] L. Weatherill, *Consumer Behaviour...*, pp.192−3.

[22] L. Weatherill, *Consumer Behaviour...*; see pp.43−61 for an analysis of regional contrasts.

[23] L. Weatherill, *Consumer Behaviour...*, p.77.

Table 6   Frequency (in %) of certain goods in a sample of English inventories, 1675−1725

	Books	*Watches*	*Painting*	*Spectacles*	*Curtains*
London	31	29	41	77	43
Large towns	21	18	41	58	27
Medium-sized towns	23	20	23	50	15
Villages and rural areas	17	17	5	21	6

Source: L. Weatherill, *Consumer Behaviour...*, p.76. For a discussion of the sample chosen, see chapter 1 and appendix 1 of *Consumer Behaviour....* There were only 40 or 50 towns in England with a population of between 2,000 and 5,000 inhabitants; 24 towns had a population of above 5,000 and 7 towns had more than 10,000 inhabitants. London dominated the urban network with around 500,000 inhabitants in 1700 (which was 19 times more than Norwich, the second largest town in the country); one tenth of the population of England was concentrated in London (pp.72−3, ibid.).

[24] L. Weatherill, Consumer Behaviour..., p.52.

[25] L. Weatherill, *Consumer Behaviour...*, p.79.

[26] M. Vernus, 'La diffusion du petit livre de piété et de la bimbeloterie religieuse dans le Jura (au XVIIIe siècle)', *Actes du 105e Congrès national des Sociétés savantes, Caen, 1980,* Paris, 1983, pp.127−41.

[27] L. Weatherill, *Consumer Behaviour...*, p.169. See table 8.2 on the ownership of goods according to status (1675−1725), p.184; as far as crockery and receptacles used for the new beverages were concerned, the merchant classes were well ahead of the gentry and the artisan classes, despite the fact that members of the gentry had been amongst the first to introduce such things. The merchants were on equal footing with the gentry where paintings, spectacles, table linen, curtains, and knives and forks were concerned. On the other hand, they had fewer books and watches than the gentry. See

pp.184–5 and 194–6.

[28] T. Wijsenbeek, *Achter de gevels van Delft,* Hilversum, 1987.

[29] M. Spufford, *The Great Reclothing...*, pp.107–46.

[30] L. Weatherill, *Consumer Behaviour...*, pp.25–42.

[31] L. Weatherill, *The Growth of the Pottery Industry in England 1660–1815,* New York and London, 1986, p.121.

[32] L. Weatherill, *Consumer Behaviour...*, table on p.108.

[33] M. Baulant and S. Ban, 'Du fil à l'armoire, production et consommation du linge à Meaux et dans ses campagnes 17e-18e siècle', *Ethnologic française,* vol. 16, 1986, pp.273–80 (273).

[34] *Ibid.,* p.274, note 7.

[35] S. Tardieu, *La Vie domestique dans Ie Maconnais rural preindustriel,* Travaux et Memoires de l'Institut d'Ethnologie, Paris, 1964; the author notes the same increase in the numbers of sheets and shirts.

[36] Analysed by century, S. Tardieu, *La Vie domestique...*, pp.167–76 describes in five sections the different furniture inventoried in terms of the material from which it was constructed.

[37] M. Spufford, *Small Books and Pleasant Histories. Popular Fiction and its Readership in Seventeenth-Century England,* London, Methuen, 1981.

[38] C. Blagden, The distribution of Almanacs in the second half of the seventeenth century' in *Papers of the Bibliographical Society of the University of Virginia,* vol. II, 1958. In the author's opinion, Bosanquet's estimations-which he considers relate Only to the decade 1663–73-should be multiplied by 10.

[39] G. Duval, *Littérature de colportage et imaginaire collectif en Angleterre à I'époque des Dicey (1720–1800)* (doctoral thesis. University of Dijon, 1986, pp.711–2. For an analysis of the subject, see pp.714–52), Bordeaux, Presses Universitaires de Bordeaux, 1991.

[40] J. Queniart, *Cultures et Sociétés urbaines dans la France de I'Ouest au XVIIIe siècle,* Paris, Klincksieck, 1978, pp.384–5. In 1749, Oursel from Rouen supplied the Chalopin bookshop in Caen with 1,035 books of this type for the sum of 161 *livres tournois* (p.385).

[41] R. Moulinas, *L'Imprimerie, la Librairie et la Presse à Avignon au XVIIIe siècle,* Grenoble, Presses Universitaires de Grenoble, 1974, p.148, note 73.

[42] J. Queniart, *Culture et Sociétés urbaines...*, pp.399–400.

[43] J. Queniart, *Culture et Sociétés urbaines...*, p.385.

[44] J.-J. Darmon, *Le Colportage de Ukraine en France sous Ie Second Empire,* Paris, 1972, pp.84–90.

[45] D. Lerch, *Imagerie et société. L'Imagerie Wentzel de Wissembourg au XIXe siècle,*

Strasbourg, Librairie Istra, 1982, pp.104–6 and 250.
[46] Dr R. Hélot, *Notes sur l'imagerie populaire en Normandie,* Lille, 1908, p.5, quoted by D. Lerch in *Imagerie et société...*, p.252.
[47] E. Zola, *Germinal,* part 1, chapter 2.
[48] *Ibid.,* part 2, chapter 3.
[49] J. Marco, *Literatura popular en España en los siglos XVIII y XIX. Una aproximacion a los pliegos de cordel,* Madrid, Taurus, 1977.
[50] J.-F. Botrel, 'Les aveugles colporteurs d'imprimés en Espagne', *Mélanges de la casa de Vélasquez, 9,* 1973, pp.417–82; and 10, 1974, pp.233–71 and pp.247–8.
[51] J. Marco, *Literatura popular....*, p.146.
[52] 'Los pobres y ciegos y mujeres... que de tiempo inmemorial tuvieron sus puestos arrimados a la tapia de Correos de la Puerta del sol para dar a leer Gacetas a aquetlas personas que por sus pocos posibles no puedan comprarlas', quoted by J.-F. Botrel, 'Les aveugles colporteurs...', p.285.
[53] J. de Vries, 'Peasant Demand Patterns and Economic Development in Friesland, 1550–1750', *European Peasants and their Markets,* W. N. Parker and E. L. Jones (eds), Princeton, 1975, pp.205–68 (221) and tables 6.8, 6.9 and 6.10. The study was carried out from 512 inventories.
[54] D. Roche, *Le Peuple de Paris,* Paris, 1981, p.226.
[55] R. Lick, 'Les interieurs domestiques dans la seconde moitié du XVIIIe siècle, d'après les inventaires après décès de Coutances', *Annales de Normandie,* no. 4, 1970, pp.293–316 (308).
[56] M. Vernus, 'La diffusion du petit livre de piété et de la bimbeloterie religieuse dans le Jura (au XVIIIe siècle)', *Actes du 105e Congres national des Sociétés savantes, Caen, 1980,* Paris, 1983, pp.127–41.
[57] F. Bayard, 'Au coeur de l'intime: les poches des cadavres. Lyon, Lyonnais, Beaujolais (XVIIe-XVIIIe siècles)'. *Bulletin du Centre d'histoire économique et sociale de la région lyonnaise, no. 2,* 1989, pp.5–41.
[58] F. Bayard, 'Au coeur de l'intime...', p.21.
[59] L. Steub, *Wanderungen im bayerischen Gebirge,* Munich, 1862, p.171; and *Drei Sommer in Tyrol,* Munich, 1895, vol. 1, p.10, quoted by D. Lerch, *Imagerie et société...*, p.212.
[60] D. Lerch, *Imagerie et société...*, pp.212–3.
[61] D. Lerch, *Imagerie et société...*, p.216) has drawn a map of the commercial territory.
[62] D. Lerch, *Imagerie et société...*, pp.179–81 and 263.
[63] Who had the same policy of diversifying their goods depending on the country they were selling to. I. E. Fietta, 'Con la cassetta in spalla: gli ambulanti di Tessino', *Quaderni di cultura alpina,* no. 23, 1985, pp.4–111 (19).

[64] D. Lerch, *Imagerie et société...*, p.171.

[65] R. Schenda, *Folklore e letteratura popolare: Italia-Germania-Francia.* Translated from the German by Maria Chiara Figliozzi and Ingeborg Walter, Bibliotheca Biographica, Istituto della Enciclopedia Italiana fondata da Giovanni Treccani, Rome, 1986, pp.467–9.

[66] *Stampe per via. L'incisione dei secoli XVII-XIX net commercio ambulante dei tesini,* exhibition catalogue by B. Passamani, Pieve Tesino-Trento-Bassano del Grappa, 1972, Calliano, Arti grafiche R. Manfredi, 1972, p.34.

[67] J.-P. Seguin, 'Les occasionnels au XVIIIe siècle et en particulier apres l'apparition de La Gazette. Line source d'information pour l'histoire des mentalites et de la litterature "populaire"', *L'Infòrmazione in Francia nel Seicento, Quaderni del Seicento francese, 5,* Bari, Adriatica and Paris, Nizet, 1983, pp.33–59.

[68] J.-P. Seguin believes that they composed a number of texts: *L'in formation en France avant le périodique. 517 canards imprimés entre 1529 et 1631,* Maissoneuve et Larose, Paris, 1964, p.16.

[69] G. B. Martinelli, *Origine e sviluppo dell activìtà dei librai pontremolesi,* Pontremoli, sup. Artigianelli, pp.17–18.

[70] J. Lesueur, 'Une figure populaire en Lorraine au siècle dernier, le colporteur ou chamagnon'. *Bulletin de la Société lorraine des Etudes locales de l'enseignement public,* 1969, 3, pp.29–39 (34).

[71] Don Julio Nombela y Tabares, quoted by J. Caro Bajora, *Ensayo sobre la literatura de cordel,* Revista de occidente, Madrid, 1969, pp.55–6, which also cites the few well-known blind poets.

[72] L.-S. Mercier, *Tableaux de Paris,* new corrected and expanded edition, Amsterdam, 1783, vol. 6, chapter CCCCLXIII, p.37.

[73] R. Reichardt and H. Schneider, 'Chanson et musique populaires devant l'histoire à la fin de l'Ancien regime', *Dix-huitième siècle,* no. 18, 1986, pp.117–36.

[74] P. Manuel, *La Police de Paris devoilée,* Paris, Year II, 2nd vol, part 1, pp.66–7, quoted by D. Roche, *Le Peuple de Paris,* Paris 1981, p.228.

[75] N. Elias, *La Civilisation des Moeurs* (1st edition, in German 1939), Paris, 1973, pp.204–17.

[76] A. Franklin, *Les Magasins de Nouveautés, La vie privée d'autrefois, arts et metiers: mode, moeurs, usages des parisiens du XIIe au XVIIIe siècle, d'après des documents originaux ou inédits,* Paris, 1898, vol. 4, p.26.

[77] Monteil, quoted by N. Elias in *La Civilisation des Moeurs,* p.208.

[78] Nicole Pellegrin, *Les Vêtements de la liberté, Abécédaire des pratiques vestimentaires françaises de 1780 à 1800,* Editions Alinea, Aix-en-Provence, 1989.

[79] A. Poitrineau, 'Petits marchands colporteurs...', pp.428–9.

[80] M. Spufford, *The Great Reclothing...*, pp.103–4.
[81] *Les Lois de la galanterie*, p.83, quoted by A. Franklin in *Les Magasins...*, p.114.
[82] Tallemant des Réaux, *op. cit.,* vol. Ill, p.31 and vol. I, p.493, quoted by A. Franklin in *Les Magasins...*, pp.114–16.
[83] Moliere, *Tartuffe,* 1664.
[84] 'Be very careful not to blow your nose with your fingers or on your sleeve as children do, but use your handkerchief and do not look into it after you have finished': extract from *Civilité française,* an anonymous work. Liege, 1714, p.41, quoted by N. Elias in *La Civilisation des Moeurs,* p.209. Exactly the same text appears in *La Civilité puérile et honneste,* drawn up by a missionary in 1749; and Jean Baptiste de la Salle's 1782 edition of *Les Règles de la bienséance et de la civilité chrétienne* reminds us that 'it is unattractive to wipe one's nose with one's bare hand by rubbing it under the nose, or blow one's nose on one's sleeve or in one's clothes', quoted by A. Franklin, *Les Magasins...*, pp.117–8.
[85] There are examples of this in A. Franklin, *Les Magasins...*, pp.71–2.
[86] M. Spufford, *The Great Reclothing...*, p.103.
[87] A. Franklin, *Les Magasins...*, pp.126–30.
[88] S. Tardieu, *La vie domestique...*, pp.267, 450–2.
[89] M. Baulant and S. Bari, 'Du fil à l'armoire...', p.273.
[90] F. Bayard, 'Au coeur de l'intime...', p.22.
[91] Joseph Roth, *La Crypte des capucins,* p.24.
[92] M. Baulant and S. Bari, 'Du fil à l'armoire...', p.277.
[93] D. Roche, 'L'invention du linge au XVIIIe siècle'. *Ethnologic française,* vol. 16, no. 3, 1986, pp.227–38 (228–9); M. Baulant and S. Bari, 'Du fil à l'armoire...', p.274, note 6, and p.278.
[94] H. Best, *Rural Economy in 'Yorkshire in 1641, being the Farming and Account Books of Henry Best ofElmeswell in the East Riding,* C. B. Robinson (ed.), Surtees Society XXXIII, 1857, pp.105–6, quoted by M. Spufford in *The Great Reclothing...*, p.107, note 1.
[95] I was given this information by Daniel Roche, whom I should like to thank. See D. Roche, *La culture des apparences. Une histoire du vêtement XVIIe-XVIIIe siècle,* Paris, 1989.
[96] Hence the significance of the gesture of dropping one's handkerchief, which Voltaire mocked when Candide rushed forward to pick up the handkerchief belonging to Cunégonde.
[97] At the beginning of the twentieth century in Sicily it was still a gift symbolizing love, as Luchino Visconti shows in *La Terra Trema.*